STUDIENKURS MEDIEN & KOMMUNIKATION

Lehrbuchreihe für Studierende der Medien- und Kommunikationswissenschaft, Public Relations, Medienmanagement/Medienwirtschaft sowie des Journalismus

Wissenschaftlich fundiert und in verständlicher Sprache führen die Bände der Reihe in die zentralen Forschungsgebiete, Theorien und Methoden aus dem Bereich Medien- und Kommunikationswissenschaft ein und vermitteln die für angehende Wissenschaftler:innen grundlegenden Studieninhalte. Die konsequente Problemorientierung und die didaktische Aufbereitung der einzelnen Kapitel erleichtern den Zugriff auf die fachlichen Inhalte. Bestens geeignet zur Prüfungsvorbereitung u.a. durch Zusammenfassungen, Wissens- und Verständnisfragen sowie Schaubilder und thematische Querverweise.

Doreen Reifegerste | Alexander Ort

# Gesundheits-kommunikation

2., aktualisierte und erweiterte Auflage

Onlineversion
Nomos eLibrary

**Die Deutsche Nationalbibliothek** verzeichnet diese Publikation in der Deutschen Nationalbibliografie; detaillierte bibliografische Daten sind im Internet über http://dnb.d-nb.de abrufbar.

ISBN 978-3-7560-0673-1 (Print)
ISBN 978-3-7489-4199-6 (ePDF)

2., aktualisierte und erweiterte Auflage 2024
© Nomos Verlagsgesellschaft, Baden-Baden 2024. Gesamtverantwortung für Druck und Herstellung bei der Nomos Verlagsgesellschaft mbH & Co. KG. Alle Rechte, auch die des Nachdrucks von Auszügen, der fotomechanischen Wiedergabe und der Übersetzung, vorbehalten. Gedruckt auf alterungsbeständigem Papier.

## Vorwort

Gesundheitsbezogene Themen sind stetige Begleiter in unserem Alltag. Wir nutzen Apps fürs Lauftraining, lesen in einer Zeitschrift oder in einem Onlineforum über neue Therapien, reden mit unserer Hausärztin über eine Impfung oder fragen uns, ob exzessives Videospielen zu Depressionen führt. Gesundheitsthemen decken dabei ein breites Spektrum ab. So geht es nicht nur um die Prävention und Behandlung von Krankheiten, sondern oft auch um unser allgemeines Wohlbefinden, also etwa um psychische und soziale Belange.

Diese Themen sind häufig so relevant für unser Leben, dass wir uns in vielfältigen Formen mit anderen über sie austauschen und uns auf unterschiedlichste Art und Weise mit Informationen versorgen. Die entsprechende Kommunikation findet dann sowohl direkt zwischen Personen in unterschiedlichen Rollen (also etwa als Gesundheitslaien oder -experten) aber auch medienvermittelt statt. Der technische Fortschritt hat dabei neben der medizinischen Forschung auch die Kommunikationsmöglichkeiten massiv vorangetrieben. So hat bspw. die Medizin zahlreiche neue Diagnose- und Behandlungsmethoden hervorgebracht, während Entwicklungen im Bereich der Medien neue und vielfältige Formen des Informationsaustausches bzw. der Informationsvermittlung geschaffen haben. Diese stetige Zunahme an Möglichkeiten – insbesondere auch zur individuellen Wissensaneignung – bedingt auch einen Anstieg an Komplexität, der auch die wissenschaftliche Auseinandersetzung mit den betroffenen Bereichen nachhaltig beeinflusst.

Hinzu kommen gesellschaftliche Veränderungen, wie Individualisierung, Überalterung, Emanzipation der Patientenrolle und Globalisierung, welche wiederum Einflüsse auf die Kommunikationsprozesse im Gesundheitskontext haben. Das interdisziplinäre Wissenschaftsgebiet Gesundheitskommunikation widmet sich vielen dieser Fragestellungen und hat sich inzwischen auch im deutschsprachigen Raum als akademisches Teilgebiet der Kommunikationswissenschaft in Forschung und Lehre etabliert. Zu sehen ist dies etwa an der Menge der zugänglichen Informationen und Forschungsaktivitäten, die sich in einer großen Zahl an publizierten Studien niederschlägt, sowie an der Einrichtung fachspezifischer Studiengänge (z.B. Public Health oder Gesundheitskommunikation).

All dies sind gute Gründe, Gesundheitskommunikation aus einer kommunikationswissenschaftlichen Perspektive zum Thema dieses Lehrbuches zu machen. Insbesondere, um einen grundlegenden Überblick über das Forschungsgebiet zu vermitteln. Damit wollen wir die weitere Etablierung des Faches im deutschsprachigen Raum vorantreiben und unterstützen sowie zukünftige Forschungsaktivitäten anregen. Gleichzeitig sind wir uns jedoch bewusst, dass es im Rahmen eines Lehrbuches nicht möglich ist, alle Befunde dieses Forschungsfeldes detailliert darzustellen. Wir beschränken uns daher vor allem darauf, die wesentlichen Dimensionen und verschiedenen Strukturierungs- und Zugangsmöglichkeiten aufzuzeigen.

Das Buch soll einen verständlichen Überblick über die wesentlichen Zugänge, Grundbegriffe und Ansätze bieten. Dadurch ist es eine ideale Grundlage für Vorlesungen und Seminare. Die zentralen Begriffe und Theorieerläuterungen werden kurz und verständlich erklärt. Zahlreiche Anwendungsbeispiele aus Deutschland, Österreich und der Schweiz, Exkurse und Literaturhinweise auf die jeweils einschlägigen Werke helfen dabei, die Inhalte zu verstehen und regen zur weiterführenden Beschäftigung mit den Themen an.

Das vorliegende Lehrbuch Gesundheitskommunikation ist konzipiert für Studierende und Lehrende der Kommunikationswissenschaften, der Gesundheitswissenschaften sowie angrenzender Studiengänge (bspw. Medizin oder Pflegewissenschaften), die eine kompakte Einführung in dieses Forschungsfeld erhalten möchten. Darüber hinaus können auch Kommunikationsverantwortliche im Gesundheitswesen (u.a. AusbilderInnen, Kliniksprecherinnnen und Kliniksprecher) oder am Thema Interessierte einen ersten Einstieg in den Fachbereich finden.

Zunächst erläutern wir einige Grundlagen zu zentralen Begriffen, der Einordnung des Faches, Theorien und Methoden, um dann auf dieser Basis im zweiten Teil die Inhalte, Nutzung und Wirkung verschiedener gesundheitsrelevanter Kommunikationsformen zu vertiefen. Abschließend gehen wir auf einige weiterführende Aspekte zu Ethik, Krankheitsspezifika, speziellen Zielgruppen und den zentralen Akteuren im Gesundheitswesen ein.

Um geschlechtersensible Formen in den Text zu integrieren, haben wir uns bewusst nicht für eine bestimmte grammatikalische Wendung entschieden, sondern greifen auf die Vielfalt geschlechtersensibler Formulierungen (z.B. ÄrztInnen oder Patientinnnen und Patienten) unter Berücksichtigung der Lesbarkeit des Textes zurück.

Damit der Umgang mit deutschen und englischen Varianten bestimmter Begriffe und Theorien in der weiterführenden Literatur leichter fällt, haben wir uns dazu entschieden, die in der deutschsprachigen Forschung und Praxis gebräuchlicheren Varianten sowie deren entsprechende Abkürzungen zu verwenden. Die jeweiligen deutschen Übersetzungen bzw. englischen Originalbegriffe finden sich bei der ersten Nennung eines Begriffs in jedem Kapitel sowie im Glossar am Ende des Lehrbuchs. Das Abkürzungsverzeichnis am Anfang liefert darüber hinaus eine Übersicht über die Langformen der verwendeten Abkürzungen und kann entsprechende Hilfe während des Lesens bieten. Allerdings muss beachtet werden, dass bestimmte Begrifflichkeiten innerhalb verschiedener Disziplinen oder sogar von Autor zu Autor unterschiedlich verwendet oder übersetzt werden. So werden bspw. in der Fachliteratur die Begriffe *Wissenskluftansatz, -perspektive* oder auch *-hypothese* zum Teil synonym verwendet oder der in der Kommunikationswissenschaft verwendete Terminus „Fallbeispiele" für den Einsatz der Erfahrungen Betroffener wird im Marketing als „Testimonial" bezeichnet.

An dieser Stelle möchten wir uns ganz herzlich bei Malin Isermann, Dr. Florian Fischer, Prof. Eva Baumann, Prof. Constanze Rossmann, Paula Stehr, Winja Weber, Anne Reinhardt, Hanna Lütke Lanfer, Caroline Dalmus, Perina Siegenthaler und Mike Meißner für ihre Unterstützung bei der Erstellung des Buches bedanken. Für die Bereitstellung von Abbildungen danken wir Prof. Constanze Rossmann, Dr. Veronika Karnowski, Prof. Heinz Bonfadelli, Prof. Thomas Friemel, Prof. Christoph Klimmt, der Felix-Burda-Stiftung, der Bundeszentrale für gesundheitliche Aufklärung in Deutschland, dem Bundesamt für Gesundheit in der Schweiz und Dr. Kai Kolpatzik vom AOK Bundesverband. Schließlich gilt unser Dank auch Frau Dr. Sandra Frey vom Nomos Verlag, die dieses Buch initiiert und begleitet hat.

Doreen Reifegerste, Erfurt
Alexander Ort, Fribourg

**Vorwort zur 2., aktualisierten und erweiterten Auflage**

Gesundheitskommunikation ist ein dynamisches Feld, das – nicht erst seit der Covid-19-Pandemie – unaufhörlich an Relevanz gewinnt. Die Dynamiken verändern und erweitern dabei auch kontinuierlich unser Verständnis von Gesundheit, Krankheit und Wohlbefinden. In einer Zeit, in der Informationen über Gesundheit so zugänglich und vielfältig wie nie zuvor sind, spielt die Art und Weise, wie wir Zugang zu diesen Informationen erhalten und wie wir über diese Themen kommunizieren, eine zentrale Rolle. Mit großer Freude präsentieren wir Ihnen die 2. Auflage dieses Lehrbuchs zur Gesundheitskommunikation, das aufbauend auf der Grundlage der ersten Ausgabe nun aktualisiert, erweitert und an die neuesten Entwicklungen in diesem Bereich angepasst wurde.

Seit der Veröffentlichung der ersten Auflage hat sich zum einen das Feld der Gesundheitskommunikation rasant weiterentwickelt. Wir sehen nicht nur eine stetige Zunahme an wissenschaftlichen Erkenntnissen und Forschungsaktivitäten, sondern auch eine tiefgreifende Transformation in der Art und Weise, wie Menschen miteinander kommunizieren und Informationen konsumieren. Der Einfluss von digitalen Medien, sozialen Plattformen, mobilen Apps und personalisierten Gesundheitstechnologien hat die Grenzen dessen, was wir über Gesundheit wissen und wie wir dieses Wissen teilen, erweitert.

In dieser zweiten Auflage haben wir unser Bestreben fortgesetzt, Ihnen einen umfassenden Überblick über die vielschichtigen Aspekte der Gesundheitskommunikation zu bieten. Dabei berücksichtigen wir nicht nur die neuesten Forschungsergebnisse, sondern auch die Veränderungen in den gesellschaftlichen Dynamiken, die das Gesundheitswesen beeinflussen. Wir beleuchten die Auswirkungen der fortschreitenden Globalisierung, die Herausforderungen der individualisierten und algorithmusbasierten Medizin sowie Kommunikation, den Einfluss der Patient:innenautonomie und die Potenziale interdisziplinärer Kooperationen auf diesem Gebiet. Konkret ergänzt haben wir vor allem historische, interprofessionelle und interkulturelle Perspektiven auf Gesundheitskommunikation sowie Learnings aus der Pandemie und den Weiterentwicklungen von Künstlicher Intelligenz.

Gleichzeitig nehmen auch persönliche Entwicklung, die seit der Veröffentlichung der ersten Auflage stattgefunden haben, Einfluss auf dieses Buch. Doreen Reifegerste wurde an die Universität Bielefeld berufen, wo sie eine Professur für Gesundheitskommunikation an der Gesundheitswissenschaftlichen Fakultät (der einzigen in Deutschland) innehat; Alexander Ort ist nun als stetiger Lehr- und Forschungsbeauftragter für Gesundheitskommunikation an der Universität Luzern an der Fakultät für Gesundheitswissenschaften und Medizin tätig. Somit haben unsere beruflichen Werdegänge uns beide von rein kommunikationswissenschaftlichen Instituten in den Bereich der Gesundheitswissenschaften geführt. Diese Veränderungen haben unsere Perspektive erweitert, insbesondere in den Bereichen Public Health und Medizin. Unsere neuen Positionen beeinflussen auch unseren Arbeitsalltag maßgeblich und eröffnen uns Einblicke in interdisziplinäre Zusammenhänge in Projekten und der Lehre sowie praxisnahe Anwendungen. Diese persönlichen Veränderungen und daraus resultierenden Erfahrungen haben wir bewusst in die Gestaltung dieser erweiterten Auflage einfließen lassen.

Im Vergleich zur ersten, reflektiert diese zweite Auflage auch die Veränderungen in der Sprache und Kommunikation, insbesondere in Bezug auf Geschlechtergerechtigkeit und Geschlechtervielfalt. Wir haben uns dazu entschlossen den Formen verschiedener Geschlechtsidentitäten durch die Verwendung des binnen „:" Rechnung zu tragen. Wir hoffen somit den vielfältigen Leser:innen dieses Buches gerecht zu werden und den inklusiven Charakter durch eine verbesserte Maschinenlesbarkeit zu steigern.

Die Weiterentwicklung dieses Lehrbuchs wäre ohne die Unterstützung und Mitarbeit zahlreicher Personen nicht möglich gewesen. Wir möchten daher unsere aufrichtige Dankbarkeit gegenüber all jenen ausdrücken, die zur Entstehung dieser Auflage beigetragen haben. Ein besonderer Dank gilt unseren Kolleg:innen an den Universitäten Bielefeld, Luzern und Jena sowie unseren Hilfskräften Johanna Paul, Nicola Schmidt und Boglarka Zsolyomi für ihre Unterstützung, ihr wertvolles Feedback, und Einblicke aus der Praxis. Sie haben dazu beigetragen, dieses Buch aus wissenschaftlicher und praktischer Sicht auf aktuell zu halten.

Zum Abschluss möchten wir Ihnen, geschätzte Leser:innen, unseren herzlichen Dank für Ihr fortwährendes Interesse an diesem Lehrbuch aussprechen. Wir hoffen, dass die zweite Auflage Ihnen wertvolle Einblicke vermittelt und Sie dazu inspiriert, sich mit den bestehenden und neuen Herausforderungen und Chancen im Bereich der Gesundheitskommunikation zu beschäftigen.

Doreen Reifegerste, Bielefeld
Alexander Ort, Luzern

# Inhalt

Vorwort    5

Vorwort zur 2., aktualisierten und erweiterten Auflage    9

Abbildungsverzeichnis    15

Tabellenverzeichnis    16

Verzeichnis der Beispiele    17

Verzeichnis der Begriffsklärungen    18

Abkürzungsverzeichnis    19

**1 Was ist Gesundheitskommunikation?**    21
    1.1 Begriffsklärungen    22
    1.2 Strukturierungsmöglichkeiten des Forschungsbereichs    26
    1.3 Historische Entwicklung der Gesundheitskommunikation    31
    1.4 Multi-, Inter- und Transdisziplinarität    37
    1.5 Interprofessionelle Zusammenarbeit    46

**2 Zentrale Parameter**    51
    2.1 Risikowahrnehmung    51
    2.2 Wirksamkeitserwartungen    52
    2.3 Subjektive Normen    53
    2.4 Emotionen    55
    2.5 Gesundheitskompetenz    56
    2.6 Informierte Entscheidungen    58
    2.7 Einstellungen und Intentionen    59
    2.8 Gesundheitsverhalten    60
    2.9 Gesundheitszustand und Lebensqualität    61
    2.10 Mediennutzung und Informationssuche    63
    2.11 Social-Media-Parameter    64

**3 Theorien, Ansätze und Modelle**    67
    3.1 Mikroebene    68
       3.1.1 Theorie des geplanten Verhaltens    69
       3.1.2 Sozial-kognitive Lerntheorie    71
       3.1.3 Stadienmodelle des Gesundheitsverhaltens    73
       3.1.4 Elaboration Likelihood Model    75
       3.1.5 Furchtappelltheorien    78
    3.2 Mesoebene    82
       3.2.1 Theorien sozialer Vergleichsprozesse    83
       3.2.2 Theorie der sozialen Unterstützung    85
       3.2.3 Diffusionstheorie    87
    3.3 Makroebene    89
       3.3.1 Wissenskluft-Perspektive    90

|     |       |                                                     |     |
| --- | ----- | --------------------------------------------------- | --- |
|     | 3.3.2 | Kultivierungsthese                                  | 92  |
|     | 3.3.3 | Agenda-Setting                                      | 95  |

## 4 Methoden 97

| 4.1 | Grundsätzliche Überlegungen | 98 |
| 4.2 | Möglichkeiten der Datenerhebung | 101 |
| | 4.2.1 Befragung | 101 |
| | 4.2.2 Inhaltsanalyse | 105 |
| | 4.2.3 Beobachtung | 108 |
| | 4.2.4 Psychophysiologische Messmethoden | 110 |
| | 4.2.5 Computergestützte Verfahren und Big Data | 111 |

## 5 Interpersonale Gesundheitskommunikation 113

| 5.1 | Dimensionen der interpersonalen Gesundheitskommunikation | 113 |
| 5.2 | Arzt-Patienten-Kommunikation | 120 |
| | 5.2.1 Anlässe und Anforderungen der Kommunikation | 120 |
| | 5.2.2 Entwicklungen in der Arzt-Patienten-Kommunikation | 122 |
| | 5.2.3 Modelle der Arzt-Patienten-Interaktion | 125 |
| | 5.2.3 Gespräche mit Angehörigen | 127 |
| | 5.2.4 Gespräche mit anderen Gesundheitsberufen | 128 |
| 5.3 | Gesundheitsberatung | 129 |

## 6 Gesundheitsbezogene Organisationskommunikation 137

| 6.1 | Organisationen der Leistungserbringer:innen | 141 |
| 6.2 | Pharmaunternehmen und Apotheken | 144 |
| 6.3 | Krankenversicherungen | 146 |
| 6.4 | Öffentliche Institutionen und Stiftungen | 148 |

## 7 Massenmediale bzw. öffentliche Gesundheitskommunikation 153

| 7.1 | Inhalte | 154 |
| | 7.1.1 Strukturierungsmöglichkeiten von Medieninhalten | 155 |
| | 7.1.2 Informationsformate | 158 |
| | 7.1.3 Unterhaltungsformate | 165 |
| 7.2 | Nutzung | 168 |
| | 7.2.1 Formen der Mediennutzung | 169 |
| | 7.2.2 Nutzung gesundheitsbezogener Medienangebote | 172 |
| | 7.2.3 Faktoren der Mediennutzung | 175 |
| 7.3 | Wirkungen | 178 |
| | 7.3.1 Dimensionen der Medienwirkungen | 179 |
| | 7.3.2 Positive Effekte | 182 |
| | 7.3.3 Negative Effekte | 184 |

## 8 Gesundheitskampagnen 189

| 8.1 | Vorgehen bei der Kampagnenentwicklung | 190 |
| 8.2 | Zielgruppenspezifika | 198 |
| 8.3 | Zentrale Strategien in Gesundheitskampagnen | 204 |
| | 8.3.1 Strategien zur Wissensvermittlung | 204 |
| | 8.3.2 Emotionale Appelle | 208 |

|  |  |  |
|---|---|---|
| | 8.3.3 Soziale Appelle | 212 |
| | 8.3.4 Framing | 214 |
| | 8.3.5 Fallbeispiele, Narrative und Expert:innen | 215 |
| | 8.3.6 Entertainment Education | 217 |
| 8.4 | Auswahl der Kommunikationswege | 219 |

**9 Ethische Aspekte** — 225

   9.1 Unerwünschte Effekte — 225
   9.2 Qualität — 227
   9.3 Entscheidungsfreiheit und Verantwortung — 229

**10 Chancen, Herausforderungen und Perspektiven für die Gesundheitskommunikation** — 233

**Literaturverzeichnis** — 237

**Verzeichnis der Fachbegriffe mit englischen Übersetzungen** — 283

**Sachregister** — 287

**Bereits erschienen in der Reihe STUDIENKURS Medien & Kommunikation** — 291

# Abbildungsverzeichnis

| | | |
|---|---|---|
| Abbildung 1: | Die wichtigsten Determinanten der Gesundheit | 27 |
| Abbildung 2: | Nachbardisziplinen der Gesundheitskommunikation | 40 |
| Abbildung 3: | Theory of Planned Behavior | 69 |
| Abbildung 4: | Modell zur sozial-kognitiven Lerntheorie | 73 |
| Abbildung 5: | Elaboration Likelihood Model | 76 |
| Abbildung 6: | Extended Parallel Process Model | 81 |
| Abbildung 7: | Übernehmendenkategorien im Zeitverlauf | 88 |
| Abbildung 8: | Visualisierung der wachsenden Wissenskluft | 91 |
| Abbildung 9: | Methoden der Datenerhebung | 97 |
| Abbildung 10: | Gender Unicorn | 119 |
| Abbildung 11: | Systemmodell zur Durchführung von Kommunikationskampagnen | 191 |
| Abbildung 12: | Motive aus der LOVE LIFE-Kampagne | 199 |
| Abbildung 13: | AOK Faktenbox zum Thema „Organspende" | 207 |
| Abbildung 14: | Beispiele für Warnhinweise auf Zigarettenpackungen | 208 |
| Abbildung 15: | Plakat aus der „Mach's mit"-Kampagne | 212 |
| Abbildung 16: | Plakat aus der Kampagne „Kenn dein Limit" | 213 |
| Abbildung 17: | Plakat aus der Kampagne zur Darmkrebsfrüherkennung mit V. Klitschko | 217 |

## Tabellenverzeichnis

| | | |
|---|---|---:|
| Tabelle 1: | Strukturierungsmöglichkeiten von Gesundheitskommunikation | 28 |
| Tabelle 2: | Beispiele für Quellen der Gesundheitsberichterstattung | 45 |
| Tabelle 3: | Kernkompetenzen für die interprofessionelle Zusammenarbeit | 48 |
| Tabelle 4: | Dimensionen subjektiver Normen | 54 |
| Tabelle 5: | Elemente der Gesundheitskompetenz | 57 |
| Tabelle 6: | Beispiele für Parameter zum Gesundheitszustand | 62 |
| Tabelle 7: | Beispiele zur Operationalisierung von Lebensqualität | 63 |
| Tabelle 8: | Unterschiede quantitativer und qualitativer Methoden | 100 |
| Tabelle 9: | Modelle der Arzt-Patienten-Beziehung | 126 |
| Tabelle 10: | Strategien der Krankenversicherungskommunikation | 148 |
| Tabelle 11: | Beispiele für verschiedene gesundheitsbezogene Medienformate | 156 |
| Tabelle 12: | Klassifikationen von Gesundheitsangeboten im Internet | 157 |
| Tabelle 13: | Dimensionen von Medienwirkungen | 178 |
| Tabelle 14: | Ziele und Strategien zur Zielerreichung | 194 |
| Tabelle 15: | Kriterien zur Bewertung von Kommunikationswegen und Formaten | 219 |
| Tabelle 16: | Mögliche negative Effekte der Gesundheitskommunikation | 226 |
| Tabelle 17: | Gegensätzliche Positionen im Umgang mit Patient:innen | 231 |

## Verzeichnis der Beispiele

| | | |
|---|---|---|
| Beispiel 1: | Fakultät für Gesundheitswissenschaften an der Universität Bielefeld sowie Fakultät für Gesundheitswissenschaften und Medizin an der Universität Luzern | 44 |
| Beispiel 2: | Theory of Planned Behavior | 70 |
| Beispiel 3: | Stadienmodelle – COVID-19-Impfung | 75 |
| Beispiel 4: | Health Information National Trend Survey (HINTS) | 104 |
| Beispiel 5: | Leitlinie zur Schwangerschaftskonfliktberatung bei Pränataldiagnostik | 130 |
| Beispiel 6: | Zugangswege zum Krebsinformationsdienst | 132 |
| Beispiel 7: | Aufsuchende Beratung in sozialen Medien für Migrantinnen | 134 |
| Beispiel 8: | Patientenuniversität der Medizinischen Hochschule Hannover | 135 |
| Beispiel 9: | Bundeszentrale für gesundheitliche Aufklärung (BZgA) | 149 |
| Beispiel 10: | Lindenstraße | 166 |
| Beispiel 11: | Zeitliche Entwicklung von AIDS/HIV-Kampagnen | 193 |
| Beispiel 12: | Theorie- und evidenzbasierte Entwicklung | 196 |
| Beispiel 13: | Visualisierungen im Deutschen Hygienemuseum Dresden | 206 |

## Verzeichnis der Begriffsklärungen

| | | |
|---|---|---:|
| Begriffsklärung 1: | Gesundheitskommunikation | 24 |
| Begriffsklärung 2: | eHealth und mHealth | 25 |
| Begriffsklärung 3: | Fake News und Verschwörungstheorien und Infodemie | 33 |
| Begriffsklärung 4: | Geschlechtersensible Medizin vs. geschlechtersensible Kommunikation | 41 |
| Begriffsklärung 5: | Interprofessionelle Zusammenarbeit | 46 |
| Begriffsklärung 6: | Telemedizin | 115 |
| Begriffsklärung 7: | Geschlechtsidentität | 118 |
| Begriffsklärung 8: | Strategien zum Umgang mit (falsch) Informierten | 123 |
| Begriffsklärung 9: | Social Marketing | 138 |
| Begriffsklärung 10: | E-Learning | 164 |
| Begriffsklärung 11: | Serious Games | 168 |
| Begriffsklärung 12: | Partizipative Entwicklung von Gesundheitskommunikation | 197 |

## Abkürzungsverzeichnis

| | |
|---|---|
| AIDS | Acquired Immune Deficiency Syndrome |
| AOK | Allgemeine Ortskrankenkasse |
| ARD | Arbeitsgemeinschaft der öffentlich-rechtlichen Rundfunkanstalten der Bundesrepublik Deutschland (ARD) |
| aV | abhängige Variable |
| BAG | Bundesamt für Gesundheit |
| BIQG | Bundesinstitut für Qualität im Gesundheitswesen |
| BMG | Bundesministerium für Gesundheit |
| BZgA | Bundeszentrale für gesundheitliche Aufklärung |
| CAPI | computer assisted personal interview |
| CATI | computer assisted telephone interview |
| DGPuK | Deutsche Gesellschaft für Publizistik und Kommunikationswissenschaft |
| E-Learning | electronic Learning |
| EACH | European Association for Communication in Healthcare |
| ECHI | European Core Health Indicators |
| EDA | elektrodermale Aktivität |
| eGK | elektronische Gesundheitskarte |
| eHealth | electronic Health |
| EHEC | Enterohämorrhagische Escherichia Coli |
| ELM | Elaboration Likelihood Model |
| EPPM | Extended Parallel Process Model |
| EU-HLS | European Health Literacy Survey |
| fMRT | funktionelle Magnetresonanztomographie |
| FSK | Freiwillige Selbstkontrolle der Filmwirtschaft |
| G-BA | gemeinsamer Bundesausschuss |
| GKV | Gesetzliche Krankenversicherung |
| GÖG | Gesundheit Österreich GmbH |
| HAPA | Health Action Process Approach |
| HBM | Health Belief Model |
| HINTS | Health Information National Trends Survey |
| HIV | Humanes Immundefizienz-Virus |
| HPV | Humane Papillomaviren |
| ICH | Institute of Communication and Health |
| IQTIG | Institut für Qualitätssicherung und Transparenz im Gesundheitswesen |
| IQWIG | Institut für Qualität und Wirtschaftlichkeit im Gesundheitswesen |
| KID | Krebsinformationsdienst |
| KVA | kardiovaskuläre Aktivität |
| mHealth | mobile Health |
| MOOC | massive open online course |
| OECD | Organisation for Economic Co-operation and Development |
| OTC | over the counter |
| PAPM | Precaution Adoption Process Model |
| POPC | permanently online, permanently connected |
| PRM | Parallel Response Model |
| PSB | parasoziale Beziehung |
| PSI | parasoziale Interaktion |
| RKI | Robert Koch-Institut |
| TOFHLA | Test of Functional Health Literacy |
| TPM | Theory of Protection Motivation |
| TRA | Theory of Reasoned Action |
| TTM | Transtheoretical Model |
| uV | unabhängige Variable |
| VR | virtual reality |
| WDR | Westdeutscher Rundfunk |
| WHO | World Health Organization |
| ZDF | Zweites Deutsches Fernsehen |

# 1 Was ist Gesundheitskommunikation?

In diesem Kapitel erfahren Sie,

- wie Gesundheit, Kommunikation und Gesundheitskommunikation definiert werden;
- wie die Inhalte der Gesundheitskommunikation strukturiert werden können;
- wie sich das Fach Gesundheitskommunikation historisch entwickelt hat;
- welche Konsequenzen die interdisziplinäre und interprofessionelle Ausrichtung des Faches für die Forschung und Praxis hat.

### Typische Fragestellungen

Themen aus dem Bereich der Gesundheitskommunikation begegnen uns in zahlreichen Facetten im täglichen Leben – und das nicht erst seit der COVID-19-Pandemie. Ärzt:intermine, Informationsbroschüren zu Vorsorgeuntersuchungen und Impfungen, Krankenhausserien und Tracking-Apps gehören zur Lebenswelt der meisten Menschen, auch wenn sie nicht im Gesundheitssektor oder wissenschaftlich tätig sind. So klingen typische Fragestellungen, mit denen sich das Forschungsfeld Gesundheitskommunikation beschäftigt, oftmals ebenfalls sehr alltagsnah:

- Wie informieren sich Menschen über Gesundheits- und Krankheitsthemen, Gesundheitsförderung, Prävention und Gesundheitsrisiken?
- Wie können Menschen erreicht und motiviert werden, die sich nicht für Gesundheitsthemen interessieren?
- Was erleben Menschen, die eine erschreckende Nachricht über ihren Gesundheitszustand oder mögliche Gefahren für ihre Gesundheit erhalten haben?
- Können Smartphone-Apps einen Einfluss auf den Gesundheitszustand der Nutzer:innen haben?
- Wie glaubwürdig und evidenzbasiert sind Gesundheitsinformationen aus dem Internet oder den sozialen Medien?

### Forschungsfeld und Forschungsgegenstand

Gesundheitskommunikation umfasst dabei sowohl das Forschungsfeld Gesundheitskommunikationswissenschaft an sich (d.h. Fragestellungen, die von Forscher:innen untersucht werden) als auch die verschiedenen Forschungsgegenstände (d.h. die verschiedenen Formen gesundheitsbezogener und gesundheitsrelevanter Kommunikation, welche von Forscher:innen im Forschungsfeld betrachtet werden). Die Vielfalt von Fragen und Inhalten zeigt dabei, wie stark das Forschungsfeld und die Forschungsgegenstände mit den unterschiedlichsten alltäglichen Kommunikationssituationen wie Zeitunglesen, Gesprächen mit Familienmitgliedern und Freund:innen, Internetrecherchen oder dem Chatten in sozialen Medien verbunden ist.

# 1 Was ist Gesundheitskommunikation?

## 1.1 Begriffsklärungen

### Definition Gesundheit

Zweifellos sind die Begriffe Gesundheit und Kommunikation allgegenwärtig und vertraut. Dennoch besteht in vielen Fällen keine klare Einigkeit über ihre Bedeutung. So versteht man unter Gesundheit einerseits einen objektiv (z.B. mit medizinischen Geräten oder Tests) messbaren Zustand, andererseits aber ebenso ein subjektives (d.h. individuell wahrgenommenes) Empfinden (Faltermeier, 2016). Für die Definition von Krankheit, dem Gegenteil von Gesundheit, benennen Schnabel und Bödeker (2012) neben „krank sein" und „sich krank fühlen" auch das „als krank gelten" als weitere wichtige Dimension. Letztere verdeutlicht etwa, dass es von Bedeutung ist, ob der Zustand des „Erkrankten" nicht nur von ihm selbst, sondern auch von seiner Umwelt (z.B. dem Versicherungs- und Versorgungssystem oder aber der Gesellschaft an sich) als problematisch anerkannt wird.

Darüber hinaus lassen sich körperliche, geistige und soziale Aspekte der Gesundheit unterscheiden (WHO, 1946). Das bedeutet, dass zu Gesundheit nicht nur die körperliche Unversehrtheit (d.h. die Freiheit von physischen Beschwerden und Beeinträchtigungen) und psychisches Wohlbefinden (d.h. Lebensqualität) gehören, sondern gleichermaßen die sinnstiftende Zugehörigkeit zu einer Gemeinschaft (Lippke & Renneberg, 2006). Damit wird deutlich, dass neben individuellen Einflussfaktoren wie genetischer Disposition und Lebensgewohnheiten zudem die sozioökomischen Verhältnisse sowie die Einbindung in soziale Netzwerke eine wichtige Rolle für die Gesundheit spielen, wenngleich häufig die biomedizinische Sichtweise (d.h. der Fokus auf die körperlichen Aspekte) dominiert (Appel, 2000). In den letzten Jahren geraten darüber hinaus zunehmend auch umweltbezogene Faktoren der Gesundheit (z.B. unter den Begriffen Environmental, Planetary oder Urban Health) in den Blick (Malsch, 2021).

Des Weiteren wird unter Gesundheit nicht nur die Abwesenheit von Krankheit, sondern in gleicher Weise die Aufrechterhaltung der Funktionsfähigkeit und Stärkung von Ressourcen verstanden (WHO, 1946). Diese Sichtweise wird als salutogenetisch (d.h. gesundheitsförderlich) bezeichnet und steht im Gegensatz zu einer pathogenetischen Perspektive, welche sich lediglich auf Krankheitsursachen und deren Beseitigung fokussiert. Vor diesem Hintergrund gehen aktuelle Vorstellungen zur Gesundheit von einem Gesundheits-Krankheits-Kontinuum aus. Gesundheit und Krankheit sind dabei keine voneinander unabhängigen Zustände, sondern die Übergänge zwischen beiden sind fließend und durch eine Vielzahl an Zwischenstadien gekennzeichnet. Neben der Kuration (d.h. Beseitigung von Krankheitsfolgen) sind in diesem Kontext auch die Prävention (d.h. das Vorbeugen von Krankheiten) und die Gesundheitsförderung (d.h. die Erhaltung und Verbesserung der Gesundheit) von Relevanz. So geben Schulz und Hartung (2014, S. 31) als Ziel des Faches Gesundheitskommunikation an, „durch Optimieren der Kommunikation erfreuliche Ergebnisse für die Gesundheit zu erzielen, unabhängig davon, ob es sich um die Behandlung von akuten, das Zurechtkommen mit chronischen Erkrankungen oder Fragen der Vorbeugung handelt". Diese Vorstellung ähnelt der Klassifizierung von Präventionsinterventionen in Primär-, Sekundär- und Tertiärprävention. Während Maßnahmen der Primärprävention vor dem Auftreten der Erkrankung ansetzen, um ihr Auftreten zu verringern, dient die Sekundärprävention der Früherkennung von Erkrankungen und die Tertiärprävention der Behandlung von Krankheiten und Rehabilitation von Gesundheitszuständen (Leppin, 2010). Damit wird deutlich, worauf Schnabel und Bödeker (2012) bereits in ihrem Buchtitel hinweisen, nämlich dass Gesundheitskommunikation „mehr als das Reden über Krankheit" – und Krankheitskommunikation dementsprechend nur ein Teil davon – ist.

**Definition Kommunikation**

Über Kommunikation herrscht ebenfalls ein breites Verständnis und so koexistiert für diesen Begriff ebenfalls eine Vielzahl an Definitionen. Kommunikation geht auf das lateinische Wort „communicare" zurück, was in der Regel mit „übermitteln" oder „mitteilen", aber ebenso mit „etwas gemeinsam machen" oder „etwas vereinigen" übersetzt wird (Schnabel & Bödeker, 2012). Hieraus wird bereits deutlich, dass für das Zustandekommen von Kommunikation mindestens zwei Teilnehmer:innen (genauer: mindestens ein oder eine Sender:in und mindestens ein oder eine Empfänger:in) erforderlich sind. Kommunikation kann deshalb als eine Form des sozialen Handelns verstanden werden, bei der Kommunikationsinhalte ausgetauscht werden (Baumann & Hurrelmann, 2014).

Unterschieden wird, ob dieser Austausch zwischen beiden Kommunikationspartner:innen wechselseitig (d.h. abwechselnd, wie bei einem Gespräch) oder einseitig (d.h. ohne direkte Rückkopplung, wie beim Fernsehen) stattfindet. Wechselseitige (d.h. interaktive) Kommunikation kann dabei synchron (d.h. zeitgleich, wie bei einem [Video-]Telefonat oder einem Livechat) oder asynchron (d.h. zeitversetzt wie bei einer E-Mail, einem Forum oder über Kommentare vermittelt auf einer Social Media Plattform) verlaufen. Außerdem kann differenziert werden, ob die Kommunikation direkt (d.h. von Angesicht zu Angesicht/Face-to-Face) oder indirekt (d.h. medial vermittelt, etwa durch ein Mobiltelefon) erfolgt. Dabei stehen wiederum viele verschiedene Medien als Mittel der Kommunikation, für den Austausch zwischen Sender:in und Empfänger:innen zur Verfügung, die von Zeitungspapier über PCs und Laptops bis hin zu Mobiltelefonen und Smartwatches reichen. Schließlich können Kommunikationsinhalte zudem nach ihrer Zugänglichkeit unterteilt werden; ob sie also öffentlich (d.h. für jede:n, wie im Fernsehen, einem Blog im Internet und einem öffentlichen Social-Media-Account) oder ausschließlich privat (d.h. nur einer bestimmten Personengruppe, wie in einer Besprechung oder einer Messenger-App) verfügbar sind. So kann etwa interpersonale Kommunikation zwischen zwei Personen sowohl privat (z.B. in einer Wohnung) als auch öffentlich (z.B. in einem Onlineforum oder einer Talkshow) stattfinden (Merten, 2007). Zudem ist es notwendig, die Akteur:innen der Kommunikation zu spezifizieren, da zunehmend Maschinen als eigenständige (teil-)automatisiert agierende Akteure in der Interaktion auftreten und daher von Mensch-Maschine-Kommunikation und einer Automatisierung der Kommunikation (im Unterschied zur technologiebasierten Mensch-Mensch-Kommunikation) gesprochen werden

# 1 Was ist Gesundheitskommunikation?

muss. Hierzu zählt etwa die Kommunikation mit Chatbots oder Robotern, der automatisierte Ablauf von Verwaltungs- oder Entscheidungsprozessen oder die automatisierte Produktion journalistischer Inhalte (Hepp et al., 2022).

## Definition Gesundheitskommunikation

Aus der Zusammenführung der Begriffe Gesundheit und Kommunikation ergibt sich ein recht komplexer Forschungsgegenstand, der – abhängig von der disziplinären Perspektive und der Beschreibung des Forschungsgegenstandes – unterschiedlich ausfallen kann. Je nachdem, ob alle oder nur eine Auswahl der oben beschriebenen Merkmale von Gesundheit und Medien zu Gesundheitskommunikation gezählt werden, ergibt sich dementsprechend ein weites oder enges Verständnis des Forschungsfeldes Gesundheitskommunikation. Sehr weite Definitionen von Gesundheitskommunikation fordern dabei lediglich einen Bezug zur Gesundheit ein, so bspw. „Health communication refers to any type of human communication whose content is concerned with health" (Rogers, 1996, S. 15). Hierunter fällt demnach alle menschliche Kommunikation, die Gesundheitsthemen zum Inhalt hat. Ebenso legen Baumann und Hurrelmann (2014) eine sehr weite Definition von Gesundheitskommunikation zugrunde, spezifizieren aber die verschiedenen Beteiligten und Medienmerkmale (siehe Begriffsklärung 1).

> **Begriffsklärung 1: Gesundheitskommunikation**
>
> „Gesundheitskommunikation bezeichnet die Vermittlung und den Austausch von Wissen, Meinungen und Gefühlen zwischen Menschen, die an Fragen von Gesundheit und Krankheit und öffentlicher Gesundheitspolitik interessiert und/oder als professionelle Dienstleister:innen oder Patient:innen/Klient:innen in den gesundheitlichen Versorgungsprozess einbezogen sind. Vermittlung und Austausch können direkt-personal oder durch technische Medien vermittelt sein. Gesundheitskommunikation schließt alle Kommunikationsinhalte ein, die sich auf Gesundheit und Krankheit oder deren Determinanten beziehen, und umfasst alle Formen symbolvermittelter sozialer Interaktion, die – auch unabhängig von der Intention der Kommunikationspartner – gesundheitsrelevant sind, Gesundheitsverhalten also direkt oder indirekt beeinflussen, oder durch dieses initiiert werden" (Baumann & Hurrelmann, 2014, S. 13). Für eine weitere Einordnung verschiedener Definitionen siehe Baumann, Lampert & Fromm, 2020.

Außerdem wird in dieser Definition die Gesundheitskommunikation unabhängig von der Zielstellung der Kommunikator:innen und als wechselseitige Beziehung definiert. Dagegen beschränken sich andere Definitionen auf die Formen der Gesundheitskommunikation, die versuchen, die Empfänger:innen der Botschaften absichtlich (d.h. intentional) zu überzeugen, und schließen damit unabsichtliche oder unerwünschte gesundheitliche Wirkungen der Mediennutzung aus. So enthält bspw. die Definition von Schnabel (2009, S. 39) lediglich „mehr oder weniger organisierte Bemühungen" mit dem „Einsatz möglichst vieler zielführender Strategien (Beratung, Organisationsentwicklung, Aufklärungs- und Informationskampagnen)", um „die Vermeidung von Krankheitsrisiken und die Stärkung von Gesundheitsressourcen" zu erreichen. Damit schließt diese engere Definition nur einen Teilbereich des möglichen Forschungsgegenstands der Gesundheitskommunikation im weiteren Sinne ein, nämlich die strategischen, d.h. gezielt geplanten Formen der Kommunikation, wie Kampagnen (siehe Kapitel 8) und Organisationskommunikation (siehe Kapitel 6). Zudem beschränken sich manche Definitionen auch auf das klassische lineare *Sender-Empfänger-Modell* und vernachlässigen dabei die interaktionistische, komplexere Realität von Kommunikation (Baumann, Lampert & Fromm, 2020).

Digitale Gesundheitskommunikation z.B. in Form von Webseiten, Videotelefonaten und mobilen Anwendungen werden unter den Begriffen „eHealth" und „mHealth" und „Digital Health", d.h. digitale Gesundheitsanwendungen, diskutiert (Rossmann & Karnowski, 2014; siehe Begriffsklärung 2).

**Begriffsklärung 2: eHealth und mHealth**

Der Einsatz von digitalen Informations- und Kommunikationstechnologien im Rahmen von gesundheitsbezogenen Aktivitäten wird unter dem Begriff eHealth (für Electronic Health) oder auch Digital Health zusammengefasst (Fischer & Krämer, 2016). Eysenbach (2001, S. 20) definiert eHealth daher als „an emerging field of medical informatics, referring to the organization and delivery of health services and information using the Internet and related technologies". Ziel von eHealth, was mitunter auch als digitale Gesundheit übersetzt wird, ist die Verbesserung der Gesundheitsversorgung und des Gesundheitszustandes.

Der Begriff mHealth (für Mobile Health) kann vor diesem Hintergrund als ein Teilbereich von eHealth gesehen werden, bei dem mobile und algorithmusbasierte Informations- und Kommunikationstechnologien in der Gesundheitsversorgung und -förderung eingesetzt werden (Rossmann & Karnowski, 2014). Klassische Anwendungsbereiche sind etwa Apps für Smartphones und Tablets sowie der Versand von SMS, die insbesondere in Gebieten zum Einsatz kommen, in denen überwiegend herkömmliche Mobiltelefone (keine Smartphones) verbreitet sind (Rossmann & Krömer, 2016). Um die Versorgung in Pandemiezeiten oder in schwach besiedelten Regionen sicherzustellen, spielen eHealth und mHealth aber auch für die Fernbehandlung (d.h. Telemedizin; siehe Begriffsklärung 6) oder das Telemonitoring (d.h. die stetige Überwachung von zentralen Körperparametern) ein wichtige Rolle in der Gesundheitsversorgung (Marx et al., 2020). Dementsprechend wird dieser Bereich von eHealth auch als eCare bezeichnet (Otto et al., 2018).

Unter digitalen Gesundheitsanwendungen (DiGAs) versteht man „digitale Medizinprodukte, die von den Patienten oder von Leistungserbringern und Patienten gemeinsam genutzt werden". Sie beruhen auf digitalen Technologien bzw. algorithmusbasierter Kommunikation und können ergänzend auch Sensoren, Messgeräte oder Übungsgeräte umfassen (Ludewig et al., 2021).

Die Formen der technologiebasierten Kommunikation entwickeln sich stetig weiter zu einer Kommunikation mit Technologien, wo Maschinen zu zunehmend eigenständigen Gesprächspartner:innen oder Akteur:innen in Gesundheitssystemen werden. Diese sog. Mensch-Maschine-Kommunikation mit durch künstliche Intelligenz (KI) gestützten Maschinen wie virtuelle Agenten, Chatbots und Robotern durchdringt zunehmend unseren Alltag und damit auch die gesundheitsbezogene Kommunikation. So ergänzen KI-gestützte Systeme in Ambient-Assistent-Living-Systemen die pflegerische Versorgung (Ziefle, 2020), während Big-Data-Analysen von umfangreichen Patient:innendaten die ärztliche Entscheidungsfindung unterstützen (Farhadi et al., 2020). In der Ausbildung von Gesundheitsberufen werden außerdem zunehmend Virtual- oder Augmented-Reality-Anwendungen eingesetzt, um etwa den menschlichen Körper von innen zu erleben, Mehrpersonengespräche oder komplizierte OP-Handgriffe zu trainieren. Die virtuellen Umgebungen (z.B. mit VR-Brillen) und simulierten Patient:innen ermöglichen eine ressourcenschonende Ausbildung, in der seltene oder gefährliche Situationen beliebig oft wiederholt und eingeübt werden können (Hejna et al., 2023).

## 1.2 Strukturierungsmöglichkeiten des Forschungsbereichs

Um verschiedene Zugänge zum Forschungsfeld aufzuzeigen, werden im Folgenden verschiedene Möglichkeiten vorgestellt, wie sich der Gegenstandsbereich anhand der Merkmale Ebene und Medien strukturieren lässt (siehe Tabelle 1). Im Verlauf des Lehrbuchs finden sich diese Strukturierungsmöglichkeiten als Gliederungsebenen einzelner Kapitel zu den unterschiedlichen Themen. Neben den hier vorgestellten Strukturierungsvorschlägen finden sich zahlreiche weitere, die sich bspw. stärker an den Theorien, Gesundheitsthemen oder den disziplinären Perspektiven orientieren. Weitere Strukturierungsmöglichkeiten finden sich etwa im Inhaltsverzeichnis der deutschen Handbücher zur Gesundheitskommunikation (Hurrelmann & Baumann, 2014; Rossmann & Hastall, 2019) oder den englischsprachigen Überblickswerken (Ho et al., 2022; Thompson, 2014).

### Ebenen

Eine Möglichkeit zur Systematisierung des Forschungsfeldes ist die Unterscheidung hinsichtlich verschiedener Ebenen von Gesundheitskommunikation (Baumann, Lampert & Fromm, 2020). Meist werden vier Ebenen unterschieden (siehe Kapitel 3-6), wobei die intrapersonale Ebene die psychologischen Prozesse und Vorstellungen innerhalb eines Individuums beschreibt. Die Ebene der interpersonalen (zwischenmenschlichen) Kommunikation fokussiert auf die Verständigung zwischen mindestens zwei Menschen, wie z.B. im Arzt-Patienten-Gespräch oder den Austausch zwischen Familienmitgliedern, dem Pflegepersonal und Angehörigen oder unter Patient:innen (Baumann, Lampert & Fromm, 2020). Auf Ebene der Gruppen- und Organisationskommunikation wird vor allem die Kommunikation in und von gesundheitsbezogenen Institutionen, wie bspw. Krankenhäusern, Pflegeheimen oder (Online-)Selbsthilfegruppen betrachtet. Die vierte Ebene beschäftigt sich schließlich mit Fragestellungen von gesellschaftlicher Relevanz, die bspw. das gesamte Medien- oder Gesundheitssystem betreffen.

Eine ähnliche Unterscheidung findet sich in der Soziologie, wo zwischen Mikro-, Meso- und Makroebene differenziert wird. Während sich die Mikroebene eher auf das Individuum bezieht und damit eher psychologisch oder medizinisch argumentiert (siehe Kapitel 1.4), gehen Ansätze auf der Mesoebene eher auf die Netzwerkbeziehungen ein. Auf der Makroebene sind vor allem die gesellschaftlichen Rahmenbedingungen angesiedelt (siehe auch Kapitel 3.3).

Diese Ebenenlogik lässt sich auch anwenden, um die Einflussfaktoren für Gesundheit zu systematisieren. So wird im sog. *Regenbogen-Modell* von Dahlgren und Whitehead (2021) deutlich, dass Gesundheit von einer Vielzahl von Determinanten beeinflusst wird (siehe Abbildung 1). Dies sind neben Faktoren des Lebensstils und der Genetik (auf der individuellen Ebene) auch familiäre und arbeitsbedingte Faktoren (Ebene sozialer und kommunaler Netzwerke) sowie allgemeine sozioökonomische, kulturelle und umweltbezogene Bedingungen (Makroebene), die sich zudem wechselseitig beeinflussen. Aus diesem ganzheitlichen Verständnis von Gesundheitsdeterminanten, welches sich bspw. auch im *humanökologischen Modell* von Barton und Grant (2006) findet, leitet sich ab, dass im Rahmen von Gesundheitsförderung sowohl die Lebensweise als auch die Lebensbedingungen auf den unterschiedlichen Ebenen adressiert werden müssen (Hurrelmann & Richter, 2022). Dementsprechend sollte auch die Gesundheitskommunikation diese Vielzahl an Faktoren und deren Wechselwirkungen berücksichtigen, z.B. bei der Analyse von Medienberichterstattung oder der Erstellung von Informationsmaterialien (Reifegerste et al., 2021).

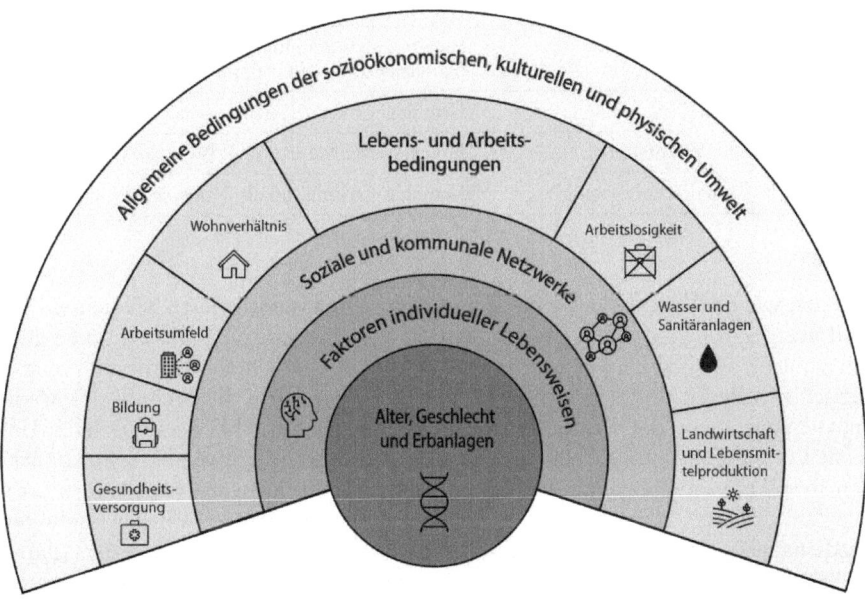

*Abbildung 1: Die wichtigsten Determinanten der Gesundheit. Quelle: Dahlgren & Whitehead, 2021, S. 22.*

Darüber hinaus lässt sich erkennen, dass die Adressierung individueller Faktoren in der Gesundheitskommunikation (z.B. durch Appelle in Kampagnen, siehe Kapitel 8.3) nicht erfolgreich sein kann, wenn die entsprechenden Kontextbedingungen (z.B. das Essensangebot in einer Kantine oder das bezahlbare Angebot alkoholfreier Getränke in einem Restaurant) kein entsprechendes Verhalten oder eine Verhaltensanpassung ermöglichen. Dieser hohe Einfluss der Arbeits-, Wohn- und

Kulturgegebenheiten auf Gesundheit ist insbesondere bei vulnerablen Zielgruppen zu berücksichtigen, die erheblich von sozialer Ungleichheit betroffen sind. Dementsprechend müssen Kommunikationsmaßnahmen immer unter Berücksichtigung der Kontextbedingungen entwickelt werden.

*Tabelle 1: Strukturierungsmöglichkeiten von Gesundheitskommunikation. Quelle: Eigene Darstellung.*

| Kriterium | Dimensionen | Beispiele |
|---|---|---|
| Ebene | Intrapersonal | Psychische Prozesse, Vorstellungen |
|  | Interpersonal | Arzt-Patienten-Gespräch, Gespräch zwischen Pflegepersonal, Gespräche mit Angehörigen |
|  | Gruppen und Organisationen | Krankenhäuser, Krankenkassen, Ärzt:innenkammer, Patient:innenvertretung |
|  | Gesellschaft | Mediensystem, Staat, Kultur, Massenkommunikation |
| Medien | Technik | Face-to-Face-Kommunikation, analoge oder digitale Medien, algorithmusbasiert |
|  | Reichweite | Gruppenmedien, Massenmedien |
|  | Funktion | Information, Unterhaltung, Persuasion, Austausch |
|  | Forschungsbereich | Kommunikator:in, Inhalt, Nutzung, Wirkung |

## Medien

Ähnlich wie die Begriffe Gesundheit und Kommunikation ist auch Medien ein Begriff aus der Alltagssprache, für den es viele verschiedene Definitionsansätze gibt, auf die hier nur begrenzt eingegangen werden kann. Wichtige Begriffsdifferenzierungen für die Gesundheitskommunikation sind vor allem die Technik der Medien, die Reichweite der Medien und die Medienangebote, bei denen je nach Untersuchungsgegenstand jeweils verschiedene Detailgrade notwendig sein können. Darüber hinaus gibt es auch die Möglichkeit, die verschiedenen Medieninstitutionen (z.B. Verlage, Rundfunkhäuser, Plattformbetreiber:innen) und die konkreten Medienangebote (z.B. Onlineforum, Krankenhausserie) zu unterscheiden (Pürer, 2015). Weitere Differenzierungsmöglichkeiten der Medien und der Beschreibungen finden sich vor allem in den Kapiteln 7.1 und 8.4 oder in Einführungswerken in die Kommunikationswissenschaft (Beck, 2020) bzw. Medienwirkungsforschung (Bonfadelli & Friemel, 2017).

Gespräche ohne technische Mittel von Angesicht zu Angesicht (engl. face-to-face) bedienen sich lediglich des Mediums Sprache. Bei den technischen Mitteln, die zur Herstellung und Verbreitung von Medienangeboten dienen, wird traditionell vor allem zwischen Printmedien und audiovisuellen Medien unterschieden. Zu den Printmedien zählen vor allem Zeitungen und Zeitschriften. Dazu gehören darüber hinaus weitere papierbasierte Medien wie Flyer, Plakate, Außenwerbung oder Broschüren. Die audiovisuellen Medien umfassen Fernsehen und Hörfunk (Fromm et al., 2011). Digitale Medien (häufig auch sog. neue Medien oder Onlinemedien) beinhalten hingegen alle Kommunikationsformen, die auf Computertechnik basieren und sich mit sozialen, mobilen bzw. elektronischen Medien durchführen lassen (Rossmann & Karnowski, 2014). Insgesamt lässt sich eine zunehmende Mediatisierung beobachten, die mit einer Zunahme der medienvermittelten Kommunikation in allen Bereichen der Gesellschaft einhergeht (Birkner, 2017). In der Gesundheitsversorgung geht diese Mediatisierung mit zahlreichen Veränderungen der Kommunikationsprozesse einher, die von Digitalisierung (siehe dazu Begriffsklärung 2) bis hin zur Automatisierung der Kommunikationsprozesse reichen (Hepp et al., 2022). Automatisierte Medien bzw. kommunikative KI dienen daher nicht nur zur Vermittlung, sondern auch zur Herstellung von Kommunikation, deren Automatisierung inzwischen weit über einfache Skripte mit determinierten Schritten hinausgeht. Diese automatisierten Medien können als Artificial Companion, Übersetzer oder Social Bots auftreten und dort algorithmusbasierte Personalisierung und automatisierte Empfehlungen auf der Basis umfangreicher Datenverarbeitung liefern (Hepp et al., 2022).

Aufgrund der rasanten technischen Entwicklungen auf dem Gebiet der Informations- und Kommunikationstechnologie werden Konvergenzprozesse begünstigt. Das bedeutet, dass die Übergänge und Abgrenzungen zwischen den verschiedenen Techniken zunehmend verschwimmen und damit eine klare Unterscheidung erschweren (Hepp, 2016). So kann eine Krankenhausserie sowohl im Fernsehen (Funkmedium) als auch online in einer Mediathek (digitales Medium) rezipiert werden. Ein Beratungsgespräch mit dem Ärzt:in kann per E-Mail, telefonisch oder persönlich stattfinden. Ein Smartphone kann folglich als ein Metamedium verstanden werden, welches Strukturen bereitstellt, in die andere konstituierende Medien, wie z.B. Apps, eingebettet sind (Karnowski, 2019). Die Anzahl, Art und Kombination der eingebetteten Medien lässt sich in einem Metamedium durch die Nutzenden individuell konfigurieren. Die Zusammenstellung und Nutzung der Medien unterscheidet sich somit sowohl zwischen den Nutzenden als auch zwischen einzelnen Nutzungssituationen zum Teil erheblich. Dies gilt es bei der Erforschung von Wirkungen der Gesundheitskommunikation sowie bei der Entwicklung von Kommunikationsmaßnahmen zu berücksichtigen. Um eine Einordnung der jeweiligen Forschungsstände im Rahmen dieses Lehrbuchs zu ermöglichen, wird trotz dieser Konvergenz der Entwicklungen vielfach die Unterscheidung zwischen interpersonaler und (massen-)medialer bzw. öffentlicher Kommunikation beibehalten.

Eine weitere Möglichkeit zur Strukturierung der Medien bietet die Einteilung nach ihrer Reichweite, d.h. der tatsächlichen oder potenziellen Verbreitung der Medieninhalte. Massenmedien umfassen dabei die technischen Mittel wie Fernsehen, Rundfunk, Zeitungen oder Internet, die ein potenziell unbegrenztes Publikum erreichen. Inhalte in interpersonalen Medien (z.B. Telefon) oder in einem firmeninternen Intranet stehen dagegen nur einer begrenzten Anzahl von Personen zur Verfügung. Auch hier sind die Abgrenzungen der verschiedenen Medienformen inzwischen nicht mehr so einfach zu ziehen. So erfolgt bspw. der Austausch in einem Onlineforum zwar nur zwischen einigen wenigen Personen, deren Kommunikation aber unter Umständen von vielen anderen Nutzer:innen gelesen werden kann.

Häufig ist daher eine Benennung der Funktionen bzw. Inhalte der betrachteten Medienangebote notwendig. Ganz allgemein können hierbei die Funktionen Unterhaltung, Information, Persuasion und Austausch unterschieden werden, die wiederum einen unterschiedlichen Realitätsbezug (fiktional vs. non-fiktional) aufweisen können (siehe Kapitel 7.1). Diese Medienformate untergliedern sich dann in verschiedene Genres. So lassen sich TV-Serien und Spielfilme etwa dem fiktionalen Unterhaltungsformat zuordnen, während Nachrichtensendungen non-fiktionale Information anbieten. Reality-TV-Formate (z.B. mit Einblicken in Lebenswelten von Betroffenen) oder unterhaltsam dargestellte Informationen (z.B. in Wissenssendungen oder beim *Entertainment Education*, siehe Kapitel 8.3.6) stellen dagegen Medienformate dar, die sowohl Unterhaltungs- als auch Informationsfunktionen haben (Dahinden & Trappel, 2010). Digitale Medienformate der Gesundheitskommunikation bieten zusätzlich zu den Informationen die Möglichkeiten zum Dialog mit anderen Betroffenen und dem medizinischen Personal.

Um der technischen Weiterentwicklung und der Medienvielfalt gerecht zu werden, untersuchen Analysen von Nutzungs-, Unterstützungs- oder Informationsrepertoires bzw. Medienensembles die genutzten Inhalte und Medienformen. Dies entspricht auch den Vorstellungen vom Smartphone als Metamedium, geht aber über die Konzeption des Smartphones als technisches Gerät und Struktur weit hinaus. Dabei fokussieren beide Konzepte (Medienrepertoires und Metamedien) den einzelnen Mediennutzenden und dessen Bedürfnisse und nicht nur das Medienangebot und seine Affordanzen (d.h. die Aufforderungsmerkmale der Technologien; Hepp, 2016; Karnowski, 2019). So beinhalten etwa die Unterstützungsrepertoires von jungen Erwachsenen mit einer Krebserkrankung eine Vielzahl an digitalen Medien für ganz verschiedene Bedürfnisse. Neben Webseiten (zur Informationssuche) sind Informationssuchdienste (für soziale Kontakte), Social-Media-Gruppen (zur emotionalen Unterstützung) oder Videospiele (zur Ablenkung; Reifegerste & Linke, 2020). Dies macht allerdings die Betrachtung von Medieninhalten, Mediennutzung und Medienwirkungen wesentlich komplexer, da jeweils das technische Mittel (z.B. Tablet, PC, Smartphone), die Anwendung (z.B. Suchmaschine, Instant-Messaging-Dienst, Online-Community) und deren Inhalte voneinander zu differenzieren sind (Koch & Frees, 2016).

Die Forschungsbereiche der medialen Kommunikation werden klassischerweise anhand der sog. *Laswell-Formel* unterschieden, welche nach dem Kommunikationsforscher und Politikwissenschaftler Harold Dwight Lasswell benannt wurde. Diese diente zunächst zur Segmentierung des Kommunikationsprozesses (Arens, 2008) und beschreibt den Akt der Kommunikation mit der folgenden Frage:

Wer sagt was in welchem Kanal zu wem mit welchem Effekt?

Entlang dieser „Formel" können dementsprechend fünf Foschungsbereiche unterschieden werden:

(1) Wer – Kommunikatorforschung (z.B.: Warum selektieren Journalist:innen bestimmte Meldungen?);
(2) sagt was – Medieninhaltsforschung (z.B.: Was wird in den Medien dargestellt?);
(3) in welchem Kanal – Medienforschung (z.B.: Welche Medien werden genutzt?);
(4) zu wem – Publikums- bzw. Rezipient:innenforschung (z.B.: Wer nutzt die Medien?);
(5) mit welchem Effekt – Medienwirkungsforschung (z.B.: Welche Wirkungen haben die Medien?)

Rossmann (2019) ergänzte zur Systematisierung des Forschungsfeldes die Frage nach den Entstehungsbedingungen und dem Zweck. Zum Beispiel könnte man die Frage stellen, wie und wofür Beiträge von Gesundheitsinfluencer:innen auf *Instagram* entstehen. Einige der Fragen in der *Laswell-Formel* werden in der Forschung zu Gesundheitskommunikation intensiver bearbeitet als andere, das Themenfeld der Gesundheitskommunikation berücksichtigt dennoch diesen gesamten Kommunikationsprozess von der Produktion gesundheitsbezogener Inhalte bis zu gesundheitsrelevanten Aspekten der Medienwirkung. Erstere werden dabei seltener untersucht als letztere.

## 1.3 Historische Entwicklung der Gesundheitskommunikation

Bei einer Betrachtung der historischen Entwicklung muss zunächst zwischen einer Entwicklung von Gesundheitskommunikation (als Forschungsobjekt) und der Entwicklung des Forschungsfeldes (d.h. der Erforschung des Forschungsobjektivs) unterschieden werden. Kommunikation mit Gesundheitsbezug ist sicherlich schon immer Teil der menschlichen Sprache, da die körperliche Unversehrtheit und deren Wiederherstellung zu den elementaren Voraussetzungen des Lebens gehört. Da im Rahmen eines Einführungswerkes keine umfängliche Abhandlung über mehrere Tausend Jahre Gesundheitskommunikation gegeben werden, sollen zwei Schlaglichter dazu dienen, Stabilitäten sowie Veränderungen der Gesundheitskommunikation im historischen Verlauf aufzuzeigen. Am Beispiel von Gesundheitskommunikation in Pandemiezeiten werden stabile Kommunikationsmuster vor dem Hintergrund des Medienwandels verdeutlicht. Einblicke in die Gesundheitskommunikation in der Zeit des Nationalsozialismus dienen dazu, ideologische bzw. politische Kontexte von Gesundheitskommunikation zu beleuchten. Einen spielerischen sowie vertiefenden Einstieg in die Thematik bieten die Learning Snacks (siehe QR-CODE) sowie der Band zum Thema „Gesundheitskommunikation und Geschichte" (Reifegerste & Sammer, 2022).

## 1 Was ist Gesundheitskommunikation?

### Gesundheitskommunikation in Pandemiezeiten

An der Gesundheitskommunikation im Kontext von Pandemien lässt sich gut veranschaulichen, welchen Einfluss die Medienentwicklung auf die Krisenkommunikation von Regierungen hat und welche kommunikativen Veränderungen bzw. Kontinuitäten sich zeigen (Reifegerste & Wagner, 2022). Auch während vergangener Pandemien, also etwa in Zeiten von Pest und Cholera, war es zur kollektiven Bewältigung der Krise notwendig, die Bevölkerung über die Ursachen der Erkrankungen und Präventionsmaßnahmen zu informieren. Zur damaligen Zeit, d.h. in der Frühen Neuzeit, war es allerdings für die Obrigkeit (d.h. Könige, Fürsten, Herzöge u.Ä.) nicht so einfach, die Bevölkerung zu erreichen. Es fehlte an einem massentauglichen Verbreitungsmittel (z.B. Zeitungen); Flugblätter, Einblattdrucke und Aushänge hatten nur eine geringe Reichweite. Zudem hatten die entsprechenden Mitteilungen auch nur einen begrenzten Nutzen. Denn selbst wer lesen konnte, verstand die mit lateinischen Begriffen durchsetzte und aus langen Sätzen gebildete Verwaltungssprache nicht ohne Weiteres. Demzufolge blieb zur Bekanntmachung und Verbreitung häufig nur die interpersonale Kommunikation über Ärzt:innen, Apotheker:innen oder Lai:innenmediziner:innen (Salatowsky, 2022).

Neben Präventionsmaßnahmen waren und sind auch Ursachenspekulationen beständiger Bestandteil der Pandemiekommunikation. Bei der Pest wurden bspw. Gott (als Bestrafer nach unmoralischem Verhalten) oder die Juden für die Entstehung des Virus verantwortlich gemacht (Bergdolt, 2006). Für die Ausbreitung von AIDS wurden dagegen im Westen der 80er-Jahre vor allem sexuell „deviante" Bevölkerungsgruppen verantwortlich gemacht, was häufig zu deren Ausgrenzung und Stigmatisierung führte (siehe auch Beispiel 11). Die Sowjetunion machte hingegen die USA für das Auftreten des HI-Virus verantwortlich (Selvage & Nehring, 2020). In ähnlicher Weise fanden sich während der COVID-19-Pandemie zahlreiche spekulative und desinformierende Aussagen über die Entstehung des Virus durch verschiedene Entitäten wie Bill Gates, die chinesische Regierung etc., die diesmal vor allem über soziale Medien verbreitet wurden. Solche Spekulationen, welche durch Fehlen oder Ignorieren wissenschaftlicher Evidenz charakterisiert sind, werden auch als Verschwörungstheorien bzw. *Fake News* bezeichnet (siehe Begriffsklärung 3).

Ein Blick in die Vergangenheit verdeutlicht, wie schwer es ist, Falschinformationen zu widerlegen. Ein Beispiel dafür ist der Arzt Megenberg, der bereits im Jahr 1347 darauf hingewiesen hat, dass die Beschuldigung der jüdischen Bevölkerung, die Pest zu verursachen, ein falscher Vorwurf sei. Trotz seiner Erklärungen wurde ihm jedoch nicht geglaubt (Conniff & Reineberger, 2020).

## 1.3 Historische Entwicklung der Gesundheitskommunikation

> **Begriffsklärung 3:** *Fake News* und Verschwörungstheorien und Infodemie
>
> Jaster und Lanius (2019) definieren *Fake News* durch (1) den Mangel an Wahrheit und (2) den Mangel an Wahrhaftigkeit. Der (1) Mangel an Wahrheit zeigt sich daran, dass eine Meldung ein unwahres Bild der Wirklichkeit zeichnet, denn sie ist falsch oder irreführend. Der Mangel an Wahrhaftigkeit zeigt sich eher an den Absichten der Verbreiter:innen von *Fake News*, nämlich daran, dass sie es mit der Wahrheit nicht so genau nehmen. Ihre Absicht ist die Täuschung und die Wahrheit ist ihnen dabei gleichgültig. Während der Begriff *Fake News* und deren massenhafte Verbreitung über soziale Medien relativ neu ist, sind sie aus historischer Sicht alles andere als neu. Sie sind mindestens so alt wie Kommunikation und auch im Tierreich finden sich viele Beispiele von Täuschungsmanövern und Mimikry.
>
> Vielfach werden *Fake News* auch als Propagandamittel eingesetzt, um gezielt Einfluss auf politische Meinungen und Einstellungen zu nehmen. Darüber hinaus können *Fake News* aber auch mit (politischer oder ökonomischer) Gewinnabsicht verbreitet werden, z.B. wenn im Wahlkampf Falschmeldungen über Sachverhalte produziert werden, um einer gegnerischen Partei zu schaden.
>
> Verschwörungstheorien und *Fake News* haben teilweise Gemeinsamkeiten, jedoch gibt es auch Unterschiede. Einige Verschwörungstheorien, wie z.B. die Watergate-Affäre, haben sich später als wahrheitsgemäß erwiesen (Anton & Schink, 2021). Solche Verschwörungstheorien erfüllen den ersten Teil der Definition von *Fake News* nicht. Zudem gibt es Verschwörungstheoretiker:innen, die trotz gegenteiliger Beweise weiterhin an die Wahrheit ihrer Verschwörungstheorien glauben und keine Absicht haben, andere zu täuschen (Jaster & Lanius, 2019). Dadurch erfüllen sie nicht das zweite Kriterium von *Fake News*, also den Mangel an Wahrhaftigkeit.
>
> Verschwörungstheorien und *Fake News* tragen häufig zum Misstrauen gegenüber Autoritäten bei. Im Gesundheitsbereich kann deren Verbreitung bspw. dann in letzter Konsequenz zur Ausbreitung von Erkrankungen beitragen. So glaubten viele Menschen im Kongo an die Verschwörungstheorie, dass andere Länder durch die Verbreitung des Ebola-Virus versuchen, die Menschen zu vergiften und auszulöschen. Dies führte zu einem Misstrauen gegenüber den Empfehlungen der öffentlichen Behörden, was die Verbreitung des Virus begünstigte (Conniff & Reineberger, 2020). WHO-Chef Ghebreyesus prägte 2020 im Zusammenhang mit der Pandemie den Begriff der *Infodemie*, bei der die Ausbreitung von *Fake News* schneller verläuft als die Ausbreitung des eigentlichen COVID-19-Virus. Möglichkeiten, um falsche und irreführende Aussagen zu identifizieren, zu widerlegen oder deren Verbreitung zu stoppen, beinhalten Maßnahmen wie Faktenchecks und sog. Debunking bzw. Enttarnen (Kessler & Bachmann, 2022; siehe Kapitel 5.2.2 und 9.2).

Nicht nur Falschinformationen können die Ausbreitung eines Virus verstärken, sondern auch das Versäumnis der Behörden, angemessen zu kommunizieren. Ein Beispiel dafür ist die Reaktion der Regierung von Guangdong in China auf den Ausbruch von SARS im März 2003. Die Regierung begegnete dem Auftreten des Virus hauptsächlich mit Verleugnung und Schweigen, was dazu führte, dass die Wissenschaftler:innen erst im Mai 2003, als der Virus Hongkong erreichte und dies öffentlich bekannt wurde, mit dessen Identifizierung und der Entwicklung einer Impfung beginnen konnten (Huang, 2013).

## Gesundheitskommunikation im Nationalsozialismus

Die Nutzung von Gesundheitskommunikation für politische Propaganda, also gezielte Meinungs- und Verhaltensänderungen, lässt sich anschaulich am Beispiel der gesundheitsbezogenen Kommunikation im Nationalsozialismus aufzeigen. In dieser Zeit wurde das Euthanasieprogramm verfolgt, welches besonders schwerwiegende Folgen hatte.

Das zentrale Ziel des Nationalsozialismus bestand in der Schaffung eines „gesunden Volkskörpers". Dabei wurden die körperliche Verfassung und die vermeintliche „rassische" Qualität der Individuen als Kriterien verwendet, um über deren Zugehörigkeit zur „Volksgemeinschaft" zu entscheiden. *Rassenhygiene* wurde zur Leitwissenschaft der nationalsozialistischen Gesundheitspolitik erklärt und für alle Bürger:innen zur Pflicht gemacht (Weingart, 2018). Dabei gab es sowohl Maßnahmen der „positiven" als auch der „negativen Eugenik". Die „positive Eugenik" umfasste bevölkerungspolitische und sozialstaatliche Maßnahmen, die dazu dienen sollten, die Geburtenraten „erbgesunder" und „tüchtiger" wie kinderreicher „arischer" Familien zu steigern, bspw. mit dem *Lebensborn e.V.* Die „negative Eugenik" umfasste hingegen Maßnahmen, die verhindern sollten, dass Menschen, deren Erbanlagen als „schlecht" eingestuft wurden, sich vermehren. Zum Einsatz kamen hierfür neben der Zwangssterilisation von als „erbkrank" definierten Personen auch die systematische Vernichtung „lebensunwerten" Lebens in der *Euthanasie-Aktion* T4 (Graf & Schiefeneder, 2022).

Kommuniziert wurden diese Ideologien u.a. auf Plakaten zur Bewegungsförderung (zur Stärkung der militärischen Kraft des Volkes) oder zur gesunden Ernährung mit Vollkornbrot (da Weizen im Gegensatz zu Fleisch in Kriegszeiten lokal verfügbar war; Graf & Schiefeneder, 2022; Wiedicke, 2022). Zusätzlich wurden Plakate verwendet, die die finanzielle Belastung der Gesellschaft durch Personen mit körperlichen Einschränkungen betonten und somit die Idee der „negativen Eugenik" propagierten. Solche Plakate verwendeten visuelle Grafiken, um die vermeintlich hohen Ausgaben für Menschen mit Behinderungen den viel geringeren Ausgaben für gesunde Menschen gegenüberzustellen. Außerdem wurden „erbgesunde" Individuen den „erbkranken" gegenübergestellt. Neben diesen Plakaten wurden auch Unterhaltsfilme wie der Film „Ich klage an" von 1941 oder Rechenaufgaben in Schulbüchern genutzt, um nationalsozialistische Ideologien zu verbreiten. Diese Formen der Gesundheitskommunikation sollten die Bevölkerung beeinflussen und die Vorstellungen der „Volksgemeinschaft" sowie die Ideologie der *Rassenhygiene* verankern. Die Verwendung von visuellen Elementen und Medien verstärkte die Wirkung dieser Propaganda und trug dazu bei, dass sie sich in den Köpfen der Menschen festsetzte (Graf & Schiefeneder, 2022).

Auch in damals sehr populären Gesundheitsausstellungen (z.B. denen des Deutschen Hygienemuseums Dresden, welches sich ab 1933 in den Dienst der *Rassenhygiene* stellte, siehe Beispiel 13) wurden diese Ideen mit Schaubildern, aber auch mit Apparaten zur Testung der eigenen körperlichen Leistungsfähigkeit verbreitet. So konnten bspw. Besucher:innen in der Ausstellung „Gesundes Leben – Frohes Schaffen" im Jahr 1938 in der Halle der Selbsterkenntnis auf einer Prüfstrecke mit zwölf Stationen ihre körperliche Leistungsfähigkeit testen und das Endergebnis in einer Leistungskarte eintragen (Blankenburg et al., 2021). Die in der Ausstellung ermittelten Messdaten (z.B. zur Lungenkapazität und zur Körperkraft) waren vergleichbar mit den Auswahlkriterien für die Ein- beziehungsweise Ausgliederung in die „Volksgemeinschaft" und erlaubten Aussagen zur „rassischen" Qualität eines jeden Einzelnen (Nikolow, 2015).

Die Gesundheitsbestrebungen im Nationalsozialismus wirken sich bis in Nachkriegszeiten und heutige Zeiten aus. So wurden die Apparate der Halle der Selbsterkenntnis in ähnlicher Weise auch in Gesundheitsaustellungen der DDR und der BRD verwendet, ebenso wie im Nationalsozialismus entwickelte Krebsfrüherkennungsprogramme auch in jüngerer Vergangenheit weiterhin Anwendung fanden (Proctor, 2002). Ebenso lassen sich politische Instrumentalisierungen visueller Evidenzen (wie das zur Idealisierung der Erbgesunden) auch in Falschinformationen zum Thema Impfen und COVID-19 finden (Reifegerste & Kessler, 2021).

**Historische Entwicklung des Forschungsfeldes**

Die spezifische Entwicklung des Forschungsfeldes Gesundheitskommunikation hat sich im Gegensatz zur langen Geschichte der Kommunikation mit Gesundheitsbezug erst recht spät als eigene Fachdisziplin im universitären Kontext etabliert. Erste Arbeiten unter der Bezeichnung Health Communication aus den USA finden sich in den 1940er-Jahren, warum das Feld dort bereits vergleichsweise lang als eine etablierte Disziplin gilt (Spatzier & Signitzer, 2014). Dies belegen sowohl die Existenz mehrerer reichweitenstarker Zeitschriften, eines mitgliederreichen Fachverbands als auch vielfältige Studiengänge, Lehrstühle und Lehrbücher zum Thema Gesundheitskommunikation (Rogers, 1994; Schulz & Hartung, 2014). Die für das Fach zentralen Zeitschriften *Health Communication* und *Journal of Health Communication* wurden 1989 bzw. 1996 gegründet und erscheinen jeweils monatlich. In der *International Communication Association* (ICA), dem weltweiten Fachverband der Kommunikationswissenschaft, gehört die *Fachgruppe Health Communication* zu den mitgliederstärksten Gruppen. Einen umfassenden internationalen Überblick bietet die umfangreiche *International Encyclopedia of Health Communication* (Ho et al., 2022) und darin enthaltene Beiträge zu den verschiedenen akademischen Organisationen, u.a. zur *Health Communication Division* der ICA (Kreps et al., 2022).

Dagegen ist die Gesundheitskommunikation im deutschsprachigen Europa immer noch eine recht junge Teildisziplin, welche aber nicht zuletzt auch im Kontext der COVID-19-Pandemie große Aufmerksamkeit erzielt hat und im öffentlichen Bewusstsein angekommen scheint (Vogelgesang et al., 2022). Bislang existieren nur wenige Studiengänge zur Gesundheitskommunikation. Erste Bücher finden sich um die Jahrtausendwende (Hurrelmann & Leppin, 2001; Jazbinsek, 2000). 2003 wurde das Netzwerk *Medien und Gesundheitskommunikation* gegründet. Aus diesem Kontext heraus wurde 2011 ein erstes Lehrbuch veröffentlicht (Fromm et al., 2011). Die *Fachgruppe Gesundheitskommunikation* in der *Deutschen Gesellschaft für Publizistik und Kommunikationswissenschaft* (DGPuK) existiert seit 2016 und veranstaltet jährliche Konferenzen in Deutschland, der Schweiz oder

Österreich. Die bisherigen Tagungen sind auf der Webseite der Fachgruppe aufgeführt (siehe QR-CODE).

An den Universitäten in Bielefeld, Erfurt, Krems und Lugano existieren einschlägige Bachelor- oder Masterstudiengänge. In Augsburg und Hannover sind mit dem *Zentrum für interdisziplinäre Gesundheitsforschung* (ZIG) und dem *Hanover Center for Health Communication* ([HC]²) erste universitäre Institutionalisierungen neben den Professuren in Augsburg, Bielefeld, Erfurt, Fulda und Wien entstanden. Das Forschungsfeld Gesundheitskommunikation etabliert sich somit zunehmend im deutschsprachigen Raum. Um den Austausch innerhalb der Forschenden im Feld Gesundheitskommunikation in Europa zu stärken, wurde 2017 die *Temporary Working Group Health Communication* gegründet, die seit 2021 den Status einer permanenten Sektion in der *European Communication Research and Education Association* (ECREA) hat (für weitere Informationen siehe QR-Code und Reifegerste, Friemel & Rossmann, 2022). Die ECREA führt alle zwei Jahre Konferenzen in verschiedenen europäischen Ländern durch, auf denen jeweils auch Panels der Sektion Health Communication zu finden sind. Zudem finden Tagungen der Sektion gemeinsam mit anderen Vereinigungen zur Gesundheitskommunikation aus Europa statt, z.B. der *Fachgruppe Gesundheitskommunikation* der DGPuK oder der *Netherlands, Flanders Communication Associaton* (NeFCA), welche sich hauptsächlich an Forschende aus Belgien und den Niederlanden richtet.

Im Kontext der *Fachgruppe Gesundheitskommunikation* hat sich 2022 eine *Arbeitsgruppe Lehre* gegründet, die sich mit Chancen und Herausforderungen der Lehre im Fachgebiet Gesundheitskommunikation an verschiedenen deutschsprachigen Standorten beschäftigt (Daube et al., 2023).

Im Vergleich zu bisheriger Forschung im Feld der Gesundheitskommunikation in Deutschland, die sich vor allem auf (massen-)mediale Kommunikation konzentriert, berücksichtigte die internationale Forschung bisher sehr viel stärker Aspekte interpersonaler und organisationaler Kommunikation (Spatzier & Signitzer, 2014), die im vorliegenden Lehrbuch daher aufgenommen und für die zweite Auflage noch ausgebaut wurden. Dies zeigt sich bspw. in den Zeitschriften *Patient Education and Counselling* und *Communication & Medicine*. Auch die *European Association for Communication in Healthcare (EACH)*, die 2001 gegründet wurde, beschäftigt sich vorrangig mit interpersonaler Kommunikation im Gesundheitswesen.

Deutschsprachige Publikationen zur Gesundheitskommunikation aus kommunikationswissenschaftlicher Perspektive finden sich vor allem in den Tagungsbänden der *Fachgruppe Gesundheitskommunikation* (siehe QR-Code für eine Liste der aus den Tagungen entstandenen Publikationen der Fachgruppe), der Reihe *Health Communication* (Nomos Verlag) sowie den Open-Access-Veröffentlichungen auf der DGPuK-Plattform, Handbüchern zur Gesundheitskommunikation (Hurrelmann & Baumann, 2014; Rossmann & Hastall, 2019).

Ebenso finden sich deutschsprachige Veröffentlichungen zur Gesundheitskommunikation in Zeitschriften und Onlineveröffentlichungen aus Nachbardisziplinen, wie bspw. dem *Public Health Forum*, der *Zeitschrift für Gesundheitspsychologie*, dem *Bundesgesundheitsblatt* oder übergreifenden Fachzeitschriften der Kommunikationswissenschaft (z.B. *Medien & Kommunikationswissenschaft* oder *Studies in Communication | Media*). Seit 1996 erscheint das Glossar „Leitbegriffe der Gesundheitsförderung" (siehe QR-Code) der *Bundeszentrale für gesundheitliche Aufklärung* (BZgA), welches seit 2018 auch online verfügbar ist und regelmäßig in etwa dreijährlichem Rhythmus aktualisiert wird. Die dort aufgeführten Grundbegriffe, Theorien, Handlungsansätze und Strukturen bieten vielfach auch für am Fachgebiet Gesundheitskommunikation interessierte Personen einen guten Einstieg in die unterschiedlichen Themenfelder.

Im Rahmen der Gründung der europäischen Sektion *Health Communication* innerhalb der ECREA wurde im Jahr 2020 die Open-Acces-Zeitschrift European *Journal of Health Communication* gegründet. Diese veröffentlicht seither frei verfügbar englischsprachige Beiträge zur Gesundheitskommunikation mit mehreren Ausgaben pro Jahr, darunter auch Spezialausgaben zu Misinformationen im Kontext der COVID-19-Pandemie oder den sozialen Aspekten der Gesundheitskommunikation (siehe QR-Code).

Die Mehrheit der Publikationen ist somit auf Englisch verfügbar. Dementsprechend haben die meisten in der deutschsprachigen Gesundheitskommunikation zum Einsatz kommenden Theorien bzw. Begrifflichkeiten englische Wurzeln und werden oft in ihrer ursprünglichen Version verwendet (Hannawa et al., 2015). Im Rahmen des Lehrbuchs finden sich daher die englischen Übersetzungen sowohl bei der ersten Nennung innerhalb eines Kapitels als auch in einem Verzeichnis am Ende des Lehrbuchs.

Insgesamt deuten die zuvor beschriebenen Entwicklungen, die im Vorwort beschriebenen gesellschaftlichen Trends sowie nicht zuletzt der Bedarf nach angemessener Kommunikation während der COVID-19-Pandemie darauf hin, dass das Fach Gesundheitskommunikation auch in Zukunft wachsen und sich weiter etablieren wird.

## 1.4 Multi-, Inter- und Transdisziplinarität

### Gesundheitskommunikation als Teilbereich der Kommunikationswissenschaft

Aufgrund seiner historischen Entwicklung ist das Fach Kommunikationswissenschaft eine Integrationsdisziplin, die eine Vielzahl von Perspektiven, Forschungsgegenständen, Theorien und Methoden vereint (Karmasin et al., 2014). Im Vergleich zu anderen Disziplinen ist die Kommunikationswissenschaft noch recht jung und hat sich im deutschsprachigen Raum aus der Zeitungswissenschaft und Publizistik entwickelt (Karmasin et al., 2014). Sie beschäftigt sich vor allem mit der medial vermittelten öffentlichen und interpersonalen Kommunikation sowie ihren sozialen Bedingungen und Folgen (Rossmann et al., 2014). So wird bspw.

untersucht, welche Inhalte Medien haben, durch welche Akteur:innen sie produziert werden, wie sie genutzt werden und welche Wirkungen dies auf den Einzelnen oder die Gesellschaft hat. Gesundheitskommunikation wird neben anderen Bereichen wie Risikokommunikation oder Wissenschaftskommunikation als ein Forschungsfeld innerhalb der Kommunikationswissenschaft gesehen, welches sich mit einem konkreten Anwendungsfeld beschäftigt (siehe Kapitel 1.3). Daneben existieren Teildisziplinen, die sich mit bestimmten Medien oder Kommunikationsformen, wie digitaler Kommunikation oder Organisationskommunikation, auseinandersetzen.

Wie die bereits in Kapitel 1.1 beschriebenen Fragestellungen und Inhalte zeigen, weist auch die Gesundheitskommunikation(-swissenschaft) vielfältige Verbindungen zu anderen Disziplinen auf. Antworten auf medizinische, pädagogische und psychologische Fragen gehören ebenso dazu wie Forschung zu wirtschaftlichen, politischen oder soziologischen Aspekten. Dabei werden diese Fragen jeweils aus einer kommunikationswissenschaftlichen Perspektive untersucht. Für viele Fragen der Gesundheitskommunikation ist eine interdisziplinäre Zusammenarbeit (z.B. mit Mediziner:innen oder Informatiker:innen) unumgänglich, um ein umfassendes Verständnis des Forschungsgegenstandes (z.B. das Informationsverhalten bei einer bestimmten Krankheit) sicherzustellen (Baumann & Hurrelmann, 2014).

**Bezug zur Risiko- und Wissenschaftskommunikation**

Innerhalb der Disziplin Kommunikationswissenschaft überschneidet sich das Forschungsgebiet der Gesundheitskommunikation teilweise mit dem der Risikokommunikation. Die Risikokommunikation untersucht jedoch neben den gesundheitlichen Risiken auch andere Risiken wie bspw. Umweltrisiken und geht damit zum Teil über den Forschungsgegenstand der Gesundheitskommunikation hinaus. Ein weiterer Unterschied besteht darin, dass sich die Forschungsfragen der Risikokommunikation lediglich auf den negativen Zustand von Gesundheit beschränken, d.h. einen möglichen Schaden oder Verlust als Folge eines Ereignisses oder einer Handlung (Renner & Gamp, 2014). Das zentrale Ziel entsprechender Kommunikationsmaßnahmen ist die Schaffung bzw. das Triggern einer Risikowahrnehmung (siehe Kapitel 2.1), welche ein entsprechendes Schutzverhalten nach sich ziehen soll. Die Krisenkommunikation (die wiederum einen Teilbereich der Risikokommunikation darstellt) schließt sogar nur die Vermittlung von Informationen in akuten Schadensfällen (z.B. beim Ausbruch einer Viruserkrankung) ein (Winter & Rösner, 2019). Damit wird der im salutogenetischen Gesundheitsbegriff enthaltenen Sichtweise zur Stärkung der Gesundheitsressourcen und Kompetenzen in der Risikokommunikation entsprechend weniger Bedeutung zugeschrieben. Die COVID-19-Krise hat allerdings deutlich gemacht, wie zentral eine effiziente Krisenkommunikation für Regierungen (die die Bevölkerung für Präventionsmaßnahmen motivieren muss), Kliniken (welche nicht die gewohnte Versorgungsleistung erbringen können) oder Eltern (die ihren Kindern ungewohnte Lebensumstände erklären müssen) in solchen Ausnahmesituationen sein kein (Bachmann & Ternès von Hattburg, 2021; Reifegerste, Wilhelm & Riesmeyer, 2022).

Ebenso gibt es eine große Schnittmenge mit dem Forschungsfeld Wissenschaftskommunikation. Dies trifft insbesondere für den Medizinjournalismus (Wormer, 2014) zu, der vor allem den medialen Wissenstransfer über medizinische Forschungsergebnisse behandelt. In der Wissenschaftskommunikation werden neben der Kommunikation über medizinische Forschung auch viele weitere Themen (z.B. Klimaforschung oder Mathematikprofessor:innen) untersucht (Bonfadelli et al., 2017). In der Gesundheitskommunikation werden im Gegensatz zur Wissenschaftskommunikation auch die Kommunikation über Gesundheitspolitik oder das Gesundheitssystem sowie Gesundheitsthemen abseits der medizinischen Forschung (z.B. Fitness, soziale Unterstützung oder Wellness) sowie gesundheitsrelevante Wirkungen der Mediennutzung untersucht (Rossmann & Meyer, 2017).

**Multi-, Inter- und Transdisziplinarität**

Während sich im Rahmen multidisziplinärer Forschung verschiedene Disziplinen unabhängig voneinander einem Forschungsgegenstand nähern, ist ein interdisziplinäres Vorgehen durch die Zusammenarbeit der einzelnen Disziplinen geprägt. Hierbei werden verschiedene Perspektiven auf einen Forschungsgegenstand reflektiert, respektiert und gemeinsame Lösungsansätze erarbeitet (Parrott & Kreuter, 2011). Von Transdisziplinarität lässt sich darüber hinaus sprechen, wenn auch eine Integration der Theorien sowie Methoden erfolgt und dadurch ein gemeinsamer Forschungsrahmen erarbeitet wird, der auf gesellschaftlich relevante Fragestellungen angewendet wird (Kreps & Maibach, 2008). Um Transdisziplinarität zu beschreiben, werden auch Verben wie transzendieren und transformieren verwendet. Dies deutet darauf hin, dass hier einerseits bestehende Disziplinen (d.h. Fachgebiete) ergänzt werden und über diese hinaus gearbeitet wird, aber andererseits diese Fachgebiete auch verändert werden müssen (Vilsmaier, 2021).

Da das Forschungsfeld Gesundheitskommunikation zudem einen hohen Anwendungsbezug aufweist, sind die bearbeiteten Fragestellungen oft konkret, alltagsnah und zeichnen sich durch eine hohe Praxisnähe aus. Sowohl Gesundheits- als auch Medienentwicklungen sind von stetigen Veränderungen geprägt, wodurch auch die Forschungsfragen dynamisch bleiben. Somit sind Fragen der Gesundheitskommunikation fast immer multidisziplinär, meist sogar interdisziplinär, meist aber transdisziplinär (Lampert & Grimm, 2017). Dies hat zur Folge, dass sich Forschende im Rahmen der Gesundheitskommunikation einen Überblick über angrenzende Disziplinen verschaffen müssen, um zwischen den bisweilen sehr unterschiedlichen Wissensbeständen und Forschungspraktiken der verschiedenen Disziplinen vermitteln zu können.

**Wichtige angrenzende Disziplinen**

Es scheint, dass die meisten Studien der Gesundheitskommunikation auf Theorien und Ansätzen aus der Psychologie und den Gesundheitswissenschaften basieren (Dan, 2017) oder Fragestellungen aus Medizin und Soziologie berühren (siehe Abbildung 2). Darüber hinaus liefern Nachbardisziplinen wie Wirtschaftswissenschaften, Informatik oder Ethik wichtige Impulse für die Gesundheitskommunikation. Ebenso finden sich natürlich in anderen Fachdisziplinen auch Forschungen

# 1 Was ist Gesundheitskommunikation?

zu ähnlichen oder sogar denselben Forschungsgegenständen wie in der (kommunikationswissenschaftlich geprägten) Gesundheitskommunikationsforschung, sodass bspw. auch Psycholog:innen oder Soziolog:innen mit ihrer Forschungsperspektive auf die Nutzung von Gesundheits-Apps oder die Verbreitung von Verschwörungstheorien im Impfkontext blicken. Häufig existieren innerhalb der genannten Fachbereiche explizite Teildisziplinen, die sich speziell Gesundheitsthemen widmen. So beschäftigt sich etwa das Gesundheitsmarketing mit der Frage, wie Konsument:innen zum Kauf gesünderer Produkte motiviert werden können (Hoffmann et al., 2012), während sich die Gesundheits- oder Medizinökonomie vor allem den gesamtwirtschaftlichen Ausgaben im Gesundheitssystem widmet (Thielscher, 2012). Auch Gesundheits- und Medizinsoziologie (Hurrelmann & Richter, 2022) oder Gesundheitspsychologie (Faltermeier, 2023) bilden jeweils einzelne Bereiche von Disziplinen, die sich u.a. auch mit Phänomenen gesundheitsbezogener Kommunikation beschäftigen.

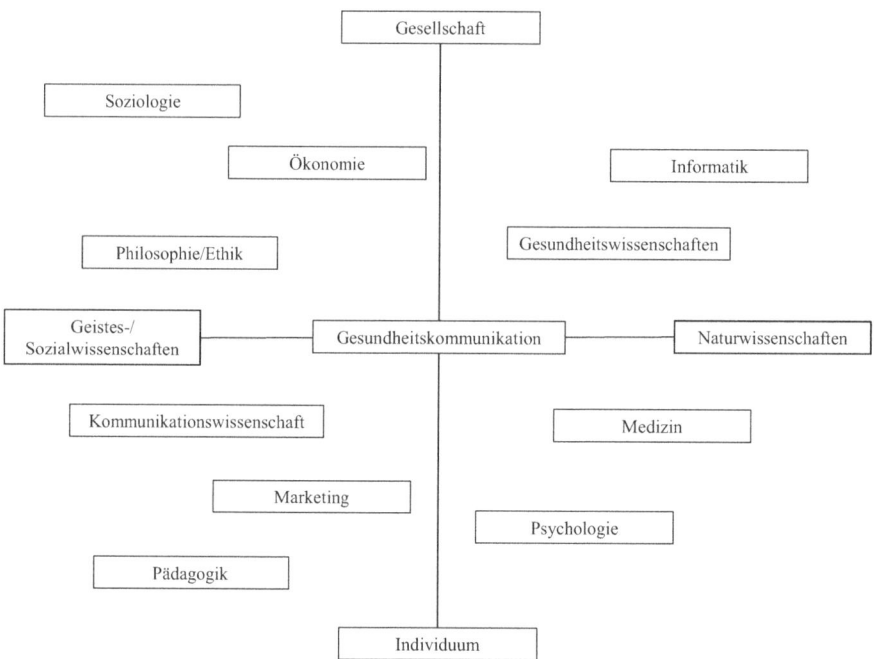

*Abbildung 2: Nachbardisziplinen der Gesundheitskommunikation. Quelle: Eigene Darstellung.*

Die Unterstützung von Informatiker:innen oder anderen technischen Disziplinen wird vor allem für die Entwicklung und Umsetzung von technischen Innovationen (z.B. algorithmusbasierter Kommunikation, Gesundheits-Applikationen, Telemedizin, eHealth) benötigt, die als Trägermedien für verschiedene Arten von Informationen sowie Kommunikation dienen können. Je nach konkreter Fragestellung, dem konkreten Gesundheitsthema und der Bevölkerungsgruppe können jedoch auch die Zusammenarbeit mit bspw. Lebensmitteltechniker:innen, Historiker:innen, Ökotropholog:innen, Entwicklungspsycholog:innen oder Medizinethiker:innen relevant sein.

### Medizin

Aus der klinischen Medizin stammen wesentliche Erkenntnisse zu Ursachen, Symptomen und Behandlungsmöglichkeiten von Krankheiten, die im Rahmen der Gesundheitskommunikation vermittelt werden. Die medizinische Forschung konzentriert sich vor allem auf den kranken Menschen und sucht nach Möglichkeiten, diesen (meist auf der Basis körperlicher Prozesse) zu heilen. Entsprechend fokussiert die Medizinkommunikation vor allem auf Kommunikation über Krankheiten und Fragestellungen der Gesundheitsversorgung (Schnabel & Bödeker, 2012), während Präventionsinhalte, Wellnessthemen (Görke & Serong, 2014) oder sozial-ökologische Fragestellungen eher in den Gesundheitswissenschaften oder der Soziologie zu finden sind. Besonders eng mit der Medizin verbunden sind daher Themen wie Arzt-Patienten-Kommunikation, Organisationskommunikation (z.B. von medizinischen Einrichtungen oder in Krankenkassen), Patient:inneninformationen (z.B. Beipackzettel, Entscheidungshilfen) oder medienbasierte Behandlungsformen (z.B. Telemedizin).

> **Begriffsklärung 4: Geschlechtersensible Medizin vs. geschlechtersensible Kommunikation**
>
> Der Unterschied zwischen Medizin und Gesundheitskommunikation lässt sich gut an der Unterscheidung von geschlechtersensibler Medizin vs. geschlechtersensibler Kommunikation illustrieren. Geschlechtersensible Medizin oder Gendermedizin ist ein Teilbereich der Medizin, der Unterschiede von Symptomen, Diagnosen und Behandlungen bei Krankheiten zwischen (meist biologisch gemeinten) Geschlechtern untersucht (Oertelt-Prigione & Hiltner, 2019). So wurde bspw. festgestellt, dass der Herzinfarkt bei Männern und Frauen unterschiedliche Symptomatik aufweist. Während bei Männern Brustschmerzen auftreten, kündigt sich ein Herzinfarkt bei Frauen häufiger durch Taubheitsgefühle in den Armen und/oder Schmerzen im Rücken sowie den Beinen an. Berichterstattung oder Gesundheitsinformationen, also Mittel der Gesundheitskommunikation, können dazu dienen, über diese Geschlechtsunterschiede aufzuklären.
> Geschlechtersensible Gesundheitskommunikation hingegen berücksichtigt die Unterschiede im Kommunikationsverhalten zwischen den Geschlechtern, die auch unabhängig von medizinischen Geschlechterdifferenzen auftreten können (Reifegerste, 2019a). Frauen bzw. Personen mit femininen Rollenmerkmalen zeigen in der Regel ein größeres Interesse an Gesundheitsthemen und übernehmen häufig Gesundheitsfürsorgeaufgaben für andere. Dadurch werden sie zu kompetenten Gesundheitsmanagerinnen, die sich gut in Gesundheitsthemen auskennen (Link & Baumann, 2023). Im Gegensatz dazu zeigen Männer bzw. Personen mit männlichen Rollenmerkmalen ein stärkeres Interesse an telemedizinischen Geräten und Fitnesstrackern, die bei ihnen beliebter sind als bei Frauen (Klenk et al., 2017).

# 1 Was ist Gesundheitskommunikation?

Kenntnisse über den medizinischen Forschungsstand oder über Abläufe in der Gesundheitsversorgung sind wichtige Voraussetzungen, um zu entscheiden, ob und in welcher Form Gesundheitskommunikation eingesetzt werden sollte. Medizinische Kenntnisse sind notwendig, um zu verstehen, welche Risikofaktoren die Entstehung einer Krankheit begünstigen und welche Faktoren sie verhindern können. So ist mittlerweile bekannt, dass bspw. körperliche Aktivitäten zahlreiche physische und psychische Krankheiten verhindern bzw. deren Ausmaß reduzieren können. Medizinische Erkenntnisse werden deshalb immer wieder in der Berichterstattung oder in Präventionskampagnen angesprochen (siehe Begriffsklärung 4).

Zum Teil können diese medizinischen Kenntnisse durch Fachliteratur erworben werden. Oft können (und müssen) sie jedoch auch im Rahmen von interdisziplinären Projektkooperationen mit Mediziner:innen, Gesundheitswissenschaftler:innen oder Psycholog:innen erarbeitet werden. Die Inhalte von Gesundheitsinformationen hängen zudem maßgeblich vom evidenzbasierten medizinischen Forschungsstand zu einem spezifischen Krankheitsbild ab. Dieser kann sich im historischen Verlauf ändern, sobald sich die medizinischen Erkenntnisse, z.B. zu Vorsorgeuntersuchungen, Impfungen oder Nebenwirkungen von Medikamenten, ändern (Klimmt et al., 2014).

### Psychologie

In einer weiteren wichtigen Nachbardisziplin der Gesundheitskommunikation, der Psychologie, wird Gesundheit und Krankheit aus einer auf das Individuum bezogenen Perspektive (sog. Mikroebene) beschrieben und erklärt. Vorrangig wird dabei untersucht, welche kognitiven und emotionalen Faktoren das Gesundheitsverhalten beeinflussen (Faltermeier, 2023). Die Psychologie beschäftigt sich vor allem mit den Abläufen innerhalb eines Menschen, seinen Motiven für ein bestimmtes Verhalten und Anknüpfungspunkten für eine Verhaltensänderung (Schnabel & Bödeker, 2012). Das Wissen um relevante Einflussfaktoren auf gesundheitsförderliches oder gesundheitsgefährdendes bzw. -schädliches Verhalten, welches von Gesundheitspsychologie und Gesundheitswissenschaften bereitgestellt wird, ist zentraler Ausgangspunkt für die Inhalte von Präventionskampagnen und andere Gesundheitsinterventionen. Daher werden zahlreiche Theorien und Modelle aus der Gesundheitspsychologie (engl. health psychology) zur Kampagnenentwicklung in der Gesundheitskommunikation herangezogen (siehe Kapitel 3 und 8).

### Soziologie

Im Unterschied zur Psychologie, die sich vor allem auf den einzelnen Menschen beschränkt, werden im Rahmen soziologischer Forschung Beziehungen und Kommunikation zwischen Individuen sowie innerhalb und zwischen Organisationen (Schnabel & Bödeker, 2012) analysiert. Die Soziologie beschäftigt sich somit vor allem mit der Entstehung und Funktionsweise sozialer Systeme (Gruppen, Institutionen, Organisationen, ganze Gesellschaften) und wie diese die Lebensweise von Individuen beeinflussen. Um Gesundheit und Krankheit zu beschreiben und zu erklären, werden in der Medizin- oder Gesundheitssoziologie insbesondere soziale Ressourcen und gesellschaftliche Einflussfaktoren berücksichtigt (Richter

& Hurrelmann, 2016). So wird z.B. untersucht, wie sich die ungleiche Verteilung von Einkommen in der Bevölkerung, die Globalisierung oder der demografische Wandel auf den Gesundheitszustand oder die Nutzung der Gesundheitsversorgung auswirkt. Lösungsstrategien zur Verbesserung der Gesundheit werden vor allem mit Blick auf die institutionelle (Meso-) oder gesellschaftliche (Makro-)Ebene entwickelt. So werden bspw. staatliche Interventionen oder internationale Programme entwickelt, die versuchen, benachteiligte Bevölkerungsgruppen in ihren Lebenswelten (engl. setting), wie Kindergarten oder Schule, zu erreichen.

### Gesundheitswissenschaften

Die Gesundheitswissenschaften (engl. public health) bestehen ihrerseits bereits aus verschiedenen Fächern, zu deren Kerndisziplinen neben Soziologie ebenso Medizin, Psychologie und Ökonomie zählen. In deutschen Publikationen finden sich auch die Begriffe *Öffentliche Gesundheit, Bevölkerungsmedizin, Bevölkerungsgesundheit* und *öffentliches Gesundheitswesen*, die allerdings nur spezifische Bereich, aber den Begriff Public Health nicht vollumfänglich abbilden. Gesundheitswissenschaften können damit als Sammelbegriff für die Fächer betrachtet werden, die eine wissenschaftliche Grundlage für Public Health schaffen (Kolip & Razum, 2021). Die Gesundheitswissenschaft hat sich seit den 1980er-Jahren in Deutschland fest etabliert (Hurrelmann et al., 2012).

Im Gegensatz zur Medizin und Psychologie ist das Spektrum der Gesundheitswissenschaften breiter und umfasst auch Meso- und Makro-Ebene, ähnlich wie in der Soziologie. Dabei fokussieren sie sich auf Gesundheitsförderung und Salutogenese (siehe Kapitel 1.1), d.h. auf Bevölkerungsgruppen und die Stärkung der Gesundheit innerhalb dieser Gruppen sowie auf demografische und gesellschaftliche Entwicklungen und gesetzlich verankerte Abläufe. Weniger im Zentrum stehen dabei das individuelle Verhalten und die Gesundheit eines einzelnen Menschen, insbesondere wenn dieser krank ist. Ein wesentlicher Teilbereich der Gesundheitswissenschaften ist die Epidemiologie, die sich mit den Risikofaktoren, Häufigkeiten und Verteilungen von Erkrankungen und Krankheitsfolgen in der Bevölkerung beschäftigt. Damit ist auch die transdisziplinäre Verbindung von Wissenschaft und Praxis ein zentrales Element der Gesundheitswissenschaften, was sich bspw. auch in der praxisorientierten Lehre ausdrückt (Kolip & Razum, 2021). Anhand der Fakultäten für Gesundheitswissenschaften an der Universität Bielefeld sowie der Universität Luzern lässt sich zeigen, was dies konkret bedeutet (siehe Beispiel 1).

# 1 Was ist Gesundheitskommunikation?

> **Beispiel 1: Fakultät für Gesundheitswissenschaften an der Universität Bielefeld sowie Fakultät für Gesundheitswissenschaften und Medizin an der Universität Luzern**
>
> Die Fakultät für Gesundheitswissenschaften an der Universität Bielefeld wurde 1994 gegründet und hat sich als akademischer Ort für interdisziplinäre Forschung und Lehre etabliert. Die Arbeitsgruppen aus den Disziplinen Sozialwissenschaften, Bevölkerungsmedizin, Epidemiologie, Verhaltenswissenschaften, Ökonomie, Umweltmedizin, Demografie und Pflegewissenschaft decken die wichtigsten Fächer ab, um die Probleme der gesundheitlichen Lage und gesundheitlichen Versorgung in Deutschland zu analysieren und Lösungsvorschläge zu erarbeiten (Kolip & Razum, 2021). Während das Fach Public Health vielfach an die medizinische Fakultät der Universitäten angebunden ist, bilden die Gesundheitswissenschaften in Bielefeld eine eigene Fakultät. Das Leitbild der Fakultät nennt u.a. Gleichberechtigung und Verantwortung, demokratische Entscheidungsfindung und interdisziplinäre Zusammenarbeit als zentrale Eckpfeiler der Zusammenarbeit (siehe QR-Code). Ein wichtiger Baustein der Studiengänge *Bachelor Gesundheitskommunikation* und *Master Public Health* sind die Praxis- und Berufsorientierung, die u.a. in zahlreichen Projekten mit Praxispartner:innen zum Ausdruck kommt (Kolip et al., 2019).
>
> Die Fakultät für Gesundheitswissenschaften und Medizin (GMF) an der *Universität Luzern* wurde Anfang 2023 gegründet und ist aus dem ehemaligen *Departement Gesundheitswissenschaften und Medizin* (ab 2019) sowie davor aus dem *Seminar für Gesundheitswissenschaften und Gesundheitspolitik* (seit 2009) hervorgegangen. Die Fakultät steht für Gesundheitskompetenz und Forschung mit einem interdisziplinären und interprofessionellen Ansatz, die Verbindung von Gesundheitswissenschaften und Medizin sowie für ein ganzheitliches Verständnis von Gesundheit. Durch ein umfassendes Netzwerk an lokalen und internationalen Partner:innen besteht ein reger Austausch mit der Gesundheitspraxis, welcher einen wichtigen Bestandteil zur Aktualität und Relevanz von Forschung und Lehre beiträgt. Die Fachgebiete der Fakultät, welche sich auch in den Inhalten der zugehörigen Bachelor- und Masterstudienprogramme widerspiegeln, beinhalten: Gesundheitspsychologie und Verhaltensmedizin, Public Health und Epidemiologie, Gesundheitskommunikation, Medizin, Funktionsfähigkeit und Rehabilitation, Gesundheitspolitik und -ökonomie, Gesundheitssysteme und Gesundheitsversorgung, Gesundheitsrecht und Gesundheitsethik (siehe QR-Code).

## Gesundheitsberichterstattung

Daten der Epidemiologie (als einem Teilbereich der Gesundheitswissenschaften sowie der Medizin) beschreiben unter anderem die Verbreitung bzw. die Prävalenz von Krankheiten nach Kriterien wie Alter, Geschlecht und Regionen. Diese Daten zur Gesundheitsberichterstattung werden in Deutschland vor allem vom *Statistischen Bundesamt* oder dem *Robert Koch-Institut*, in der Schweiz bspw. vom *Bundesamt für Statistik* und in Österreich von der *Gesundheit Österreich GmbH* zur Verfügung gestellt (siehe Tabelle 2). Diesen Daten kann entnommen werden, welche Krankheiten entweder sehr verbreitet sind (d.h., eine hohe Prävalenz haben) oder besonders schwerwiegend bis hin zu tödlich verlaufen. So ist etwa Diabetes die Krankheit mit der höchsten Verbreitung, während die häufigsten Todesursachen in der Schweiz Herz-Kreislauf-Erkrankungen und Krebs sind (Statistisches Bundesamt, 2022). Die Gesundheitsberichterstattung liefert des Weiteren statistische Informationen zur Verbreitung von Risikofaktoren, Angaben zur medizinischen und pflegerischen Versorgung (z.B. Ärzt:innenkontakte) und der damit verbundenen Kosten. Sie liefert damit „Daten für Taten", so ein Slogan der Gesundheitsberichterstattung (Kurth et al., 2020).

Anhand der Daten lässt sich erkennen, welche Bevölkerungsgruppen von einer Krankheit oder bestimmten Risikofaktoren am häufigsten betroffen sind und somit die relevante Zielgruppe für die Kommunikation darstellen. Während z.B. Patient:innen mit Diabetes mellitus Typ 1 bereits im Kindesalter erkranken und daher bevorzugt Apps zum Selbstmanagement nutzen, sind typische Diabetes-Typ-2-Patient:innen bereits über 60 und daher (noch) am besten mit schriftlichen Informationen (z.B. Apothekenumschau) zu erreichen.

*Tabelle 2: Beispiele für Quellen der Gesundheitsberichterstattung. Quelle: Eigene Darstellung.*

| Land | Quellen |
| --- | --- |
| Deutschland | Gesundheit in Deutschland vom *Robert Koch-Institut (RKI)*, Gesundheitsberichterstattung vom Deutschen *Statistischen Bundesamt*, Drogenaffinitätsstudie der *Bundeszentrale für gesundheitliche Aufklärung* |
| Österreich | Österreichische Gesundheitsbefragung und Gesundheitsbarometer der *Gesundheit Österreich GmbH/Geschäftsbereich Bundesinstitut für Qualität im Gesundheitswesen* (GÖG/BIQG) |
| Schweiz | Schweizerische Gesundheitsbefragung und Gesundheitsstatistik vom Schweizer *Bundesamt für Statistik* |
| Weltweit | Berichterstattung der *WHO* (*World Health Organization*), OECD (*Organisation für wirtschaftliche Zusammenarbeit und Entwicklung*), Europäische Gesundheitsindikatoren (ECHI) |

**Implikationen der Multi-, Inter- und Transdisziplinarität**

Die interdisziplinäre Ausrichtung des Faches Gesundheitskommunikation hat vielfältige Implikationen für Forschende, Berufspraktiker:innen und natürlich auch für die Studierenden. Einerseits bietet sie einen reichhaltigen Fundus an theoretischen und empirischen Quellen. Andererseits kann diese scheinbar unerschöpfliche Auswahl besonders für Anfänger:innen verwirrend sein. Oftmals finden sich Beiträge zu ähnlichen Fragestellungen der Gesundheitskommunikation in ganz unterschiedlichen Publikationen aus verschiedenen Disziplinen. Dadurch gestaltet es sich beispielsweise für Universitätsbibliotheken, oft aus finanziellen Gründen, schwierig, alle relevanten Zeitschriften zur Verfügung zu stellen.

Bei der Suche nach geeigneten Ansätzen und Theorien sowie der Entwicklung neuer Theorien oder der Durchführung empirischer Studien ist es zudem häufig notwendig, Ansätze aus verschiedenen Disziplinen zu integrieren. Diese interdisziplinäre Herangehensweise kann einerseits erfrischend und bereichernd sein, andererseits erfordert sie von den Studierenden eine gewisse Flexibilität und Offenheit, um die vielfältigen Perspektiven zu verstehen und sinnvoll miteinander zu verknüpfen. Dieses Zusammenführen unterschiedlicher Ansätze kann jedoch auch zu neuen Erkenntnissen und innovativen Lösungsansätzen führen.

Diese interdisziplinäre Ausrichtung gilt gleichermaßen für die Zusammenarbeit in Forschungs- oder Praxisprojekten, die sich nur selten ausschließlich auf Angehörige einer Fachdisziplin beschränkt. In der Gesundheitskommunikation ist die interdisziplinäre und interprofessionelle Zusammenarbeit mit Berufsgruppen der Medizin, Psychologie oder Informatik eher die Regel als die Ausnahme. Für den Einstieg ins Berufsfeld Gesundheitskommunikation bedeutet dies, dass sich oft ganz unterschiedliche Stellenbeschreibungen und Aufgabengebiete anbieten, da das Berufsfeld äußerst vielfältig ist und zahlreiche Zugangsmöglichkeiten und Optionen zum Quereinstieg bestehen (Schnabel & Bödeker, 2012). Dies erfordert sowohl bei der Suche nach Mitarbeiter:innen als auch bei der Interpretation von Stellenangeboten und Anforderungsprofilen eine hohe Flexibilität. Eine interdisziplinäre und interprofessionelle Ausbildung bietet dabei wichtige Voraussetzungen für ein gegenseitiges Verständnis der Berufsgruppen (siehe Kapitel 1.5). Dadurch wird eine effektive Zusammenarbeit ermöglicht, die von den unterschiedlichen Kompetenzen und Perspektiven profitiert.

## 1.5 Interprofessionelle Zusammenarbeit

### Ziele und Effekte der interprofessionellen Zusammenarbeit

> **Begriffsklärung 5: Interprofessionelle Zusammenarbeit**
>
> Mit interprofessioneller Zusammenarbeit ist die Zusammenarbeit von mehreren Personen mit unterschiedlichem beruflichem Hintergrund gemeint. Dabei nennt die WHO auch das gemeinsame Verständnis und die Interaktion als Definitionskriterien. Während die multiprofessionelle Zusammenarbeit nur die Arbeit vieler Berufe nebeneinander bezeichnet, bezieht sich interprofessionelle Zusammenarbeit auf eine Arbeit miteinander, die mitunter auch geteilte Behandlungsziele und geteilte Entscheidungen meinen kann (Gerber et al., 2018).
> Die interdisziplinäre Zusammenarbeit (siehe Kapitel 1.4) bezeichnet dagegen die Zusammenarbeit verschiedener Fachdisziplinen der gleichen Berufsgruppe (z.B. Orthopädin mit Chirurg), und die interdisziplinäre Forschung bezeichnet Wissenschaftler:innen aus verschiedenen wissenschaftlichen Disziplinen, die zusammenarbeiten.
> Verwandte Konzepte, die Schnittmengen mit der interprofessionellen Zusammenarbeit aufweisen, allerdings nicht deckungsgleich sind, sind: Teamarbeit, Behandlungskontinuität, koordinierte und integrierte Versorgung.

Bei der Betrachtung der interprofessionellen Zusammenarbeit in der Gesundheitsversorgung ergeben sich vielfältige Bereiche, in denen Erwartungen und Erfolge identifiziert werden können. Eine unzureichende Kommunikation und Kooperation zwischen den verschiedenen Berufen kann häufig zu Behandlungsfehlern führen. Daher liegt es nahe zu erwarten, dass eine gut funktionierende interprofessionelle Zusammenarbeit zu einer besseren Qualität der Versorgung, erhöhter

Patient:innensicherheit und -zufriedenheit führt. Tatsächlich zeigen Review-Studien, dass dies möglich ist (Reeves et al., 2017; Wei et al., 2022). Bestenfalls kann durch eine gelingende Zusammenarbeit zwischen Hausärzt:innen und Fachärzt:innen oder zwischen Sozialarbeitenden und dem Gesundheitspersonal auch der Zugang zur Gesundheitsversorgung für ansonsten benachteiligte Bevölkerungsgruppen erleichtert werden.

Die interprofessionelle Zusammenarbeit soll auch die Mitarbeiter:innenzufriedenheit in den Gesundheitsberufen steigern. Insbesondere nicht-ärztliche Berufe sollen dadurch mehr Anerkennung für ihre Leistungen erhalten, und es soll insgesamt die gegenseitige Wertschätzung der verschiedenen Kompetenzen gesteigert werden. Gleichzeitig soll sie dazu beitragen, die Herausforderungen der zunehmenden Spezialisierung, steigenden Komplexität durch Polymorbiditäten der Patient:innen, Internationalisierung und technischen Fortschritts der Behandlungen sowie des Fachkräftemangels abzufedern. Denn je komplexer die Anliegen der Patient:innen und ihrer Angehörigen sind und je vielfältiger die Angebote, umso wichtiger ist es, die Handlungen der einzelnen Leistungserbringer:innen untereinander abzustimmen, um ein gemeinsames Ziel zu erreichen.

Ein weiteres Ziel der interprofessionellen Zusammenarbeit auf organisationaler Ebene sind Kosteneinsparungen, die sich beispielsweise durch geringeren Medikamentenverbrauch und kürzere Liegedauer zeigen können (Reeves et al., 2017). Es ist jedoch wichtig zu betonen, dass die Einführung von Strategien zur interprofessionellen Zusammenarbeit nicht automatisch zu allen erwünschten Zielen führt. Es ist daher entscheidend zu untersuchen, unter welchen Umständen die interprofessionelle Zusammenarbeit tatsächlich erfolgreich ist (Gerber et al., 2018).

**Erfolgsfaktoren der Interprofessionellen Zusammenarbeit**

Eine wesentliche Voraussetzung für eine erfolgreiche interprofessionelle Zusammenarbeit ist eine wertschätzende Kommunikation zwischen den Teammitgliedern (siehe Kapitel 1.5). Dadurch wird sichergestellt, dass relevante Informationen von allen Teammitgliedern offen ausgetauscht und berücksichtigt werden können. Dies ermöglicht auch eine effektive Leitung und Moderation von interprofessionellen Meetings. Um die interprofessionelle Zusammenarbeit zu erleichtern, sind entsprechende zeitliche, räumliche und organisatorische Strukturen von Bedeutung. Beispielsweise haben regelmäßige Treffen von Tumorboards, Ethikberatungen oder Qualitätszirkeln gezeigt, dass sie eine kontinuierliche Zusammenarbeit ermöglichen können. Durch eine wertschätzende Kommunikation und geeignete Strukturen kann das interprofessionelle Team optimal arbeiten und die Vorteile der verschiedenen Kompetenzen und Perspektiven ausschöpfen. Es fördert auch eine offene und vertrauensvolle Atmosphäre, in der innovative Lösungsansätze entwickelt und gemeinsame Ziele erreicht werden können. So kann die interprofessionelle Zusammenarbeit einen wertvollen Beitrag zur Verbesserung der Gesundheitsversorgung leisten (Gerber et al., 2018).

Ein entscheidender Faktor für eine gelungene interprofessionelle Zusammenarbeit ist eine interprofessionelle Ausbildung, die es den Angehörigen unterschiedlicher

Gesundheitsberufe ermöglicht, besser miteinander zu lernen, voneinander zu lernen und miteinander zu arbeiten. Dabei hat sich gezeigt, dass diese Art der Ausbildung nicht nur die Zusammenarbeit und das gegenseitige Wissen verbessert, sondern auch die Versorgungsqualität insgesamt steigert (Reeves et al., 2013). Ein Beispiel für die Kompetenzen, die in der interprofessionellen Ausbildung erworben werden können, liefert das Programm des *Interprofessional Education Collaborative* (IPEC 2016). Dieses Programm beschreibt vier Kernkompetenzen für die interprofessionelle Zusammenarbeit (siehe Tabelle 3), die alle auf eine praxisorientierte Herangehensweise ausgerichtet sind, die den Patient:innen, ihre Familien, Gemeinden und die gesamte Bevölkerung in den Mittelpunkt stellt.

*Tabelle 3: Kernkompetenzen für die interprofessionelle Zusammenarbeit. Quelle: Eigene Darstellung.*

| Kompetenzbereich | Kompetenzinhalt |
|---|---|
| Werte/Ethik für die interprofessionelle Praxis | Zusammenarbeit mit Angehörigen anderer Berufe, um ein Klima des gegenseitigen Respekts und gemeinsamer Werte zu schaffen |
| Rollen und Verantwortlichkeiten | Das Wissen über die eigene Rolle und die Rolle anderer Berufe nutzen, um die Gesundheitsbedürfnisse der Patient:innen angemessen zu bewerten und zu erfüllen und die Gesundheit von Bevölkerungsgruppen zu fördern und zu verbessern |
| Interprofessionelle Kommunikation | Mit Patient:innen, Familien, Gemeinschaften und Fachleuten im Gesundheitswesen und in anderen Bereichen auf eine ansprechende und verantwortungsbewusste Weise kommunizieren, die einen Teamansatz zur Förderung und Erhaltung der Gesundheit und zur Vorbeugung und Behandlung von Krankheiten unterstützt |
| Teams und Teamwork | Anwendung beziehungsfördernder Werte und der Prinzipien der Teamdynamik, um in verschiedenen Teamrollen effektiv zu arbeiten und eine patient:innen- bzw. bevölkerungszentrierte Versorgung sowie Gesundheitsprogramme und -strategien zu planen, durchzuführen und zu bewerten, die sicher, zeitnah, effizient, effektiv und gerecht sind. |

Darüber hinaus sind auch Weiterbildung, organisationale und praxisbasierte Interventionen förderlich für die interprofessionelle Zusammenarbeit. Dazu gehören etwa interprofessionelle Behandlungspfade, Peer-Reviews, Qualitätszirkel oder integrierte Versorgungsmodelle (Gerber et al., 2018). Eine Grundlage für diese Interventionen liefert das *Framework for Action on Interprofessional Education & Collaborative Practice* (WHO, 2010). Es stellt verschiedene Maßnahmen in verschiedenen Kontexten mit dem Ziel, die interprofessionelle Zusammenarbeit zu stärken, vor.

Letztlich sind auch die finanziellen Strukturen im Gesundheitssystem eine entscheidende Voraussetzung für die erfolgreiche Umsetzung dieser Programme. Bei diesen Veränderungsprozessen ist es wichtig, im Blick zu behalten, dass sie mitunter traditionelle Haltungen und Hierarchien in der Gesundheitsversorgung infrage stellen. Die sich stetig weiterentwickelnden digitalen Technologien erfordern nicht nur Kommunikationskompetenzen der Beteiligten für den interprofessionellen Austausch, sondern auch entsprechende Medienkompetenzen, um den professionellen Umgang mit den Technologien zielführend umsetzen zu können.

## 2 Zentrale Parameter

In diesem Kapitel erfahren Sie,

- welches die zentralen Kenngrößen der Gesundheitskommunikation sind;
- wie diese Parameter definiert und gemessen werden;
- welche zentralen Studien und Befunde zu den einzelnen Parametern bereits vorliegen.

Es existiert eine Reihe wichtiger Einflussfaktoren, etwa auf das Gesundheitsverhalten oder für das Verständnis von Medieninhalten, die es bei der Untersuchung von Fragestellungen der Gesundheitskommunikation zu berücksichtigen gilt. Diese zentralen Parameter sind wichtige Stellgrößen, die durch Kommunikation adressiert werden können und somit auch häufig als Zielgröße für entsprechende Kommunikationsmaßnahmen definiert werden. So wird in vielen Präventionskampagnen gezielt versucht, gesundheitsförderliches Verhalten zu unterstützen, indem die Risikowahrnehmung durch Furchtappelle (siehe Kapitel 2.1) gezielt adressiert und entsprechend erhöht wird. Da dem Zustandekommen gesundheitsrelevanten Verhaltens jedoch mitunter komplexe kognitive Prozesse zugrunde liegen, können ganz unterschiedliche Wege zur Erreichung des Ziels führen. So kann bspw. auch eine Strategie, die auf die Erhöhung der sog. Selbstwirksamkeitserwartung, bspw. durch die Verwendung von Fallbeispielen (siehe Kapitel 2.2), setzt, zum Erfolg einer Kommunikationsmaßnahme beitragen.

Schnabel und Bödeker (2012) unterscheiden zudem zwischen variablen und weniger variablen Einflussfaktoren auf die Gesundheit. Sie differenzieren damit, wie leicht die jeweiligen Faktoren von Gesundheit zu beeinflussen bzw. zu verändern sind. Grundsätzlich gilt: Je größer die Variabilität eines Faktors, desto eher kann dieser durch Kommunikationsmaßnahmen oder Medieninhalte beeinflusst werden. Im Folgenden werden daher vor allem die durch Gesundheitskommunikation veränderlichen Parameter jeweils mit einer Definition, wichtigen Dimensionen der Messung und einzelnen Ergebnissen zur Veranschaulichung der Relevanz vorgestellt.

### 2.1 Risikowahrnehmung

#### Definition und Messung

Als Risikowahrnehmung (engl. risk perception) wird die subjektive Einschätzung eines potenziellen Schadens oder eines Verlustes als Folge eines Ereignisses oder einer Handlung bezeichnet (Slovic, 2000). Dabei sind zwei Faktoren für die Einschätzung des Risikos zentral: die wahrgenommene Anfälligkeit (engl. susceptibility, häufig auch als Verwundbarkeit bezeichnet) gegenüber einem Risiko sowie der wahrgenommene Schweregrad (engl. severity) der Folgen (H. Früh & Baumann, 2013). Die subjektive Risikoeinschätzung weicht häufig vom objektiven Risiko (z.B. dem tatsächlichen Risiko, an Krebs zu erkranken) ab, wobei schwerwiegende oder lebensbedrohliche Risiken eher überschätzt und weit verbreitete Risiken mit weniger schweren Folgen in der Regel eher unterschätzt werden. Neben der

Wahrnehmung gesundheitlicher Risiken können sich Risikoeinschätzungen u.a. auch auf Naturkatastrophen, technologischen Fortschritt oder Terroranschläge beziehen. Mit diesen Themen beschäftigt sich das Forschungsfeld Risikokommunikation (Renner & Gamp, 2014). Für das Gesundheitsverhalten kann zusätzlich die Wahrnehmung sozialer Risiken, bspw. die Ausgrenzung aus einer Gruppe oder die Ablehnung durch nahestehende Personen, eine Rolle spielen (Reifegerste, 2019 c).

Zudem lässt sich zwischen einer allgemeinen Risikobewertung (für andere Personen) und der persönlichen Einschätzung für die eigene Person unterscheiden. Für das Zustandekommen oder die Änderung des Gesundheitsverhaltens ist vor allem die Wahrnehmung der persönlichen Bedrohung, d.h. die selbstbezogene Risikowahrnehmung, entscheidend (Renner et al., 2015). Rimal und Real (2003) konnten bspw. zeigen, dass eine höhere Bewertung der Gefahren durch Sonneneinstrahlung zur vermehrten Nutzung von Sonnenschutzmitteln und zu häufigeren Selbstuntersuchungen nach Melanomen führte. Die meisten Personen bewerten allerdings ihr persönliches Risiko geringer als das von Menschen gleichen Alters oder Geschlechts. Weinstein (1980) spricht in diesem Zusammenhang auch von unrealistischem Optimismus oder vom *optimistischen Fehlschluss*. Außerdem zeigen sich Unterschiede in der Risikowahrnehmung je nach Alter und Geschlecht. Während sich Jugendliche eher als unempfänglich gegenüber zukünftigen Schäden fühlen, nimmt die subjektive Risikoeinschätzung mit steigendem Lebensalter zu. Zahlreiche Untersuchungen belegen zudem geschlechtsspezifische Unterschiede. Frauen tendieren meist dazu, ihr Gesundheitsrisiko höher einzuschätzen als Männer (Reifegerste, 2012 b).

**Relevanz und ausgewählte Ergebnisse**

In vielen Modellen der Gesundheitspsychologie (siehe Kapitel 3.1) ist die Wahrnehmung einer Bedrohung als wichtige Voraussetzung für gesundheitsrelevante Einstellungs- und Verhaltensänderungen integriert. Risikobotschaften bzw. insbesondere Furchtappelle (siehe Kapitel 8.3.2), die darauf abzielen, die Wahrnehmung eines Risikos bzw. einer Bedrohung zu erhöhen, zählen daher bis heute zu den gängigsten persuasiven Strategien in der Gesundheitskommunikation (Gelbrich & Schröder, 2008). Eine veränderte Risikowahrnehmung kann aber – unabhängig von Kommunikationsmaßnahmen mit intendiert persuasiver Wirkung (z.B. Präventionskampagnen) – auch durch andere medial vermittelte Gesundheitsinformationen (z.B. Berichterstattung über die Krebserkrankung eines Prominenten) entstehen und somit eine unbeabsichtigte Folge der Mediennutzung sein (Rossmann & Ziegler, 2013).

## 2.2 Wirksamkeitserwartungen

**Definition und Messung**

Neben der Risikowahrnehmung sind die Wirksamkeitserwartungen einer Person wesentliche Einflussfaktoren für ein adäquates Gesundheitsverhalten. Bei der Wirksamkeitseinschätzung des empfohlenen Verhaltens (z. B. Krebsvorsorgeuntersuchungen oder der Gebrauch von Kondomen) kann man (wie bei der Risikowahrnehmung) zwischen einer allgemeinen Bewertung der Maßnahme bzw. des Verhaltens, d.h. der Ergebniswirksamkeit (engl. response efficacy), und einer Einschätzung der wahrgenommenen persönlichen Fähigkeit zum Verhalten, d.h. der Selbstwirksamkeit (engl. self-efficacy), unterscheiden. Ein vorgeschlagenes Verhalten, wie etwa die Kondomnutzung, kann bspw. als allgemein wirksam eingeschätzt werden, um das Risiko für eine Ansteckung mit sexuell übertragbaren Krankheiten zu verringern. Dies muss aber nicht bedeuten, dass die jeweilige Person sich selbst für fähig hält, die empfohlene Handlung umzusetzen (Schwarzer, 2004).

**Relevanz und Ergebnisse**

Das Konzept der Selbstwirksamkeit wurde ursprünglich von Albert Bandura im Rahmen der *sozial-kognitiven Lerntheorie* (SCT; engl. *Social Cognitive Theory*; siehe Kapitel 3.1.2) entwickelt, ist aber inzwischen neben der Risikowahrnehmung als wichtiges Element in den meisten Modellen des Gesundheitsverhaltens enthalten (Bandura, 2004) oder indirekt durch nahestehende Konzepte vertreten. So enthält etwa die Theorie des geplanten Verhaltens (TPB, engl. *Theory of Planned Behavior*; siehe Kapitel 3.1.1) mit der wahrgenommenen Verhaltenskontrolle (engl. perceived behavioral control) ein sehr ähnliches Konzept, welches die subjektive Kontrolle über die eigenen Handlungen beschreibt (Ajzen, 1985). Bandura (2004) untersuchte verschiedene Möglichkeiten, wie die Selbstwirksamkeitswahrnehmung positiv beeinflusst werden kann. Er unterschied dabei zwischen dem Lernen durch eigene Erfahrungen, stellvertretende Erfahrungen (sog. Lernen am Modell), emotionale Empfindungen und das Erhalten von Instruktionen (verbale Verstärkung). Es stellte sich heraus, dass persönliche Erfolgserfahrungen das wirksamste Mittel sind, um Selbstwirksamkeit zu fördern. Diese Erfolgserlebnisse können bspw. im Rahmen von persönlichen Schulungen oder Videoanleitungen oder durch motivierende Rückmeldungen in digitalen Anwendungen im Internet oder auf dem Smartphone unterstützt werden.

## 2.3 Subjektive Normen

### Definition und Messung

Subjektive oder soziale Normen beschreiben die individuelle Wahrnehmung der Haltung des sozialen Umfelds zu einem bestimmten Verhalten (Rossmann, 2021). Verschiedene Theorien, wie die *Theorien des geplanten Verhaltens* oder die *Theorie sozialer Normen* (siehe Kapitel 3.1.2 und 3.2.1), gehen davon aus, dass Verhalten neben den individuellen Komponenten (wie Risikowahrnehmung und Selbstwirksamkeit) auch davon beeinflusst wird, ob es (von anderen) als sozial angemessen oder erwünscht beurteilt wird. Dabei werden verschiedene Dimensionen subjektiver Normen unterschieden. Wenn eine Person glaubt, dass für sie wichtige Menschen der Meinung sind, sie sollte ein bestimmtes Verhalten ausführen oder nicht, wird diese Wahrnehmung der Meinung anderer als injunktive, auffordernde (engl. injunctive) oder präskriptive (engl. prescriptive) Norm bezeichnet. Deskriptive (engl. descriptive) Normen beschreiben dagegen die Wahrnehmung des tatsächlichen Verhaltens anderer Personen (siehe Tabelle 4). Beide Normdimensionen beeinflussen menschliches Verhalten, da Menschen dazu neigen, das zu tun, was sozial akzeptiert und verbreitet ist. Dabei müssen die Dimensionen nicht zwingend übereinstimmen. Sich gesund zu ernähren ist bspw. eine präskriptive Norm (wird also als etwas betrachtet, dass man tun sollte); dennoch ist es nicht unbedingt eine deskriptive Norm, da sich viele Menschen eben nicht gesund ernähren. Daher sollten beide Dimensionen berücksichtigt werden, wenn es darum geht, wichtige Einflussvariablen des Gesundheitsverhaltens zu identifizieren und entsprechende Botschaften zu entwickeln, die soziale Normen adressieren (siehe Kapitel 8.3.3).

*Tabelle 4: Dimensionen subjektiver Normen. Quelle: Eigene Darstellung.*

| Dimension | Erläuterung | Beispielitems |
|---|---|---|
| Injunktive Norm | Wahrnehmung, was andere denken, „was tut man (nicht)" | Die meisten Leute, die mir wichtig sind, finden, dass ich regelmäßig Sport treiben sollte. Die Personen aus meinem Umfeld, deren Meinung mir wichtig ist, finden es gut, wenn ich mich gesund ernähre. |
| Deskriptive Norm | Wahrnehmung, was andere tun | Die meisten Leute, die mir wichtig sind, treiben regelmäßig Sport. Die Personen aus meinem Umfeld, deren Meinung mir wichtig ist, ernähren sich gesund. |

### Relevanz und Ergebnisse

Da soziale Normen besonders bei Jugendlichen und jungen Erwachsenen relevant sind, werden Normappelle in dieser Altersgruppe häufig zur Alkohol- oder Tabakprävention eingesetzt (Abraham et al., 2007). Soziale Normen sind darüber hinaus für andere gesundheitsrelevante Verhaltensweisen wie Sonnenschutz, sexuell übertragbare Krankheiten, körperliche Aktivität oder Ernährungsverhalten von Bedeutung und werden daher in entsprechenden Kampagnen adressiert. So zeigen Studien zum Sonnenschutz und zu Ernährungsthemen etwa, dass es durch die Präsentation von entsprechenden Normen möglich ist, Risikowahrnehmung, Intention und Verhalten positiv zu beeinflussen. Allerdings wird die Wirkung dieser Normappelle ebenfalls davon beeinflusst, wie relevant die dargestellte soziale Gruppe für die Rezipient:innen ist, wie diese ihr eigenes Verhalten im Vergleich zu dieser Norm einschätzen und wie normorientiert sie sind; für eine Übersicht siehe Reifegerste und Rössler (2014). Lee und Paek (2013) konnten zeigen, dass insbesondere die injunktiven Normen einen Einfluss auf die Verhaltensintentionen zum Tabakkonsum von erwachsenen Raucher:innen haben. Deskriptive Normen führten dagegen zu einem gegenteiligen Effekt, vermutlich weil die Bewertung durch Freund:innen oder Familienmitglieder eine massenmediale Botschaft unglaubwürdig erscheinen lässt und so eher zu Ablehnung führt (Lee & Paek, 2013).

## 2.4 Emotionen

### Definition und Messung

Eine Vielzahl theoretischer Ansätze versucht zu erklären, wie Emotionen entstehen und wie sich dieses emotionale Erleben auf das Gesundheitsverhalten auswirkt. Da diese zum Teil sehr unterschiedlichen Traditionen entstammen und unterschiedliche Sichtweisen und Foki auf Emotionen setzen, unterscheiden sich auch die Definitionen zum Teil sehr stark. Unabhängig vom theoretischen Ansatz kann aber davon ausgegangen werden, dass Emotionen ein psychologisches Konstrukt sind, das sich aus fünf Bestandteilen zusammensetzt (Scherer, 1984):

(1) der kognitiven Einschätzung bzw. Bewertung einer Situation;
(2) einer physiologischen Komponente, i.d.R. als Erregung (engl. arousal) bezeichnet;
(3) einem subjektiv empfundenen Gefühlszustand;
(4) einer motivationalen Komponente (d.h. Verhaltensintentionen) sowie
(5) dem motorischen Ausdruck.

So kann sich erlebte Angst bspw. in sorgenvollen Gedanken (1), der Aktivierung von Regionen des Gehirns, welche für Emotionen zuständig sind (Amygdala), der Produktion von (Angst-)Schweiß (2), in Furchtgefühlen (3), physischem Zurückweichen (4) oder entsprechender Mimik (5) niederschlagen. Entsprechend können Emotionen auf genau diesen Ebenen gemessen werden, also bspw. durch den Einsatz von Fragebögen in Form von Selbstauskünften, durch die Messung physiologischer Parameter oder die Beobachtung von Verhalten.

Hierauf aufbauend basiert die Forschung zu Emotionen im Wesentlichen auf zwei Modellen. Dimensionale Ansätze ordnen Emotionen und emotionales Erleben anhand zweier Grunddimensionen, der Valenz – positiv (angenehm) bis negativ (unangenehm) – und anhand der Erregung – von geringer bis hoher Aktivierung. So wird Wut bspw. als unangenehm empfunden und geht mit einer hohen Aktivierung einher. Dagegen wird Trauer zwar auch als negativ empfunden, ist aber weit weniger aktivierend (Fessler et al., 2004). Die Übergänge und Grenzen zwischen den einzelnen Emotionen sind hier also eher fließend. Dagegen gehen die Vertreter:innen kategorialer Ansätze davon aus, dass sich alle emotionalen Zustände aus einer bestimmten Anzahl diskreter, also voneinander klar abgrenzbarer (Basis-)Emotionen wie etwa Wut, Ekel oder Furcht zusammensetzen. Diese diskreten Emotionen können voneinander abgegrenzt werden, weil sie sich hinsichtlich der mit ihnen verbundenen kognitiven Bewertung, des subjektiven Erlebens oder der durch sie ausgelösten Handlungstendenz unterscheiden. So löst Furcht eher ein Fluchtbedürfnis (engl. avoidance motivation) aus, während Wut eher mit Vergeltung bzw. Angriff (engl. approach motivation) in Verbindung gebracht wird (Frijda, 1986).

### Relevanz und Ergebnisse

In der Gesundheitskommunikation spielt dabei vor allem die Emotion Furcht eine große Rolle, wie die intensive Forschung zu Furchtappellen (z.B. mit Warnungen vor Gesundheitsrisiken) beweist (Ort, 2019b). Allerdings ist für das Gesundheitsverhalten nicht nur die empfundene Furcht von Bedeutung. So gewinnen neben weiteren negativen Emotionen wie Ekel, Wut, Scham oder Schuld (Ort, 2019a, 2019b) in den letzten Jahren auch verstärkt positive Gefühlszustände, wie Freude, Stolz und Entspannung, an Bedeutung (Reifegerste, 2019c). Meist rufen Gesundheitsbotschaften mehr als einen emotionalen Zustand hervor (Nabi, 2015), der von Person zu Person unterschiedlich sein kann. Daher ist es wichtig zu beachten, dass neben den beabsichtigten gleichermaßen unbeabsichtigte (ebenso wie unbewusste und unerwünschte) emotionale Reaktionen ausgelöst werden können (siehe Kapitel 9.1).

## 2.5 Gesundheitskompetenz

### Definition und Messung

Gesundheitskompetenz (engl. health literacy) beschreibt die Fähigkeit, sich innerhalb des (immer komplexer werdenden) Gesundheitssystems zurechtzufinden und für die eigene Gesundheit förderliche Entscheidungen treffen zu können. Sie setzt sich zusammen aus den persönlichen Kompetenzen des Einzelnen (z.B. Wissen über Formalitäten zur Inanspruchnahme von Gesundheitsleistungen) und den situativen Anforderungen wie den Fachbegriffen in einer Packungsbeilage (Parker & Ratzan, 2010). Gesundheitskompetenz wird mittlerweile in sehr vielen Forschungsfeldern mit unterschiedlichen Schwerpunktsetzungen beforscht, sodass sich bis heute zahlreiche Definitionen und Modellansätze zu diesem Konzept angesammelt haben. Verschiedene Übersichtsarbeiten (Nutbeam, 2000; Soellner et al., 2009; Sørensen et al., 2012) fassen bis zu fünf Kernelemente von Gesundheitskompetenz zusammen (siehe Tabelle 5):

(1) die Fähigkeit, Gesundheitsinformationen zu finden und Zugang (engl. access) zu haben,
(2) zu verstehen (funktionale Gesundheitskompetenz),
(3) sich darüber auszutauschen (interaktive Gesundheitskompetenz),
(4) sie kritisch zu beurteilen (kritische Gesundheitskompetenz)
(5) und entsprechend anzuwenden.

Auf gesellschaftlicher Ebene ist mangelnde Gesundheitskompetenz mit der Wissenskluft und dem unterschiedlichen Zugang zu digitalen Medien in der Bevölkerung (sog. digital divide; Bachl, 2016; siehe Kapitel 3.3.1) verbunden. Eine Erhöhung der Gesundheitskompetenz könnte daher einen positiven Beitrag zu gesundheitlicher Chancengleichheit leisten, um benachteiligten Bevölkerungsgruppen die Teilhabe an gesundheitsrelevanten und -wirksamen Handlungsfeldern zu ermöglichen (Abel & Sommerhalder, 2015). So zeigt bspw. eine Erhebung der Gesundheitskompetenz bei Menschen mit Migrationshintergrund, dass etwa die Hälfte der Personen mit ex-sowjetischem und türkischem Migrationshintergrund über eine geringe allgemeine Gesundheitskompetenz verfügt und damit sogar besser abschneidet als die Allgemeinbevölkerung in Deutschland. Gravierender sind aber die sozialen Unterschiede. Menschen mit niedrigem Bildungsniveau oder

Sozialstatus, im höheren Lebensalter oder mit chronischer Erkrankung haben eine deutlich geringere Gesundheitskompetenz sowie solche mit eigener Migrationserfahrung und/oder mit geringen Deutschkenntnissen (Berens et al., 2022).

*Tabelle 5: Elemente der Gesundheitskompetenz. Quelle: Eigene Darstellung.*

| Element | Erläuterung | Beispiele |
|---|---|---|
| Informationen finden | ■ Zugang zu Gesundheitsinformationen<br>■ Kompetenz im Umgang mit neuen Medien | Internetzugang, Smartphonebesitz |
| Funktionale Gesundheitskompetenz | ■ Grundfertigkeiten des Lesens<br>■ Verarbeiten und Verstehen von gesundheitlichen Informationen<br>■ Alltagspraktisches und spezialisiertes Gesundheitswissen | Lesen und Verstehen eines Arzneimittelbeipackzettels oder von Onlineinformationen, Wissen über Versorgungsangebote |
| Interaktive Gesundheitskompetenz | ■ Sich über Gesundheitsthemen austauschen<br>■ Aktiver Umgang mit gesundheitlicher Information<br>■ Kommunikationskompetenz | Gespräch mit Ärzt:in oder Krankenkassen-Mitarbeiter:innen oder Austausch mit anderen Betroffenen in einem Onlineforum |
| Kritische Gesundheitskompetenz | ■ Kritischer und selbstbewusster Umgang mit gesundheitlichen Informationen<br>■ Berücksichtigung der Interessenslage der Quellen | Kritische Bewertung von Gesundheitsinformationen von Lai:innen in Onlineforen oder von Pharmaunternehmen |
| Anwenden | ■ Gesundheitsbezogene Gestaltungs- und Entscheidungsaufgaben übernehmen, die eigene Gesundheit und entsprechende Lebensbedingungen fördern, eine informierte Entscheidung treffen | Zuckerarme Getränke in Bildungseinrichtungen |

Zur Messung von Gesundheitskompetenz existieren zahlreiche Instrumente (Haun et al., 2014), wobei sich vor allem Tests der Gesundheitskompetenz und der Selbsteinschätzung der Gesundheitskompetenz unterscheiden lassen (Abel & Sommerhalder, 2015). Der *Test of Functional Health Literacy* (TOFHLA) prüft bspw., inwieweit Testpersonen medizinische Begriffe und Gesundheitsinformationen lesen und verstehen können (Parker et al., 1995). Beim *European Health Literacy Survey* (Zok, 2014) sollen die Befragten hingegen selbst einschätzen, wie einfach es ihrer Meinung nach ist, Informationen über Krankheitssymptome, die sie betreffen, zu finden oder zu verstehen, was der Ärzt:in ihnen sagt. Neben diesen generischen (d.h. allgemeinen) Instrumenten, gibt es auch spezifische Formen der Gesundheitskompetenz, die sich entweder auf bestimmte Gesundheitsthemen (z.B. mental health literacy, genomic literacy), besondere Zielgruppen mit niedriger Lesekompetenz, Kinder oder bestimmte Medien (z.B. eHealth; Soellner et al., 2014) bzw. eine Kombination davon (z.B. digital health literacy) beschränken (Abel & Sommerhalder, 2015; Bittlingmayer et al., 2020).

### Relevanz und Ergebnisse

Studien zeigen, dass eine geringe Gesundheitskompetenz risikoreicheres Gesundheitsverhalten, geringeres Präventionsverhalten, geringere Therapietreue, schlechtere Selbstmanagementfähigkeiten, einen schlechteren Gesundheitszustand, höhere Gesundheitskosten und höhere Sterblichkeit zur Folge haben kann (Soellner et al., 2009). Darüber hinaus wird der Gesundheitskompetenz eine immer größere Bedeutung zugeschrieben, da die Versorgungsstrukturen, das Gesundheitssystem und entsprechende Entscheidungen immer komplexer werden und viele, teils widersprüchliche Informationen aus sehr unterschiedlichen Quellen und von unterschiedlichen Akteur:innen zur Verfügung stehen (Abel & Sommerhalder, 2015). Die Erhöhung der Gesundheitskompetenz ist daher bereits sowohl Bestandteil von internationalen als auch nationalen Gesundheitszielen (z.B. USA, Österreich und Deutschland). Diese enthalten bspw. konkrete Maßnahmen zur schulischen Erziehung, zur Prävention und zur Gesundheitsvermittlung (Abel & Sommerhalder, 2015). In der Gesundheitskommunikation kann Gesundheitskompetenz einerseits als Zielgröße betrachtet werden, die durch Kommunikationsmaßnahmen erhöht werden soll; andererseits aber auch als Eigenschaft einer Zielgruppe, an die die Inhalte von Kommunikationsmaßnahmen angepasst werden müssen.

## 2.6 Informierte Entscheidungen

### Definition und Messung

Wenn Patient:innen in den medizinischen Entscheidungsprozess einbezogen werden und Entscheidungen gemeinsam mit der Ärzt:in treffen, spricht man von *Shared-Decision-Making* (siehe Kapitel 5.2.3). Informationen und die entsprechende Verarbeitung dieser Informationen (d.h. Gesundheitskompetenz) sind eine wichtige Voraussetzung, damit der:die Patient:in dann im Idealfall eine informierte Entscheidung (engl. informed choice) über Vorsorge-, Früherkennungs- und Behandlungsoptionen hinsichtlich seiner gesundheitlichen Versorgung (Albrecht et al., 2014) treffen kann. „An informed decision is one where all the available information about the health alternatives is weighed up and used to inform the final decision" (Marteau et al., 2001, S. 100). Nach Abwägung der ihr oder ihm zur Verfügung gestellten Informationen kann ein:e Patient:in dann (u.U. zusammen mit dem/der behandelnden Ärzt:in) eine fundierte Entscheidung treffen, etwa für oder gegen die Durchführung einer Brustkrebsmammografie, für oder gegen eine Knieoperation oder für oder gegen ein passendes Medikament zur Behandlung von Depressionen. Aus diesem Grund bilden informierte Entscheidungen einen wichtigen Bestandteil für die Beteiligung (d.h. Partizipation) und Befähigung (d.h. Empowerment; Fumagalli et al. 2015) von Betroffenen. Die *informierte Entscheidung* in Gesundheitsfragen entspricht damit dem Ideal des selbstbestimmten Bürgers, dass auch von Politik und Gesellschaft zunehmend eingefordert wird.

Eine gut *informierte Entscheidung* setzt dabei zwei Dinge voraus. Einerseits muss ausreichend Wissen über die jeweiligen (Behandlungs-)Optionen sowie deren Nutzen und Risiken vorhanden sein. Andererseits sollte die getroffene Entscheidung in hohem Maß den jeweiligen Präferenzen des Betroffenen entsprechen (Marteau et al., 2001). Eine *informierte Entscheidung* führt jedoch nicht zwangsläufig auch zu einer Verbesserung krankheitsbezogener Zielparameter wie Morbidität (d.h. die Häufigkeit einer Krankheit in einer Bevölkerungsgruppe, auch Erkrankungsrate), Mortalität, Lebensqualität oder Teilnahme an einer Vorsorgeuntersuchung (Rummler & Scheibler, 2016). So kann sich beispielsweise die Informiertheit über ein Krebsscreening oder eine Impfung verbessern, ohne dass dies beim Informierten zu einer Steigerung der Teilnahmebereitschaft führt.

**Relevanz und Ergebnisse**

*Informierte Entscheidungen* setzen nicht nur die Bereitstellung entsprechender Informationen, sondern auch deren Verständnis voraus. Daher ist dieser Parameter sowohl für die Betrachtung der gesundheitsbezogenen Medieninhalte als auch in der Erforschung von Medienwirkungen relevant. Wichtig dabei ist es, die Informationen über den Nutzen, die Risiken und Unsicherheiten sowie mögliche Alternativen so zu vermitteln, dass das Wissen mit den Werten und Einstellungen der zu informierenden Person übereinstimmt. So können bspw. eine Broschüre oder andere Entscheidungshilfen (sog. decision aids) zu Nutzen und möglichen Risiken (wie Nebenwirkungen und Fehldiagnosen) verschiedener Screening-Verfahren für Darmkrebs (wie Okultbluttest oder Koloskopie), welche Informationen mit Angaben zu natürlichen Häufigkeiten und interaktiven Elementen anreichert, diese schließlich auch besser vermitteln als eine vergleichbare Broschüre ohne solche Inhalte (Steckelberg et al., 2011).

## 2.7 Einstellungen und Intentionen

**Definition und Messung**

Einstellungen (engl. attitudes) beschreiben eine zeitlich stabile Tendenz, positiv oder negativ auf Objekte (z.B. Personen, Ideen oder Verhaltensweisen) zu reagieren (Wirth & Kühne, 2013). Es können affektive (Emotionen), kognitive (Meinungen) sowie konative Komponenten (Verhalten) von Einstellungen unterschieden werden (Rossmann, 2021), die zum Teil unbewusst (d.h. implizit und damit auch nicht immer artikulierbar) sein können. Einstellungen sind abzugrenzen von Vorstellungen bzw. Überzeugungen (engl. beliefs) und Werten (engl. values). Während Überzeugungen (z.B. Bewegung hilft bei Kopfschmerzen) konkreter und leichter zu beeinflussen sind als Einstellungen (z.B. Ich finde es nützlich, mich bei Kopfschmerzen zu bewegen), gelten Werte (z.B. Gleichberechtigung in der Gesundheitsversorgung) als umfassender und deutlich stabiler (Wirth & Kühne, 2013). Im Vergleich zu den Einstellungen beschreiben Intentionen die Absicht, ein bestimmtes Verhalten auszuführen, bzw. die Wahrscheinlichkeit, sich für eine bestimmte Handlungsoption zu entscheiden. Sie können daher sowohl Bestandteil von Einstellungen sein als auch von diesen abhängen (Rossmann, 2021).

Meist sind weitere Variablen (z.B. Vorerfahrungen oder soziale Normen als Wahrnehmung der Einstellungen anderer) zu berücksichtigen, wenn das Zustandekommen von Einstellungen oder Intentionen untersucht werden soll. Diese Variablen sollten dann den gleichen Spezifikationsgrad aufweisen. So sollten sich z.B. die

Einstellungen zur körperlichen Aktivität, die Absicht dazu und die tatsächliche körperliche Aktivität auf den gleichen Zeitraum (z.B. die nächsten zwei Wochen) und die gleichen Handlungen (z.B. Vereinssport) beziehen. Das heißt, je ähnlicher Ziel, Handlung, Kontext und Zeit der Variablen Einstellungen, Verhaltensintentionen und tatsächliches Verhalten sind, desto größer sind die Zusammenhänge zwischen ihnen (Rossmann, 2021). Dies sollte entsprechend bei der Entwicklung der Messvariablen berücksichtigt werden (siehe Rossmann, 2021, S. 51 ff., für eine Anleitung zur Konstruktion der Fragen).

**Relevanz und Ergebnisse**

Einstellungen und Intentionen spielen in zahlreichen Modellen der Gesundheitspsychologie (siehe Kapitel 3.1) eine wichtige Rolle (u.a. TPB; Ajzen, 1991) und gelten dort als wichtige Vorstufen des Verhaltens. Auch wenn die Theorien dies nahelegen, ist der Zusammenhang zwischen Einstellungen, Intentionen und Verhalten nicht immer so offensichtlich und einfach nachzuweisen (Rossmann, 2021). Oft wird ein Verhalten trotz fester Absichten nicht ausgeführt, d.h., es gibt einen Unterschied zwischen Intention und Verhalten (sog. Intention-Behavior Gap; Sheeran & Webb, 2016); so etwa zu beobachten bei Rauchenden, die es trotz starker Intention und Motivation nicht schaffen, mit dem Rauchen aufzuhören.

Die kommunikationswissenschaftliche Persuasionsforschung (lat. persuadere = überzeugen, überreden) liefert hier wichtige Erkenntnisse für die Gesundheitskommunikation, da hier bereits sehr intensiv untersucht wurde, wie Medieninhalte die Einstellungen der Rezipient:innen beeinflussen. Dabei wurde anfangs von direkten und starken Effekten der Medieninhalte ausgegangen. Inzwischen werden die Wirkungsprozesse aber differenzierter und komplexer beschrieben, da die Einstellungen von vielen weiteren Faktoren wie Involvement der Rezipient:innen oder der Glaubwürdigkeit der Quelle (d.h. dem Vertrauen) abhängen (Wirth & Kühne, 2013). Die Einflussnahme auf Einstellungen oder Intentionen kann schließlich darin bestehen, diese neu zu bilden, zu verändern oder zu stärken bzw. abzuschwächen (Perloff, 2010).

## 2.8 Gesundheitsverhalten

**Definition und Messung**

Unter Gesundheitsverhalten (engl. health behavior) werden im weitesten Sinne alle gesundheitsrelevanten Handlungen eines Individuums verstanden. In einem engeren Sinne werden darunter nur gesundheitsförderliche Verhaltensweisen subsumiert, d.h. solche, die zur Gesunderhaltung bzw. Krankheitsvermeidung dienen. Dazu zählen bspw. Bewegung, Händewaschen oder Entspannung. Verhaltensweisen, die hingegen die Wahrscheinlichkeit erhöhen, eine spezifische Krankheit zu entwickeln, bspw. Nikotinkonsum, übermäßiger Alkoholkonsum oder eine fett-, salz- und zuckerreiche Ernährung, werden als Risikoverhalten betrachtet. Das Verhalten von Personen, die bereits Symptome einer Krankheit wahrnehmen und entsprechend aktiv werden, d.h. vorhaben, sich in Behandlung zu begeben, oder sich bereits in Therapie befinden, wird hingegen als Krankheits- oder Krankheitsrollenverhalten bezeichnet (Faltermeier, 2015).

Die Messung des Gesundheitsverhaltens kann sowohl durch Beobachtung als auch durch Befragung erfolgen (siehe Kapitel 4). Eine Befragung birgt allerdings die Gefahr einer verzerrten Messung, da die Angaben aufgrund der sozialen Erwünschtheit von gesundheitsförderlichem Verhalten verzerrt sein können. Mitunter werden zudem Bezugspersonen gebeten, Auskunft über das Verhalten der Betroffenen zu geben, etwa Eltern über die Ernährung ihrer Kinder. Zur Messung des Gesundheitsverhaltens können auch Daten aus der Gesundheitsversorgung herangezogen werden, die bspw. bei der Abrechnung von Leistungserbringer:innen (wie Ärzt:innen, Krankenhäuser, Apotheken) oder bei Krankenkassen anfallen. Dazu zählen u.a. die Versorgungskosten, wie die Inanspruchnahme einer bestimmten Leistung bzw. eines bestimmten Medikaments. So kann bspw. geprüft werden, ob eine Kampagne zur Darmkrebsvorsorge zu einer Steigerung der Zahl entsprechender Vorsorgeuntersuchungen geführt hat (Schrader & Swiatoszczyk, 2014) oder ob sich durch höhere Empathie von Ärzt:innen im Gespräch die Adhärenz bei der Medikamenteneinnahme verbessert, d.h., die Patient:innen die Empfehlungen einhalten. Schließlich können entsprechende Vorher-Nachher-Vergleiche zeigen, ob sich etwa die Kosten oder die Häufigkeit der Inanspruchnahme einer bestimmten Behandlungsform im Zeitverlauf geändert haben oder inwieweit die Kosten einer Maßnahme im Verhältnis zu deren Nutzen stehen (Bowling, 2014).

**Relevanz**

Das Gesundheitsverhalten zählt neben dem individuellen Gesundheitszustand zu den wichtigsten Parametern für die Gesundheitskommunikation. Entsprechend versuchen auch die *Modelle des Gesundheitsverhaltens* (siehe Kapitel 3.1) das Gesundheitsverhalten durch Einbeziehung psychologischer, sozialer und soziodemografischer Faktoren zu erklären. Dabei hat sich gezeigt, dass es schwierig ist, das Gesundheitsverhalten direkt mit Kommunikationsmaßnahmen zu beeinflussen. Daher werden stattdessen häufig die bereits beschriebenen Determinanten des Gesundheitsverhaltens wie Risikowahrnehmung, Selbstwirksamkeit oder Gesundheitskompetenz als Zielgrößen der Gesundheitskommunikation betrachtet.

## 2.9 Gesundheitszustand und Lebensqualität

### Definition und Messung

Je nach Definition von Gesundheit (siehe Kapitel 1.1), können unterschiedliche Parameter als Indikatoren für den Gesundheitszustand herangezogen werden. Die Auswahl dieser Parameter ist außerdem abhängig vom Gesundheitsthema, der jeweiligen Bevölkerungs- oder Zielgruppe, den beteiligten Akteur:innen sowie der betrachteten Kommunikationsform. Dabei sind objektive oder subjektive Messverfahren zu unterscheiden (siehe Tabelle 6).

*Tabelle 6: Beispiele für Parameter zum Gesundheitszustand. Quelle: Eigene Darstellung.*

| Parameter | Objektive Messung | Subjektive Messung |
|---|---|---|
| Physische Gesundheit | ■ Medizinische Parameter (z.B. Blutdruck, Blutzucker)<br>■ Mortalität, Lebensdauer, Morbidität | ■ Gefühlte Gesundheit<br>■ Schmerz<br>■ Körperzufriedenheit |
| Psychische Gesundheit | ■ Arbeitsunfähigkeit aufgrund psychischer Erkrankungen<br>■ Anzahl psychischer Erkrankungen (z.B. Alzheimer, Depressionen) | ■ Wahrgenommene Lebensqualität<br>■ Depressive Verstimmung |
| Soziale Gesundheit | ■ Anzahl der Kontakte<br>■ Umfang und Art der Unterstützung durch andere (z.B. Besuche im Krankenhaus) | ■ Wahrgenommene soziale Unterstützung<br>■ Wahrgenommene Stigmatisierung |

Die Ergebnisse objektiver und subjektiver Messverfahren können sich deutlich unterscheiden, insbesondere wenn es sich um tabuisiertes oder sozial unerwünschtes Verhalten handelt. So können bspw. beim Sexualverhalten die subjektiven Angaben im Vergleich zum tatsächlichen Verhalten zum Teil deutlich voneinander abweichen. Beim Versuch der Quantifizierung ist darüber hinaus zu berücksichtigen, dass gesundheitsbezogene Lebensqualität (engl. quality of life) oder Wohlbefinden (engl. well-being) multidimensionale Konzepte sind, welche neben der Einschätzung der physischen Gesundheit (z.B. körperliche Funktionsfähigkeit, Schmerzen) auch das psychische bzw. mentale Wohlbefinden (z.B. Lebenszufriedenheit, Selbstwert) und soziale Komponenten (z.B. Integration in soziale Netzwerke, Unterstützung durch andere, Beziehungsqualität) enthalten (Bowling, 2014; Ellert et al., 2014). Sie decken damit alle Dimensionen (physisch, psychisch und sozial) der Definition von Gesundheit der *World Health Organization* (WHO) ab (siehe Kapitel 1.1 und Tabelle 7). Die Lebensqualität kann entweder

- allgemein, d.h. generisch, bspw. Bech (2004), Bullinger et al. (1995);
- aber auch krankheitsspezifisch, bspw. Lebensqualität von Diabetiker:innen (El Achhab, Nejjari, Chikri und Lyoussi 2008) oder Adipositaspatient:innen (Moorehead, Ardelt-Gattinger, Lechner und Oria 2003);
- oder altersspezifisch, bspw. Lebensqualität von Kindern (Ravens-Sieberer et al., 2013) oder Hochbetagten (Birren et al., 2014; Power et al., 2005) gemessen werden.

*Tabelle 7: Beispiele zur Operationalisierung von Lebensqualität. Quelle: Eigene Darstellung nach Moorehead et al., 2003.*

| Dimension | Beispielitems |
|---|---|
| Physisch | ▪ In den letzten zwei Wochen habe ich mich energiegeladen und aktiv gefühlt.<br>▪ Ich kann körperlich sehr viel unternehmen. |
| Psychisch | ▪ In den letzten zwei Wochen war ich froh und guter Laune.<br>▪ Ich fühle mich zumeist sehr gut. |
| Sozial | ▪ Meine Sozialkontakte sind sehr befriedigend. |

**Relevanz und Ergebnisse**

Die Lebensqualität eines Menschen kann unabhängig vom objektiven körperlichen Gesundheitszustand (also auch bei körperlich beeinträchtigten oder chronisch kranken Personen) sehr hoch sein. Dies lässt sich vor allem darauf zurückführen, dass sich von Krankheit oder Einschränkung betroffene Menschen an körperliche Einschränkungen anpassen können und dass sie ausreichende soziale Unterstützung bzw. medizinische Betreuung und Versorgung erhalten, um die alltäglichen Herausforderungen zu bewältigen. Mit Blick auf die Lebensqualität sind zudem Medien und deren potenzielle Wirkungen unterschiedlich zu bewerten. So können etwa Onlinenetzwerke zwar meist den physischen Gesundheitszustand nicht verbessern, aber eine wesentliche Rolle für die soziale und psychische Gesundheit der Betroffenen spielen, da die Patient:innen durch den Austausch mit anderen Betroffenen Zuspruch, Aufmunterung und Trost erhalten (Kim et al., 2012).

## 2.10 Mediennutzung und Informationssuche

**Definition und Messung**

Die Mediennutzung ist ein zentraler Parameter in der Kommunikationswissenschaft, der das Verhalten in Bezug auf Medien misst und als wesentliche Grundlage für die Untersuchung von Medienwirkungen gilt (Beck, 2020). Im Rahmen der Mediennutzungsforschung wird untersucht, welche Inhalte, Kanäle und Medienangebote wie häufig (Frequenz), wie lange (Dauer) und aus welchen Gründen (Motive bzw. Gratifikationen) genutzt werden. Die Erhebung der notwendigen Daten kann mittels einer objektiven Messung durch Beobachtung (z.B. Einschaltquoten) oder Verhaltensspuren (z.B. Klickzahlen) sowie der subjektiven Selbsteinschätzung von Personen zur eigenen Mediennutzung erfolgen. Je nach Medium und Nutzungsintensität können zwischen objektiver Beobachtung und subjektiver Erinnerung deutliche Unterschiede auftreten, da gerade gewohnheitsmäßige oder unbewusste Mediennutzung oft nur schwer bzw. sehr verzerrt erinnert wird (Scharkow, 2016). Außerdem kann eine (intensive) Nutzung bestimmter Medien (z.B. gewalthaltige Computerspiele) als (sozial) nicht erwünscht oder wenig angesehen wahrgenommen und aus diesen Gründen nicht gerne „zugegeben" werden (Beck, 2020).

Die Nutzung bestimmter Kanäle und Quellen kann darüber hinaus von ihrer Zugänglichkeit, Vertrauenswürdigkeit und Attraktivität beeinflusst werden. Zudem kann entscheidend sein, wie gut ein:e Rezipient:in mit dem technischen Gerät und seinem Inhalt umgehen kann, d.h., wie hoch seine Medienkompetenz ist. Auch die Motive, aus denen heraus sich Menschen Medien zuwenden, können sehr verschieden sein. Zum einen kann die Suche nach Informationen ein ausschlaggebender Faktor zur Mediennutzung sein. Ebenso können Unterhaltung, Ablenkung oder der Austausch mit anderen Betroffenen (z.B. in einem Onlineforum für Schwangere) Menschen dazu bewegen, sich für bestimmte Medieninhalte zu entscheiden (Bonfadelli & Friemel, 2017). Die Motive der Mediennutzung beeinflussen dann wiederum, wie intensiv die rezipierten Inhalte verarbeitet werden. Während bei einer aktiven Suche nach Informationen die Aufmerksamkeit sehr hoch ist, ist die Verarbeitungstiefe der Informationen bei der gewohnheitsmäßigen Rezeption von Serien möglicherweise vergleichsweise gering.

**Relevanz**

Für die Gesundheitskommunikation ist zum einen die generelle Mediennutzung relevant. Dabei wird untersucht, wie diese den Gesundheitszustand der Rezipient:innen beeinflusst (etwa Bewegungsmangel aufgrund übermäßigen Fernsehkonsums) oder in welchen Kanälen und Programmen relevante Zielgruppen besser erreicht werden können (wie bspw. Jugendliche über YouTube-Channels oder Social Media; Quast & Nöcker, 2015). Zum anderen wird auch die spezifische Suche nach sowie die Vermeidung von Gesundheitsinformationen untersucht. Hierbei werden sowohl die relevanten Einflussfaktoren (u.a. Gesundheitskompetenz), die Formen (u.a. Inhalte, Kanäle) als auch die Wirkungen der Suche nach Gesundheitsinformationen betrachtet (Anker et al., 2011; siehe Kapitel 7.3).

### 2.11 Social-Media-Parameter

**Definition und Messung**

Social-Media-Metriken sind quantitative Parameter, die verwendet werden, um das Engagement, die Reichweite und die Interaktionen von Nutzer:innen mit Inhalten auf Social-Media-Plattformen zu messen (Pencarelli & Gabriella Mele, 2019). Die Plattformen verfolgen und aggregieren die Messwerte der Nutzer:innen und stellen diese in den Statistiken oder Insights des jeweiligen Beitrags oder Profils zur Verfügung. Die Profilinhaber:innen (z.B. Akteur:innen des öffentlichen Gesundheitswesens) können dann diese Daten einsehen, um die Leistung ihrer Inhalte zu bewerten und den Erfolg ihrer Kommunikationsstrategien zu überwachen. Zu den gängigsten Metriken gehören:

- Likes/Reactions: Diese Metrik zeigt an, wie oft Nutzer:innen den Inhalt mit einem „Like" oder einer anderen Reaktion versehen haben. Likes zeigen Zustimmung, Interesse oder Anerkennung für den Inhalt. Sie können helfen, das Interesse und die Akzeptanz der Zielgruppe zu messen.
- Shares/Retweets: Diese Metrik zeigt an, wie oft der Inhalt von Nutzer:innen auf ihren eigenen Profilen geteilt oder weitergeleitet wurde. Shares können

die Reichweite der Botschaft erhöhen, indem sie den Inhalt einer größeren Gruppe von Menschen zugänglich machen. Sie können auch auf die Relevanz und Nützlichkeit des Inhalts hinweisen, da Menschen ihn mit ihrem eigenen Netzwerk teilen möchten.

- Kommentare: Die Anzahl der Kommentare zeigt an, wie viele Nutzer:innen den Inhalt kommentiert haben. Kommentare bieten eine Möglichkeit für direkte Interaktion und ermöglichen Rückmeldungen und Diskussionen. Sie können Einblicke in die Meinungen, Fragen oder Bedenken der Zielgruppe geben und den Dialog fördern.
- Views/Aufrufe: Diese Metrik zeigt an, wie oft der Inhalt angesehen wurde. Views können die Reichweite der Botschaft messen und zeigen, wie viele Menschen den Inhalt zumindest oberflächlich wahrgenommen haben. Es ist wichtig zu beachten, dass Views allein nicht immer die tatsächliche Aufmerksamkeit oder das Interesse der Zielgruppe widerspiegeln, da es sich um passive Interaktion handelt.

Zusätzlich zu den oben genannten Metriken können Plattformen wie *Instagram*, *Twitter* oder *YouTube* auch spezifischere Metriken wie Follower-Wachstum, Impressions (d.h. Sichtkontakt mit einer Webseite bzw. einer Anzeige), Reach (d.h. Reichweite) oder Watch Time anbieten.

Die Verfügbarkeit, Bezeichnung und Definition der Indikatoren kann je nach Plattform zum Teil stark variieren, sodass deren Vergleichbarkeit oft nicht unmittelbar gegeben ist. Eine weitere Herausforderung für den Einsatz von Social-Media-Metriken liegt in der Transparenz des Zustandekommens und der eingesetzten Messmethoden. Aspekte wie algorithmische Spezifika, kontinuierliche Anpassungen sowie ein begrenzter Datenzugriff machen es schwierig, ein vollständiges Verständnis der tatsächlichen Interaktionen und des Engagements der Nutzer:innen zu erhalten.

**Relevanz**

Diese Metriken sind für die Erreichung der Ziele gesundheitskommunikativer Interventionen wichtig, da sie Hinweise auf die Wirksamkeit, das Engagement und die Reichweite der Kommunikation bieten. Hohe Zahlen in diesen Metriken können auf eine breite Akzeptanz, Interesse oder Zustimmung hinweisen. Sie können auch auf die Viralität und Verbreitung der Botschaft hindeuten, was die Möglichkeiten für Verhaltensänderungen und die Sensibilisierung erhöhen kann.

Es ist allerdings wichtig, Social-Media-Metriken im Kontext zu betrachten und sie nicht als alleinigen Maßstab für den Erfolg gesundheitskommunikativer Maßnahmen anzusehen. Likes, Views und Shares sind zwar vergleichsweise leicht zugänglich, können allein jedoch keine ausreichende Auskunft über Zielerreichung, z.B. Einstellungs- oder Verhaltensänderungen, geben. Ein Like oder Share auf Social-Media-Plattformen spiegelt nicht zwangsläufig das reale (Gesundheits-)Verhalten einer Person wider.

Um die Effektivität gesundheitskommunikativer Interventionen zu messen und Verhaltensänderungen zu bewerten, müssen weitere Methoden wie Umfragen oder Verhaltensbeobachtungen eingesetzt werden. Likes, Views und Shares können jedoch als Indikatoren für das Potenzial einer Intervention dienen und Hinweise darauf geben, welche Inhalte bei der Zielgruppe gut ankommen und möglicherweise zu späteren Verhaltensänderungen führen könnten. Eine hohe Anzahl an Likes oder Shares kann etwa auf eine breite Akzeptanz, Interesse, Zustimmung oder Viralität (d.h. die exponentielle Verbreitung eines Inhalts, welcher von einer großen Anzahl von Menschen gesehen, geteilt und weitergeleitet wird) hinweisen, was die Möglichkeiten für Verhaltensänderungen und die Sensibilisierung erhöhen kann. Für die vertiefende Lektüre wird auf die zwei Handbücher zu sozialen Medien verwiesen (Quan-Haase & Sloan, 2022; Schmidt & Taddicken, 2023).

# 3 Theorien, Ansätze und Modelle

In diesem Kapitel erfahren Sie,

- welches die zentralen Ansätze und Theorien der Gesundheitskommunikation auf der Mikro-, Meso- und Makroebene sind;
- welche Annahmen über Zusammenhänge einzelner Parameter diese Ansätze beinhalten;
- anhand welcher Ergebnisse und Studien sich die Relevanz der Theorien zeigt;
- welche Erweiterungen und Ergänzungen für einzelne etablierte Modelle entwickelt wurden.

**Relevanz von Theorien**

Theorien bezeichnen in der Wissenschaft ein System von Begriffen, die in einen bestimmten Zusammenhang gestellt werden, um damit die Wirklichkeit (oder Ausschnitte davon) zu erklären. Theorien und Modelle sind für Studierende, Forschende und Praktiker:innen eine wichtige Grundlage, um die mitunter komplexen Phänomene und Fragestellungen systematisch anzugehen (Camerini et al., 2016). Dabei bilden sie eine Basis für die Planung und Evaluation von Gesundheitskampagnen, sind Inspiration für Vorgehens- und Herangehensweisen an spezifische Themen und Problemstellungen, unterstützen die Umsetzung von Gesundheitsprogrammen und fördern das Verständnis von Zusammenhängen der Nutzung oder Wirkung von Medien. Bonfadelli und Friemel (2020) nennen die Theoriebasierung als eine wichtige Voraussetzung für die Gestaltung effektiver Gesundheitskampagnen (siehe Kapitel 8.3). Zudem sollten Theorien und Modelle die Grundlage empirischer Studien bilden, um eine Übertragbarkeit der Ergebnisse auf andere Anwendungsbereiche zu ermöglichen.

Vielen Studien im Forschungsfeld Gesundheitskommunikation mangelt es bisher an einer ausreichenden theoretischen Fundierung. So konnte im Rahmen einer Analyse gesundheitskommunikativer Studien von 1970 bis heute nur etwa einem Fünftel der Studien ein eindeutiger theoretischer Hintergrund zugeordnet werden (Hannawa et al., 2015). Als Grund für die „Vernachlässigung der theoretischen Fundierung der Forschung" (Camerini et al., 2016, S. 5) wird zum einen der interdisziplinäre Charakter des Forschungsfeldes verantwortlich gemacht, da Theorien in anderen Disziplinen (wie der Medizin) mitunter eine eher untergeordnete Rolle spielen. Darüber hinaus sieht man am Fehlen spezifischer Theorien und Modelle (oft existieren lediglich erste Ansätze oder theoretische Vorüberlegungen), dass die Gesundheitskommunikation eine noch junge Disziplin ist, die sich erst noch vollständig etablieren, ausdifferenzieren und professionalisieren muss (siehe Kapitel 1.3).

Im folgenden Kapitel werden zentrale Theorien und Modelle vorgestellt, die für die Auseinandersetzung mit Phänomenen im Bereich der Gesundheitskommunikation von Bedeutung sind, entweder weil sie wichtige Anregungen für das Forschungsfeld gegeben haben oder weil sie in der Praxis häufig angewendet werden. Dementsprechend stellt jedes der folgenden Unterkapitel die Ursprünge und Grundzüge der behandelten Theorie bzw. des Modells in Kurzform vor und stellt Bezüge zu anderen Theorien her. Darüber hinaus werden die Relevanz für die Gesundheitskommunikation sowie exemplarische Studien und Befunde vorgestellt. An dieser Stelle kann jedoch kein umfasser Überblick zu den einzelnen Ansätzen geleistet werden. Die Vorstellungen der Theorien dienen dabei vielmehr als Orientierungshilfe und sollen Anregungen für die weitere Auseinandersetzung mit den spezifischen Theorien und Ansätzen ermöglichen. Aus diesem Grund sind am Ende der Kapitel jeweils entsprechende Verweise auf weiterführende Literatur zu finden. Einen umfassender Überblick über die Theorien in der Gesundheitskommunikation bieten Thompson und Schulz (2021).

Die vorgestellten Theorien entstammen unterschiedlichen wissenschaftlichen Disziplinen, die sich auf verschiedenen Ebenen der Gesundheitskommunikation ansiedeln (siehe Kapitel 1.2; Abbildung 2). In diesem Kapitel wird eine Auswahl an Theorien, gegliedert nach Mikro-, Meso- sowie Makro-Ebene, vorgestellt, die entsprechend für Theorien und Modelle stehen, die eher auf individueller (eher psychologischer), netzwerkstruktureller (sozialer) sowie gesellschaftlicher (eher soziologischer und gesundheitswissenschaftlicher) Ebene angesiedelt sind (siehe Kapitel 1.2). Weitere Möglichkeiten zur Sortierung der Theorien zeigen Baumann, Lampert und Fromm (2020).

## 3.1 Mikroebene

Die Theorien auf der Mikroebene in der Gesundheitskommunikation liefern nicht nur Erkenntnisse über den Einfluss von Faktoren auf das individuelle Verhalten, sondern auch über die psychologischen Prozesse, die mit diesem Verhalten verbunden sind. Diese Theorien helfen dabei zu verstehen, warum Menschen bestimmte gesundheitsbezogene Entscheidungen treffen und wie diese Entscheidungen durch Kommunikationsstrategien beeinflusst werden können.

Diese Theorien untersuchen unter anderem die Rolle von Einstellungen, Überzeugungen, Selbstwirksamkeit, sozialen Normen und Motivation in Bezug auf gesundheitsrelevante Verhaltensweisen. Sie liefern wichtige Einblicke in die psychologischen Mechanismen, die das Verhalten von Einzelpersonen beeinflussen, und können somit dazu beitragen, effektive Kommunikationsstrategien zu entwickeln.

Darüber hinaus spielen individuelle Merkmale wie Geschlecht, Alter, Bildungsniveau und Persönlichkeit eine Rolle bei der Gesundheitskommunikation. Theorien auf der Mikroebene berücksichtigen diese Unterschiede und helfen dabei, zielgerichtete Botschaften und Interventionen zu entwickeln, die den individuellen Bedürfnissen und Eigenschaften der Zielgruppe gerecht werden. Gleichzeitig vernachlässigen sie dabei häufig strukturelle Einflussfaktoren. Für ein Beispiel einer theoriebasierten Kampagnenentwicklung siehe Stehr et al. (2020) bzw. Beispiel 12. Weitere Kurzbeschreibungen von individuumsbezogenen Theorien der Mediennutzung zur Informationssuche finden sich in Kapitel 7.2.

### 3.1.1 Theorie des geplanten Verhaltens

Ursprung und Grundannahmen

Die *Theory of Planned Behavior* (TPB; Ajzen, 1991; siehe Abbildung 3) ist eine Weiterentwicklung der *Theorie des überlegten Handelns* (TRA, engl. Theory of Reasoned Action; Ajzen & Fishbein, 1980) und versucht, Verhalten vor allem durch kognitive Faktoren zu erklären. Beide Modelle (TPB und TRA) gehen davon aus, dass das Verhalten einer Person hauptsächlich von ihrer Intention für dieses Verhalten und damit von rationalem Handeln bestimmt wird. Diese Intentionen werden wiederum durch drei Determinanten beeinflusst:

(1) durch die individuelle Einstellung (engl. attitudes; siehe Kapitel 2.7) gegenüber dem Verhalten, also unter anderem die positiven oder negativen Emotionen bzw. Gefühle gegenüber einem Verhalten, einer Person oder einer Idee (z.B. gegenüber der Verwendung von Kondomen oder gesunder Ernährung);

(2) durch die wahrgenommenen Meinungen und Bewertungen (positiv oder negativ), die dem Individuum nahestehende Personen (z.B. Familie, Partner:in, Freund:innen oder Kolleg:innen) hinsichtlich des potenziellen Verhaltens (auch gegenüber einer Person oder Idee) äußern. Diese werden auch als subjektive Normen (engl. subjective norm; siehe Kapitel 2.3) bezeichnet;

(3) durch die sog. wahrgenommene Verhaltenskontrolle (engl. perceived behavioral control), die erst in der TPB (aber nicht in der TRA) enthalten ist. Die wahrgenommene Verhaltenskontrolle weist hohe Ähnlichkeit mit der Selbstwirksamkeit (siehe Kapitel 2.2) auf und beschreibt die „Wahrnehmung davon, ob man in der Lage ist, ein bestimmtes Verhalten auszuführen oder nicht" (Rossmann, 2021, S. 25).

Beide Theorien gehen im Unterschied zu Banduras Ansatz (1977; siehe Kapitel 3.1.2 zur sozial-kognitiven Lerntheorie) davon aus, dass die Einstellung gegenüber dem Verhalten, subjektiven Normen und die wahrgenommene Verhaltenskontrolle zusammen keinen unmittelbaren und exklusiven Einfluss auf das Verhalten haben, sondern die Verhaltensabsicht (Intention) formen, welche dann erst das eigentliche Verhalten beeinflusst.

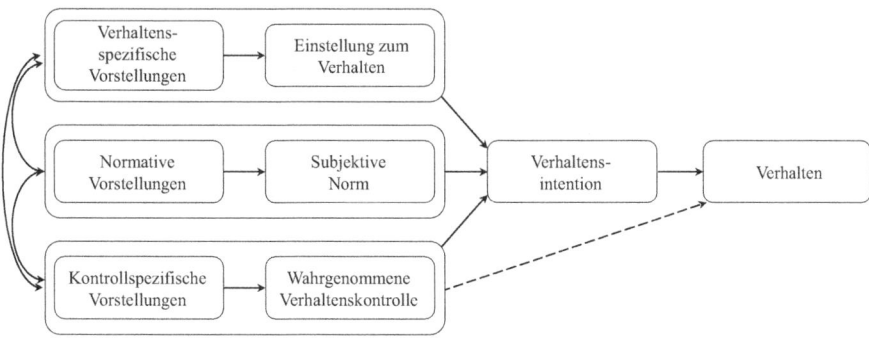

*Abbildung 3: Theory of Planned Behavior. Quelle: Rossmann, 2021, S. 24.*

### Relevanz für die Gesundheitskommunikation

Insbesondere weil Einstellungen und Verhalten zu den zentralen Parametern des Gesundheitsverhaltens gehören (siehe Kapitel 2), verwundert es nicht, dass die TRA und TPB in der Gesundheitskommunikation zu den am häufigsten verwendeten Theorien für die Planung von Interventionen und Gesundheitskampagnen zählen. In diesem Kontext werden sie zur Identifikation und Analyse von spezifischen Auslösern für Verhalten, die die Einstellungen der Empfänger:innen verändern sollen, eingesetzt (siehe Beispiel 2). Überdies können die Befunde aus den Studien dabei helfen, Zielgruppenprofile für bestimmte Kommunikationsmaßnahmen zu erstellen (Schiavo, 2013). Deshalb haben Fishbein und Cappella (2006) einen konkreten Leitfaden zur Kampagnengestaltung verfasst, in dem sie die einzelnen Schritte aufzeigen, die notwendig sind, um die TPB auf ein bestimmtes Gesundheitsthema anzuwenden. So sind zunächst qualitative und quantitative Befragungen notwendig, um zu ermitteln, welche Parameter des Modells jeweils für die Entwicklung der Kampagnenbotschaften relevant sind und worauf sich die Einstellungen, Normwahrnehmungen, Kontrollerwartungen und Verhaltensintentionen jeweils konkret beziehen.

> **Beispiel 2: Theory of Planned Behavior**
>
> Um herauszufinden, welche Faktoren für die körperliche Aktivität von Diabetespatient:innen relevant sind, führte Rossmann (2012) zunächst Leitfadeninterviews sowie eine Telefonbefragung auf Basis der TPB durch. Dabei zeigte sich, dass für die Befragten die Möglichkeit, gemeinsam mit anderen aus ihrem Umfeld Sport treiben zu können, ein wichtiger Ansporn für regelmäßige Bewegung ist. Diese Erkenntnisse dienten dann als Grundlage zur Entwicklung von Kampagnenbotschaften, die sportliche Aktivitäten in der Gemeinschaft zeigen und damit diesen Bestandteil wahrgenommener Verhaltenskontrolle bzw. der Selbstwirksamkeit direkt adressieren (Reifegerste & Rossmann, 2017).

### Empirische Befunde

Die TRA und die TPB werden in den unterschiedlichsten Feldern (u.a. Werbung und Public Relations) sowie für verschiedenste Verhaltensweisen (z.B. Energiesparen) angewendet. So ist in der Gesundheitspsychologie und in der Gesundheitskommunikation im Laufe der Zeit eine große Zahl an Forschungsbeiträgen entstanden (Rossmann, 2021). Die TRA bestätigte sich sowohl bei der Untersuchung von Risiko- und Präventionsverhalten (Ortega et al., 2012) als auch bei Interventionsstrategien (z.B. für HIV-Risikogruppen; Jemmott & Hennessy, 2012) und Maßnahmen zur Prävention (z.B. von Übergewicht bei Kindern und Jugendlichen; McConnon et al. 2012). Eine Meta-Analyse (d.h. eine systematische übergreifende Zusammenfassung vieler Einzelstudien) zeigt zudem die Eignung der TPB für unterschiedliche Gesundheitsthemen und verschiedene Altersgruppen (McEachan et al., 2011). Einige Studien stehen dem Ansatz jedoch auch kritisch gegenüber. So wird bspw. immer wieder diskutiert, dass eine Intention zum Verhalten nicht unbedingt zu tatsächlichem Verhalten führen muss, weil nachweislich eine Lücke zwischen der Absicht und dem tatsächlichen Verhalten besteht (sog. *Intention-Behavior-Gap*), die beide Theorien nicht ausreichend berücksichtigen (Rhodes &

Bruijn, 2013). Für ein Beispiel einer Kampagnenentwicklung, die auf der TPB beruht, siehe Stehr et al. (2020).

**Weiterentwicklungen**

Die intensive Auseinandersetzung mit den von Ajzen und Kollegen entwickelten Modellen, sowohl in der Forschung als auch in der Praxis, resultiert bis zum heutigen Tag in einer Reihe von Spezifikationen und Erweiterungen der ursprünglichen Modelle (z.B. für Organspendebereitschaft; Morgan et al., 2008). Diese Modifikationen sind meist notwendig, weil für bestimmte Gesundheitsthemen oder Fragestellungen zusätzliche Faktoren relevant werden. So existiert bspw. ein Modell, das speziell für die Erklärung des Zustandekommens der Verhaltensintentionen zur körperlichen Aktivität entwickelt wurde und bei dem soziale Unterstützung als zusätzlicher Faktor berücksichtigt wird (Courneya et al., 2000).

Darüber hinaus gibt es immer wieder Bemühungen, die Annahmen verschiedener und sich zum Teil überschneidender Theorien miteinander zu verbinden (Rossmann, 2021). So wurde etwa auf Basis der TPB ein Modell entwickelt, das Komponenten der *sozial-kognitiven Lerntheorie*, der *Theory of Interpersonal Behavior* und des *Health Belief Models* miteinander verbindet (Kasprzyk et al., 1998). Das daraus entstandene *integrative Modell des Gesundheitsverhaltens* stellt eine Synthese dieser Ansätze dar, die als Basis von der TRA ausgeht (Fishbein, 2000). Anstelle der wahrgenommenen Verhaltenskontrolle integriert Fishbein (2000) das Konzept der Selbstwirksamkeit. Darüber hinaus wurde das Modell sowohl um die tatsächlichen Fähigkeiten einer Person (engl. skills) als auch um den Faktor der externen Beschränkungen (engl. environmental constraints) ergänzt, die zusammen mit der Verhaltensintention einen direkten Einfluss auf das tatsächliche Verhalten ausüben.

Für einen ausführlichen Überblick zur TRA und zur TPB inkl. Bezug zur Gesundheitskommunikation und einen Leitfaden zur Anwendung für die Kampagnenplanung sei an dieser Stelle auf den Band von Rossmann (2021) verwiesen.

### 3.1.2 Sozial-kognitive Lerntheorie

**Ursprung und Grundannahmen**

Eine der frühen Theorien, die das Verhalten von Menschen infolge der Rezeption von Medieninhalten zu erklären versucht, ist die *sozial-kognitive Lerntheorie* (Bandura, 1977, 1986). Der Theorie entsprechend wird das Verhalten aus einer Kombination von externen Umwelteinflüssen sowie persönlichen Faktoren und deren Wechselwirkung untereinander beeinflusst. Zentral dabei ist das sog. Lernen am Modell bzw. das symbolische Lernen (Schäfer & Schemer, 2019). Demzufolge beobachten Menschen das Verhalten anderer Menschen (sog. Modelle oder auch Vorbilder) und dessen positive oder negative Konsequenzen, um es dann „nachzuahmen". So zeigte Bandura in seiner Ursprungsstudie, dass Kinder aggressives Verhalten eines Modells (in Form von Gewalt gegenüber einer großen Puppe) vor allem dann imitieren, wenn es belohnt und nicht sanktioniert wird (Bandura et al., 1989). Darüber hinaus geht die *sozial-kognitive Lerntheorie* davon aus, dass Ziele (also das, was mit dem Verhalten letztlich erreicht werden soll) das Verhalten bestimmen (siehe Abbildung 4).

Zentraler Einflussfaktor im Modell ist die Selbstwirksamkeitserwartung, weil sie nicht nur (direkt und indirekt) auf die Ziele Einfluss nimmt, sondern auch einen direkten Einfluss auf das Verhalten hat. Daneben spielen positive und negative Ergebniserwartungen (vergleichbar mit den Einstellungen in der *TPB*) sowie Umgebungsfaktoren wiederum eine wichtige Rolle für die Zielsetzung (Bandura, 2004). Im Laufe der Zeit wurden weitere Bedingungen zusammengetragen, die die Ausführung des Verhaltens (hauptsächlich von Gewalt) wahrscheinlicher machen. Dabei konzentrieren sich die Studien vor allem auf den Einfluss der Merkmale (1) der Lernsituation, (2) der Botschaft und der (3) Rezipient:innen (Bandura, 2002). So können negative emotionale Zustände wie Ärger, Stress oder Frustration die Nachahmung des Verhaltens fördern (1). Daneben begünstigen attraktive, sympathische und ähnliche Vorbilder (Modelle) sowie eine positive emotionale Beziehung zwischen Modell und Beobachter:innen den Lernprozess und damit auch die Nachahmung (2). Auf individueller Ebene führen schließlich Persönlichkeitsmerkmale wie leichte Erregbarkeit oder geringe Empathiefähigkeit sowie eine geringe Selbstwirksamkeitserwartung verstärkt zur Nachahmung von Verhalten (3).

**Relevanz für die Gesundheitskommunikation**

Für die Gesundheitskommunikation zeigt die *sozial-kognitive Lerntheorie* einerseits wichtige Determinanten zur Veränderung von Verhalten auf. Dadurch können Mechanismen und Faktoren, die die Nachahmung und Motivation für ein bestimmtes Verhalten bedingen und begünstigen, in Kommunikationsmaßnahmen berücksichtigt werden. Aus diesen Gründen wird die *sozial-kognitive Lerntheorie* sowohl von Forscher:innen in Studien als auch von Praktiker:innen für Kampagnen immer wieder gern eingesetzt. Andererseits liefert die Forschung von Bandura (2004) wichtige Hinweise dazu, durch welche Kommunikationsstrategien (z.B. Modelllernen, eigene Erfolgserfahrungen) die individuelle Selbstwirksamkeitserwartung erhöht werden kann (siehe Kapitel 2.2). Darüber hinaus wurden und werden Elemente der *sozial-kognitiven Lerntheorie* (insbesondere die Selbstwirksamkeit) in zahlreichen anderen Ansätzen (wie der TPB, siehe Kapitel 3.1.1) zur Erklärung des Verhaltens integriert und berücksichtigt (Fishbein, 2000).

**Empirische Befunde**

Die vorliegenden Studien beschäftigen sich insbesondere mit den Faktoren der Theorie, vor allem vor dem Hintergrund verschiedener Gesundheitsthemen. So wurde etwa der Einfluss sozialer Determinanten auf den Drogenkonsum (Winfree et al., 1989), den Missbrauch von verschreibungspflichtigen Medikamenten (Ford, 2008), das Rauch- (Akers & Lee, 1996) sowie Ernährungs- und Bewegungsverhalten bei Jugendlichen und jungen Erwachsenen (Parcel et al., 1987) untersucht.

Ebenso wurde der Einfluss von Medienvorbildern auf das Gesundheitsverhalten untersucht. Bleibt etwa die Darstellung gesundheitsschädlicher Verhaltensweisen (z.B. übermäßiger Alkoholkonsum, Rauchen, promiskuitives Verhalten) ohne Konsequenzen für die dargestellte Person, kann diese unrealistischen Optimismus bzw. eine Illusion der Unverwundbarkeit in Bezug auf die dargestellten Handlungsweisen begünstigen und sich negativ auf verhaltensrelevante Aspekte bei den Rezipient:innen auswirken (Weinstein & Klein, 1996).

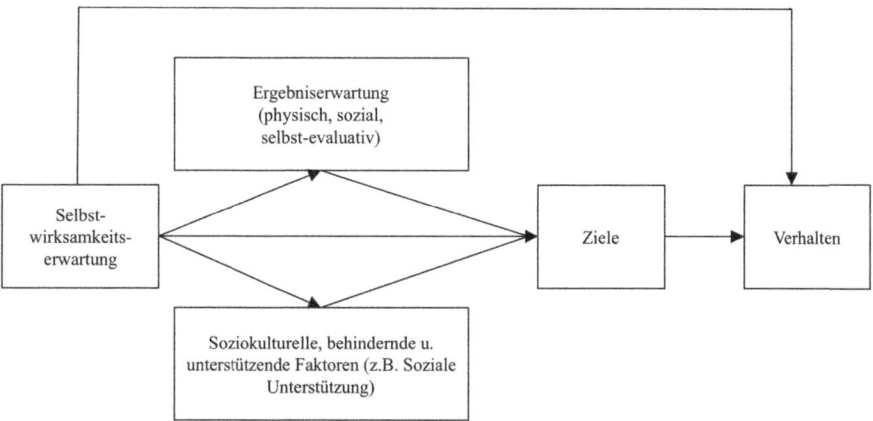

*Abbildung 4: Modell zur sozial-kognitiven Lerntheorie. Quelle: Lippke & Renneberg, 2006, S. 43.*

Für eine ausführliche Übersicht zur *sozial-kognitiven Lerntheorie* und deren Anwendung auf Gesundheitskampagnen siehe auch Bandura (2004), Schäfer und Schemer (2019) sowie Lippke und Wiedemann (2007).

### 3.1.3 Stadienmodelle des Gesundheitsverhaltens

Im Gegensatz zu sog. statischen Prädiktionsmodellen (z.B. die TPB), die von einem universellen Zustandekommen des Gesundheitsverhaltens ausgehen, spezifizieren dynamische Stadienmodelle qualitativ unterschiedliche Phasen, die Personen während des Prozesses einer Gesundheitsverhaltensänderung durchlaufen. Stadienmodelle tragen damit einer zusätzlichen zeitlichen Perspektive Rechnung, indem sie berücksichtigen, dass die Veränderung des Verhaltens ein Prozess ist, der durch verschiedene Stadien bzw. Phasen charakterisiert ist (Lippke & Renneberg, 2006; Schiavo, 2013). Das heißt, es werden je nach Modell unterschiedliche Phasen spezifiziert, die eine Person in diesem Prozess durchläuft. Beispiele hierfür sind der *Health Action Process Approach* (HAPA; Schwarzer, 1992), das *Transtheoretisches Modell* (TTM; engl. Transtheoretical Model; Prochaska & DiClemente, 1983) oder auch das *Precaution Adoption Process Model* (PAPM; Weinstein & Sandman, 1992). Die Modelle gehen in der Regel von einer Abfolge von fünf qualitativ unterschiedlichen Phasen aus:

(1) im Absichtslosigkeitsstadium („Precontemplation") haben Personen keine Absicht, ihr gesundheitsrelevantes Verhalten (z.B. Tabakkonsum) zu verändern;

(2) im Absichtsbildungsstadium („Contemplation") haben Personen die Absicht, irgendwann das problematische Verhalten zu verändern;
(3) im Vorbereitungsstadium („Preparation") planen Personen konkret, demnächst ihr problematisches Verhalten zu ändern, und unternehmen erste Schritte in Richtung einer Verhaltensänderung;
(4) im Handlungsstadium („Action") vollziehen Personen eine Verhaltensänderung;
(5) im Aufrechterhaltungsstadium („Maintenance") haben Personen seit einem längeren Zeitraum das problematische Verhalten aufgegeben.

Je nach Stufe werden unterschiedliche psychologische Prozesse relevant, welche auf jeweils phasentypische Weise von verschiedenen sozial-kognitiven Faktoren beeinflusst werden (Prochaska & DiClemente, 1983). Je nachdem, auf welcher Stufe sich Individuen befinden, können dann unterschiedlich gestaltete Interventionen mehr oder weniger effektiv sein – je nachdem, ob die für die Phase effektiven (relevanten) Einflussgrößen bei der Planung und Gestaltung der Intervention berücksichtigt wurden oder nicht.

**Relevanz für die Gesundheitskommunikation**

Stadienmodelle ermöglichen eine Einteilung von Zielgruppen anhand der einzelnen Phasen. Diese Einteilung kann dann dabei helfen, die Gestaltung von Kommunikationsmaßnahmen (z.B. deren Strategie, Ziele, Botschaften) auf die Erfordernisse der Zielgruppe innerhalb einer bestimmten Phase zuzuschneiden und anzupassen. Während bspw. in der Phase der Absichtslosigkeit Furchtappelle helfen die Risikowahrnehmung zu erhöhen, können diese in der Phase der Vorbereitung eher hinderlich sein. Hier sind Verhaltensmodelle zur Stärkung der Selbstwirksamkeit relevanter. Durch die Berücksichtigung der verschiedenen Phasen bei der Entwicklung von Botschaften können sich die Erfolgschancen von Interventionen deutlich erhöhen (Lippke & Renneberg, 2006). Auch für die Interpretation von Medieneffekten oder Evaluationsergebnissen können Stadienmodelle wichtige Erkenntnisse liefern – etwa warum bei einzelnen Personen Erfolge zu verzeichnen sind und bei anderen nicht. Dies ist insofern von großer Bedeutung, da Entscheidungen zur Gestaltung und Konzeption gesundheitskommunikativer Maßnahmen in der Praxis aus den verschiedensten Gründen (z.B. fehlende finanzielle und zeitliche Ressourcen oder fachliche Expertise) oft aus dem Bauch heraus getroffen werden oder keine Abstimmung mit Bezug auf die Zielgruppe erfolgt (Schneider-Stingelin, 2014; siehe Beispiel 3).

> **Beispiel 3: Stadienmodelle – COVID-19-Impfung**
> 
> Ein Post eines Freundes über seine COVID-19-Infektion in einem sozialen Netzwerk könnte in der Präkontemplationsphase einen relevanten Anstoß geben, sich gegen COVID-19 impfen zu lassen. Insbesondere wenn sich die lesende Person zu einer bestimmten Risikogruppe zugehörig fühlt oder die Auswirkungen der Krankheit aus erster Hand erlebt. Diese Informationen könnten dazu führen, dass in der Kontemplationsphase die Absicht entsteht, dieses Verhalten auch selbst auszuführen und sich gegen COVID-19 impfen zu lassen. In der Vorbereitungsphase wird dann geplant, wo und wann die Impfung durchgeführt werden kann, beispielsweise indem Informationen zu Impfzentren und den Prozess der Terminvereinbarungen gesammelt werden. Schließlich wird die Impfung umgesetzt, indem die Person einen Termin vereinbart und den Impfstoff erhält. Bestenfalls wird die Aufrechterhaltung des Impfverhaltens (d.h. eine erneute Impfung im nächsten Jahr oder bei Bedarf), z.B. durch eine entsprechende Arzt-Patienten-Kommunikation oder die Wahrnehmung weiterer Postings zum Impfverhalten relevanter Peers, angeregt.

### Empirische Befunde

Die Zweckmäßigkeit von Stadienmodellen wurde bereits empirisch nachgewiesen. So liegen mittlerweile bereits Analysen zu bestimmten Gesundheitsverhaltensweisen wie bspw. HIV-Prävention, Krebspräventionsprogramme, Rauchverhalten und körperliche Aktivität vor (Bridle et al., 2005; Dijkstra et al., 2006; Lippke & Renneberg, 2006). Die vorliegenden Studien bestätigen die Wirksamkeit von Programmen, die auf Grundlage von Stadienmodellen entwickelt wurden. Zusammenfassende Meta-Analysen konnten diese Befunde jedoch bisher nicht bestätigen, sondern verweisen neben der Spezifität der Stadien für einzelne Gesundheitsverhaltensweisen auch verstärkt auf methodische Probleme zur Messung und Analyse solch prozessbegleitender Interventionsmaßnahmen (Marshall & Biddle, 2001; Rosen, 2000).

Für einen ausführlichen Überblick zu Stadienmodellen siehe auch die Arbeiten von Lippke und Renneberg (2006) sowie bspw. Schiavo (2013) und Prochaska und DiClemente (1983).

### 3.1.4 Elaboration Likelihood Model

#### Ursprung und Grundannahmen

Im Gegensatz zu den vorangegangenen Modellen dient das *Modell der Elaborationswahrscheinlichkeit* (ELM; engl, Elaboration Likelihood Model) nicht direkt zur Erklärung von Gesundheitsverhalten, sondern von Medieneffekten generell. Petty und Cacioppo (1986) wollten mit ihrem Modell erklären, welche kognitiven Prozesse für den Erfolg von persuasiven Botschaften verantwortlich sind und von welchen Faktoren ebenjene Prozesse abhängen. Die Elaborationswahrscheinlichkeit, auf welche die beiden Forscher:innen in ihrem Modell Bezug nehmen, wird mit dem Engagement oder der Bereitschaft gleichgesetzt, mit denen sich die Empfänger:innen einer Botschaft widmen bzw. wie viel Aufmerksamkeit sie dieser schenken. Demnach wird im Modell unterschieden zwischen einer zentralen

## 3 Theorien, Ansätze und Modelle

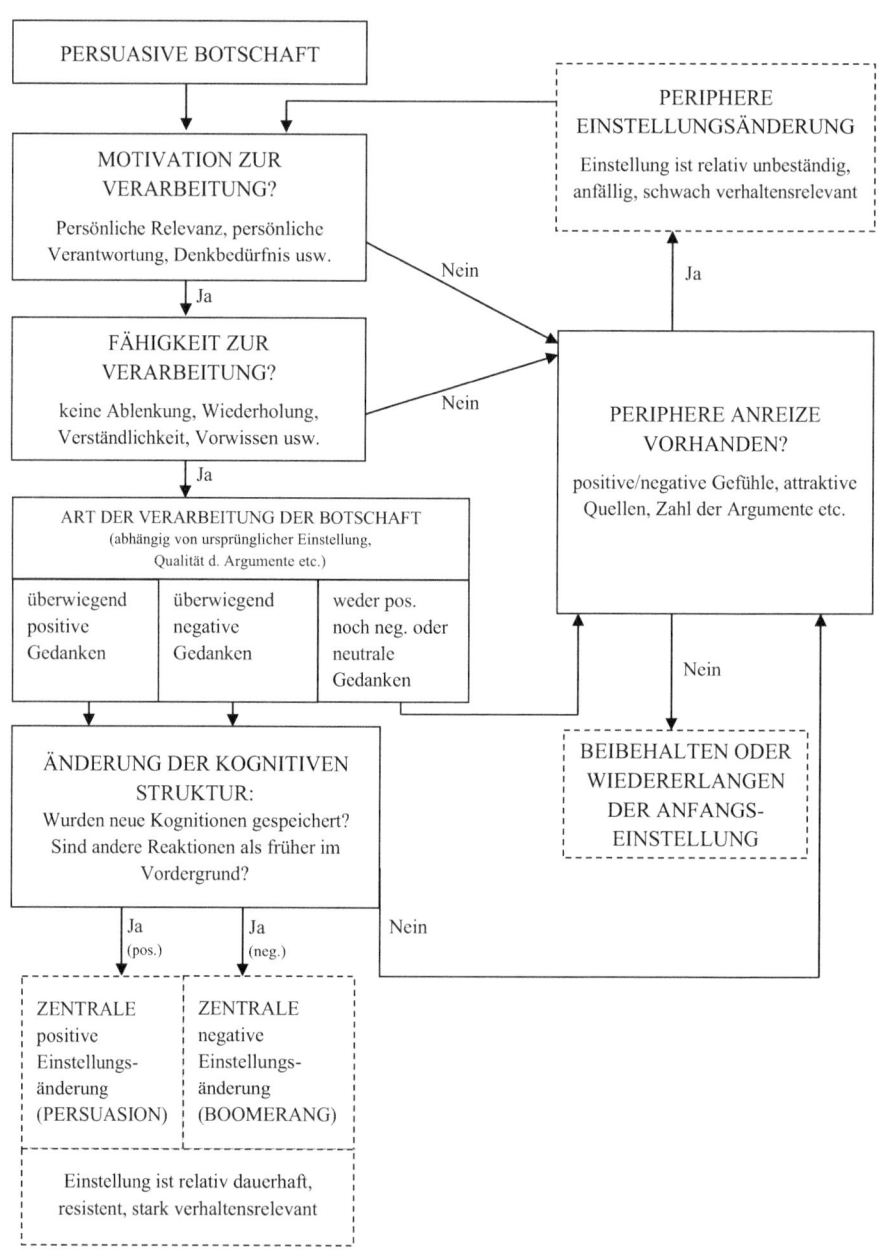

*Abbildung 5: Elaboration Likelihood Model. Quelle: Klimmt & Rosset, 2020, S. 56.*

Route (tiefgehende Verarbeitung und Auseinandersetzung mit einer Botschaft und deren Inhalt) und einer peripheren Route (geringe Bereitschaft oder Fähigkeit zur Verarbeitung der kommunikativen Reize) der Informationsverarbeitung. Die Beeinflussung von Einstellungen erfolgt somit nicht immer nach dem gleichen Schema, sondern kann je nach eingeschlagener Route unterschiedlich verlaufen (Klimmt & Rosset, 2020; siehe Abbildung 5). Von einer ähnlichen Unterscheidung geht bspw. auch das *heuristisch-systematische Modell* (Chaiken et al., 1989) aus. Beide Modelle zählen damit zu den sog. Zwei-Prozess-Modellen.

Welche Route eingeschlagen wird, hängt von der Motivation und der Fähigkeit zur Verarbeitung der Informationen ab. Diese werden sowohl von den Merkmalen der Botschaft und des Individuums selbst als auch von der Situation, in der die Botschaft empfangen wird, beeinflusst. Wichtige Elemente einer persuasiven Botschaft, die auf der zentralen Route erfolgreich überzeugen soll, sind bspw. starke Argumente oder eine möglichst gelungene rhetorische Gestaltung. Dagegen spielen auf der peripheren Route andere Botschaftsmerkmale, wie die Vermittlung von positiven oder negativen Gefühlen, die Zahl der Argumente sowie Eigenschaften der Quelle (z.B. Glaubwürdigkeit, Attraktivität, Status als Expert:in oder Sympathie) eine entscheidende Rolle. Im Unterschied zu anderen Modellen (z.B. der TPB) berücksichtigt das ELM explizit die Möglichkeit, dass keine Einstellungsänderung eintritt bzw. die ursprünglich zugrunde liegende Einstellung bestehen bleibt. Wichtig für das Verständnis ist außerdem, dass beide Routen sowie die Elaborationstiefe als Kontinuum zu sehen sind, welches von geringer oder keiner bis hin zu umfassender kognitiver Auseinandersetzung mit der Botschaft reicht (Klimmt & Rosset, 2020).

**Relevanz für die Gesundheitskommunikation**

Petty und Cacioppo (1986) haben ein Modell entwickelt, dessen Anwendbarkeit nicht an bestimmte Bedingungen, wie bspw. Themen, Zielgruppen oder Situationen, gebunden ist, sondern sich auf vielfältige Botschaftsinhalte und Medienformen übertragen lässt. So sind die aktive Suche nach Gesundheitsinformationen im Internet oder die Nutzung von Gesundheitsanwendungen (z.B. Ernährungs-Apps) ein Ausdruck hoher Motivation und resultieren damit höchstwahrscheinlich in zentraler Verarbeitung (Stehr et al., 2016). Die Universalität des Modells ermöglicht es somit, bereits vorliegende Ergebnisse auf die Gesundheitskommunikation zu übertragen; etwa zur Wirkung von Botschaftsmerkmalen auf die Informationsverarbeitung und somit letztlich die Persuasion. Das Modell liefert damit wichtige Informationen, die für eine rezipient:innenorientierte Gestaltung von Kommunikationsmaßnahmen eingesetzt werden können (siehe Kapitel 8.2). Informationen, die sich an den Interessen der Zielgruppe orientieren und ihnen damit persönlich relevant erscheinen, haben eine höhere Chance, zentral verarbeitet zu werden, als solche, die dies nicht tun. Zum Beispiel erscheinen Jugendlichen langfristige gesundheitliche Folgen des Rauchens häufig weniger relevant als kurzfristige Konsequenzen für ihre Attraktivität (Reifegerste, 2012a). Ähnliches konnte auch für die räumliche Nähe zu gesundheitlichen Folgen wie bspw. Epidemien, die am Wohnort des Betroffenen ausbrechen, nachgewiesen werden (Kamps et al., 2014).

Darüber hinaus verdeutlicht das Modell die Relevanz von Persuasionsstrategien für Zielgruppen, die wenig Interesse an Gesundheitsthemen haben und somit die entsprechenden Informationen nur peripher verarbeiten. Dies gilt bspw. insbesondere für emotionale Botschaften, unterhaltsame sowie narrative Formate und visuelle Medien (siehe Kapitel 8.3). Des Weiteren ist auch die Glaubwürdigkeit der Quelle als peripherer Hinweisreiz für die Gesundheitskommunikation besonders relevant (Klimmt & Rosset, 2020). Denn die Herkunft von Informationen (z.B. Ärzt:in oder Internetforum) ist für Rezipient:innen ein zentraler Anhaltspunkt für die Bewertung von Argumenten und beeinflusst, inwiefern diese zur Einstellungsbildung oder -änderung herangezogen werden.

### Empirische Befunde

Aufgrund der Breite des Ansatzes untersuchen einzelne Studien in der Gesundheitskommunikation eher spezifische Persuasionsstrategien oder einzelne Phänomene der Verarbeitung entlang der zentralen und peripheren Routen als die grundsätzlichen Annahmen des Modells. Daher werden an dieser Stelle beispielhaft Befunde im Zusammenhang mit der Glaubwürdigkeit der Quelle vorgestellt. Weitere spezifischere empirische Befunde finden sich im Kapitel zu den jeweiligen Mediennutzungsformen (siehe Kapitel 7.2.1) sowie Kampagnenstrategien (siehe Kapitel 8.3).

Grundsätzlich erscheinen Expert:innen (wie Ärzt:innen und Wissenschaftler:innen) im Vergleich zu Lai:innen als glaubwürdigere Quellen für Gesundheits- und Wissenschaftsinformationen (Kessler, 2016; Yang & Beatty, 2016), auch wenn im Einzelfall andere Hinweisreize relevanter sind. Dies zeigten Kamps et al. (2014) anhand einer Untersuchung zur Wirkung von Zeitungsartikeln über eine Gesundheitskrise, die der H1N1-Pandemie (Schweinegrippe) ähnelte. Die Einstellungen der Proband:innen blieben in diesem Fall jedoch unbeeinflusst davon, ob Expert:innen als Quelle der Informationen genannt werden oder nicht. Vielmehr war die individuelle Risikowahrnehmung der Probanden (unabhängig von der Art des Zeitungsartikels) ein wichtiger Einflussfaktor für deren Einstellungsänderung. Die Ergebnisse demonstrieren, dass neben den Merkmalen der Informationen auch die Eigenschaften der Personen selbst einen entscheidenden Einfluss auf die Verarbeitungsroute haben können.

Für eine ausführliche allgemeine Darstellung des ELM siehe Klimmt und Rosset (2020). Mit speziellem Bezug zur Gesundheitskommunikation und weiteren Ansätzen der kognitiven Verarbeitung von Gesundheitsinformationen, wie der *Theorie des Unsicherheitsmanagements (engl. Theory of Uncertainty Management)* (Rains & Tukachinsky, 2015), sei darüber hinaus auf den Beitrag von Link und Klimmt (2019) verwiesen.

### 3.1.5 Furchtappelltheorien

### Ursprung und Grundannahmen

Bisher wurden Theorien, Ansätze bzw. Modelle vorgestellt, die zwar im Kontext von Gesundheitskommunikation angewendet werden, jedoch ursprünglich für andere Fragestellungen entwickelt wurden. Dies ist nicht weiter verwunderlich, da sich das Forschungsfeld seit den 1970er-Jahren langsam entwickelt hat und sich erst in den letzten Jahren etablieren konnte, bzw. im deutschsprachigen Raum erst seit Kurzem Fuß gefasst hat (siehe Kapitel 1.3). Eine Ausnahme bilden die im Folgenden vorgestellten Modelle zur Erklärung der Wirkung von Furchtappellen.

Die entwickelten Theorien und Modelle unterscheiden sich insbesondere in Bezug auf die Rolle, die Furcht (oder auch Angst) als Emotion im Wirkungsprozess zugeschrieben wird. Erste Arbeiten aus den 1950er- und 1960er-Jahren gehen von einer zentralen Rolle der Furcht beim Zustandekommen des Verhaltens aus (Hovland et al., 1953; Janis & Fehsbach, 1953; Miller, 1963). Die Nachfolger dieser Modelle setzen einen anderen Schwerpunkt und legen den Fokus für das Entstehen von Verhalten auf kognitive Prozesse. Alle drei Modelle – *Parallel Response Model* (PRM; Leventhal, 1970), *Modell gesundheitlicher Überzeugungen* (HBM; engl. Health Belief Model; Rosenstock, 1960) und *Theorie der Schutzmotivation* (PMT; engl. Protection Motivation Theory; Rogers, 1975, 1983) – zählen zu den Erwartungs-Wert-Theorien und versuchen das Zustandekommen von Entscheidungen und Verhalten als Konsequenz rationaler Überlegungen zu erklären. Entsprechend werden Emotionen bzw. Furcht in den Modellen meist nur als intervenierende Variablen berücksichtigt. Aufbauend auf den gewonnenen Erkenntnissen der bis dato verfügbaren Modelle entwickelte Witte (1992) in den 1990er-Jahren das *Erweitertes Modell der parallelen Prozesse* (EPPM; engl. Extended Parallel Process Model), welches den Fokus wieder auf die Rolle von Emotionen lenkte.

**Health Belief Model und Protection Motivation Theory**

Einen wichtigen Beitrag zur Klärung der Wirkungszusammenhänge im Hinblick auf Furchtappelle leisteten sowohl Rosenstock (1960) mit dem HBM als auch Rogers (1975, 1983) mit der PMT. Da sich die Modelle in vielen Punkten überschneiden, konzentriert sich die folgende Ausführung auf die PMT. In seinen Arbeiten identifiziert Rogers (1983) vier zentrale Faktoren, die im Zusammenhang mit einem anschließenden (gesundheitsförderlichen) Schutzverhalten stehen:

(1) Schweregrad (engl. severity): wahrgenommene Schwere einer Bedrohung;

(2) Verwundbarkeit/Vulnerabilität (engl. susceptibility): wahrgenommene potenzielle Betroffenheit bzw. Anfälligkeit für eine Bedrohung;

(3) Selbstwirksamkeitserwartung (engl. self-efficacy): Überzeugung, eine empfohlene Verhaltensänderung erfolgreich ausführen zu können;

(4) Ergebniswirksamkeitserwartung (engl. response-efficacy): Überzeugung, dass eine empfohlene Verhaltensänderung zu einer effektiven Reduzierung der Bedrohung führt.

Ob Verhaltensempfehlungen, wie sie bspw. in Anti-Raucher-Kampagnen zu finden sind, von einem Individuum übernommen werden, ist laut PMT abhängig von zwei kognitiv ablaufenden Prozessen. Zum einen von der Einschätzung der Bedrohung (engl. threat appraisal), beeinflusst vom wahrgenommenen Schweregrad und der wahrgenommenen Verwundbarkeit. Der zweite kognitive Prozess ist die

Einschätzung der verfügbaren Bewältigungsressourcen (engl. coping appraisal), bestimmt von der Selbstwirksamkeits- und Ergebniserwartung (siehe Kapitel 2.2). Der Abgleich der Bedrohungs- mit der Bewältigungseinschätzung führt schließlich zu einer mehr oder weniger stark ausgeprägten Schutzmotivation (engl. protection motivation). In Abhängigkeit der Stärke der Schutzmotivation werden dann entsprechende Handlungen zur Bewältigung ausgelöst oder – bei Fehlen oder zu geringer Stärke – unterlassen.

### Extended Parallel Process Model

Mit dem EPPM versuchte Witte (1992), die Schwächen bisheriger Ansätze (insbesondere den starken Fokus auf kognitive Prozesse) zu beheben, indem sie deren Annahmen unter Berücksichtigung bereits vorliegender Forschungsresultate miteinander kombinierte, um so ein möglichst exaktes Abbild der Verarbeitung von Furchtappellen (siehe Kapitel 8.3.2) abzuleiten. Die Einschätzung von Bedrohung und Wirksamkeit orientiert sich an den bereits in der PMT spezifizierten Prozessen (Bedrohungs- und Bewältigungseinschätzung), läuft jedoch in zwei Schritten ab (siehe Abbildung 6). Demnach bewerten Rezipient:innen nach Wahrnehmung einer furchterregenden Botschaft in einem ersten Schritt die Bedrohung (siehe Kapitel 2.1). Wird diese als gering oder irrelevant eingeschätzt, erfolgt keine weitere Verarbeitung der Informationen, und diese bleiben folgenlos. Werden die Informationen jedoch als bedrohlich und relevant für die eigene Person wahrgenommen, resultiert dies in einer emotionalen Reaktion (Furcht) und führt zur weiteren Verarbeitung der Botschaft. In einem zweiten Schritt beurteilen Personen schließlich die Möglichkeiten zur Bewältigung der Bedrohung. Dieser zweite Bewertungsprozess bestimmt, ob der Furchtappell zu einer Abwehr- oder Schutzmotivation führt. Bei gegebener Bedrohung und gleichzeitig hoher Selbstwirksamkeitseinschätzung (siehe Kapitel 2.2) wird ein Gefahrenkontrollprozess angestoßen, der eine adaptive Änderung des Verhaltens, ausgelöst durch eine Schutzmotivation des Individuums, begünstigt. Andernfalls findet nur eine Bewältigung der Furcht (sog. Furchtkontrollprozess) statt, was eher zur Abwehr der Botschaft als zur Verhaltensveränderung führt. Die wahrgenommene Bedrohung bestimmt damit sowohl den Grad der Motivation als auch die Stärke der Reaktion, wohingegen die wahrgenommene Wirksamkeit entscheidenden Einfluss auf das Handlungsergebnis (Gefahrenkontrolle oder Furchtkontrolle) nimmt. Durch diese Spezifikation ermöglicht das EPPM im Gegensatz zu seinen Vorgängern die Vorhersage, wann Gefahren- oder Furchtkontrolle zu erwarten sind.

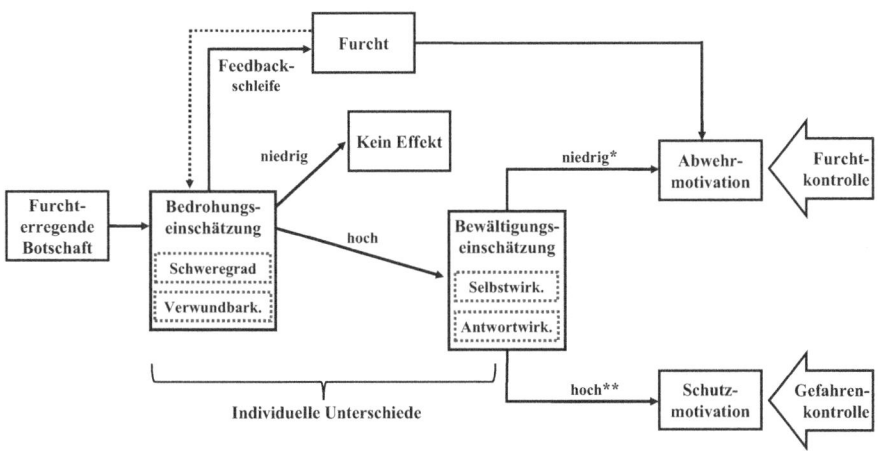

*Abbildung 6: Extended Parallel Process Model. Quelle: Ort, 2019 b, S. 6 nach Witte, 1992.*

### Relevanz für die Gesundheitskommunikation

Für die Gesundheitskommunikation sind vor allem die Effekte entsprechender Inhalte (z.B. TV-Serien oder Informationsangebote im Internet) bzw. gezielter präventiver Interventionsmaßnahmen (z.B. Kampagnen) auf Einstellungen und Verhaltensweisen von Bedeutung. Da Furchtappelle im Rahmen von Präventionskampagnen häufig angewendet werden (siehe Kapitel 8.3.2), ist es notwendig, sie auch mit den entsprechenden Begleitinformationen zur Selbstwirksamkeit einzusetzen.

### Empirische Befunde

Seit Beginn der Forschung zur Wirkung von Furchtappellen ist eine beträchtliche Anzahl von Studien zu den unterschiedlichsten Themen entstanden. Angesichts dieser kaum überschaubaren Menge und der Heterogenität der Befunde wird der aktuelle Forschungsstand zur Wirkung von Furchtappellen im Folgenden anhand der Ergebnisse von Meta-Analysen dargestellt.

In einer der ersten Analysen untersuchen Janz und Becker (1984) die Annahmen des HBM und zeigen, dass sowohl der wahrgenommene Schweregrad als auch die wahrgenommene Vulnerabilität gegenüber einer Gesundheitsbedrohung präventives Gesundheitsverhalten fördern, obwohl wahrgenommene Barrieren im Vergleich einen größeren Einfluss haben. Diesem Ergebnis widersprechen Harrison et al. (1992). In ihrer Analyse berichten die Autor:innen zum einen von schwachen Effektstärken und nennen vor allem das Fehlen einheitlicher Operationalisierungen als mögliche Ursache hierfür. Eine aktuellere Studie von Carpenter (2010) zur Überprüfung der Vorhersagekraft des HBM in Bezug auf langfristige Verhaltensänderungen kommt zu einem ähnlichen Ergebnis.

In einer Meta-Analyse zur PMT fassen Floyd et al. (2000) die Ergebnisse aus über zwanzig Jahren Forschung zu den unterschiedlichsten Themenbereichen zusammen. Den Annahmen des Modells entsprechend führt eine Erhöhung von Bedrohungs- und Wirksamkeitsbestandteilen in Gesundheitsinformationen zu einer Veränderung von Intentionen und Verhalten. Eine zweite Analyse von Sheeran et al. (2000) bestätigt die Ergebnisse. Die Befunde deuten auf schwache bis moderate Zusammenhänge zwischen den Variablen des Modells hin, wobei der Selbstwirksamkeit eine größere Bedeutung zugeschrieben wird als der Bedrohung.

In der Meta-Analyse von Witte und Allen (2000) werden die Annahmen des EPPM geprüft und die nicht intendierten Effekte von Furchtappellen untersucht. Die Ergebnisse zeigen, dass eine höhere Bedrohlichkeit der Botschaft einerseits mit adaptiven Veränderungen von Einstellungen, Intentionen und Verhalten einhergeht. Andererseits werden jedoch auch – und sogar in stärkerem Maße – unerwünschte Abwehrreaktionen hervorgerufen. In der Analyse konnte darüber hinaus eine negative Korrelation zwischen Gefahren- und Furchtkontrollprozessen festgestellt werden. Je größer die Akzeptanz der Botschaft, desto geringer ist demnach die Wahrscheinlichkeit negativer Abwehrreaktionen und umgekehrt.

Weitere Details zu den vorgestellten Theorien finden sich bei Ort (2019 b) sowie bei Lipke & Renneberg (2006). Weitere Details zu den empirischen Befunden zu Furchtappellen finden sich in Kapitel 8.3.2.

## 3.2 Mesoebene

Auf der Mesoebene der Gesundheitskommunikation konzentrieren sich die Theorien auf Organisationen und Gruppen, um zu verstehen, wie Kommunikation innerhalb dieser Kontexte stattfindet und wie sie das gesundheitsbezogene Verhalten beeinflusst. Diese Theorien liefern wichtige Erkenntnisse darüber, wie Organisationen und Gruppen Informationen austauschen, Entscheidungen treffen und Strategien zur Förderung von Gesundheit und Prävention entwickeln können.

Die Theorien auf der Mesoebene helfen dabei, die komplexe Dynamik und Interaktionen innerhalb von Organisationen und Gruppen zu verstehen und Strategien zur Förderung einer gesundheitsförderlichen Kommunikationskultur zu entwickeln. Sie ermöglichen es, gezielte Interventionsmaßnahmen in Organisationen umzusetzen, die auf eine verbesserte Kommunikation, Zusammenarbeit und Entscheidungsfindung abzielen. Die Anwendung und Weiterentwicklung von Theorien auf der Mesoebene ermöglicht es Gesundheitsorganisationen und Gruppen, effektive Kommunikationsstrategien zu entwickeln, die auf ihre spezifischen Bedürfnisse und Ziele zugeschnitten sind. Sie bieten einen Rahmen für die Gestaltung von Organisationsstrukturen, internen Kommunikationsprozessen, Gruppeninterventionen und Kooperationsstrategien, die zur Verbesserung der Gesundheit und des Wohlbefindens auf Gruppen- und Organisationsebene beitragen können.

Die Abgrenzung der Mesoebene von den anderen Ebenen ist dabei nicht immer so trennscharf, wie es auf den ersten Blick erscheint. Prozesse der sozialen Wahrnehmung lassen sich so beispielsweise in Abhängigkeit vom Fokus der Mikroebene (Individuum im Fokus) als auch der Mesoebene (Bezugspersonen und Beziehungen zu diesen im Fokus) zuordnen. Dementsprechend ist auch die hier vorgenommene Zuordnung nur eine Variante, die die zwischenmenschlichen Aspekte stärker akzentuiert, weil häufig auch die abgeleiteten Maßnahmen (z.B. Peer Education) eher netzwerkorientiert sind. Die Annahmen der hier vorgestellten Theorien ließen sich aber ebenso als Theorien aus der Perspektive der Mikroebene (d.h. anhand der Individuen) verstehen, ebenso wie auch Mikrotheorien, wie z.B. die *Theorie des geplanten Verhaltens* (siehe Kapitel 3.1.1) auch Elemente sozialer Wahrnehmung enthalten.

### 3.2.1 Theorien sozialer Vergleichsprozesse

**Ursprung und Grundannahmen**

Wenn Menschen Informationen über sich selbst und andere verarbeiten, verwenden sie verschiedene Eigenschaften, um Vergleiche anzustellen. Typische Merkmale, die für den Vergleich herangezogen werden können, sind z.B. Alter und Geschlecht (z.B. in Bezug auf den Fitnesszustand), Symptome (z.B. in Bezug auf den Verlauf oder den Status einer Krankheit) oder räumliche und soziale Nähe (z.B. in Bezug auf das Auftreten von Infektionen). Um Erkenntnisse über sich selbst zu gewinnen, ist es am hilfreichsten, sich mit ähnlichen Personen zu vergleichen. Diese Personen können sowohl aus dem persönlichen Umfeld stammen als auch Medienfiguren sein. In der Kommunikationswissenschaft werden hier vor allem parasoziale Interaktionen (PSI; engl. parasocial interaction) und parasoziale Beziehungen (PSB; engl. parasocial relationship; Boster & Mongeau, 1984), die Identifikation mit Medienakteur:innen (Cohen, 2001) und die Empathie mit Mediencharakteren (Chory-Assad & Cicchirillo, 2005) untersucht. Medienvermittelte Akteur:innen sind dabei vor allem Figuren (z.B. Dr. Grey in *Grey's Anatomy*), Typen (z.B. Ärzt:innen) oder bestimmte Darsteller:innen (z.B. Angelina Jolie).

Dabei unterscheidet sich der Vergleich mit Medienakteur:innen vom Vergleich mit Personen aus dem echten sozialen Umfeld in zahlreichen Punkten. So besitzt etwa die Interaktion mit medizinischem Personal in einer realen Situation eine andere Qualität als die mit Personen in TV-Serien – insbesondere hinsichtlich Relevanz der vermittelten Informationen, Handlungsspielraum bzw. Reziprozität oder auch der Verbindlichkeit gegenüber dem:der Kommunikationspartner:in (siehe Kapitel 5.2.3). Diese Unterschiede haben einen signifikanten Einfluss auf die Art und die Häufigkeit der Vergleichsprozesse und daraus resultierende mögliche weitere Selektions-, Wahrnehmungs-, Einstellungs- oder Verhaltensänderungen. Darüber hinaus sind die Präsentationen von Medienfiguren im Vergleich zur Realität häufig sehr verzerrt (z.B. sind Medienfiguren in der Regel attraktiver als der Durchschnitt der Bevölkerung).

Vergleiche mit anderen Personen helfen im Allgemeinen Menschen dabei, sich selbst zu positionieren. Oft dienen sie auch dazu, das eigene Selbstwertgefühl zu steigern, indem man sich selbst in einem positiveren Licht darstellt (Festinger, 1954). Diese Selbstwerterhöhung tritt insbesondere bei Gegenüberstellungen mit „unterlegenen" Vergleichspersonen auf (Abwärtsvergleich; Wills 1981). Demgegenüber kann der Vergleich mit überlegenen Personen (Aufwärtsvergleich) eine wichtige Motivationsquelle zur Selbstverbesserung sein. Zum Beispiel wählen Personen, die abnehmen möchten, oft Vergleichspersonen aus, die bereits erfolgreich abgenommen haben oder ebenfalls daran arbeiten (Mueller et al., 2010). Die Wahrnehmung sozialer Normen (siehe Kapitel 3.3), die bereits in der TPB (siehe Kapitel 3.1.1) als Einflussfaktor genannt wurde, stellt ebenso eine Form des sozialen Vergleichs dar. Diese Annahmen finden auch im *Social Norms Approach* Anwendung (Berkowitz, 2005), der als Grundlage für Normappelle in Alkoholkampagnen genutzt wurde (Campo & Cameron, 2006).

**Relevanz für die Gesundheitskommunikation**

Der Vergleich mit Personen aus dem persönlichen Umfeld stellt einen wichtigen Einflussfaktor für das Gesundheitsverhalten dar, der in Kapitel 2.3 zu subjektiven Normen ausgeführt wird. Die sozialen Vergleiche mit Medienakteur:innen sowie die oben beschriebenen parasozialen Phänomene haben nicht nur einen wesentlichen und unmittelbaren Einfluss auf die Rezeption und damit zusammenhängende Effekte wie Aufmerksamkeit, emotionales Erleben, Selektion, Wahrnehmung, Wissensaneignung oder Verstehen. Sie tragen darüber hinaus zu Lernprozessen bei (siehe Kapitel 3.1.2), die auf die längerfristige Stabilisierung und Veränderung von gesundheitsrelevanten Meinungen, Überzeugungen und das Verhalten ausgerichtet sind (Fahr & Ort, 2019, siehe Kapitel 2.7 und 2.8).

**Empirische Befunde**

Soziale Vergleiche mit realen (nicht medial vermittelten) Personen und deren potenzielle Auswirkungen auf die Gesundheit werden bereits seit Langem beforscht. Wood et al. (1985) untersuchten bspw. den Vergleich von Brustkrebspatient:innen mit anderen Betroffenen hinsichtlich ihres Umgangs mit der Krankheit. Aktuellere Studien auf diesem Gebiet zeigen einen positiven Einfluss des Vergleichs mit Medienfiguren auf die wahrgenommene Selbstwirksamkeit, die sich auf die damit zusammenhängenden adaptiven Verhaltensänderungen auswirken (Moyer-Gusé, 2008). Allerdings wird die Vorbildfunktion von (Medien-)Personen auch immer wieder kontrovers diskutiert, da dargestelltes potenziell gesundheitsschädliches Verhalten (z.B. Rauchen, Alkoholkonsum, promiskuitives Verhalten) auch einen entsprechend negativen Einfluss auf gesundheitsrelevante Meinungen, Einstellungen und Verhaltensweisen der Rezipient:innen haben kann (siehe bspw. Bond & Drogos, 2014; Vanherle et al., 2022). So können verzerrte Wahrnehmungen (wie Über- und Unterschätzung) des Verhaltens von Medienfiguren unter Umständen zu Unzufriedenheit mit dem eigenen Körper (Baumann, 2007) und veränderten Einstellungen zur Ernährung (Lücke, 2007) führen oder den Wunsch nach Schönheitsoperationen verstärken (Rossmann & Brosius, 2005). Im Zusammenhang mit der COVID-19-Pandemie wurde deutlich, wie stark sich die Normwahrnehmungen bspw. in Bezug auf die Impfintention im Zeitverlauf verändern können (Geber et al., 2022).

Für einen allgemeinen Überblick zu sozialen Vergleichsprozessen (Festinger, 1954), insbesondere zu parasozialen Interaktionen und Beziehungen, siehe die

Arbeit von Hartmann (2017). Mit Fokus auf die Rolle solcher Prozesse in der Gesundheitskommunikation siehe Fahr und Ort (2019).

### 3.2.2 Theorie der sozialen Unterstützung

Ursprung und Grundannahmen

Die meisten Theorien in der Gesundheitskommunikation berücksichtigen vor allem individuumsbezogene kognitive und affektive Faktoren (mit Ausnahme der sozial-kognitiven Theorie, die ebenfalls soziale Unterstützung als Einflussfaktor nennt). Dagegen beschreiben Theorien der sozialen Unterstützung (Cutrona & Russell, 1987; Lakey & Cohen, 2000) Faktoren und Wirkmechanismen für Ressourcen, die durch andere Personen bspw. zur Bewältigung der Erkrankung zur Verfügung gestellt werden. Theorien der sozialen Unterstützung werden in verschiedenen Forschungsfeldern der Gesundheitswissenschaften, der Psychologie und der Kommunikationswissenschaft vielfältig und unterschiedlich beschrieben, theoretisch hergeleitet und angewendet. Mehrheitlich wird soziale Unterstützung als ein mehrdimensionales Konzept beschrieben, welches einerseits die Quellen der sozialen Unterstützung innerhalb eines sozialen Netzwerks und andererseits auch die Funktionen der sozialen Unterstützung berücksichtigt (Heaney & Israel, 2008).

Die Quellen sozialer Unterstützung lassen sich vor allem anhand struktureller Merkmale des sozialen Netzwerks (wie Anzahl, Dauer, Frequenz) sowie anhand der Qualität der Beziehungen innerhalb des Netzwerks (räumliche Nähe, Informalität, kulturelle Homogenität, emotionale Bindungen, Stabilität der Beziehung, Zufriedenheit mit der Beziehung) beschreiben (Laireiter, 2002). Soziale Unterstützung kann sowohl von formellen (z.B. professionellem Gesundheitspersonal) als auch informellen Quellen (d.h. Lai:innen) geleistet werden.

Im Gegensatz zu den strukturellen Merkmalen beschreiben die Funktionen der sozialen Beziehungen nicht deren Beziehungsart, sondern deren Inhalt. Hier können drei bis fünf Funktionsarten von sozialer Unterstützung unterschieden werden, wenngleich diese nicht immer klar voneinander abgegrenzt werden können (Lin et al., 2015):

- Informationelle Unterstützung bezieht sich auf allgemeine Informationen, die Patient:innen bspw. zu Behandlungsmöglichkeiten oder einem bestimmten Krankenhaus erhalten;
- Emotionale Unterstützung beschreibt die Vermittlung eines Gefühls von „Umsorgtsein", welches den Betroffenen Sicherheit vermitteln und dabei helfen kann, besser mit den eigenen affektiven Reaktionen umzugehen (Eichhorn, 2008);
- Instrumentelle oder tangible (greifbare) Unterstützung betrifft alle möglichen materiellen oder finanziellen Hilfsleistungen, wie bspw. Unterstützung bei oder Abnahme von Einkäufen, Behördengängen, Pflegeleistungen o.Ä.;

- Bestätigung von Werten oder der Autonomie des anderen – jemandem gut zureden (sog. esteem support);
- Unterstützung durch Begleitung und gemeinsame Aktivitäten (sog. companionship support).

**Relevanz für Gesundheitskommunikation**

Die soziale Unterstützung und die damit einhergehende Betrachtung sozialer Netzwerke ist für die Gesundheitskommunikation in mehrfacher Hinsicht relevant. Zum einen sind Prozesse sozialer Unterstützung abhängig davon, inwieweit Personen dazu in der Lage sind, aus ihrem Netzwerk soziale Unterstützung zu generieren (Heaney & Israel, 2008). Hierfür spielt vor allem die Kommunikationskompetenz eine wichtige Rolle (Query & Kreps, 2014). Zum anderen gilt es, Kommunikationsstrategien und -wege zu untersuchen, die in Situationen sozialer Unterstützung genutzt werden. So kann soziale Unterstützung in Selbsthilfegruppen persönlich und direkt oder auch medienvermittelt, bspw. in Onlinesupportgruppen, stattfinden. Prosoziale Appelle (siehe Kapitel 8.3.3) können genutzt werden, um Menschen zu sozialer Unterstützung von anderen zu motivieren (Reifegerste & Bachl, 2019).

**Empirische Befunde**

Grundsätzlich hat sich gezeigt, dass die Zahl sozialer Bindungen, d.h. der Grad sozialer Integration, einen positiven Einfluss auf den Gesundheitszustand hat. Der Zusammenhang ist jedoch nicht linear. Während sehr niedrige Werte sozialer Integration (z.B. alleine wohnen und fehlender Kontakt mit Familie oder Freund:innen) einen negativen Effekt auf die Gesundheit und die Mortalität haben, bringen zusätzliche soziale Bindungen ab einer gewissen Schwelle keine weiteren Vorteile. So ist es für Individuen ausreichend, eine starke bzw. intime Beziehung zu haben. Diese kann dann sicherstellen, dass bei Bedarf weitere soziale Unterstützung generiert werden kann (Heaney & Israel, 2008). Neben der reinen Anzahl der Bindungen wurde ebenso untersucht, welche Quellen sich für welche Art der Unterstützung am besten eignen. So kann informationelle Unterstützung am besten durch medizinisches Personal geleistet werden, während emotionale und instrumentelle Unterstützung vor allem von Familienmitgliedern und Freund:innen geleistet werden kann. Onlineangebote wie Supportforen leisten hingegen räumlich und zeitlich unabhängige sowie anonyme Unterstützung durch Informationen sowie emotionale Aufmunterung (Wright et al., 2010). Zugleich bedingen verschiedene soziale Beziehungen auch unterschiedliche Grade an Motivation zur Leistung sozialer Unterstützung. Langfristige und intensive Hilfe wird eher durch Angehörige und Familienmitglieder geleistet, während zu kurzfristiger Hilfe auch Nachbar:innen und Freund:innen bereit sind (Heaney & Israel, 2008).

Weitere Hintergründe und zahlreiche Anwendungsbeispiele für Interventionen zur sozialen Unterstützung im Gesundheitskontext finden sich in Holt-Lunstead und Uchino (2015) und Knoll et al. (2017). So zeigen Link und Baumann (2023), inwieweit die Verantwortungsübernahme für Gesundheitsaufgaben nicht nur mit dem biologischen, sondern viel mehr mit dem sozialen Geschlecht zusammenhängt.

### 3.2.3 Diffusionstheorie

Ursprung und Grundannahmen

Die *Diffusionstheorie* von Rogers (2003) beschäftigt sich mit der Verbreitung von Innovationen im Zeitverlauf. Diese Verbreitung kann entweder innerhalb oder zwischen einer bestimmten Gruppe stattfinden oder auch gesellschaftsübergreifend. Innovationen können dabei neue Ideen, Konzepte, Tätigkeiten oder Objekte (z.B. Smartphones, neue Abrechnungssysteme für Krankenkassen) sein. Die Adoptionsrate gibt dabei an, wie viele Personen, Haushalte oder Organisationen eine Innovation übernehmen. Eigenschaften, die die Adoption beeinflussen, sind die Eigenschaften der Übernehmenden (engl. adopter), wie bspw. deren sozioökonomischer Status, ihr Interesse für bestimmte Medien(-inhalte) oder der Grad an Eingebundenheit in einem persönlichen Netzwerk. Darüber hinaus ist die (Möglichkeit zur) Wahrnehmung der Innovation durch die Anwender:innen von Bedeutung. Dabei erleichtern Faktoren wie der relative Vorteil durch die Übernahme, die Kompatibilität, die Möglichkeit zum Ausprobieren sowie die Beobachtbarkeit die Übernahme, wohingegen etwa die wahrgenommene Komplexität eine Übernahme erschweren kann. Ob eine Innovation dann letztlich übernommen wird, ist unter anderem abhängig von der verfügbaren Zeit und Aufmerksamkeit sowie vom (Vor-)Wissen und Interesse der potenziellen Übernehmenden. Insgesamt können (je nach persönlichen Eigenschaften) fünf Gruppen voneinander abgegrenzt werden, die sich nach absteigender Schnelligkeit der Übernahme einer Innovation unterscheiden. Sie lassen sich wie in Abbildung 7 zu sehen ordnen. In Klammern finden sich jeweils die idealtypischen Anteile der jeweiligen Übernehmendengruppen gemessen an allen Übernehmenden (Karnowski, 2017).

- Innovator:innen als erste Übernehmende mit hoher Risikobereitschaft, ausreichenden Ressourcen und einem großen persönlichen Netzwerk (2,5 Prozent).
- Frühen Übernehmenden kommt eine wichtige Rolle zu, da mit ihnen eine kritische Masse an Übernehmern erreicht wird, die für das Bestehen/Überleben einer Innovation von entscheidender Bedeutung sind. Übernehmende dieser Gruppe sind lokal gut vernetzte Meinungsführer:innen, Vorbilder und werden von anderen gerne um Rat gefragt (13,5 Prozent).
- Die frühe Mehrheit besteht aus relativ vielen Übernehmenden (34 Prozent), welche viele Sozialkontakte besitzen, jedoch keine Meinungsführer:innen innerhalb ihres persönlichen Netzwerks sind. Dem Stereotyp des Herdentriebs folgend, wollen Personen dieser Gruppen eine Innovation nicht zu früh, aber auch nicht zu spät übernehmen.
- Bei der späten Mehrheit erfolgt die Übernahme oft aus einer Notwendigkeit heraus (z.B. starker wirtschaftlicher oder starker sozialer Druck). Sie stehen Innovationen grundsätzlich jedoch eher skeptisch gegenüber (34 Prozent).
- Nachzügler:innen schließlich sind stark traditionell/vergangenheitsbehaftet und stehen Innovationen misstrauisch gegenüber. Gründe dafür können unter ande-

rem begrenzte (finanzielle) Ressourcen sein, die keinen Spielraum für Experimente lassen, oder das benötigte Gefühl von Sicherheit wird nicht geschaffen. Personen dieser Gruppen sind sozial weitgehend isoliert bzw. pflegen verstärkt soziale Kontakte zu anderen Nachzügler:innen (16 Prozent).

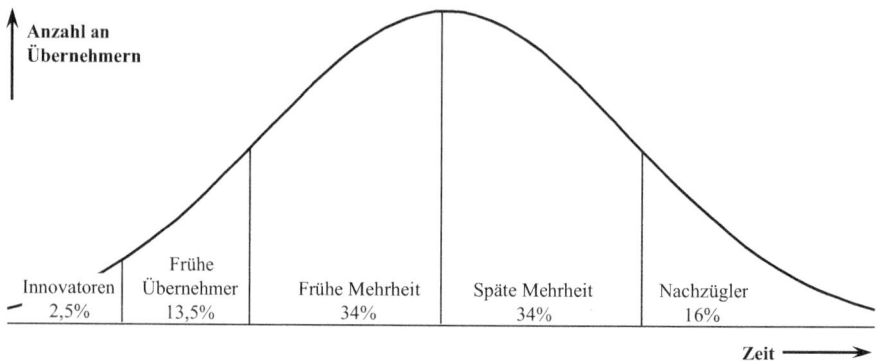

*Abbildung 7: Übernehmendenkategorien im Zeitverlauf. Quelle: Karnowski, 2023, S. 21.*

### Relevanz für die Gesundheitskommunikation

Im Laufe der Zeit wurden Tausende von Diffusionsstudien in den verschiedensten Bereichen (Soziologie, Bildung, Kommunikation, Marketing, aber auch in den Gesundheitswissenschaften) durchgeführt. Und auch für Fragestellungen aus der Gesundheitskommunikation eignet sich die *Diffusionstheorie*. So kann die Einführung und Adaption gesundheitlicher Innovationen (z.B. Fitness-Apps und -tracker sowie neue Interventions- und Präventionskonzepte) vor dem Hintergrund des *Diffusionskonzepts* diskutiert und untersucht werden (Dearing, 2009). Außerdem bieten die verschiedenen Übernehmendengruppen Segmentierungsmöglichkeiten für gesundheitskommunikative Maßnahmen, mithilfe derer Botschaften und Aktivitäten auf die anvisierte Zielgruppe zugeschnitten werden können. Vor diesem Hintergrund stellt die *Diffusionstheorie* auch eine wichtige Brücke zwischen Theorie und Praxis dar (Dingfelder & Mandell, 2011; Green et al., 2009).

### Empirische Befunde

Bereits erste Studien beschäftigen sich mit der Diffusion medizinischer Innovationen, wie etwa der Verbreitung von Antibiotika unter Ärzt:innen (Coleman et al., 1957). Die Studie, die eigentlich vor dem Hintergrund des *Two-Step-Flow*-Konzeptes (siehe Kapitel 7.3.1) durchgeführt wurde, konnte zeigen, dass es innerhalb der Ärzt:innenschaft Meinungsführer:innen gibt, die sich wiederum mit anderen Meinungsführer:innen austauschen, wodurch sich ein neues Produkt in einer Art Multi-Step-Flow verbreiten kann. Relevanter als massenmediale Informationen ist demnach der interpersonale Austausch zwischen den Mediziner:innen. Darüber hinaus untersuchen Studien im organisationalen Kontext bspw. die Diffusion der

Social-Media-Nutzung unter PR-Praktiker:innen im Gesundheitsbereich (Avery et al., 2010).

Vor dem Hintergrund der zunehmenden Digitalisierung und Nutzung mobiler Endgeräte hat auch die Relevanz dieser Fragestellungen in den letzten Jahren deutlich an Bedeutung gewonnen. So werden verstärkt Diffusions- und Aneignungsprozesse in diesem Bereich, bspw. die Aneignung und Nutzung von Fitness-Apps (Stehr et al., 2016), untersucht. Hierbei wird deutlich, dass für die Adoption mobiler Medien und mHealth-Anwendungen sowohl funktionale Aspekte (wie Lebensstil-Management und Kontaktaufbau) als auch symbolische Aspekte (d.h. soziale und persönliche Bewertungen) relevant sind. Das bedeutet, dass es bei der Betrachtung der Diffusion von Gesundheitsanwendungen (eHealth) neben den technischen Funktionen für einen gesundheitlichen Nutzen gleichermaßen die sozialen Dimensionen (wie Austausch mit anderen oder die Bewertung durch andere) zu berücksichtigen gilt (Puschmann & Peters, 2017). Abweichungen von der üblichen Diffusionskurve (sog. Disruptionen) zeigen sich insbesondere in Katastrophenfällen oder bei besonders relevanten Innovationen (Bhattacharya et al., 2020).

Für einen ausführlichen Überblick zur *Diffusionstheorie* siehe auch Karnowski (2017). Für weitere Theorien zur Adoption und Aneignung mobiler Medien siehe auch Karnowski (2020).

## 3.3 Makroebene

Schließlich sind Theorien auf Makroebene darauf ausgerichtet, gesellschaftliche und strukturelle Phänomene zu untersuchen und insbesondere die Funktionen und Dysfunktionen der Kommunikation für das gesellschaftliche System zu betrachten. Während die bisher vorgestellten Ansätze das Gesundheitsverhalten und andere gesundheitsrelevante Aspekte auf individueller Ebene oder innerhalb sozialer Netzwerke modellieren, liegt der Fokus der folgenden Ansätze auf den gesellschaftlichen Auswirkungen von Medieninhalten und deren (unterschiedlicher) Nutzung.

Die Anwendung und Weiterentwicklung von Theorien auf der Makroebene ermöglicht es, gesellschaftliche Rahmenbedingungen zu berücksichtigen und Strategien zur Förderung einer gesundheitsförderlichen Gesellschaft zu entwickeln. Theorien auf der Makroebene erforschen auch die Auswirkungen von Medienlandschaft, technologischer Entwicklung und Digitalisierung auf die Gesundheitskommunikation. Sie analysieren, wie Medieninhalte und Onlineplattformen Gesundheitsbotschaften vermitteln, den Zugang zu Gesundheitsinformationen erleichtern und das gesundheitsbezogene Verhalten beeinflussen. Diese Theorien helfen dabei, die sich ständig verändernde Medienlandschaft zu verstehen und innovative Kommunikationsstrategien auf Makroebene zu entwickeln.

### 3.3.1 Wissenskluft-Perspektive

Ursprung und Grundannahmen

Tichenor et al. (1970) haben in ihrer Arbeit zur *Wissenskluft-Perspektive* (engl. knowledge gap) die Annahme formuliert, dass Informationen aus den Medien von verschiedenen Bevölkerungsgruppen unterschiedlich gut verarbeitet werden. Sie gehen davon aus, dass Personen aus der „sozialen Oberschicht" (also z.B. Personen mit höherer formaler Bildung oder höherem sozioökonomischen Status) zusätzliche Informationen schneller aufnehmen als Personen aus der Unterschicht. Ironischerweise können diese Unterschiede im Wissen dazu führen, dass gesellschaftliche Wissensunterschiede eher vergrößert werden anstatt kleiner, obwohl die Absicht eigentlich darin besteht, durch die Verbreitung von Informationen Wissen zu fördern. Mit zunehmendem Informationsangebot (sowohl in Bezug auf Kanäle als auch auf Inhalte) kann die Wissenskluft, insbesondere zwischen diesen beiden Teilen der Gesellschaft, größer statt kleiner werden. Medien können somit als Verstärker sozialer Ungleichheit wirken (siehe Abbildung 8).

Forschende identifizieren unterschiedliche Gründe, warum es trotz der Verfügbarkeit von Informationen zu unterschiedlichen Wissensständen kommt (für eine Übersicht hierzu siehe auch: Gaziano, 2010; Zillien & Haufs-Brusberg, 2014). Diese Gründe können materielle Barrieren (wie monetäre und zeitliche Ressourcen), psychologische Faktoren (wie Interessensgebiete, unterschiedliche Selektion und Aufnahme von Informationen, unterschiedliche Interpretation von Informationen) oder sozioökonomische Merkmale (wie formale Bildung) sein. Darüber hinaus spielen Vorwissen, Kommunikations-, Medien- und Gesundheitskompetenz (siehe Kapitel 2.5), die Nutzung von Printmedien, die Größe des sozialen Netzwerks sowie Alter, Wohnort und Geschlecht eine Rolle, da sie ebenfalls das Informationsverhalten beeinflussen können.

Mit der Entwicklung des Internets entstand ein weiterer Prozess, der gesellschaftliche Wissensunterschiede verstärken kann: die sog. digitale Kluft (Digital Divide). Aufgrund unterschiedlicher Verbreitung und Nutzung des Internets (und damit verbundener medialer Innovationen) gibt es Unterschiede in den Kompetenzen im Umgang mit diesen neuen Medien zwischen verschiedenen Gruppen. Diese Unterschiede zeigen sich insbesondere zwischen städtischen Gebieten und jüngeren Bevölkerungsgruppen (Bonfadelli, 2019).

## 3.3 Makroebene

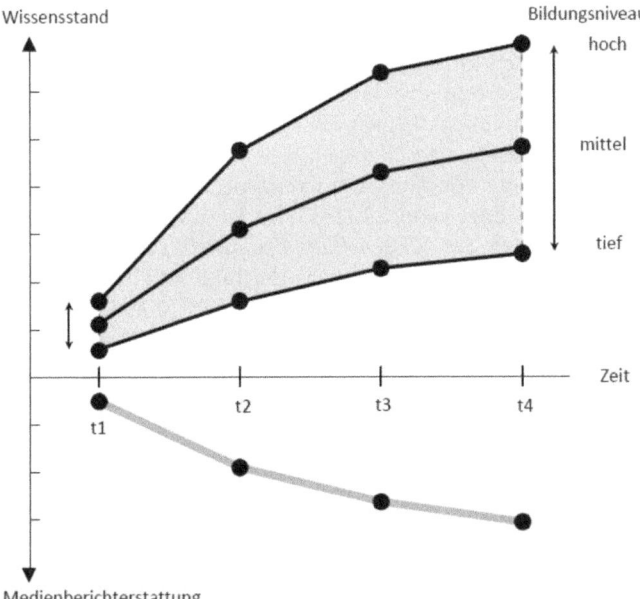

*Abbildung 8: Visualisierung der wachsenden Wissenskluft. Quelle: Bonfadelli & Friemel, 2017, S. 242.*

**Relevanz für die Gesundheitskommunikation**

Die *Wissenskluft-Perspektive* spielt in der Gesundheitskommunikation eine wichtige Rolle, insbesondere im Kontext der COVID-19-Pandemie. Im Zuge der Pandemie wurde deutlich, dass bestimmte Bevölkerungsgruppen, wie Migrant:innen oder Menschen mit niedrigem Bildungsstand, möglicherweise weniger Wissen über die Krankheit, ihre Ausbreitung und Schutzmaßnahmen besitzen. Dies hat zu einer ungleichen Verteilung von Informationen und einer verstärkten Wissenskluft geführt (Gerosa et al., 2021).

Die *Wissenskluft-Perspektive* betont die Bedeutung des Zugangs zu Informationen und die Notwendigkeit, gezielte Kommunikationsmaßnahmen zu entwickeln, um benachteiligte Gruppen anzusprechen und ihren Wissensstand zu erhöhen. Indem diese Perspektive in der Gesundheitskommunikation berücksichtigt wird, kann dazu beigetragen werden, bestehende Informationslücken zu schließen und eine gleichberechtigte Verteilung von Wissen und Gesundheitsinformationen zu fördern. Dies ist von entscheidender Bedeutung, um insbesondere auch die Auswirkungen von Gesundheitsnotlagen, wie der COVID-19-Pandemie, zu mindern und allen Bevölkerungsgruppen die gleiche Möglichkeit zum Schutz ihrer Gesundheit zu ermöglichen.

## Empirische Befunde

Die Forschung zu Wissensklüften im Bereich der Gesundheitskommunikation beschäftigt sich unter anderem mit bildungsspezifischen Unterschieden bezüglich der Nutzung von Gesundheitsthemen (Baumann & Hastall, 2014; Johnson & Case, 2012). Darüber hinaus beschäftigen sich verschiedene Untersuchungen mit der ungleichen Verteilung von Wissen zu verschiedenen Gesundheitsthemen, wie bspw. AIDS (Bekalu & Eggermont, 2014) oder Krebs (Kreps, 2006). Die Studien bestätigen die Annahmen der *Wissenskluft-Perspektive*. So werden Gesundheitsinformationen ungleich aufgenommen, was die Bildung von Wissensklüften zwischen statushöheren und statusniedrigeren Personen (d.h. sozial, ethnisch oder bildungsmäßig benachteiligten Gruppen) begünstigt. Auch vor dem Hintergrund von Gesundheitskampagnen werden Studien zu unterschiedlichen Effekten durchgeführt. So gehen verschiedene Studien bspw. der Frage nach, ob Kampagnen (wie intendiert) dazu in der Lage sind, Wissensklüfte auszugleichen, oder ob sie diese vielleicht sogar noch fördern (Niederdeppe, Fiore et al., 2008; Niederdeppe, Kuang et al., 2008). Die Forscher:innen zeigen diese Zusammenhänge unter anderem für eine Wissenskluft hinsichtlich des Zusammenhangs zwischen Rauchen und Lungenkrebs auf. Sie konnten nachweisen, dass Personen mit höherem (im Vergleich zu Personen mit niedrigem) sozioökonomischen Status über ein größeres Wissen zu diesem Thema verfügen. Oft werden in den Studien auch Drittfaktoren wie der Zugang zu bestimmten Medien sowie die Motivation oder Kompetenzen der Teilnehmer:innen berücksichtigt. Auch im Rahmen der COVID-19-Pandemie im Jahr 2020 wurde untersucht, ob es einen Zusammenhang zwischen dem Bildungsniveau von Menschen, ihrem Wissen über COVID-19 und ihrer Anfälligkeit für Falschnachrichten gibt. Die Ergebnisse zeigten, dass Menschen mit höherem Bildungsniveau über mehr Wissen verfügten, während das Bildungsniveau keine Rolle bei der Glaubwürdigkeit von Falschnachrichten spielte (Gerosa et al., 2021).

Für eine ausführliche Übersicht zur *Wissenskluft-Perspektive* und zu den empirischen Ergebnissen, siehe auch die Arbeit von Zillien und Haufs-Brusberg (2014) oder mit Schwerpunkt auf Gesundheitskommunikation den Beitrag von Bonfadelli (2019).

### 3.3.2 Kultivierungsthese

#### Ursprung und Grundannahmen

Die *Kultivierungsthese* (engl. cultivation theory) geht davon aus, dass eine wiederholte und intensive Auseinandersetzung oder Konfrontation mit Medieninhalten dazu führt, dass die medial vermittelten Realitäten einen Einfluss auf das Realitätsbild und die Einstellungen der Rezipient:innen haben und dieses dadurch prägen bzw. verzerren (Gerbner, 1969). Der Ansatz wurde ursprünglich entwickelt, um die Wirkung von Gewaltdarstellungen im Fernsehen auf Rezipient:innen zu erklären, da man vor allem hier durch die konsonante (einheitliche) und kumulative (anhäufende bzw. langfristige) Rezeption der Inhalte negative Medieneffekte vermutete. So konnten die ersten Studien zur *Kultivierungsthese* zeigen, dass es bei Vielseher:innen zu einer stärkeren Übernahme des medial vermittelten

Realitätsbildes kommt als bei Wenigseher:innen (Gerbner & Gross, 1976). Zuschauer:innen mit intensiver Fernsehnutzung schätzten die Wahrscheinlichkeit von Gewaltverbrechen im Gegensatz zu Personen mit geringerer Nutzungsintensität höher ein, als diese in der Realität auftraten. Als Grund hierfür wurde die häufige Berichterstattung im Fernsehen identifiziert.

Im Lauf der Zeit wurde der Ansatz weiterentwickelt und die Annahmen ausdifferenziert (Rossmann, 2013). So wird der Effekt inzwischen ebenfalls für die Nutzung verschiedener Genres (z.B. Reality-TV-Formate mit Gesundheitsbezug oder Pornografie) untersucht. Darüber hinaus hat sich die Unterscheidung zwischen Kultivierungseffekten erster und zweiter Ordnung durchgesetzt. Während sich Effekte erster Ordnung auf die Einschätzung der Wahrscheinlichkeit des Auftretens bestimmter Sachverhalte (z.B. Häufigkeiten des Auftretens bestimmter Erkrankungen oder Alters- und Geschlechterverteilung) beziehen, betreffen Kultivierungseffekte zweiter Ordnung die Einflüsse der Mediennutzung auf Wertvorstellungen und Einstellungen der Rezipient:innen (z.B. gegenüber Ärzt:innen oder Menschen mit psychischer Erkrankung). Weil Einstellungen ein wichtiger Faktor beim Zustandekommen von Verhalten sind (siehe Kapitel 2.7), beschäftigt sich die Forschung mit den Auswirkungen des „verzerrten" Realitätsbildes auf das Verhalten bzw. Verhaltensintentionen. Diese Effekte werden entweder zu den Effekten zweiter Ordnung gezählt oder in einer neuen Kategorie als Effekte dritter Ordnung zusammengefasst (Rossmann, 2013).

**Relevanz für die Gesundheitskommunikation**

Da sich die Effekte der Kultivierung auf zahlreiche Themen übertragen lassen, kann für gesundheitsbezogene Inhalte im TV angenommen werden, dass diese systematisch von der sozialen Realität abweichen (Nitsch, 2019). Entsprechend können solche Inhalte und deren Wahrnehmung dann auch Auswirkungen auf die Realitätsvorstellungen (Kultivierungseffekte erster Ordnung) der Rezipient:innen haben. Insbesondere im Bereich von Gesundheit und Krankheit spielt das Fernsehen eine wichtige Rolle, da gesundheitsrelevante Inhalte genre- bzw. formatübergreifend (z.B. in Ratgeber- und Informationssendungen, Nachrichten, fiktionalen Unterhaltungsangeboten, Kinderprogrammen oder der Werbung) behandelt werden und es auch für Gesundheitsthemen zu den wichtigsten Informationsquellen zählt (Chory-Assad & Tamborini, 2003).

Ein weiterer Aspekt, der insbesondere im Zusammenhang mit der Nutzung von sozialen Medien in den letzten Jahren vermehrt diskutiert wird, ist der kultivierende Einfluss von Fehlinformationen und Desinformationen. Das Risiko, mit ungenauen oder irreführenden Informationen konfrontiert zu werden, ist auf diesen Kanälen erhöht (Wang et al., 2019). Eine systematische bzw. regelmäßige Rezeption solcher Inhalte kann das Vertrauen in gesundheitsbezogene Informationen und Expert:innen untergraben (Park et al., 2022). Dieses informationsbezogene Misstrauen kann die Wahrnehmung und Akzeptanz von gesundheitsrelevanten Botschaften beeinflussen und somit die Wirksamkeit von Gesundheitskommunikation beeinträchtigen.

### Empirische Befunde

Insbesondere in den letzten Jahren hat die Erforschung von Kultivierungseffekten im Gesundheitskontext stark zugenommen. Dabei geht es einerseits um die reine Darstellung bzw. Thematisierung verschiedener gesundheitsbezogener Inhalte im Fernsehen. So wurde bspw. gezeigt, dass Charaktere meist als gesund dargestellt und psychische Erkrankungen als unnormal thematisiert werden (Morgan et al., 2014). Darüber hinaus zeigen die Ergebnisse, dass bspw. meistens schlechtes Essverhalten dargestellt wird, was wiederum im Widerspruch zum schlanken und gesunden Erscheinungsbild der Darsteller:innen steht. Außerdem, so scheint es, können Ärzt:innen (unter anderem durch den Einsatz durchaus exotischer Therapien und Verfahren) beinahe jedwedes medizinische Problem lösen.

Andererseits existieren zahlreiche Studien, die sich konkret den verschiedenen Kultivierungseffekten widmen. Nitsch (2019) identifiziert vor allem vier große Themenbereiche, zu denen Kultivierungsstudien durchgeführt werden. So zeigen Studien zum Effekt der Darstellung von (1) Ärzt:innen im TV, dass diese trotz Charakterschwächen oftmals als sehr positiv dargestellt werden. Dementsprechend haben Vielseher:innen ein positiveres Ärzt:innenbild als Wenigseher:innen (Rossmann, 2003) und im gleichen Zug steigt die Glaubwürdigkeit von Ärzt:innen, was sich wiederum positiv auf die Zufriedenheit von Patient:innen auswirken, aber auch unrealistische Erwartungen hervorrufen kann (Quick, 2009). Mit Bezug auf (2) Ernährung und Körperbild zeigen Studien einen negativen Effekt der Nutzung von entsprechenden Inhalten auf die Ernährung. Demnach haben Vielseher:innen eine weniger positive Einstellung gegenüber gesundem Essverhalten als Wenigseher:innen (Lücke, 2007). Außerdem sind Vielseher:innen entsprechender Formate (z.B. Germany's Next Topmodel oder Extrem Schön) häufiger unzufrieden mit dem eigenen Körper (Egbert & Belcher, 2012) oder haben eine positivere Einstellung gegenüber Schönheitsoperationen (Rossmann & Brosius, 2005). Obwohl Darstellungen von (3) übermäßigem Alkohol- und Drogenkonsum nicht sehr häufig sind (Anderson et al., 2009), haben Vielseher:innen dennoch eine geringere Risikowahrnehmung gegenüber Alkoholkonsum und eine höhere Absicht, künftig Alkohol zu konsumieren (Russell et al., 2014). Zudem wird Alkohol-, Tabak- oder Drogenkonsum häufig als Bewältigungsoption in kritischen Lebensereignissen dargestellt. Dies erscheint problematisch, da für die entsprechende Werbung gesundheitsschädliche Effekte insbesondere bei Kindern und Jugendlichen nachgewiesen wurden (Anderson et al., 2009). Schließlich zeigen Analysen hinsichtlich (4) Krankheiten, dass es zur Überschätzung der Todesrate bei Krankenhauspatient:innen sowie akuter und dramatischer Krankheiten kommt (Hetsroni, 2014). Außerdem trägt die Fernsehnutzung zu einer negativeren Einstellung gegenüber psychischen Erkrankungen bei (Diefenbach & West, 2007).

Für eine ausführliche Übersicht zum *Kultivierungsansatz* und zu den empirischen Ergebnissen siehe auch die Arbeiten von Nitsch (2019) und Rossmann (2013).

### 3.3.3 Agenda-Setting

Ursprung und Grundannahmen

Auch wenn die Massenmedien keinen direkten Einfluss auf die Einstellungen oder Verhaltensweisen der Rezipient:innen haben, können sie dennoch die Wahrnehmung darüber beeinflussen, welche Themen als wichtig erachtet werden. Dadurch bestimmen sie indirekt die Relevanz der Themen, was auch als *Agenda-Setting* bezeichnet wird. Um die begrenzten Auswirkungen der Medien in den 1960er- bis 1970er-Jahren zu erklären, entwickelten McCombs und Shaw (1972) ihren *Agenda-Setting-Ansatz*. Da es keine empirischen Belege für den damals angenommenen starken Einfluss der Medien auf die Einstellungen und Verhaltensweisen der Rezipient:innen gab, standen die Forscher:innen vor der Herausforderung, neue Erklärungen für die ausbleibenden direkten Effekte zu finden.

Genauer wird davon ausgegangen, dass Menschen Themen (engl. issues) für sich auf einer Art Rangliste nach Wichtigkeit sortieren. Die Rangfolge dieser Themen bei den Rezipient:innen wird als *Publikumsagenda* bezeichnet. Gleichzeitig existiert eine durch die Medienberichterstattung gegebene *Medienagenda* (Themenprioritäten in den Medien). Der *Agenda-Setting*-Effekt bezieht sich dabei auf den Einfluss der Medienagenda auf die Publikumsagenda. Das heißt, wenn bspw. ein Thema auf der Medienagenda relativ hoch platziert ist, wird es auch einen hohen Platz auf der Publikumsagenda einnehmen. Im Laufe der Zeit wurden der Ansatz und die ursprüngliche Annahme hinsichtlich der Auswirkung der Medienagenda auf die Publikumsagenda (*first-level Agenda-Setting*) durch zwei weitere Ebenen ergänzt (vgl. auch Wirkungsebenen der *Kultivierungsthese*). Zum einen wird davon ausgegangen, dass nicht nur die Themen, sondern auch die damit verbundenen Attribute (Eigenschaften) übernommen werden (*second-level Agenda-Setting*). Zum anderen wurde mit der jüngsten Arbeit von McCombs et al. (2014) im Zuge der zunehmenden Auflösung der Grenzen zwischen den Agenden in der heutigen Mediengesellschaft (insb. bedingt durch steigende Interaktivität, Netzwerkstruktur und Partizipationsmöglichkeiten) ein Zusammenhang zwischen den Themen sowie deren Eigenschaften auf verschiedenen Medien- und Publikumsagenden unterstellt (*third-level Agenda-Setting*).

Relevanz für die Gesundheitskommunikation

Im Bereich der Gesundheitskommunikation bietet der *Agenda-Setting-Ansatz* eine fruchtbare Grundlage zur Beantwortung und Untersuchung verschiedener Fragestellungen und Phänomene. Er ermöglicht es, verschiedene Perspektiven zu beleuchten (Rössler, 2019). Eine klassische Fragestellung betrifft den Einfluss der gesundheitsbezogenen Medienagenda auf die Agenda der Bevölkerung. Es ist von Bedeutung zu untersuchen, ob und wie Gesundheitsthemen in den Fokus der politischen Steuerungs- und Entscheidungsprozesse gelangen und welchen Stellenwert sie erhalten. Umgekehrt kann auch der Einfluss von Politik, Lobbygruppen,

Public Relations und ähnlichen Akteur:innen auf die Agenda von Journalist:innen in Bezug auf Gesundheitsthemen untersucht werden. Dieser Aspekt wird im *Agenda-Setting-Ansatz* als Policy-Agenda bezeichnet. Die Policy-Agenda spiegelt die Agenda der politischen Akteur:innen wider und steht in einer wechselseitigen Beziehung zur Medien- und Publikumsagenda.

Auf individueller Ebene sind beispielsweise die Einflüsse der zwischenmenschlichen Kommunikation im Gesundheitswesen von Interesse. Dies betrifft z.B. die Arzt-Patienten-Interaktion (siehe Kapitel 5.2) und die Themen bzw. Schwerpunkte, die bei Ärzt:innenbesuchen und Krankenhausvisiten besprochen werden. Ebenso ist relevant, wie die Möglichkeit der Themensetzung durch die beteiligten Akteur:innen die Zufriedenheit beeinflusst.

**Empirische Befunde**

Überraschenderweise sind klassische *Agenda-Setting*-Studien, die den Einfluss der Medienagenda auf die entsprechende Agenda der Bevölkerung untersuchen, im Bereich der Gesundheitskommunikation bisher selten. Zum Teil werden einzelne gesundheitsbezogene Themen im Rahmen breit angelegter Studien als „Nebenprodukt" miterhoben (Roberts et al., 2002; Shehata & Strömbäck, 2013). Studien zu spezifischen Gesundheitsthemen sind bisher jedoch selten. Eine Ausnahme bildet die Studie von Dixon et al. (2014) zur Auswirkung der Medienagenda auf die Publikumsagenda bezüglich der Hautkrebsprävention. In ihrer Studie konnten die Forscher:innen für verschiedene Personengruppen einen *Agenda-Setting*-Effekt auf die Risikowahrnehmung nachweisen. Darüber hinaus konnte Conway (2013) einen Einfluss der Agenda in der Medienberichterstattung über *Obamacare* (eine von US-Präsident Barack Obama vorgeschlagene Gesundheitsreform) auf das Meinungsbild in der Bevölkerung nachweisen. Bedingt durch seine Aktualität wurde die jüngste Ergänzung des *Agenda-Setting-Ansatzes*, d.h. der Zusammenhang zwischen den Themen sowie deren Eigenschaften auf verschiedenen Medien- und Publikumsagenden (*third-level Agenda-Setting*), bisher noch nicht vollständig überprüft. Allerdings weisen erste Analysen in eine entsprechende Richtung (Vu et al., 2014).

Für eine ausführliche Übersicht zum *Agenda-Setting-Ansatz* siehe auch die Arbeiten von Maurer (2017) bzw. Rössler (2019) mit einem starken Fokus auf Gesundheitskommunikation.

# 4 Methoden

In diesem Kapitel erfahren Sie,

- was grundsätzliche Überlegungen zur Methodenwahl sind;
- welche Methoden zur Datenerhebung in der Gesundheitskommunikation angewendet werden.

In diesem Kapitel werden die methodischen Grundlagen zur Untersuchung gesundheitskommunikativer Fragestellungen behandelt (siehe Abbildung 9). Die im Folgenden vorgestellten Möglichkeiten zur Messung relevanter Phänomene erheben dabei jedoch keinen Anspruch auf Vollständigkeit. Vielmehr werden die relevanten Verfahren bzw. Methoden vorgestellt, die zur Messung der vielfältigen Fragestellungen in der Forschung zur Gesundheitskommunikation notwendig erscheinen. Diese reichen von der Analyse medialer Darstellungen von Gesundheit und Krankheit (Bleicher & Lampert, 2003) über die Analyse der Arzt-Patienten-Kommunikation (siehe Kapitel 5.2) bis hin zur Wirkung persuasiver Präventionskampagnen (Nabi, 2015; Ort, 2016; Ruiter et al., 2014).

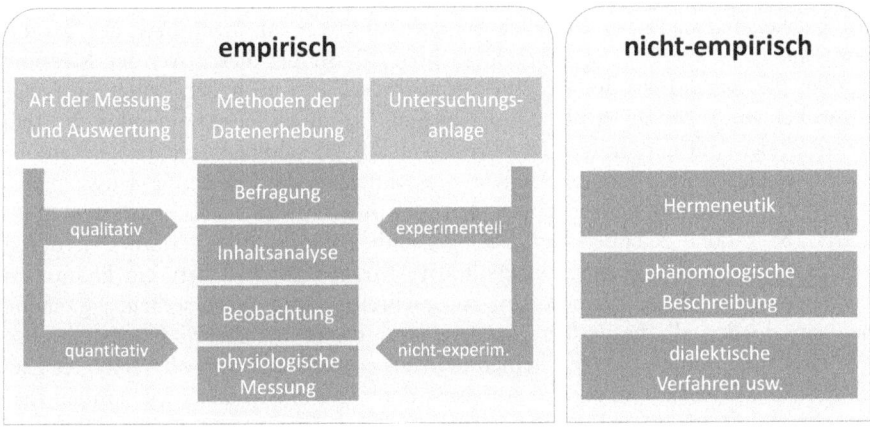

*Abbildung 9: Methoden der Datenerhebung. Quelle: Brosius et al., 2022, S. 5.*

Als Integrationsdisziplin an der Schnittstelle zwischen verschiedenen Disziplinen (z.B. Psychologie, Medizinsoziologie und Kommunikationswissenschaft; siehe Kapitel 1.4) bedienen sich Studien im Bereich der Gesundheitskommunikation dabei methodischer, methodologischer und forschungslogischer Repertoires aus ebendiesen angrenzenden Fachbereichen (Hannawa et al., 2015). Diese eignen sich sowohl für explorative bzw. deskriptive Untersuchungsanlagen als auch zur Überprüfung von Kausalbeziehungen und beinhalten quantitative sowie qualitative Methoden oder eine Kombination aus unterschiedlichen Forschungslogiken und Verfahren.

Darüber hinaus thematisiert der Beitrag von Baumann et al. (2019) die in der Gesundheitskommunikation gängigen Methoden, forschungsethische Fragen, empirischen Herausforderungen, Datenquellen und Studiendesigns.

## 4.1 Grundsätzliche Überlegungen

Bevor eine spezifische Fragestellung aus dem Bereich der Gesundheitskommunikation untersucht und beantwortet werden kann, stehen die Forschenden zunächst vor der Aufgabe, einige grundlegende Entscheidungen bezüglich des methodischen Ablaufs der Untersuchung zu treffen. Dazu gehört die Abwägung zwischen qualitativer versus quantitativer Art der Messung, experimenteller versus nicht-experimenteller Untersuchungsanlage und letztendlich die Entscheidung für eine oder mehrere Methoden der Datenerhebung, die geeignet erscheinen, die interessierende Frage zu beantworten.

### Qualitative Methoden

Qualitative Methoden (Bowling, 2014; Brosius et al., 2022) haben ihren Ursprung in der sozialwissenschaftlichen, psychologischen, philosophischen sowie anthropologischen Forschung und werden oft mit induktiven Ansätzen bzw. der *Grounded Theory* in Verbindung gebracht (Scheu, 2016). Bei dieser Art der Messung werden die Kategorien der Analyse oft während und nach der Erhebungsphase entwickelt und verfeinert. Dieses Vorgehen hat einen entscheidenden Vorteil, wenn es sich um explorative (d.h. erkundende) Forschungsprojekte handelt. Es ermöglicht noch während der Analyse eine Änderung des Forschungsschwerpunktes, falls plötzlich neue interessante oder relevante Aspekte entdeckt werden. Qualitative Methoden zeichnen sich also gegenüber quantitativen Methoden durch ihre größere Flexibilität aus. Da qualitative Methoden versuchen, ein Phänomen in seiner ganzen Breite zu erfassen, zu beschreiben und zu verstehen, eignen sie sich gerade deshalb besonders für neue und wenig beforschte Fragestellungen sowie sensible und komplexe Themen (Brosius et al., 2022). Ein oft verfolgtes Ziel ist dabei die Generierung von Hypothesen, deren Gültigkeit unter Umständen später mithilfe quantitativer Verfahren überprüft wird. Dies bedeutet aber nicht, dass der Anspruch der Nachvollziehbarkeit, geordneten Vorgehensweise und Ordnung verworfen werden kann. Ein oft angeführtes Argument qualitativer Forscher:innen gegenüber quantitativer Forschung ist, dass standardisierte Instrumente und Skalen, wie sie in groß angelegten Befragungen zum Einsatz kommen, nicht mit Sicherheit vollständig sind bzw. diese gar nicht in der Lage sind, die Komplexität sozialer Situationen oder menschlichen Handelns und Denkens zu erfassen. Aus diesem Grund werden qualitative Methoden auch eingesetzt, wenn es darum geht, den Ergebnissen quantitativer Forschung „Sinn" zu verleihen und die dort gewonnenen Erkenntnisse in den sozialen, organisationalen oder gesellschaftlichen Kontext einzuordnen. In vielen Fällen werden innerhalb eines Forschungsdesigns quantitative und qualitative Vorgehensweisen kombiniert, um so umfassendere Erkenntnisse über den Forschungsgegenstand gewinnen zu können (Mixed Method bzw. Mixed Model Studien)

Bei qualitativen Vorgehensweisen findet keine vorsätzliche Manipulation des Forschungssettings, wie etwa im Rahmen experimenteller Untersuchungen, statt. Gerade weil eines der Kernziele qualitativer Methoden die detaillierte Erfassung und Darstellung der sozialen Realität der untersuchten Teilnehmer:innen ist, wird versucht, möglichst natürliche Daten im „Feld" zu erheben; etwa durch:

- Beobachtungen (dabei reicht die Bandbreite von direkten und verdeckten bis hin zu teilnehmenden und offenen Verfahren);
- nicht-standardisierte Befragungen mit explorativem Charakter (oft Face-to-Face), bspw. Tiefen- und Leitfadeninterviews;
- Tagebuchmethoden;
- Gruppeninterviews, Fokusgruppen
- oder Analysen von historischen Dokumenten.

Für einen Überblick über die Möglichkeiten und ausführliche Erläuterungen zu den einzelnen Methoden siehe auch Averbeck-Lietz und Meyen (2016); Finset (2008), Przyborski und Riegler (2010), Treumann (2005).

**Quantitative Methoden**

Im Gegensatz zum Anspruch des breiten und tiefen Verständnisses der untersuchten Phänomene im Rahmen qualitativer Herangehensweisen versuchen quantitative Verfahren die Messung über wenige ausgesuchte Merkmale systematisch auf der Basis einer großen Anzahl an Merkmalsträgern (i.d.R. Personen oder Dokumente) zu sammeln (Brosius et al., 2022; siehe Tabelle 8). Quantitative Methoden haben damit den Anspruch und das Ziel, die Komplexität der untersuchten Zusammenhänge zu reduzieren und sie dadurch greifbar und vergleichbar zu machen. Die im Rahmen quantitativer Untersuchungen gewonnenen Erkenntnisse werden aus diesem Grund häufig in Zahlen (z.B. Prozenten oder Mittelwerten) ausgedrückt. Im Fokus quantitativer Methoden steht also die statistische Absicherung von Zusammenhängen. Hierfür werden bereits vor der Erhebung der eigentlichen Daten Vermutungen über zu untersuchende Zusammenhänge formuliert (Hypothesen), die auf bereits bestehenden Erkenntnissen (oftmals aus qualitativen Voruntersuchungen) beruhen bzw. aus vergleichbaren Bereichen übertragen werden. Es ist also notwendig, dass bereits Vorwissen (z.B. welche Einflussfaktoren sind relevant) zum untersuchten Phänomen besteht. Die aufgestellten Hypothesen zu Zusammenhängen oder Vergleichen werden dann durch die statistische Auswertung der erhobenen Daten überprüft und daraufhin angenommen bzw. widerlegt (falsifiziert). Hierzu können je nach Datenlage und Fragestellung die entsprechenden Verfahren der beschreibenden (deskriptiven) und schließenden (Inferenz-)Statistik sowie strukturentdeckende und strukturprüfende (multivariate) Analysemethoden eingesetzt werden (Scheufele & Engelmann, 2009).

Die Datenerhebung erfolgt dabei durch standardisierte Formen des Interviews (Fragebogen), Beobachtungen, Inhaltsanalysen oder die Messung physiologischer Parameter (siehe Kapitel 4.3.5), welche oftmals im Rahmen experimenteller Designs umgesetzt werden.

*Tabelle 8: Unterschiede quantitativer und qualitativer Methoden. Quelle: Eigene Darstellung nach Dahinden & Hättenschwiler, 2010.*

| | Qualitative Methoden | Quantitative Methoden |
|---|---|---|
| Forschungsinteresse | U.a. unerforschtere Fragestellungen, komplexe oder sensible Themen | Erklären und Vorhersagen von Zusammenhängen, Reduktion der Komplexität |
| Erkenntnisziel | Kontextgebundene Regeln | Allgemeingültige Regeln |
| Rolle der empirischen Forschung | Entwicklung von Hypothesen/Theorien | Prüfung von Hypothesen/Theorien |
| Vorgehensweise | Induktiv (von der Realität ausgehend auf die Theorie schließen) | Deduktiv (von der Theorie auf die Realität schließen) |
| Flexibilität | Flexibles Vorgehen (Anpassung des Forschungsschwerpunktes an Erkenntnisse) | Starres Vorgehen |
| Stichprobengröße | Geringe Anzahl an Versuchspersonen (Vorabfestlegung vs. Theoretical Sampling) | Möglichst hohe Anzahl an Versuchspersonen (Repräsentativität) |
| Art der Daten | Nicht-standardisiert | Standardisiert |
| Auswertungsstrategie | Interpretation | Statistische Verfahren |
| Methoden (Beispiele) | Gruppendiskussion, narratives Interview, Qqalitative Inhaltsanalyse, nicht-standardisierte Beobachtung | Standardisierte Befragung, quantitative Inhaltsanalyse, standardisierte Beobachtung, experimentelle Designs möglich |

### Forschungsprozess

Unabhängig davon, ob es sich um eine qualitative oder quantitative Erhebung handelt, stellt sich für alle empirischen Studien grundsätzlich die Frage, wie die Daten, welche zur Beantwortung der Fragestellungen bzw. Hypothesen benötigt werden, erhoben werden sollen. In der Regel werden die Methoden, mit denen Forscher:innen an die notwendigen Daten kommen, in vier Gruppen aufgeteilt: 1) Befragung, 2) Inhaltsanalyse, 3) Beobachtung sowie 4) physiologische Messung (bzw. in der Medizin und den Gesundheitswissenschaften: medizinische Parameter; Brosius et al. 2016). Dies soll am Beispiel der Untersuchung des Einflusses von Medien bzw. einem Ärzt:ingespräch auf die Impfungen bei Kleinkindern verdeutlicht werden. Während sich Befragungen insbesondere zur Erfassung des Zusammenhangs der Mediennutzung und der Einstellungen (z.B. bestimmter Personengruppen wie Eltern, Ärzt:innen usw.) bezüglich der Impfmaßnahmen bei Kindern eignen, können mit Inhaltsanalysen die Häufigkeit und Art und Weise der Darstellung (Tonalität) des Themas (z.B. in Blogs und Onlinediskussionsforen) erfasst werden. Des Weiteren können verschiedene Formen der Beobachtung eingesetzt werden, um etwa durch eine teilnehmende Beobachtung das tatsächliche Verhalten von Eltern im Beratungsgespräch mit einem:einer Ärzt:in zu beleuchten. Schließlich können durch den Einsatz physiologischer Messmethoden die körperlichen Reaktionen (z.B. Mimik, Anspannung) von Eltern auf Impfgegner:innen-Beiträge in Onlinemedien erfasst werden.

Eine weitere grundsätzliche Entscheidung, die vor der Durchführung einer Studie getroffen werden muss und die einen entscheidenden Einfluss auf die Anlage der Untersuchung nimmt, ist die Wahl zwischen einem experimentellen und einem nicht-experimentellen Design. Eine Entscheidung für oder gegen ein experimentelles Design muss immer vor dem Hintergrund der Eignung für die jeweilige Fragestellung gefällt werden und ist demnach sehr spezifisch. Daneben muss bei der Planung einer Untersuchung darüber entschieden werden, ob zur Beantwortung der Fragestellung eine oder mehrere Methoden zur Datenerhebung eingesetzt werden sollen oder sogar müssen (Mixed-Method-Design), ein (Querschnitt) oder mehrere Erhebungszeitpunkte (Längsschnitt) notwendig sind, ob überhaupt neue Daten erhoben werden müssen (Primäranalyse) oder ob bereits vorliegende Daten analysiert werden können (Sekundäranalyse, Meta-Analysen). Für weitere ausführliche Informationen zu den weiteren Entscheidungen siehe Brosius et al. (2016) und Döring und Bortz (2016).

## 4.2 Möglichkeiten der Datenerhebung

### 4.2.1 Befragung

Die Befragung kommt im Rahmen gesundheitskommunikativer Studien dann zum Einsatz, wenn die Forschenden bspw. einen Einblick in den Wissensstand sowie die Meinungen, Einstellungen oder Bewertungen der Befragten zu bestimmten Themen erhalten möchten. Die Bandbreite an Themen im Bereich der Gesundheitskommunikation reicht dabei von der bevölkerungsweiten Erfassung der Meinung zu aktuellen Gesundheitsthemen (z.B. *gesundheitsmonitor.de*), der Zufriedenheit mit der Gesundheitsversorgung bis hin zur Evaluation der Wirkung medialer Gesundheitsinformationen durch Kampagnen (Friemel et al., 2014; Poggiolini & Scholz, 2016). Da die gesammelten Informationen auf Angaben der Befragten selbst (engl. self-report) beruhen, haben diese grundsätzlich einen subjektiven Charakter, was insbesondere bei der Konzeption der Befragung sowie bei der Interpretation der Daten berücksichtigt werden muss. Darüber hinaus sehen sich Befragungen im Bereich der Gesundheitskommunikation insbesondere mit der Sensibilität der Themen konfrontiert. In den Studien werden zum Teil sehr persönliche, sensible oder heikle Themen (z.B. Sexualverhalten, Drogenkonsum oder psychische Gesundheit) angesprochen, zu denen sich die Befragten dann nicht offen äußern können bzw. wollen oder falsche Angaben machen (z.B. wegen sozialer Erwünschtheit). Damit im Zusammenhang stehen zudem ethische und datenschutzrechtliche Überlegungen, die den Bereich der möglichen Themen, Fragen und methodischen Vorgehensweisen einschränken können (siehe Kapitel 9).

Die einzelnen Formen der Befragung können anhand ihres Grades an Strukturierung der Interviewsituation (auch Standardisierung) grob eingeteilt werden in stark strukturierte (standardisierte), teilstrukturierte (teilstandardisierte) und wenig-strukturierte (nicht-standardisierte) Befragungen. Dabei gilt: Je höher der Grad an Standardisierung, desto genauer ist der Verlauf der Befragung bzw. des

Interviews festzulegen. Während bei nicht-standardisierten Befragungen der Verlauf und der genaue Wortlaut der Fragen offen sind, sind sowohl Reihenfolge als auch der Wortlaut und die Antwortmöglichkeiten der Fragen in standardisierten Befragungen vorgegeben, um Unterschiede zwischen den einzelnen Erhebungen zu vermeiden (Möhring & Schlütz, 2019; Schnell et al., 2018). Weil sowohl standardisierte als auch teilstandardisierte Befragungen zu den eher quantitativen Formen der Befragung gezählt werden und sich nur graduell unterscheiden lassen, werden diese im Folgenden gemeinsam vorgestellt und von den nicht-standardisierten und eher qualitativen Formen der Befragung abgegrenzt.

Darüber hinaus können die entsprechenden Vor- und Nachteile bzw. Besonderheiten für spezifische Arten der Befragung an dieser Stelle nur exemplarisch angesprochen werden (für einen ersten Überblick siehe auch Tabelle 8). Für eine differenzierte und ausführliche Betrachtung der einzelnen Befragungsformen, deren Spezifitäten sowie zahlreiche Hinweise zur Entwicklung von Fragebögen sei an dieser Stelle auf die einschlägigen Standardwerke verwiesen (Brosius et al., 2022; Möhring & Schlütz, 2019; Porst, 2011; Schnell et al., 2018).

### (Teil-)Standardisierte Befragungen

Wie bereits angedeutet, werden die standardisierten und die teilstandardisierten Befragungen typischerweise zu den quantitativen Methoden der Datenerhebung gezählt (Möhring & Schlütz, 2019). Das bedeutet, dass sich während der Interviewsituation weniger Flexibilität sowohl für den:die Befragte:n als auch für den:die Interviewer:in ergibt. Um die interessierenden Konstrukte zu erheben, kommen in standardisierten Befragungen feste (standardisierte) Fragen, Fragebatterien, Testverfahren und Skalen zum Einsatz, die jedem Befragten in gleicher Form, also ohne Variation, vorgelegt werden (z.B. das Trierer Inventar zum chronischen Stress; Schulz et al., 2004), oder Skalen zur Erfassung der Gesundheitskompetenz (Frisch et al., 2012; Sørensen et al., 2012; Sørensen et al., 2013). Zur Beantwortung der Fragen stehen den Teilnehmer:innen vorgegebene Antwortkategorien (z.B. 5 Skalenpunkte von 1 – sehr zufrieden bis 5 – überhaupt nicht zufrieden) zur Verfügung, an deren Form die Antwort angepasst werden muss. Teilstandardisierte Befragungen verfolgen einen ähnlichen Ansatz. Auch hier existieren vorgegebene Fragen, die jedoch mit wenigen oder keinen Antwortvorgaben auskommen (offene Fragen). Darüber hinaus kann die Reihenfolge der Fragen (je nach Grad der Standardisierung) bei teilstandardisierten Formen in jeder Interviewsituation variieren, um weitere interessante Themen und Punkte ansprechen zu können.

### Nicht-standardisierte Befragungen

Im Gegensatz zu den standardisierten Befragungen verfolgen nicht-standardisierte Befragungsformen einen eher interpretativen und damit qualitativen Ansatz. Bis auf wenige Ausnahmen sind hier anstelle von konkreten Fragen und vorgegebenen Antwortmöglichkeiten lediglich die anzusprechenden Themen bzw. zu behandelnden Punkte vorgegeben. Das Ziel ist eine in die Tiefe gehende Ergründung der vorgegebenen Themen, also ein Verständnis davon, wie Menschen die soziale

Realität und die Bedeutung von Ereignissen darin interpretieren. Forscher:innen in Australien befragten z.B. Ärzt:innen und das Pflegepersonal in Leitfadeninterviews, um herauszufinden, welche Funktionen Angehörige in der Krebsbehandlung spielen und wie mit ihnen umzugehen ist (Laidsaar-Powell et al., 2016). Die Fragen durch den oder die Interviewer:in dienen dabei als ein Impuls oder Anreiz, um den Befragten zum Erzählen seiner persönlichen Erfahrungen zu motivieren. Im Unterschied zu Fragen in standardisierten Befragungen kommen deshalb oft meinungs- oder wertbasierte Fragen zum Einsatz. Um ein möglichst vollständiges Bild zu erhalten und die zuvor berichteten Erfahrungen der Teilnehmer:innen besser einordnen zu können, werden einerseits Rückfragen zum gerade Erzählten (Warum?) sowie Fragen über Gefühle (Verstehen emotionaler Reaktionen) oder sogar Sinneseindrücke (Geruch, Geschmack) gestellt. Als Befragungsmodi für nicht-standardisierte Befragungen eignen sich z.B. Leitfadengespräche (Loosen, 2016), Expert:inneninterviews (Blöbaum et al., 2016) und Gruppeninterviews/-diskussionen oder Fokusgruppen (Lüthje, 2016).

Auf diese Weise kann z.B. die Komplexität von Einstellungen, Verhalten und Erfahrungen abgebildet werden. Allerdings sind nicht-standardisierte Befragungen im Vergleich zu den eher standardisierten Formen mit einem höheren Zeitaufwand und damit höheren (Personal-)Kosten verbunden. Denn nicht nur die Durchführung der Interviews ist zeitintensiv (zum Teil bis zu mehreren Stunden). Die aufgezeichneten Daten müssen in den meisten Fällen im Anschluss noch verschriftlicht werden (Transkription), wobei diese Arbeit mit der fortschreitenden Entwicklung zuverlässiger Spracherkennungssoftware zunehmend automatisiert ausgeführt werden kann. Zu beachten ist außerdem, dass der Einfluss potenzieller Störfaktoren auf die Befragungssituation größer ist als bei standardisierten Befragungen. Vor dem Hintergrund, dass es in der Gesundheitskommunikation häufig um sensible oder persönliche Themen geht, ist hier insbesondere der Einfluss des persönlich anwesenden Interviewers (z.B. dessen Verhalten, Auftreten, Erwartungen und Einstellungen) auf den:die Befragte:n bzw. dessen:dessen Antwortverhalten (z.B. durch soziale Erwünschtheit ausgelöste Verzerrung oder Verweigerung von Antworten) zu erwähnen.

**Modi der Befragung**

Grundsätzlich stehen Forschenden drei verschiedene Modi zur Erhebung der Daten mittels Befragungen zur Verfügung. Unterschieden wird zwischen persönlichen, telefonischen oder schriftlichen Befragungen. Diese können dann jeweils auf herkömmliche Art und Weise, bspw. mit Stift und Papier, oder computergestützt, d.h. online, durchgeführt werden. Die einzelnen Befragungsmodi finden sich im Detail in Möhring und Schlütz (2013).

Obwohl sich in den letzten Jahren ein klarer Trend hin zu Onlinebefragungen erkennen lässt, sollte die Entscheidung für oder gegen einen Modus letztlich von klaren forschungspraktischen Kriterien, wie dessen Eignung für den Erhalt der gewünschten Informationen und dem Thema (Umfang des Fragebogens, Einsatz und Art von Stimulusmaterial etc.), der Erreichbarkeit der Zielgruppe (technisch, praktisch oder ökonomisch) sowie ökonomischen Rahmenbedingungen (zeitliche oder finanzielle Kapazität bzw. Vorgaben) abhängig gemacht werden (siehe Beispiel 4). Während es etwa sinnvoller sein kann, heikle Informationen wie Fragen zu sexuellen Präferenzen oder zu psychischen Erkrankungen anonym in einer Onlinebefragung (schriftlich und computerunterstützt) und nicht in einem persönlichen Interview (Face-to-Face) zu erheben, lassen Befragungen von Kindern bis zu einem bestimmten Alter keine anderen als persönliche Befragungsmodi zu.

> **Beispiel 4: Health Information National Trend Survey (HINTS)**
>
> In den Vereinigten Staaten wird das Wissen zur Nutzung und Wahrnehmung von Gesundheitsinformationen durch die Bevölkerung seit 2003 mittels einer regelmäßigen, repräsentativen Befragung, dem *US Health Information National Trends Survey* (HINTS), generiert (National Cancer Institute, 2023; Nelson et al., 2004). Die bevölkerungsrepräsentative Befragung der erwachsenen US-amerikanischen Bevölkerung fand in den Jahren 2003, 2005 und 2008 sowie seit 2011 jährlich statt und wird zweisprachig (Englisch, Spanisch) und seit 2009 nur noch schriftlich (vorher auch telefonisch) mit einer Stichprobe von jeweils ca. 7.000 Befragten (inklusive Over-Sampling sozialer Minderheiten) durchgeführt (National Cancer Institute, 2023). Da die Daten des HINTS öffentlich verfügbar sind (Open-Access-Prinzip), dient er als Basis für vielfältige wissenschaftliche Untersuchungen (Sekundäranalysen), Planungen und Evaluationen von Gesundheitskommunikation (z.B. Kampagnen) durch Patient:innenorganisationen, Stiftungen, Leistungserbringer:innen und staatliche Institutionen.
> Seit 2018 findet in Deutschland die Befragung HINTS Germany statt, die sich am US-amerikanischen HINTS orientiert. Weitere Informationen zu den Zielen, Studiendokumenten, Ergebnissen und veröffentlichten Daten finden sich unter dem QR-Code.
>
>

### In situ

Befragungen in situ sind ein Modus der Befragung, welcher insbesondere in den letzten Jahren an Popularität gewonnen hat. Hierbei werden die zu erfassenden Informationen direkt am Ort des Geschehens, z.B. der Informationsaustausch zwischen Ärzt:innen und Patient:innen oder das Gesundheitsverhalten in Schulen oder am Arbeitsplatz, gesammelt. Im Vergleich zu herkömmlichen Befragungsmethoden, bei denen Teilnehmer:innen in kontrollierten (z.B. im Labor) oder unkontrollierten (z.B. vor ihrem PC) Umgebungen befragt werden, haben Befragungen in situ ein hohes Maß an Natürlichkeit für die Teilnehmer:innen. Der große Vorteil von Befragungen in situ besteht darin, dass Forschende dadurch Einblicke in das Verhalten, die Meinungen und die Erfahrungen der Teilnehmer:innen in ihrem alltäglichen Umfeld erhalten. Dies ist besonders relevant für die Gesundheitskommunikation, da das Verhalten und die Einstellungen der Menschen in Bezug auf Gesundheit oft stark von ihrer Umgebung und ihren täglichen Routinen beeinflusst werden.

Im Vergleich zu anderen Befragungsmethoden wie standardisierten Fragebögen oder Interviews ermöglichen sie eine direkte Beobachtung des Verhaltens der Teilnehmenden in realen Situationen, was zu einer höheren Validität der erhobenen Daten führen kann. Anstatt sich auf Erinnerungen oder hypothetische Szenarien zu verlassen, können Forschende beobachten, wie Menschen tatsächlich handeln und reagieren. Darüber hinaus bieten Befragungen in situ die Möglichkeit, kontextbezogene Informationen zu sammeln. Durch das Befragen der Teilnehmenden am Ort des Geschehens, an dem relevante Gesundheitsentscheidungen getroffen werden, können Forscher:innen ein besseres Verständnis für die Faktoren gewinnen, die das Verhalten und die Kommunikation beeinflussen. Dies ermöglicht die Untersuchung individueller und umweltbezogener Einflüsse auf die Gesundheitskommunikation und entsprechende Schlussfolgerungen. Neben den Vorteilen stellen Befragungen in situ Forschende auch vor Herausforderungen. Zum einen können sie zeitaufwendig und logistisch anspruchsvoll sein, da Teilnehmende an den Orten aufgesucht bzw. erreicht werden müssen, an denen etwa das interessierende Verhalten stattfindet. Dies erfordert eine gute Planung und Organisation. Zum anderen können die Teilnehmer:innen sich möglicherweise beobachtet fühlen, was ihr Verhalten beeinflussen kann. Es ist wichtig, diese potenzielle Störung zu berücksichtigen und geeignete Maßnahmen zu ergreifen, um unerwünschte Effekte zu minimieren. Zusammenfassend ermöglichen Befragungen in situ eine datenreiche und kontextbezogene Untersuchung des Verhaltens und der Kommunikation der Menschen in ihrer natürlichen Umgebung. Durch die Berücksichtigung der spezifischen Umgebungsfaktoren können Forschende fundierte Erkenntnisse gewinnen, um etwa gezielte Interventionen zu entwickeln.

### 4.2.2 Inhaltsanalyse

Neben den in der Befragung erfassbaren Sichtweisen und Einschätzungen von Personen interessiert sich gesundheitskommunikative Forschung insbesondere auch dafür, ob und wie bestimmte gesundheits- oder krankheitsbezogene Themen in den Medien dargestellt bzw. thematisiert werden. Für Fragestellungen, die eine Untersuchung jeglicher Formen von Dokumenten bzw. Trägermedien, seien es nun Fernsehsendungen, Zeitungsartikel, Internetseiten, Plakate bzw. Bilder o.Ä., erfordern, ist die Inhaltsanalyse die geeignete Methode. Darüber hinaus ist für die Auswertung von zuvor in qualitativen Interviews gesammelten Daten in der Regel eine inhaltsanalytische Auswertung der transkribierten Texte notwendig. Die Einsatzmöglichkeiten für Inhaltsanalysen im Rahmen der Gesundheitskommunikation sind also vielfältig. So wird in einigen Studien die Berichterstattung zum Thema Gesundheit, bspw. im Schweizer Fernsehen (Fiechtner & Trebbe, 2014) allgemein, sowie unter spezifischen Aspekten, etwa zu Gesundheitsreformen (Grünberg, 2014), betrachtet. Darüber hinaus werden persuasive Kampagnen, etwa hinsichtlich der eingesetzten Medien und angesprochenen Thematiken (Grodke-Bried & Ort, 2016) oder auch die Reaktionen der Öffentlichkeit auf provokative Kampagnen bzw. den geführten Diskurs, z.B. in Blogs, Diskussionsforen oder sozialen Netzwerken (Ort et al., 2014), untersucht. Und schließlich existieren gleichermaßen Analysen, welche die eingesetzten Stilmittel, bspw. Fallbeispiele und Furchtappelle, in Bezug auf verschiedene Informationskanäle fokussieren (Rossmann et al., 2013).

Die Inhaltsanalyse wird definiert als eine systematische Analyse von extrahierten Dokumenten oder Aufzeichnungen, die in Textform und/oder in Form von Tonaufnahmen bzw. in audiovisueller Form (z.B. Bilder oder Filme) vorliegen. Die Analyse der Daten kann sowohl qualitativ als auch quantitativ erfolgen. Während sich erstere auf den sozialen und kulturellen Kontext der Dokumente und deren Entstehungsgeschichte bzw. die ausführliche Analyse der Inhalte und deren Bedeutung konzentriert, fokussiert letztere auf die systematische und objektive Identifizierung und Herstellung von Zusammenhängen und die Zählung spezifischer (zuvor festgelegter) Merkmale (Bowling, 2014; Früh, 2015; Grittmann & Lobinger, 2011; Rössler, 2017; Scharkow, 2012). Je nach Fragestellung und Auswertungsstrategie kann der Charakter von Inhaltsanalysen entweder eher deskriptiv (z.B. Medieninhalte, Repräsentation von Themen und Sichtweisen), erklärend bzw. schließend (z.B. Produzent:innen, Rezipient:innen) sowie evaluierend bzw. bewertend (z.B. Verzerrung oder Qualität der Berichterstattung) sein. Unabhängig von der Fragestellung ist es das Ziel der quantitativen Inhaltsanalyse, zuvor festgelegte Charakteristika innerhalb der Dokumente auf systematische und objektive Weise zu identifizieren, zu zählen sowie eine Verbindung zwischen ihnen herzustellen. Das Ziel ist es, die gefundenen Kategorien miteinander zu vergleichen und Inferenzschlüsse aus den Daten abzuleiten.

**Codierung**

Zur Durchführung einer quantitativen Inhaltsanalyse werden die Daten (Dokumente) von einer oder mehreren Personen (Codierer:innen) oder (bei einer automatisierten Inhaltsanalyse) von einem Computerprogramm kategorisiert (codiert), um diese anhand der ausgewählten bzw. analysierten Charakteristika vergleichbar zu machen (Wang et al., 2015). Am Ende bzw. als Produkt dieses Codiervorgangs erhält der:die Forschende dann die Anzahl und Häufigkeit, mit der die interessierenden Wörter, Ausdrücke, Themen, Argumente o.Ä. in den untersuchten Texten (in der Regel eine Stichprobe, bspw. Zeitungsartikel, Onlinenachrichten, Meldungen, Blogbeiträge, Beiträge in Diskussionsforen etc.) vorkommen. Wichtig ist, dass zuvor die Kriterien für die Selektion der Analyseeinheiten so explizit wie möglich festgelegt werden, die dann von allen Codierer:innen im Codiervorgang gleichermaßen berücksichtigt und angewandt werden. Auf diese Weise kann vor allem die Objektivität der Analyse sichergestellt werden.

Dazu werden die Kategorien, deren Beschreibungen, die expliziten Inklusions- und Exklusionskriterien und alle weiteren relevanten Regeln für den Codiervorgang in einem Codebuch festgehalten. Zu beachten ist, dass die Komplexität und damit einhergehend der Aufwand für die Codierung steigt, je mehr Interpretationsleistung von den Codierer:innen eingefordert wird. So ist bspw. die reine Nennung von angesprochenen Krankheiten in Onlinenachrichtenmeldungen leichter zu codieren als die mit den Krankheiten verbundenen Wertungen, Stigmatisierungen oder Argumente für bzw. gegen eine Behandlungsmethode. Da in solchen Fällen eine größere Interpretationsleistung seitens der Codierer:innen notwendig ist und trotz Codebuch ein individueller Spielraum in der Regel nicht ausgeschlossen werden kann, steigt je nach Komplexität die Varianz in den Codierungen bzw. die Anfälligkeit für Ungenauigkeiten und Fehler, was sich unter Umständen negativ auf die Reliabilität und damit auch die Validität der Untersuchung auswirken kann (siehe Kapitel 4.3.3). Für bestimmte Fragestellungen im Bereich der Gesundheitskommunikation ist es darüber hinaus oft notwendig, dass die Codierer:innen über ein entsprechendes medizinisches Hintergrundwissen verfügen bzw. mit den Fachbegriffen vertraut sind, damit die relevanten Inhalte korrekt codiert werden können.

Um diese Störquellen zu minimieren und zu identifizieren, sollten für komplexere Codierungen deshalb idealerweise mehrere Codierer:innen eingesetzt werden, die in einer Codiererschulung geschult werden und einen Teil der zu analysierenden Dokumente doppelt codieren. Die Übereinstimmung der Codierungen zwischen den unterschiedlichen Codierer:innen geben dann einen Aufschluss über die Vergleichbarkeit bzw. Verlässlichkeit der Codierungen (sog. Inter-Coder-Reliabilität). Steht nur ein:e Codierer:in zur Verfügung, können darüber hinaus zur zusätzlichen Qualitätssicherung die Übereinstimmungen der Codierungen derselben Dokumente durch eine:n Codierer:in berechnet werden (sog. Intra-Coder-Reliabilität). Um die Einschränkungen oder möglichen Probleme menschlicher Codierungen zu umgehen, können für bestimmte Fragestellungen auch automatisierte Verfahren der Inhaltsanalyse eingesetzt werden. Für die Analyse von visuellem Material siehe zudem Grittmann und Ammann (2011) und Geise et al. (2016). Für die qualitative Analyse von Dokumenten sei auf Mayring und Frenzl (2014) verwiesen und auch hierfür gibt es unterstützende Softwarelösungen (z.B. *atlas.ti* oder *MAXQDA*), welche die Organisation der zu analysierenden Dokumente sowie das Codieren und Auswerten der Codierungen erleichtern.

Für die Auswahl des Forschungsgegenstandes spielen neben den dargestellten inhaltlichen und normativen Kriterien ebenso forschungsökonomische Überlegungen eine wichtige Rolle. Während verschriftlichte Texte aus Print- und Onlineangeboten vergleichsweise einfach zugänglich sind und sich gut für eine (automatisierte) Codierung eignen, sind audiovisuelle Inhalte sehr viel aufwendiger zu analysieren (Geise et al., 2016). Zudem scheint es in Abhängigkeit des Mediums einen Fokus auf bestimmte Formate zu geben. Während bspw. Inhaltsanalysen von Zeitschriften vor allem Werbeanzeigen untersuchen, werden im Fernsehen überwiegend Unterhaltungsformate gesundheitsbezogener Darstellungen analysiert (Manganello & Blake, 2010). Darüber hinaus existieren bislang wenig Inhaltsanalysen zu Videoplattformen wie *YouTube* oder Bilderplattformen wie *Instagram* und *Pinterest*, obwohl auch über diese Kanäle zahlreiche Gesundheitsinformationen kommuniziert werden (Döring, 2019). Weitere Kanäle wie Onlinenetzwerke oder Onlineselbsthilfegruppen, in denen sich die Teilnehmer:innen im Vergleich zu anderen digitalen Kanälen intensiv über Gesundheitsthemen austauschen, werden dagegen noch vergleichsweise häufig untersucht (Link, 2019 a).

**Automatisierte Inhaltsanalyse**

Die automatisierte Inhaltsanalyse ist eine Methode, bei der moderne Technologien, insbesondere künstliche Intelligenz und maschinelles Lernen, verwendet werden, um große Mengen von Text- oder Multimedia-Inhalten zu untersuchen und zu analysieren. Im Gegensatz zur klassischen Inhaltsanalyse, bei der Forschende manuell Informationen aus den Inhalten extrahieren, übernimmt bei der automatisierten Inhaltsanalyse ein Programm einen Großteil der Analysearbeit. Die automatisierte Inhaltsanalyse hat einige Besonderheiten im Vergleich zur konventionellen Vorgehensweise. Erstens ermöglicht sie die Analyse großer Datenmengen in kürzerer Zeit. Während bei der manuellen Inhaltsanalyse Forschende nur begrenzte Mengen (i.d.R. eine Stichprobe der Grundgesamtheit) an Texten oder Multimedia-Inhalten verarbeiten können, kann die automatisierte Inhaltsanalyse Tausende oder sogar Millionen von Dokumenten schnell durchsuchen und analysieren. Zweitens basiert die automatisierte Inhaltsanalyse auf Algorithmen, die mithilfe von maschinellem Lernen trainiert wurden. Diese Algorithmen können kontextuelle Muster, Themen, Stimmungen oder bestimmte Schlüsselwörter erkennen und automatisch klassifizieren. Dies kann Einblicke in Datenstrukturen liefern, die über die konventionelle Inhaltsanalyse hinausgehen und so möglicherweise neue und unerwartete Erkenntnisse liefern. Neben der geringeren Anfälligkeit für Fehlcodierungen spricht insbesondere die Zeit- und Kostenersparnis für den Einsatz solcher Verfahren. Trotz ihrer Vorteile stellt die automatisierte Inhaltsanalyse Forschende vor ganz spezifische Herausforderungen. So hängt die Genauigkeit und Zuverlässigkeit der Analyse ganz entscheidend von der Qualität des verwendeten Algorithmus und des Trainingsdatensatzes ab. Darum ist es notwendig, die Ergebnisse kritisch zu hinterfragen, zu überprüfen und gegebenenfalls manuell zu validieren.

Die automatisierte Inhaltsanalyse eignet sich für verschiedene Fragestellungen in der Gesundheitskommunikation. Ein Anwendungsbeispiel ist die Analyse von Social-Media-Beiträgen oder Onlineforen, um Meinungen, Einstellungen oder Wahrnehmungen zu bestimmten Gesundheitsthemen zu untersuchen. (Für ein Beispiel siehe Bachl & Link, 2022.) Durch die automatisierte Erfassung und Auswertung großer Mengen an Beiträgen können Forschende Trends und Muster identifizieren und verstehen, wie Menschen (im Zeitverlauf) über Gesundheitsfragen sprechen und welche Themen für sie wichtig sind. Eine weitere Anwendungsmöglichkeit besteht in der Analyse von Gesundheitsnachrichten oder Werbematerialien, um die Darstellung bestimmter Gesundheitsthemen in den Medien zu untersuchen. Die automatisierte Inhaltsanalyse kann helfen, verbreitete Botschaften, Narrative oder Framings zu identifizieren und zu verstehen, wie sie die öffentliche Wahrnehmung und das Verhalten in Bezug auf Gesundheit beeinflussen. Für ein Beispiel zur Kombination einer automatisierten Inhaltsanalyse des COVID-19-Podcasts mit einer qualitativen Inhaltsanalyse siehe Wense und Wild (2023). Für einen ausführlichen Einblick in automatisierte Verfahren siehe auch Rössler (2017) sowie Haim (2023).

### 4.2.3 Beobachtung

Wie bereits erwähnt, stellt die Förderung gesundheitsrelevanten adaptiven Verhaltens eine zentrale Zielgröße der Gesundheitskommunikation dar (siehe Kapitel 2.8). Vielfach werden Personen im Rahmen von Untersuchungen deshalb zu ihren Intentionen oder ihrem tatsächlichen (gesundheitsrelevanten) Verhalten, wie bspw. die Teilnahme an Krebsvorsorgeuntersuchungen, das Reduzieren des Tabakkonsums oder die Verwendung von Kondomen zum Schutz vor sexuell übertragbaren

Krankheiten, befragt. Dabei geben die befragten Personen an, wie stark etwa ihre Intentionen, den Tabakkonsum zu reduzieren, sind oder ob und inwieweit sie diese Intention bereits umgesetzt haben (Anzahl an Zigaretten reduziert, mit dem Rauchen aufgehört). Oft ist es durch Befragungen gar nicht möglich, das Verhalten zu erfassen, weil etwa nur zu einem Zeitpunkt befragt wird. In solchen Fällen wird oft von den abgefragten Intentionen auf das sich anschließende Verhalten geschlossen. Das Problem bei dieser Vorgehensweise ist jedoch, dass es zwischen den Selbstauskünften der Befragten und dem tatsächlichen Verhalten Unterschiede geben kann, die etwa auf eine bewusste oder unbewusste Fehleinschätzung zurückgeführt werden können (siehe bspw. zum Internetnutzungsverhalten; Scharkow, 2016). So kann etwa soziale Erwünschtheit zu einer verzerrten Auskunft, bspw. über das eigene Bewegungs- und Sportverhalten (Brenner & DeLamater, 2014) oder die Medikamenteneinnahme, führen. Darüber hinaus zeigen Studien, dass es zwischen einer Intention und dem tatsächlichen Verhalten Diskrepanzen geben kann, weil diese nicht in die Tat umgesetzt werden (Intention-Behavior Gap; Sheeran, 2002).

Um das Verhalten von Personen objektiv erfassen zu können, werden Beobachtungen durchgeführt (Bowling, 2014; Brosius et al., 2022; Gehrau, 2002, 2013). Mögliche Einsatzgebiete für Beobachtungen im Rahmen gesundheitskommunikativer Fragestellungen sind vor allem die Erfassung von Mediennutzung (also wer wann wie lange welche Medien oder Anwendungen nutzt) oder die Analyse von Kommunikationsprozessen in der Gesundheitsversorgung (wie bspw. funktionieren Abläufe in Krankenhäusern).

Eine Grundvoraussetzung der Beobachtung ist, dass das zu erfassende Verhalten (also menschliche Handlungen und Reaktionen) auch von den Beobachtenden wahrgenommen bzw. aufgezeichnet werden kann (Gehrau, 2002). Dabei können sowohl das direkt beobachtbare tatsächliche Verhalten als auch sog. Verhaltensspuren (z.B. Mediennutzungsdaten oder Daten von Krankenkassen) die Grundlage für Beobachtungsstudien sein. Beobachtungen können qualitativ (unstrukturiert, in die Tiefe gehend) oder quantitativ (strukturiert, mithilfe von genauen Vorgaben, bspw. Beobachtungsprotokoll, Checklisten oder Skalen sowie technischen Hilfsmitteln) durchgeführt werden. Der:die Beobachter:in selbst kann entweder aktiv am Geschehen teilnehmen (teilnehmende Beobachtung) oder die Situation von einem neutralen Standpunkt aus beobachten (nicht-teilnehmende Beobachtung). Dabei kann der:die Beobachter:in seine Rolle gegenüber der beobachtenden Person zu erkennen geben (offene Beobachtung) oder diese aber verbergen (verdeckte Beobachtung). Außerdem besteht die Möglichkeit, Personen in ihrem natürlichen Umfeld zu beobachten (Feldbeobachtung) oder die Beobachtung in einem vorgegebenen und kontrollierbaren Laborsetting durchzuführen (Labor-Beobachtung).

Da die Durchführung und Protokollierung von Beobachtungsstudien sowie die Auswertung von klassischen direkt erfassten Beobachtungsdaten sehr aufwendig ist, werden hierfür in der Regel eher kleinere Stichproben herangezogen. Bei der Auswertung von ohnehin bereits vorliegenden Verhaltensdaten (wie bspw. die bereits erwähnten Mediennutzungsdaten) gelten diese Einschränkungen nicht bzw.

nur bedingt. Für die Erfassung solcher Daten werden häufig apparative Verfahren eingesetzt. So werden z.b. die Zuschauer:innenquoten mit telemetrischen Verfahren (d.h. mittels einer Box, die die Fernsehnutzungsdaten – Kanäle und Sehdauer – automatisch weiterleitet) gemessen. Bei der Durchführung von Beobachtungen ist zu beachten, dass sich der beobachtete Gegenstand ständig verändert und in der Regel nur einmalig in genau dieser Form auftritt (Gehrau, 2002; Kromrey, 2006).

Bei der Wahl der Beobachtungsform ist es wichtig, sich darüber im Klaren zu sein, dass bestimmte Formen der Beobachtung oder bestimmte Anreizsysteme (z.B. Vergütung für die Durchführung einer Untersuchung) einen Einfluss auf das zu beobachtende Verhalten haben. Je nach Form der Beobachtung kann die Reaktivität der Beobachteten hoch oder niedrig sein. Wenn die Beobachteten wissen, dass ihr Verhalten gerade beobachtet wird, kann sich dies (je nach Situation) in ihrem Verhalten niederschlagen. Ebenso ändert sich das Verhalten, wenn der:die Beobachter:in direkten Einfluss auf die Beobachtungssituation nimmt, indem er etwa aktiv eingreift. Solche Formen lösen Reaktivität aus und können, wenn nicht kontrolliert oder unbeabsichtigt hervorgerufen, die Beobachtung unbrauchbar machen.

#### 4.2.4 Psychophysiologische Messmethoden

Im Rahmen der Gesundheitskommunikation stellen sich Forschende oft die Frage, welche Prozesse die Verarbeitung von Gesundheitsinformationen, wie bspw. Kampagnen, beeinflussen. Dabei geht es etwa um die Frage, inwiefern bereits vorhandene Einstellungen sich auf die Verarbeitung von persuasiven Botschaften auswirken oder inwiefern sich die Verarbeitung ebendieser Informationen dann in nachgelagerte gesundheitliche Überzeugungen und Verhaltensintentionen niederschlägt. Solche kognitiven oder emotionalen Prozesse können bspw. als früheste Stadien der Entstehung von Einstellungen und verhaltensrelevanten Intentionen gesehen werden, die innerhalb des Individuums und oftmals unterbewusst bzw. automatisch ablaufen. Aus diesem Grund können solche Prozesse nicht oder nur bedingt mit herkömmlichen Methoden der Datenerhebung erfasst werden, weil Befragte keine Auskunft über unbewusst ablaufende Prozesse geben können und diese Prozesse sich auch nicht in beobachtbarem Verhalten niederschlagen. Psychophysiologische Methoden ermöglichen es, genau diese körperlichen kognitiven und emotionalen Prozesse, die bei der Verarbeitung medial vermittelter Botschaften auftreten, bspw. beim Betrachten von Gesundheitskampagnen, abzubilden und zu analysieren (Potter & Bolls, 2012). Es geht also um Zusammenhänge zwischen psychischen Vorgängen bzw. Erleben und den damit verbundenen körperlichen Reaktionen.

Zwei für die Verarbeitung von (Gesundheits-)Informationen zentrale Faktoren sind die Aufmerksamkeit und Aktivierung von Personen infolge der Rezeption von (gesundheitsbezogenen) Medieninhalten (z.B. Kampagnen, Filme etc.). Die Aufmerksamkeit lenkt, filtert und kontrolliert, wie Menschen externe Informationen und Sinneseindrücke verarbeiten und als Folge auch darauf reagieren. Der Grad an Aktivierung bestimmt dagegen etwa, wie viel (kognitive) Kapazität und Energie zur Verfügung gestellt wird, um die Aufmerksamkeit auf einen externen

Reiz zu konzentrieren. Darüber hinaus kann die Aktivierung als Indikator für die kognitive Verarbeitung (etwa von Medienbotschaften) sowie als Vorstufe für die Ausführung von Handlungen betrachtet werden. Schließlich spielt die Aktivierung zudem eine zentrale Rolle bei der Emotionsentstehung und Emotionsregulierung. Da diese beiden Faktoren im Zusammenhang mit physiologischen Reaktionen des Körpers, bspw. der Erhöhung der Herzfrequenz, Schwitzen oder Mimik, stehen, können sie mit physiologischen Messmethoden relativ gut und valide erhoben werden. Im Folgenden werden die Grundzüge der beiden wichtigsten Parameter, elektrodermale und kardiovaskuläre Aktivität, und deren Anwendungsmöglichkeiten im Rahmen gesundheitskommunikativer Studien kurz erläutert. Für einen detaillierten Einblick und eine Übersicht weiterer Verfahren sei an dieser Stelle auf die Arbeiten von Fahr (2013), Potter und Bolls (2012) oder auch Cacioppo et al. (2007) verwiesen.

### 4.2.5 Computergestützte Verfahren und Big Data

Die zunehmende Verlagerung der Kommunikation ins Digitale führt dazu, dass auch die Methodenforschung sich auf diese Veränderung einstellen muss. Angesichts der Vielfalt, Komplexität und riesigen Datenmengen, die durch die digitale Kommunikation entstehen, stoßen traditionelle methodische Ansätze an ihre Grenzen. Computational Communication Science (CCS) ist ein Teilbereich der Kommunikationswissenschaft, der sich den veränderten Forschungsgegenständen der digitalen Kommunikation widmet und verstärkt auf Methoden aus der Informatik zurückgreift, um diesen Herausforderungen gerecht zu werden (Haim, 2023).

Die digitale Kommunikation hat die Art und Weise, wie Menschen Informationen austauschen, drastisch verändert. Die immense Menge an Medieninhalten und die Interaktivität der digitalen Medien erfordern neue Herangehensweisen an die Kommunikationsforschung. Darüber hinaus hinterlassen digitale Technologien wie Smartphones oder Suchmaschinen Spuren, die von Unternehmen genutzt werden, um Inhalte zu filtern und personalisierte Kommunikationskanäle anzubieten. Die dahinterstehenden Algorithmen sind oft intransparent und von den Unternehmen kontrolliert, wodurch der Zugang zu Daten und Algorithmen für die unabhängige Forschung eingeschränkt ist.

Computational Communication Science begegnet diesen Herausforderungen, indem es computergestützte Methoden einsetzt, um große Datenmengen zu bewältigen, komplexe Datentypen zu analysieren und algorithmische Lösungen zu entwickeln. Diese Methoden umfassen Daten-Mining, maschinelles Lernen, soziale Netzwerkanalyse und Natural Language Processing. Sie ermöglichen es, Daten aus verschiedenen Quellen zu analysieren, Muster zu identifizieren und Zusammenhänge zu verstehen.

Die Anwendungsbereiche in der Kommunikationsforschung sind vielfältig. CCS wird eingesetzt, um die Wirkung von Medieninhalten und -kampagnen zu untersuchen, die Meinungsbildung in sozialen Medien zu analysieren, Onlinediskussionen zu modellieren und personalisierte Kommunikationsstrategien zu entwickeln.

Computational Communication Science ermöglicht eine umfassendere und präzisere Erforschung der digitalen Kommunikation und ihrer Auswirkungen auf die Gesellschaft. Eine Untersuchung von Ort et al. (2023) hat mithilfe von automatisierter Themenanalyse (engl. topic modeling) eine Analyse von etwa 1,2 Millionen Artikeln durchgeführt. Diese Analyse verfolgte die Entwicklung der Berichterstattung über COVID-19 in den ersten 18 Monaten der Pandemie in Schweizer Nachrichtenmedien. Dabei wurden Aspekte wie der Berichterstattungsanteil, Schwerpunktthemen und involvierte Akteur:innen erfasst.

Die methodische Herangehensweise bringt spezifische Herausforderungen mit sich. Die Bewältigung großer Datenmengen erfordert spezialisierte Software und personelle Ressourcen. Zudem müssen in vielen Fällen Fragen des Datenschutzes beachtet werden, um etwa die Privatsphäre der Nutzer:innen zu wahren. Hier ist oft eine enge Zusammenarbeit zwischen Kommunikationswissenschaftler:innen und Informatiker:innen entscheidend, um die Stärken beider Disziplinen zu nutzen und fundierte Erkenntnisse zu gewinnen. Für einen ausführliche Einblick siehe Haim (2023).

# 5 Interpersonale Gesundheitskommunikation

In diesem Kapitel erfahren Sie,

- anhand welcher Dimensionen interpersonale Gesundheitskommunikation beschrieben werden kann;
- welche Herausforderungen sich in der Arzt-Patienten-Kommunikation ergeben;
- wie sich die Arzt-Patienten-Kommunikation aufgrund gesellschaftlicher und medientechnischer Entwicklungen verändert;
- welche Besonderheiten es für eine diversitätssensible Kommunikation zu berücksichtigen gilt;
- welche Inhalte und Kommunikationsformen die Gesundheitsberatung aufweist.

Die Vermittlung und der Austausch von gesundheits- und krankheitsbezogenen Themen erfolgte lange Zeit ausschließlich auf der Ebene direkter zwischenmenschlicher Interaktion, also in Präsenzgesprächen im Rahmen von Individualkommunikation. Das am häufigsten untersuchte Format dieser gesundheitsbezogenen interpersonalen Kommunikation ist das persönliche Arzt-Patienten-Gespräch. Inzwischen wird jedoch auch eine Vielfalt medial vermittelter Formen der interpersonalen Gesundheitskommunikation untersucht, wie z.B. per Smartphone, in Online-Communitys oder [Video-]Chats. Die Interaktion über gesundheitsbezogene Themen findet damit auf der ganzen Bandbreite verfügbarer Kanäle statt. Zudem betrifft gesundheitsbezogene Kommunikation auch zahlreiche Kontexte und Personengruppen, wie Angehörige, (Mit-)Patient:innen sowie Pflege- und Heilberufe oder Versicherungsmitarbeitende (siehe Kapitel 1.5 und 6).

## 5.1 Dimensionen der interpersonalen Gesundheitskommunikation

### Charakteristika interpersonaler Kommunikation

Die klassische Form der interpersonalen (zwischenmenschlichen) Kommunikation ist die Dyade, also ein direkter und zumindest teilweise interaktiver Austausch zwischen zwei Kommunikationspartner:innen. Gemäß der Definition von Bochner (1989) beinhaltet interpersonale Kommunikation den Austausch von Informationen, Wissen und Einstellungen zwischen mindestens zwei Personen, die einander zugewandt sind und deren Handlungen die eigenen ebenso wie die Perspektiven des anderen zum Ausdruck bringen. Darüber hinaus können aber auch weitere Kommunikationspartner:innen an solchen interpersonalen Austauschsituationen beteiligt sein. Ein typisches Beispiel für den Gesundheitskontext ist die Triade. Hier ist neben Patient:in und Ärzt:in ein:e Angehörige:r oder eine Pflegekraft anwesend (Laidsaar-Powell et al., 2013). Schließlich kann auch die Kommunikation innerhalb von Gruppen, bspw. wie jenen in der interprofessionellen Zusammenarbeit, zur interpersonalen Kommunikation gezählt werden (Höflich, 2016). Handelt es sich hierbei um Personen oder Gruppen in Institutionen oder Unternehmen (z.B. in Kliniken oder Krankenkassen), dann spricht man von Organisationskommunikation (siehe Kapitel 6). Durch den stärkeren Fokus auf die wechselseitige Kommunikation zwischen Individuen lässt sich interpersonale Kommunikation von klassisch massenmedialen Kommunikationsformen, die sich vorrangig einseitig an ein diffuses Publikum richten, unterscheiden. Allerdings finden sich durchaus Elemente interpersonaler Kommunikation auf Ebene der Massenkommunikation, etwa wenn diese medial (z.B. in einer Talkshow oder einer Serie) dargestellt bzw. vermittelt wird (Höflich, 2016). Durch die Zunahme der Nutzung sozialer Medien hat sich einerseits die Forschung im Bereich interpersonaler Kommunikation verstärkt. Darüber hinaus konvergieren die Kommunikationsformen zunehmend, was bspw. durch das Verschwimmen der Grenzen interpersonaler privater und massenmedialer öffentlicher Kommunikation deutlich wird (Brosius, 2016).

Obwohl gerade die alltägliche gesundheitsbezogene zwischenmenschliche Kommunikation eine hohe Bedeutung für die Gesundheit aufweist, gilt sie eher als „vernachlässigte Box" (Cline, 2003, S. 286) in der Gesundheitskommunikationsforschung. Die Einbeziehung von sozialen Kontakten (insbesondere zwischen Familienmitgliedern) im Zusammenhang mit schweren Krankheiten wie Krebs (Laidsaar-Powell et al., 2016), in der Intensivpflege (Nagl-Cupal & Schnepp, 2010) oder in Situationen am Ende des Lebens (Laryionava et al., 2020) wurde zwar intensiv erforscht, bisher haben aber nur wenige Studien (Wagner & Reifegerste, 2022) die gesundheitsbezogene interpersonale Kommunikation im Alltag untersucht.

**Medienkanäle für interpersonale Kommunikation**

Interpersonale Kommunikation kann sowohl über einen persönlichen unvermittelten Kontakt als auch medienvermittelt (z.B. über Post, Internet, Telefon, [Video-]Chat) stattfinden. Diese mediatisierten Formen interpersonaler Kommunikation folgen eigenen Regeln, welche durch den jeweiligen Medienkanal zumindest teilweise vorgegeben werden. Neben zahlreichen technischen Faktoren sind ebenfalls kommunikative und soziale Arrangements im Umgang mit den jeweiligen medialen Gegebenheiten des Mediums verbunden (Höflich, 2003). So sind bspw. neben den Funktionalitäten des Telefons oder den Inhalten des Gesprächs auch der Einfluss der situativen Rahmenbedingungen, etwa der Umgang mit einem Telefonanruf in einem Krankenhauszimmer, zu berücksichtigen.

Zunehmend findet auch die Arzt-Patienten-Kommunikation medienvermittelt statt. So werden die Diagnosen via E-Mail oder Behandlungsgespräche via Videochat (insbesondere für tabuisierte Krankheiten, während einer Pandemiesituation oder in ländlichen Regionen) durchgeführt. Inzwischen, vor allem durch die Bedarfe von telemedizinischen Terminen während der COVID-19-Pandemie vorangetrieben (Bashshur et al., 2020), ist auch die Abrechnung von Videosprechstunden bei den Krankenkassen möglich. Der Beginn der COVID-19-Pandemie war somit ein wichtiger Impuls zur Implementierung und aktiven Förderung der Videosprechstunde (Richardson et al., 2020). Dadurch ist die Nutzung der Videosprechstunde zwar rapide angestiegen, allerdings bleibt ihr Anteil im Vergleich zu den persönlichen Patient:innenkontakten verschwindend gering (Petrick & Kreuzenbeck, 2023). Zahlreiche telemedizinische Projekte (siehe Begriffsklärung 6) setzen medienvermittelte Formen der Kommunikation ein, wie bspw. Videotelefonie und Textnachrichten für die Überwachung einer chronischen Krankheit oder für Nachbehandlungsgespräche nach einem klinischen Aufenthalt.

> **Begriffsklärung 6: Telemedizin**
>
> Unter dem Begriff wird die Anwendung digitaler Technologien in der medizinischen Versorgung (Diagnostik, Therapie, Rehabilitation) von Patient:innen verstanden. Hierbei kommen Ärzt:innen via Videochat oder telefonisch mit ihren räumlich getrennten Patient:innen in Kontakt. Zum Einsatz kommen unter anderem Anwendungen zur Überwachung von Patient:innendaten (z.B. Telemonitoring), zur Bereitstellung und Übertragung von Patient:innendaten für medizinische Expert:innen (z.B. Telekonsultation oder elektronische Patient:innenkarte), für Beratungen (z.B. Videosprechstunde oder Onlinetherapie) oder zur Unterstützung medizinischer Entscheidungen in Notfällen. Die Implementierung der Anwendungen erfolgt dann etwa über mobile Endgeräte (mHealth mit Wearables oder Smartphones) sowie über umgebungsunterstützende Systeme, d.h. Ambient Assisted Living (AAL).
>
> Die Chancen der Telemedizin betreffen insbesondere die zeit- und raumunabhängige Bereitstellung von medizinischer Expertise sowie eine kosteneffektive sowie standardisierte Versorgung (Fischer et al., 2016). Herausforderungen bestehen zum einen hinsichtlich der technischen Umsetzung, welche bei allen Beteiligten eine entsprechende Medienkompetenz voraussetzt. Daneben stellen vor allem rechtliche, insbesondere datenschutzrechtliche Aspekte und die Finanzierung der notwendigen (Zusatz-)Leistungen und Endgeräte nicht zu vernachlässigende Hürden dar (Harst et al., 2019). Ein Beispiel für datenschutzrechtlich unzureichende Lösungen ist bspw. die Nutzung von *WhatsApp* durch medizinisches Personal zur Übertragung von Patient:inneninformationen in Text und Bild (Marx et al., 2020).

Neben der schwierigen Erreichbarkeit gibt es auch andere Gründe, medienvermittelte Kommunikationswege zu nutzen. So bevorzugen Menschen eher das Internet (Internetforen) oder soziale Medien zur interpersonalen Kommunikation, wenn ein Gesundheitsthema stigmatisierend oder heikel ist, während sie bei weniger stigmatisierten Themen lieber in den direkten Austausch mit Familie und Freund:innen treten (Menke et al., 2020). Zudem hat sich in der COVID-19-Pandemie gezeigt, dass Menschen sich in Zeiten einer schweren Krise der öffentlichen Gesundheit zwar verstärkt durch Medienberichterstattung informieren, gleichzeitig aber die interpersonale Kommunikation mit anderen Personen brauchen, um die pandemiebezogenen Informationen zu bewerten und einordnen zu können (Wagner & Reifegerste, 2021).

### Verbale vs. nonverbale Kommunikation

Interpersonale Kommunikation umfasst nicht nur sprachliche (d.h. verbale) Signale, sondern erstreckt sich vielmehr auf die Aktivitäten des gesamten Körpers, mit dem auch nonverbale Signale ausgesendet werden. So wird nicht nur jedes gesprochene, sondern auch jedes nicht gesprochene Wort ebenso wie jede Handlung oder Nicht-Handlung und schließlich die Gestik und Mimik zum Bestandteil der Kommunikation (Schnabel & Bödeker, 2012). Watzlawick et al. (2000) formulieren dementsprechend, dass man nicht *nicht* kommunizieren kann.

Die nonverbale Kommunikation ist vor allem bei unverständlichen verbalen Signalen oder in hochemotionalen Situationen relevant (Frindte, 2001). Letztlich breitet sich aber in jedem Kontakt blitzschnell nonverbal eine ganz bestimmte emotionale Stimmung aus, die Einfluss auf die kognitiven Prozesse und entsprechend auch auf den Verlauf und das Resultat der Kommunikation nimmt (Ciompi, 2016). Insbesondere im Austausch zwischen Gesundheitsexpert:innen und Lai:innen ist es für das medizinische Personal nicht immer einfach, die vollständige Kontrolle über nonverbale Signale zu behalten und ein Gleichgewicht zwischen Empathie und der zur Ausübung der professionellen Rolle notwendigen Distanz zu schaffen. Darüber hinaus fällt es den Betroffenen (insbesondere Kindern oder Schwerkranken) oft leichter, Krankheitszustände nonverbal zu übermitteln als mit Worten. Zudem können bspw. die von der behandelnden Person ausgehenden körperlichen Signale (z.B. Ruhe und Sicherheit) die Wahrnehmung und Heilung einer Krankheit beeinflussen (Schnabel & Bödeker, 2012). Nonverbalen Botschaften sowie deren Bedeutung und Wirkung im Kontext der Gesundheitskommunikation wurde bisher jedoch nur wenig Aufmerksamkeit geschenkt. Allerdings wird vor allem in Settings mit fehlender oder unzureichender nonverbaler Kommunikation, wie z.B. in Chats oder virtuellen Realitäten, deutlich, welchen Stellenwert sie hat. So vermisste das Klinikpersonal während der Pandemieeinschränkungen bspw. vor allem die nonverbalen Hinweise der Angehörigen (denen häufig der Aufenthalt in den Kliniken aus Präventionsgründen verboten war) zu den emotionalen Reaktionen der Patient:innen. Dem Klinikpersonal fehlen damit nicht nur Informationen zur Diagnosestellung, sondern auch Möglichkeiten, um Vertrauen aufzubauen (Marra et al., 2020).

**Diversitätssensible Kommunikation**

**Interkulturelle Kommunikation**

Der erste Schritt für eine Verständigung zwischen Menschen ist die gemeinsame Sprache. Daher ist die Übersetzung der Inhalte in einen gemeinsamen Sprachraum essenziell. Dieser kann durch Angehörige, sprachkundiges Gesundheitspersonal oder professionelle Dolmetscher:innen erfolgen. Viele Patient:innen sind auf ihre sprachkundigeren Angehörigen (meist die Kinder der ersten Zuwanderungsgeneration) als Sprachvermittler angewiesen (Voigt & Praez-Johnsen, 2001), da dies meist mit weniger Aufwand organisierbar ist als ein:e professionelle:r Übersetzer:in. Allerdings können Angehörige bei medizinischen Fachbegriffen u.U. nur bedingt dolmetschen (Voigt und Praez-Johnsen 2001), und es besteht die Gefahr, dass die Eigeninteressen oder Schutzmotivationen des Angehörigen die Informationsweitergabe beeinträchtigen (Rosenberg et al., 2008). So ist es bspw. in Japan üblich, dass schlechte Nachrichten von Patient:innen ferngehalten werden, um sie zu schützen. Die Angehörigen entscheiden, welche Informationen sie dem:der Patient:in zumuten wollen (Sekimoto et al., 2004). Da in Kliniken zunehmend auch das Personal diverse Migrationshintergründe aufweist, werden dort häufig Datenbanken mit deren Sprachkompetenzen gepflegt, um bei Bedarf darauf zurückgreifen zu können. Dennoch sind Sprachbarrieren eine der Hauptursachen für die geringere Zugänglichkeit von Gesundheitsangeboten für Personen mit Migrationshintergrund (Razum et al., 2016).

Zunehmend können Sprachbarrieren aber auch mittels digitaler Übersetzungsprogramme vermindert werden, wie das Beispiel einer digitalisierten Diabetesberatung zeigt. Dabei werden die Texte und Audiospuren der Videos nicht nur in verschiedenen Sprachen bereitgestellt, sondern zusätzlich unterstützen Piktogramme die Vermittlung medizinischen Wissens (Roulin & Jurt, 2016).

Die Berücksichtigung der sprachlichen Vermittlung allein reicht aber nicht, um eine interkulturelle Kommunikation zu ermöglichen (siehe auch Kapitel 8.2). Über die Sprache hinaus braucht es auch eine Sensibilität für Differenzen in den Erwartungen und Vorstellungen von Gesundheit (Ho & Scharf, 2021). Diese treten zwar zwischen Menschen unterschiedlicher nationaler, ethnischer und religiöser Herkunft deutlicher hervor, können (und werden) aber auch in kulturhomogener Kommunikation auftreten, da jedes Individuum verschiedenen sozialen Gruppen angehört und somit verschiedene soziale Identitäten (z.B. auch aufgrund der politischen Zugehörigkeit, der sozialen Klasse, des Geschlechts) in einen Austausch einbringt (Hoffman, 2020). Es braucht daher einen ganzheitlichen Ansatz, der sowohl die sprachlichen Kompetenzen als auch die kulturellen Besonderheiten berücksichtigt (Schouten et al., 2020).

Obwohl Gesundheit kulturübergreifend als wertvolles Gut angesehen wird, können sich die landesspezifischen Vorstellungen, bspw. über Ursachen und Behandlungsmethoden von Krankheiten, deutlich voneinander unterscheiden (Steinkamp & Gordijn, 2003). Entsprechend verschieden sind auch die Ansichten darüber, welche Zustände als gesund oder krank gelten, was (nicht) behandelbar ist und wer ggf. für die Kosten aufkommen muss (Dobrick & Reitegerste, 2015). So können kulturelle Unterschiede, z.B. im Krankheitserleben oder der Akzeptanz von pflegerischen Tätigkeiten, die Verständigung zwischen den Beteiligten und die Behandlung zusätzlich erschweren (Griese & Rothe, 2012). Ergänzend zur entsprechenden Übersetzung der Inhalte sollten daher die eingesetzten Argumente, das Setting (in Bezug auf Kleiderwahl, Gestik etc.) und die Kommunikationsform in gleicher Weise auf den kulturellen Hintergrund der Zielgruppe ausgerichtet sein (Brand et al., 2015). Insgesamt erscheint es dabei hilfreich, nicht von soliden Identitäten aufgrund von Nationalität, Religion auszugehen, sondern sich in der Gesprächsführung der Komplexität mit einer achtsamen Haltung anzunehmen mit dem Ziel, Verbindungen zu suchen und aufzubauen (Hoffman, 2020).

### Queersensible Kommunikation

So wie Personen mit Migrationshintergrund häufig den Zugang zum Gesundheitssystem als schwieriger erleben, so erschwert auch häufig der benachteiligende Umgang mit geschlechtlicher und sexueller Vielfalt (siehe auch Begriffsklärung 7: Genderidentität) Personen abseits der heteronormativen Vorstellungen (zur Vereinfachung im Folgenden als Queers bezeichnet) einen diskriminierungsfreien und queerfreundlichen Zugang zur Gesundheitsversorgung (Avanzini, 2023). Sie sollen daher hier als Beispielgruppe für viele andere Personengruppen dienen, die aufgrund ihrer Normabweichungen und der häufig damit einhergehenden Stigmatisierung besonders sensible Formen der Gesundheitskommunikation benötigen. So sind Queers bspw. verstärkt mit psychischen Herausforderungen konfrontiert, die sich im Auftreten bestimmter Krankheitsbilder bis hin zu deutlich erhöhter Suizidalität manifestieren (Plöderl et al., 2013). Das Minderheitenstressmodell macht deutlich, wie ihre psychische Gesundheit durch alltägliche Mikroaggressionen bis hin zu Gewalterfahrungen leidet (Sattler, 2018). Darüber hinaus haben Queers aber auch (gegenüber heteronormativen Patient:innen) spezifische physiologische Gesundheitsanliegen und Risiken für bestimmte Erkrankungen, wie HIV/AIDS, andere STDs sowie Krebs (Blondeel et al., 2016). Allerdings neigen Queers dazu, das Gesundheitssystem weniger stark in Anspruch zu nehmen. Ein zentraler Grund hierfür ist die Scheu oder Scham, die eigene sexuelle Orientierung oder Geschlechteridentität zu offenbaren, um Diskriminierung oder mangelnde Sensibilität vonseiten der Ärzt:innen aus dem Weg zu gehen (Hollenbach et al., 2014). Darum ist für viele Queers bereits bei der Auswahl eines:r Mediziner:in relevant, ob die Person als „queerfriendly" bekannt ist (Hudak & Bates, 2019).

Es braucht also zum einen besonderes medizinisches Wissen, um die Bedarfe von Queers zu kennen, darüber hinaus braucht es aber auch die notwendigen Kommunikationskompetenzen, um diesen Bedarfen angemessen zu begegnen und einfühlsam anzusprechen. Ziel muss dabei immer der gleichberechtigte Zugang zu gesundheitlicher Versorgung sein. Allerdings verfügen selbst Medizinstudierende über wenig Wissen zu den queerspezifischen Gesundheitsbedarfen sowie den entsprechenden Versorgungsmöglichkeiten (Szél et al., 2020), da queersensible Gesundheitskommunikation in der Aus- und Weiterbildung von Ärzt:innen kaum eine Rolle spielt. Erste Ansätze für Medizin und Pflege stellt das „Kompetenznetzwerk zum Abbau von Homosexuellen- und Trans*feindlichkeit – Für die Akzeptanz von sexueller und geschlechtlicher Selbstbestimmung und Vielfalt" in einer Publikation mit vielen Praxisbeispielen vor (Hackbart, 2020).

Diversitätssensible Gesundheitskommunikation geht natürlich weit über diese beiden Gruppen (Personen mit Migrationshintergrund und Queers) hinaus. Eine bessere Kompetenz von Ärzt:innen, sensible Themen wie die sexuelle Gesundheit anzusprechen, kann auch für andere Patient:innen hilfreich sein, da sexuelle Probleme eine häufige Begleiterscheinung von Krebstherapien oder chronischen Erkrankungen sind (Priboi et al., 2023).

> **Begriffsklärung 7: Geschlechtsidentität**
>
> Die wachsende Aufweichung konventioneller (schwarz-weißer) gesellschaftlicher Ansichten über Geschlecht, Identität und sexuelle Orientierung sowie eine steigende Sensibilisierung für die damit verbundenen Konzepte erfordern oft eine gewisse Erklärungsleistung, um Missverständnisse zu klären und falsche Vorstellungen zu vermeiden. Die „Genderbread Person" und das „Gender Unicorn" (siehe Abbildung 10) sind bildliche Modelle oder Hilfsmittel, die entwickelt wurden, um die Vielfalt der menschlichen Erfahrungen jenseits der traditionellen binären Vorstellungen von Geschlecht und Sexualität zu veranschaulichen (Trans Student Educational Resources, 2023).

*Abbildung 10: Gender Unicorn. Quelle: Trans Student Educational Resources, 2023.*

Das Gender Unicorn ist eine schematische Darstellung, das verschiedene Aspekte der Geschlechtsidentität abbildet. Es zeigt folgende Dimensionen:

- Geschlechtsidentität: die interne Vorstellung davon, ob man männlich, weiblich, weder das eine noch das andere, beides oder ein anderes Geschlecht/Geschlechter ist. Für transgender Personen stimmen bspw. das bei der Geburt zugewiesene Geschlecht und ihre eigene innere Geschlechtsidentität nicht überein.
- Geschlechtsausdruck/-darstellung: die physische Manifestation der eigenen Geschlechtsidentität durch Kleidung, Frisur, Stimme, Körperform usw. Viele transgender Menschen streben danach, ihren Geschlechtsausdruck (wie sie aussehen) mit ihrer Geschlechtsidentität (wer sie sind) in Einklang zu bringen anstatt mit dem bei der Geburt zugewiesenen Geschlecht.
- Bei der Geburt zugewiesenes Geschlecht: die Zuweisung und Einteilung von Menschen als männlich, weiblich, intersexuell oder ein anderes Geschlecht basierend auf einer Kombination aus Anatomie, Hormonen und Chromosomen.
- Physisch/emotional angezogen von: sexuelle Orientierung. Die sexuelle und romantische/emotionale Anziehung kann von einer Vielzahl von Faktoren abhängen, einschließlich (aber nicht beschränkt auf) Geschlechtsidentität, Geschlechtsausdruck und bei der Geburt zugewiesenes Geschlecht. Es gibt darüber hinaus noch andere Arten von Anziehung im Zusammenhang mit Geschlecht, wie z.B. ästhetische oder platonische Anziehung.

## 5.2 Arzt-Patienten-Kommunikation

Eine gelungene Interaktion zwischen der behandelnden Person und den Patient:innen ist von zentraler Bedeutung für eine erfolgreiche Gesundheitsversorgung. Die Arzt-Patienten-Kommunikation wird häufig als ein Teilbereich der Arzt-Patienten-Beziehung gesehen. Oftmals werden beide Begriffe jedoch synonym verwendet. Bislang wurde in der Forschung zumeist die Interaktion zwischen Ärzt:innen und Patient:innen betrachtet, sodass diese im Folgenden im Vordergrund stehen wird. Viele – aber nicht alle – der Aspekte der Arzt-Patienten-Kommunikation lassen sich auch auf die Kommunikation anderer Gesundheitsberufe übertragen, die am Ende dieses Teilkapitels kurz beleuchtet werden. In jedem Fall zu beachten sind dabei potenzielle Eigengesetzlichkeiten in der Kommunikation zwischen Angehörigen der Pflegeberufe, Therapeut:innen und weiteren Gesundheitsberufen mit Patient:innen, welche bislang aber noch nicht ausreichend erforscht wurden (Schorr, 2014).

**Wirkungen der Arzt-Patient-Kommunikation**

Die komplexe Beziehung zwischen Ärzt:in und Patient:in wird seit langer Zeit untersucht. Bereits in der Antike bildete die Dyade aus Ärzt:in und Patient:in das Leitbild der traditionellen Medizin. Die Bedeutung einer adäquaten Kommunikation zwischen Ärzt:innen und Patient:innen zeigt sich sowohl bei akuten Erkrankungen (z.B. im Rahmen des Anamnesegesprächs) als auch bei chronischen Erkrankungen und dem entsprechend langfristigen Krankheitsmanagement .Obwohl ein Zusammenhang zwischen der Arzt-Patienten-Kommunikation und dem Gesundheitszustand der Patient:innen bereits vielfach aufgezeigt werden kann (Rothenfluh & Schulz, 2019), sind sowohl die Kausalität als auch das Ausmaß der Effekte bislang noch vielfach unklar. Entsprechende Wirkungen der Arzt-Patienten-Kommunikation schlagen sich dabei auf kognitiver (z.B. Verbesserungen in der Gesundheitskompetenz, dem Wissen und Verständnis), affektiver (z.B. Zufriedenheit und dem Vertrauen gegenüber den behandelnden Instanzen), konativer (z.B. Verbesserungen in Gesundheitsverhalten, Kommunikationskompetenz, Compliance oder Adhärenz) oder physiologischer (z.B. Verbesserungen in der Lebensqualität und dem Genesungsprozess). Sie wirken sich zudem oft indirekt auf den Gesundheitszustand der Patient:innen aus (Rothenfluh & Schulz, 2019). Eine gute Arzt-Patienten-Kommunikation kann somit dazu beitragen, dass Patient:innen motivierter sind, ihren Teil des Krankheitsmanagements zu übernehmen, sich positiv auf die subjektive Wahrnehmung der Symptome auswirken und Patient:innen ein Gefühl der Sicherheit im Umgang mit der Krankheit vermitteln (Riedl & Schüßler, 2017).

### 5.2.1 Anlässe und Anforderungen der Kommunikation

Kommunikation zwischen Ärzt:innen und Patient:innen findet in verschiedenen Settings und aus den unterschiedlichsten Anlässen statt, die sich meist aus dem persönlichen Gesundheitszustand bzw. Krankheitsverlauf der zu behandelnden Person ergeben. Diese reichen von Anamnesegesprächen über den Prozess der Diagnosestellung und Therapieentscheidung hinweg bis hin zur Übermittlung schwieriger Nachrichten oder die Kommunikation am Lebensende. Weil sich die Kommunikation im Idealfall den Besonderheiten der Situation anpassen sollte, werden im Kontext der medizinischen Versorgung verschiedene Kommunikationsanlässe (anamnestische Kommunikation, informierende/aufklärende Kommunikation und therapeutische Kommunikation) unterschieden (Anders & Breitbart, 2014).

Allen Kommunikationsanlässen gemeinsam ist jedoch die vorherrschende (Informations-)Asymmetrie zwischen medizinischem Fachpersonal und Patient:innen (Lai:innen). Da Ärzt:innen und andere behandelnde Personen über ein umfangreiches medizinisches Spezialwissen verfügen, welches die meisten Patient:innen nicht besitzen, spielt das Vertrauen zum:r Ärzt:in eine große Rolle für die Arzt-Patienten-Beziehung. Das Vertrauen generiert sich dabei aus der Wahrnehmung der Fähigkeiten, des Wohlwollens und der Integrität (d.h. der Ehrlichkeit und Zuverlässigkeit). Diese wirken sich gemeinsam mit situativen Faktoren und der Haltung der vertrauenden Person darauf aus, ob einem:r Ärzt:in als Quelle von Gesundheitsinformationen Vertrauen entgegengebracht wird (Link, 2019 b).

Besondere kommunikative Herausforderungen bzw. Anforderungen für Ärzt:innen bestehen somit zum einen in der eigenen Empathiefähigkeit, d.h. Emotionen richtig zu erkennen und zu deuten. Zum anderen gilt es eine angemessene Transparenz hinsichtlich der Therapieoptionen (z.B. bei Einverständniserklärungen) oder über potenzielle Krankheitsverläufe herzustellen (und damit auch die Fähigkeiten und das Wohlwollen zu verdeutlichen). Zu beachten ist dabei, dass diese Informationen Patient:innen potenziell verunsichern (bzw. viel Vertrauen voraussetzen). Bei mangelndem Vertrauen in die Ärzt:innen kann es u.a. auch zum Therapieabbruch oder mangelnder Adhärenz (d.h. Einhaltung der Anweisungen) bei der Medikamenteneinnahme kommen, da vielleicht anderen Quellen von Gesundheitsinformationen, z.B. Internetforen, mehr vertraut wird. Da Ärzt:innen ganz allgemein die Instanz im Gesundheitssystem sind, der durchschnittlich das größte Vertrauen entgegengebracht wird, ist ein Vermeidungsverhalten und damit die Nutzung alternativer Quellen umso besorgniserregender (Baumann et al., 2020). Wie im Abschnitt zur diversitätssensiblen Kommunikation (siehe Kapitel 5.1) verdeutlicht, gilt es zu berücksichtigen, dass Personen unterschiedlicher kultureller Herkunft, aus verschiedenen Altersgruppen sowie unterschiedlichen Geschlechts anders auf die gleichen Informationen reagieren. Dies verlangt von den Behandelnden eine hohe Sensibilität und Bewusstsein für die spezifischen Bedürfnisse der jeweiligen Patient:innen (Kapitel 5.2).

### Faktoren gelingender Kommunikation

In der Forschung wurden bisher verschiedene Faktoren und Strategien betrachtet, welche einen Einfluss auf das Gelingen der Kommunikation zwischen Ärzt:innen und ihren Patient:innen nehmen können. Dazu zählen empathisches Verhalten, adäquater Umgang mit Emotionen, patient:innenzentrierte Fragetechniken, die Dauer des Gesprächs, Erklärungen und Bereitstellen von Informationen, strukturierende Elemente innerhalb des Gesprächs (z.B. Zusammenfassungen), persönliche Merkmale (z.B. Freundlichkeit und Humor) und weitere non-verbale Merkmale (z.B. Augenkontakt und Körperhaltungen; Kiessling, 2014). Ein Review von Riedl und Schüßler (2017) identifiziert dementsprechend verschiedene Faktoren, welche die Arzt-Patienten-Interaktion verbessern können: 1) partizipative Entscheidungsfindung, 2) den Informationsbedürfnissen der Patient:innen nachgehen, 3) angemessene Kommunikationskompetenz der Ärzt:innen und 4) Ermöglichung, behandlungsbezogenen Emotionen seitens der Patient:innen Ausdruck zu verleihen. Laut Haskard-Zolnierek (2021) sind die wahrgenommene Empathie der Ärzt:innen, die Möglichkeit für die Patient:innen, eine aktive Rolle im Diagnose- und Behandlungsprozess einzunehmen, ausreichend Zeit für die Patient:innen, um ihre eigenen Erlebnisse zu erzählen, sowie positive nonverbale Kommunikation (wie eine warme Tonlage) entscheidende Faktoren für eine erfolgreiche Arzt-Patienten-Kommunikation. Vor allem die nonverbalen und beziehungsorientierten Faktoren spielen dabei eine wichtige Rolle.

### 5.2.2 Entwicklungen in der Arzt-Patienten-Kommunikation

Aufgrund eines gesellschaftlichen Trends zu mehr Autonomie, Selbstbestimmung und Eigenverantwortung für Patient:innen hat sich die Arzt-Patienten-Kommunikation in den letzten Jahren stark gewandelt. Die Patientenrolle hat sich hin zu mehr Selbstbestimmung (Empowerment) entwickelt und führt dazu, dass Patient:innen oder Angehörige verstärkt krankheits- oder gesundheitsbezogene Themen über das Internet recherchieren. In der Folge kommt es auch in der Kommunikation mit dem:der Ärzt:in zunehmend zu einer Patient:innenzentrierung und zu einer stärkeren Patient:innenbeteiligung und -autonomie (Baumann, Lampert & Fromm, 2020).

#### Umgang mit (falsch) informierten Patient:innen

Veränderungen zeigen sich unter anderem darin, dass mittlerweile viele Patient:innen vor einem Ärzt:inbesuch bereits entsprechende Informationen zur möglichen Krankheit sowie zur Diagnose bis hin zur Therapie recherchiert haben und die Ärzt:in im Gespräch mit diesen Informationen konfrontieren. Aus Sicht der behandelnden Person kann die vorherige Recherche nach Informationen das Gespräch mit den vorab informierten Patient:innen erleichtern (Tan & Goonawardene, 2017). Herausforderungen oder Probleme diesbezüglich ergeben sich jedoch dann, wenn die Qualität der vorliegenden Informationen von den Patient:innen nicht adäquat eingeschätzt wird und das Gespräch in der Folge durch unvollständige, unzuverlässige oder interessengeleitete Inhalte beeinflusst wird bzw. dieses falsch angelesene Vorwissen dann (zum Teil mit hohem Zeitaufwand) korrigiert werden muss (Fischer & Dockweiler, 2016). Die diversen Formen von Falschinformationen (z.B. zu alternativen aber gefährlichen Krebstherapien, COVID-19-Präventionsmaßnahmen oder Impfnebenwirkungen, siehe auch Kapitel 1.3) können zusätzlich zu diesen Herausforderungen beitragen (Braun, 2018). Darüber hinaus kann die eigenständige Informationssuche seitens der Patient:innen auch zu gesundheitsschädlichen Verhaltensweisen führen, wenn diese zur Überschätzung der eigenen Kompetenz führt (Schulz & Nakamoto, 2013) und in der Folge Symptome oder alternative Behandlungsmethoden nicht mit einer Expert:in aus dem

Gesundheitswesen besprochen werden (Bittner, 2015). Es kann auch vorkommen, dass Patient:innen unsicher oder überfordert sind, wie sie mit den vorab eingeholten Informationen im Rahmen eines Ärzt:inkontaktes umgehen sollen.

Oft mangelt es Mediziner:innen an Zeit für den richtigen Umgang mit vorinformierten Patient:innen. Denn damit Ärzt:innen dazu beitragen können, Patient:innen in die Lage zu versetzen, die recherchierten Information (z.B. über alternative Behandlungsoptionen) adäquat einzuordnen und entsprechend zu bewerten, müsste vielfach deutlich mehr Zeit investiert werden (Sassenberg & Wiesing, 2016). Der steigende Effizienz- und Kostendruck kann dies noch verschlimmern und dazu führen, dass die Gesprächsdauer und die Gründlichkeit der Anamnese leiden (Rothenfluh & Schulz, 2019). Und schließlich mangelt es Ärzt:innen häufig schlicht an Kommunikationskompetenz, um in solchen Situationen adäquat reagieren zu können. Ein Grund hierfür ist, dass dieser Aspekt der Arzt-Patienten-Kommunikation in der medizinischen Ausbildung in Europa bisher nur randständig behandelt wurde.

Um die Behandlungstreue bzw. Adhärenz der Patient:innen in die Behandlung und damit auch das Vertrauen gegenüber dem Gesundheitswesen zu stärken, ist es notwendig, geeignete Kommunikationsstrategien für den Umgang mit (des-)informierten Patient:innen zu finden. Es existieren verschiedene Ansatzpunkte für entsprechende Kommunikationsstrategien. Aus dem Umgang mit Wissenschaftsleugnung im Bereich Klimawandel sind Debunking, Inoculation und Konsens als effektive Strategien bekannt (Lewandowsky & Winkler, 2018), die sowohl in interpersonalen Gesprächen als auch in der medialen Kommunikation eingesetzt werden können (siehe Begriffsklärung 8).

---

**Begriffsklärung 8: Strategien zum Umgang mit (falsch) Informierten**

Debunking bezeichnet die Präsentation einer korrekten Botschaft, die klarstellt, dass und warum die zuvor präsentierte Botschaft eine Misinformation war. Entsprechende Informationen können dazu beitragen, dass bspw. das Vertrauen in die Impfsicherheit und die Bereitschaft für eine COVID-19-Impfung steigen (Memenga et al., 2022).

Inoculation bezeichnet das vorbeugende Widerlegen von Falschinformationen. Wie bei einer Schutzimpfung („inoculation") werden Personen bereits präventiv vor möglichen Falschinformatioen gewarnt. Dementsprechend kann es auch als „pre-bunking" bezeichnet werden. Damit können Irreführungen oft besser verhindert werden als durch nachträgliche Korrektur. Dafür ist es notwendig, vor der drohenden Falschinformation zu warnen und das erwartete Argument zu widerlegen (Lewandowsky & Winkler, 2018).

Konsens bezeichnet die Strategie, den Konsens, d.h. die überwiegende Übereinstimmung, der Wissenschafter:innen zu einem Forschungsthema darzustellen. In der Klimaberichterstattung hat sich gezeigt, dass die Berichterstattung trotz des großen Konsenses der Forschenden häufig einen Konflikt der Forschungsergebnisse suggeriert. Ein wahrgenommener wissenschaftlicher Konsens ist allerdings häufig eine wichtige Voraussetzung für Einstellungen und Verhaltensänderungen (Lewandowsky & Winkler, 2018).

Allerdings adressieren diese drei Strategien (Debunking, Inoculation und Konsens) vor allem die kognitive Ebene und vernachlässigen somit die Emotionen sowie die Beziehungsebene. Emotionen wie Angst und Ärger sind jedoch gerade in Krisenzeiten oder bei widersprüchlichen Gesundheitsempfehlungen sehr präsent, bilden die Basis von Desinformationen und reagieren auf kognitive Veränderungsimpulse häufig mit Reaktanz und Panik. Es gilt also, auch Kommunikationsstrategien anzuwenden, die wie der klientenzentrierte Ansatz mit Empathie und Wertschätzung eine vertrauensvolle Beziehung ermöglichen (Rogers, 2010).

### Ausbildung der Kommunikationskompetenzen (mit digitalen Medien)

Aspekte der interpersonalen Kommunikation sind allerdings inzwischen in die Pflichtinhalte der medizinischen Ausbildung aufgenommen. Viele Studiengänge der Medizin beinhalten entsprechende Module. So findet bspw. oft ein Kommunikationstraining mit speziell geschulten Schauspieler:innen statt, um das Wissen zur Wahrnehmung von Gestik und Mimik zu verbessern, und Rollenspiele mit Videofeedback helfen, die Kommunikation mit den Patient:innen in schwierigen Situationen und den interdisziplinären Austausch zu verbessern (Kienle & Peters, 2017). Besonderes Augenmerk sollte hier sowohl auf den Anlass der Gespräche (z.B. Übermitteln schwieriger Botschaften) als auch den Umgang mit sehr unterschiedlichen Patient:innengruppen (z.B. Patient:innen mit Demenz oder Migrationshintergrund) oder die jeweils verschiedenen Formen der Vermittlung (z.B. in einfacher Sprache) gelegt werden. So zeigen etwa Schilling und Mehnert (2014), wie die Kompetenz zu empathischeren Formulierungen (z.B. „Ich kann sehen, wie erschütternd das für Sie ist") das Übermitteln schlechter Nachrichten erleichtern kann.

Digitales Lernen, auch E-Learning genannt, bietet hierbei vielfältige Möglichkeiten für die Aus- und Weiterbildung in den Gesundheits- und Pflegeberufen. Dementsprechend werden online abrufbare Lernressourcen, virtuelle Lernumgebungen und digitale Lernprogramme auch von (angehenden) Gesundheitsberufler:innen selbst eingefordert und können die Aneignung von Kompetenzen erfolgreich unterstützen (Jamil et al., 2019). Dies gilt für medizinisches Fachwissen ebenso wie für die im medizinischen und gesundheitsbezogenen Berufskontext zunehmend geforderte Entwicklung von Kommunikationskompetenzen. Die aktuellen Lern- und Trainingsmöglichkeiten mit Simulationspersonen sind jedoch mit Blick auf Mehrpersonen-Gespräche (siehe Kapitel 5.2.3), z.B. unter Beteiligung von Patient:innen und Angehörigen, nur sehr begrenzt vorhanden. Digitale Medien und insbesondere interaktive Lernangebote, die Gespräche simulieren helfen, können hier zusätzliche Lernmöglichkeiten schaffen. Zudem ermöglichen sie Distance-Learning, d.h. das Lernen ohne die Notwendigkeit physischer Präsenz, was insbesondere für eingebundene Gesundheitsberufler:innen flexible (Weiter-)Bildungsmöglichkeiten bietet (Pundt & Grden, 2012). Zum anderen lassen sich mit digitalen Medien vergleichsweise einfach Phänomene, Situationen und Fälle simulieren, die unaufwendig und ohne zu befürchtende Konsequenzen verinnerlicht und eingeübt werden können (von der digitalen Illustration anatomischer Abläufe bis hin zur Simulation ganzer Operationen). Ebenso besteht die Möglichkeit, sich so auch gleichzeitig Medienkompetenzen für den Umgang mit neuen digitalen Technologien und (falsch) informierten Patient:innen anzueignen. Gleiches gilt für die Aus-, Fort- und Weiterbildung in anderen Gesundheits- sowie Pflegeberufen (Ortmann-Welp, 2020).

### 5.2.3 Modelle der Arzt-Patienten-Interaktion

Die aufgezeigten Veränderungen aufgrund gesellschaftlicher Entwicklungen sowie die Zunahme des Informationsverhaltens von Patient:innen führen zu einem grundlegenden Wandel in der Beziehung zwischen Ärzt:innen und Patient:innen (Kulzer, 2015). Dieser lässt sich anhand verschiedener Modelle der Arzt-Patienten-Beziehung darstellen. Aktuell wird zwischen drei Modellen unterschieden, welche allesamt idealtypische Formen darstellen. Diese unterscheiden sich dabei vor allem im Hinblick auf die unterschiedliche Rollenverteilung zwischen Ärzt:innen und Patient:innen sowie dem Ausmaß der aktiven Beteiligung an der medizinischen Entscheidung der Patient:innen (siehe auch Tabelle 9).

Im paternalistischen Modell wird den Patient:innen eine passive Rolle zugeschrieben. Die Entscheidung ist somit abhängig vom Expert:innenwissen der Ärzt:innenschaft (Coulter, 1999). Die Rolle der Ärzt:innen wird hier insbesondere durch deren Wissensmonopol definiert. Die:der Patient:in hingegen nimmt die Komplementärrolle ein und agiert aus einer Position des Hilfesuchenden, Leidenden oder Kranken heraus. Ärzt:innenschaft und Patient:innen stehen dadurch in einer hierarchischen und sehr asymmetrischen Beziehung zueinander, in der die Ärzt:innen Entscheidungen treffen, ohne diese mit den Patient:innen zu diskutieren oder deren individuelle Präferenzen zu berücksichtigen (Coulter, 1999).

Obwohl dieses Modell mittlerweile als überholt gilt, bevorzugen bestimmte Patient:innengruppen durchaus diese Art der Beziehung zu ihrem:r Ärzt:in und geben sich mit einer passiven Rolle zufrieden. Dabei spielen primär die jeweilige Behandlungssituation und/oder der Behandlungsanlass sowie der Krankheitsverlauf eine entscheidende Rolle. Einige Patient:innen können oder wollen keine Entscheidung treffen und fordern dann bewusst die Schutzbedürftigkeit ein (Braun & Marstedt, 2014).

Das Informationsmodell, welches auch als autonomes Modell oder Konsumentenmodell bezeichnet wird, bildet den Gegenpol zum paternalistischen Modell. Hier gilt der:die Ärzt:in als Expert:in, Dienstleister:in und Fachperson. In ihrer Rolle geben Ärzt:innen den Patient:innen, welche als Kund:innen agieren, die notwendigen Auskünfte. Ärzt:innen haben also die Aufgabe, den Patient:innen auf neutrale Weise alle Informationen über die Diagnose, Behandlung und Therapie zu vermitteln, damit diese informiert entscheiden können (siehe Kapitel 2.6). Die Patient:innen treffen ihre Entscheidung dann ohne Beteiligung des:der Ärzt:in. In diesem Modell ist es völlig legitim, dass ein:e Patient:in, welche:r sich ein umfassendes und objektives Bild der zuvor erhaltenen Diagnose oder Therapie machen möchte, auf anderweitige Informationen aus Internetrecherchen oder aus Konsultationen weiterer Ärzt:innen zurückgreift.

Shared-Decision-Making ist in der Literatur ebenfalls unter den Begriffen *Partnerschaftsmodell* oder *partizipative Entscheidungsfindung* zu finden. Es handelt sich dabei um eine spezifische Form der Interaktion zwischen Expert:innen der gesundheitlichen Versorgung und den Nutzenden. Charles et al. (1997) haben den Begriff des *Shared-Decision-Making* definiert und gleichzeitig spezifische Voraussetzungen bestimmt, die im Rahmen dieses Ansatzes erfüllt werden müssen. Demnach setzt diese Form der Arzt-Patienten-Interaktion sowohl bei den Ärzt:innen bzw. Gesundheitsexpert:innen in der gesundheitlichen Versorgung als auch bei den Patient:innen eine Beteiligung an der Entscheidung voraus. Damit sind sowohl Gesundheitsexpert:innen als auch Gesundheitslai:innen am Prozess der Entscheidungsfindung beteiligt und stellen sich gegenseitig Informationen zur Verfügung. Der Informationsfluss läuft wechselseitig in beide Richtungen. Die beteiligten Akteur:innen bringen ihre Entscheidungskriterien dabei aktiv ein und übernehmen für die getroffene Entscheidung gemeinsam die Verantwortung (Charles et al., 1997).

*Tabelle 9: Modelle der Arzt-Patienten-Beziehung. Quelle: Eigene Darstellung modifiziert nach Charles et al., 1999.*

| | Paternalistisches Modell | Informationsmodell | Shared-Decision-Making |
|---|---|---|---|
| Richtung des Informationsflusses | Vom:n Ärzt:in Zum:r Patient:in | Vom:n Ärzt:in Zum:r Patient:in | Vom:n Ärzt:in Zum:r Patient:in und vom:n Patient:in zum:r Ärzt:in |
| Art der Information | Medizinisch | Medizinisch | Medizinisch und persönlich |
| Ausmaß der Information | Entsprechend der gesetzlichen Anforderungen | Alle relevanten Informationen für die Entscheidung | Alle relevanten Informationen für die Entscheidung |
| Abwägung der Optionen bzw. endgültige Entscheidung durch | Ärzt:in alleine | Patient:in alleine | Ärzt:in und Patient:in |

Es hat sich gezeigt, dass die partizipative Entscheidungsfindung, wie sie *im Shared-Decision-Making* angestrebt wird, zu einer Verbesserung der Arzt-Patienten-Kommunikation und zu einer aktiveren Beteiligung von Patient:innen am medizinischen Entscheidungsprozess beiträgt. Weitere Modelle der Arzt-Patienten-Kommunikation werden insbesondere von Hannawa und Rothenfluh (2014) diskutiert. Sie stellen u.a. die *Communication Accommodation Theory* vor, die eine Angleichung des persönlichen Kommunikationsstils von Ärzt:innen an die jeweilige Gesprächssituation und den:die jeweilige:n Gesprächspartner:in vorschlägt und damit stark patient:innenorientiert ist.

### 5.2.3 Gespräche mit Angehörigen

Da sich die Forschung zur interpersonalen Gesundheitskommunikation im Kontext des Gespräches mit Ärzt:innen vorrangig auf die Kommunikation zwischen Ärzt:innen und Patient:innen fokussiert, gibt es viel weniger Studien, die sich mit der Kommunikation zwischen Ärzt:innen und Angehörigen beschäftigen oder sich der Kommunikation mit anderen Gesundheitsberufen (Herter-Ehlers, 2021) widmen.

Die Angehörigenkommunikation (Reifegerste, 2019 b) ist vor allem im Rahmen der Kinder- und Jugendmedizin, aber auch in der Betreuung und Pflege älterer Menschen sowie von Menschen mit Behinderung von Bedeutung (Laidsaar-Powell et al., 2013). Dies gilt insbesondere bei Gesundheitsproblemen bzw. -fragen, die Angehörige ebenfalls direkt oder indirekt betreffen (z.B. chronische Erkrankungen, Palliativmedizin) und bei denen sie daher mitreden wollen oder müssen. Die Beteiligung von Angehörigen an Arzt-Patienten-Gesprächen ist somit insbesondere bei lebensbedrohlichen und langfristigen Krankheitsfolgen hoch, hängt aber auch stark vom körperlichen und geistigen Gesundheitszustand der Patient:innen ab (Laidsaar-Powell et al., 2013).

Der Informationsaustausch findet in diesen Kontexten entweder im Mehrpersonengespräch (zusammen mit dem Betroffenen) statt oder ausschließlich zwischen Angehörigen und Mediziner:in über eine zu behandelnde Person. Zudem finden bspw. im Rahmen der Ethikberatung oder der vorausschauenden gesundheitlichen Versorgungsplanung (sog. advanced care planning) darüber hinaus vielfach auch interprofessionelle Gespräche mit den Angehörigen statt (siehe Kapitel 9). Diese verschiedenen Settings erfordern, dass Ärzt:innen in der Lage sein müssen, sich verändernden kommunikativen Rahmenbedingungen anzupassen, um bspw. flexibel auf mehrere Personen und deren Interessen gleichzeitig einzugehen (Kiessling, 2014).

Die Anwesenheit Dritter stellt jedoch nicht nur eine Herausforderung für Gesundheitsexpert:innen dar, sondern kann sich auch positiv auf das Behandlungsergebnis und damit die Gesundheit der Betroffenen auswirken. Einerseits können Dritte bzw. begleitende Personen dem:der Ärzt:in spezifische und relevante Information über den:die Patient:in geben, andererseits verbessert sich hierdurch auch häufig der Informationsaustauch und das gegenseitige Verstehen der im Gespräch ausgetauschten Informationen (Wolff & Roter, 2011). Dies kann insbesondere für ältere oder chronisch kranke Patient:innen mit komplexen Medikationen wichtig sein, da sie mit der Hilfe des Begleiters die Erklärungen und Ratschläge des:der Ärzt:in besser verstehen und erinnern können (z.B. weil der:die Begleiter:in sich relevante Punkte mitschreibt). Ebenso hilft es den Patient:innen, die Krankheit den Angehörigen besser verständlich zu machen und schwierige Themen bei dem:r Ärzt:in und zu Hause eher anzusprechen (Laidsaar-Powell et al., 2013; Rosland et al., 2011).

### 5.2.4 Gespräche mit anderen Gesundheitsberufen

Neben den Ärzt:innen sind auch viele andere Beschäftigte des Gesundheitswesens wichtige und vertrauenswürdige Informationsquellen, die oftmals eine höhere Kontaktquote und längere Gesprächszeit mit den Patient:innen aufweisen als Ärzt:innen. Qua ihrer professionellen Rolle tauschen sie sich mehrmals täglich und umfassend mit Lai:innen zu deren Gesundheit oder allgemein über gesundheitsbezogene Informationen aus. Dies gilt insbesondere für Heil- und Pflegeberufe wie Ergo-, Logo-, Physiotherapeut:innen oder das Pflegepersonal, die häufig längere Gespräche mit den Patient:innen führen als bspw. die Ärzt:innen. Aufgrund einer wahrgenommenen geringeren Macht- und Wissensdistanz trauen sich Patient:innen bei ihnen möglicherweise eher, Fragen zu stellen oder alternative Behandlungsideen anzusprechen. Diese Vermutung lässt sich zumindest aus Erkenntnissen zum Thema alternative Krebsbehandlungsmethoden ableiten (Gaisser, 2020).

#### Klientenzentrierte Kommunikation

Für Pflege- und Therapieberufe ist die Kommunikationskompetenz zentral, um die Beziehung mit den Patient:innen zu gestalten, Unsicherheit zu managen und Vertrauen für die einzelnen Behandlungsschritte zu gewinnen, die ja teilweise viel körperliche Nähe verlangen (Hoos-Leistner, 2019). Eine wichtige Voraussetzung ist die Klientenzentrierung, die (ähnlich wie in partnerschaftlichen Arzt-Patienten-Beziehungen) von einer gleichberechtigten Interaktion auf Augenhöhe ausgeht und bei der sich die Behandlung an Patient:innen, den Bedürfnissen und Präferenzen, Wünschen und Zielen orientiert (Rogers, 2010).

Aus dieser klientenzentrierten Haltung heraus wird der:die Patient:in ganzheitlich im Zusammenhang mit seiner:ihrer Lebensumwelt betrachtet und davon ausgegangen, dass sie:er ein positives Entwicklungspotenzial besitzt. Dabei sind aus Sicht von Rogers (2010) drei therapeutische Grundhaltungen für das Gelingen der Kommunikation verantwortlich:

- Empathie, das einfühlende Verstehen und Akzeptanz,
- die Wertschätzung des:der Patient:in
- und Kongruenz, die Echtheit gegenüber dem:der Patient:in.

Weitere Ansätze zur Gesprächsführung, die auch auf Empathie und Wertschätzung gegenüber den Kommunikationspartner:innen beruhen, sind bspw. die gewaltfreie Kommunikation (Rosenberg, 2016), die systemisch-lösungsorientierte Beratung (Friehs & Gabriele, 2021) oder die motivierende Gesprächsführung (Miller & Rollnick, 2015).

#### Umgang mit kommunikativen Störungen

Störungen der Kommunikation treten im Behandlungsalltag immer wieder und meist unvorhersehbar auf. Oft sind es unausgesprochene Verstimmungen, die den Austausch und die Behandlung beeinträchtigen. Gerade die Heilberufe, die sich mit sprachlichen Störungen oder körperlichen Ausdrücken von Emotionen gut auskennen, können die nonverbalen Zeichen hier vermutlich gut deuten. Wichtig ist es dann, die Störung direkt anzusprechen und sie nicht zu übergehen, sonst kann die eigentliche Behandlung gefährdet sein, weil das im Vordergrund stehende Problem die weitere Zusammenarbeit behindert (Herter-Ehlers, 2021).

Darüber hinaus bietet die systemische Kommunikation (Levold & Wirsching, 2020) auch wichtige Strategien, um auch negative Emotionen oder ambivalente Einstellungen von Patient:innen bzw. Klient:innen zu adressieren. Techniken wie aktives Zuhören, Perspektivwechsel und Reframing tragen durch Bedürfnisorientierung und Wertschätzung zur Vertrauensförderung bei. Im „Leitfaden zur Kommunikation im therapeutischen Alltag" finden sich auch Techniken für den Umgang mit „Störern und Querulanten" (Lippka, 2015), was bspw. auch in Gesprächen mit falsch informierten Patient:innen (siehe Kapitel 5.2.2) hilfreich sein kann.

## 5.3 Gesundheitsberatung

Die Gesundheitsberatung stellt für verschiedene Gesundheitsberufe (z.B. Pfleger:innen, Physiotherapeut:innen) eine der zentralen Aufgaben im Arbeitsalltag dar (Dreier-Wolfgramm & Zwingmann, 2022). In der Gesundheitsberatung können Ratsuchende durch die Kommunikation mit einer anderen Person (dem:der Beratenden) mehr Klarheit über ihre Probleme und entsprechende Bewältigungsmöglichkeiten erhalten. Ziel solcher Beratungssituationen ist es, die individuelle Kompetenz zu fördern, um Problem- oder Krisensituationen besser einordnen und verstehen zu können sowie die Umsetzung gemeinsam erarbeiteter Maßnahmen zu unterstützen (Schaeffer & Dewe, 2012). Gesundheitsberatungen tragen damit ebenso wie die Informationssuche (siehe Kapitel 7.2.1) zu einer Reduktion der Informationsasymmetrie zwischen Gesundheitsexpert:innen im Gesundheitswesen einerseits und den Patient:innen andererseits bei.

Zudem wird die Beratung im Gesundheitswesen als eine Reaktion auf strukturelle Probleme im Gesundheitsbereich gesehen, welche insbesondere mit der zunehmenden Segmentierung und Fragmentierung dieses Bereichs (vielfältigen Instanzen, Intransparenz und Unübersichtlichkeit) einhergeht (Schaeffer & Schmidt-Kaehler, 2012). Beratungsstellen können somit als niedrigschwellige Anlauf- und Kontaktmöglichkeit dienen, um medizinisches, psychologisches und versorgungsrechtliches Expert:innenwissen über Krankheitsdynamik, Diagnostik, Therapie und Versorgungsabläufe an Lai:innen zu vermitteln. Darüber hinaus besitzen sie eine Vermittlungs- oder Lotsenfunktion und weisen den zu beratenden Personen den Weg durch das fragmentierte Gesundheitssystem. Schließlich können sie als Beschwerdestelle fungieren, um Patient:innen in kritischen Situationen weiterzuhelfen (Ewers & Schaeffer, 2012).

### Gesundheits- und Patient:innenberatung

In einem weiteren Verständnis werden sowohl die Beratung im Rahmen von Prävention und Gesundheitsförderung als auch die im Rahmen von Krankheitsbewältigung und Rehabilitation stattfindenden Maßnahmen unter Gesundheitsberatung subsumiert (Krane & Linden, 2020). Gesundheitsberatung im engeren Sinne richtet sich dagegen vor allem an gesunde Menschen, die ein hohes Gesundheitsinteresse aufweisen, während sich Patient:innenberatung an (akut oder chronisch) erkrankte Personen (und/oder deren Angehörige) richtet. Pflegeberatung (siehe Kapitel 5.3) fokussiert vor allem auf Informationen und Kompetenzen rund um den pflegerischen Alltag von Patient:innen und Angehörigen (Koch & Krampe, 2020).

Nutzer:innen von Angeboten der Gesundheits- und Patient:innenberatung sind überwiegend Frauen mittleren Alters, wobei dies aber – je nach Beratungsanlass – variieren kann. So sind bspw. die Ratsuchenden bei Beratungsangeboten zu Sucht und Drogenmissbrauch, aber auch zu HIV/AIDS oder Essstörungen meist deutlich jünger (Dierks & Seidel, 2012). Es hat sich gezeigt, dass Personen mit niedrigerem sozioökonomischen Status die Patient:innenberatung in Deutschland weniger in Anspruch nehmen – obwohl gerade diese Personengruppen oft deutlich weniger Wissen über die entsprechenden Gesundheitsrisiken und Behandlungs- bzw. Therapiemöglichkeiten besitzen. Die Form der Inanspruchnahme unterscheidet sich ebenso hinsichtlich der Altersgruppen. Während jüngere Altersgruppen zumeist neue (digitale) Medien, bspw. E-Mail- oder Chat-Beratung, nutzen, bevorzugen ältere Ratsuchende eher die persönliche Beratung (Dierks, 2009; siehe Beispiel 5).

> **Beispiel 5: Leitlinie zur Schwangerschaftskonfliktberatung bei Pränataldiagnostik**
>
> In einer Leitlinie werden auf der Basis aktueller wissenschaftlicher Erkenntnisse und in der Praxis bewährter Verfahren Handlungsempfehlungen für Ärzt:innen systematisch entwickelt und zusammengetragen. So findet sich neben vielen Leitlinien zu Behandlungsmethoden bei spezifischen Erkrankungen auch eine Leitlinie zu humangenetischer Diagnostik und genetischer Beratung (awmf.online). Dort sind u.a. Empfehlungen zur Beratung im Rahmen der Pränataldiagnostik enthalten. Grund hierfür ist, dass gendiagnostische Verfahren bereits in einem frühen Stadium der Schwangerschaft zu einem Konflikt führen können, ob die Schwangerschaft fortgesetzt oder abgebrochen werden soll. Laut Schwangerschaftskonfliktgesetz müssen schwangere Frauen daher auf die Möglichkeit, unterschiedliche Beratungsangebote vor, während und nach der pränatalen Diagnostik in Anspruch nehmen zu können, hingewiesen werden. Der Verzicht auf eine solche genetische Beratung vor oder zur Ergebnismitteilung der genetischen Pränataldiagnostik muss von der Patientin und dem aufklärende:n Ärzt:in unterschrieben werden [GenDG § 10 Abs. 2].
> Die Leitlinie spricht sich dabei eindeutig für eine Kommunikation im Sinne der personenzentrierten Beratung (mit möglichst beiden Elternteilen) aus und rät vom alleinigen Aushändigen schriftlichen Informationsmaterials (d.h. ohne persönliches Gespräch) ab (Stuhrmann-Spangenberg et al., 2011).

### Inhalte der Patient:innenberatung

Inhaltlich beschäftigt sich Gesundheits- und Patient:innenberatung vor allem damit, wie Gesundheitsbeeinträchtigungen verhindert oder bewältigt werden können. Darüber hinaus werden gleichermaßen die Fragen zur Inanspruchnahme von

Dienstleistungen und Produkten der Gesundheitsversorgung sowie deren Potenziale und Grenzen behandelt. Ziel von Beratungsangeboten ist also, Orientierungs- und Entscheidungshilfen in Bezug auf die Gesundheitsversorgung anzubieten, Transparenz herzustellen und in Konfliktfällen einen Interessenausgleich zwischen Anbieter:innen und Nutzer:innen gesundheitsrelevanter Dienstleistungen zu schaffen. Die von der Patient:innenberatung abgedeckten Themenfelder erstrecken sich dabei auf ganz unterschiedliche Aspekte. So kann die Beratung zum einen krankheitsbezogene Fragen der Ratsuchenden zum Umgang mit Krankheitssymptomen, deren Diagnostik, Therapie und zur individuellen Prävention oder Bewältigung beantworten. Zum anderen deckt sie auch allgemeinere Aspekte wie Ernährung, Umwelthygiene, Pharmazie, unerwünschte Folgewirkungen sowie Informationen über Versorgungsstrukturen, Inanspruchnahme und Modalitäten der Nutzung einzelner Angebote des Gesundheitssystems, rechtliche Beratung und Fragen in Bezug auf die Qualität von Versorgungseinrichtungen ab (Ewers & Schaeffer, 2012). Die unabhängige Patient:innenberatung bietet bspw. neben vielfältigen Informationen zu Gesundheitsthemen auch persönliche, telefonische und schriftliche Beratung zu Themen des Gesundheits- und Sozialrechts an (Unabhängige Patientenberatung Deutschland, 2022). Dadurch sollen Patient:innen nicht nur in gesundheitlichen Fragen besser und neutral informiert, sondern auch deren Position in rechtlichen Belangen gegenüber den Leistungserbringer:innen gestärkt werden (Krane & Linden, 2020).

**Vermittlungsformen der Patient:innenberatung**

Zur Zielerreichung in der Gesundheits- und Patient:innenberatung können Berater:innen auf unterschiedliche Vermittlungsformen zurückgreifen (Krane & Linden, 2020). Die klassische Form ist das persönliche Gespräch von Angesicht zu Angesicht (Face-to-Face-Beratung), welches die gleichzeitige Anwesenheit von Berater:innen und zu Beratenden voraussetzt. Im Rahmen der Patient:innenberatung wird diese Form meist als Einzelgespräch umgesetzt (Schmidt-Kaehler & Knatz, 2012). Insbesondere ältere Menschen, Personen mit einem niedrigen sozioökonomischen Status oder bereits erkrankte (im Vergleich zu gesunden) Personen bevorzugen die persönliche Beratung (Schmidt-Kaehler & Knatz, 2012). Die räumliche Anwesenheit der beteiligten Parteien in der Beratungssituation kann sich darüber hinaus förderlich auf den Verlauf und das Ergebnis des Beratungsgesprächs auswirken. Gründe hierfür sind unter anderem das hohe Maß an Verbindlichkeit, die engere Beziehung zwischen den Beteiligten, die Möglichkeit zur Wahrnehmung nonverbaler Kommunikationssignale sowie zur gemeinsamen Einsicht und Erörterung von schriftlichen Unterlagen. Des Weiteren werden im Unterschied zu medienvermittelten Angeboten keine Anforderungen an die Medienkompetenz der interagierenden Personen gestellt. Jedoch bestehen auch Zugangsbarrieren zur persönlichen Beratung. Gründe hierfür sind unter anderem zeitliche und räumliche Beschränkungen (z.B. bestimmte Öffnungszeiten von Beratungsstellen) sowie die fehlende Anonymität (Schmidt-Kaehler & Knatz, 2012), welche etwa Onlineforen oder Internetangebote (siehe Kapitel 7.2.2) bieten und die insbesondere bei intimen oder heiklen Themen relevant werden kann.

Im Gegensatz zur Face-to-Face-Beratung sind medienvermittelte Angebote, wie die E-Mail-Beratung sowie Telefon- oder (Video-)Chatberatung durch räumliche Distanz gekennzeichnet (siehe Beispiel 6). Dagegen bieten diese Kanäle zum Teil aber Beratungsinhalte, die schriftlich fixiert und dadurch nachgelesen oder bearbeitet werden können. Nachteilig anzumerken ist bei schriftlichen Beratungsformen die durch die Asynchronität bedingte Zeitverzögerung zwischen den einzelnen Interaktionen der Beteiligten, was insbesondere in akuten oder subjektiv als dringlich empfundenen Situationen zu Problemen führen kann. Darüber hinaus gibt es weniger Möglichkeiten zur (nonverbalen) Überprüfung, ob die Inhalte auch tatsächlich angekommen oder verstanden wurden (Schmidt-Kaehler & Knatz, 2012).

---

**Beispiel 6: Zugangswege zum Krebsinformationsdienst**

Der *Krebsinformationsdienst* (KID) bietet seit 1986 verständliche und wissenschaftlich fundierte Informationen zu allen onkologischen Fragen (z.B. Vorbeugung, Früherkennung, Behandlung) und richtet sich sowohl an Lai:innen (wie Patient:innen und deren Angehörige) als auch an Expert:innen, die an der Versorgung und Behandlung von Krebspatient:innen beteiligt sind. Die Beratungsstelle des Krebsinformationsdienstes ist täglich unter einer kostenlosen Telefonnummer und seit 2003 zusätzlich per E-Mail sowie über ein Kontaktformular im Internet erreichbar. An den Standorten Heidelberg und Dresden stehen die Berater:innen gleichermaßen für persönliche Gespräche zur Verfügung. Darüber hinaus können Beratungssuchende auch schriftlich oder über soziale Netzwerke wie *Facebook* Kontakt zu den Berater:innen aufnehmen und erhalten dann eine entsprechende Antwort. Ärzt:innen des KID beraten zu medizinischen Fragen, stellen Informationen und Adressen zusammen und bieten Orientierung im Gesundheitswesen. Gemeinsam mit den Ratsuchenden klären sie konkrete Problemfälle und informieren über Vor- und Nachteile verschiedener Vorgehensweisen in Diagnose und Therapie. Darüber hinaus bietet der KID Broschüren, Informationsblätter und ein umfangreiches Onlineangebot mit evidenzbasierten Detailinformationen zu vielen Krebsthemen sowie Onlineveranstaltungen mit Livevorträgen von Onkolog:innen zu bestimmten Schwerpunktthemen wie „Ernährung bei Krebs".

Grundlage der Beratung ist eine interne Wissens- und Adressdatenbank, die durch wissenschaftliche Mitarbeiter:innen aus den Fachbereichen Medizin, Naturwissenschaften und Psychologie kontinuierlich aktualisiert und erweitert wird. Vor der Veröffentlichung durchlaufen alle Inhalte eine Prüfung zum Zweck von Qualitätsmanagement und -sicherung. In diesem Rahmen werden die Richtigkeit, Aktualität, Neutralität, Vollständigkeit und Verständlichkeit der Informationen geprüft.

Der KID ist eine Abteilung des *Deutschen Krebsforschungszentrums*, welches zu 90 Prozent vom *Bundesministerium für Bildung und Forschung* und zu 10 Prozent vom Land Baden-Württemberg finanziert wird. Die Finanzierung mit öffentlichen Geldern soll die Gemeinnützigkeit, Neutralität und Unabhängigkeit der Informationen sicherstellen und Interessenkonflikte vermeiden. Aus Gründen der Transparenz werden darüber hinaus bestehende potenzielle Interessenkonflikte offen kommuniziert und zugänglich gemacht (Krebsinformationsdienst, 2022). Zudem ist eine Chatberatung durch den KID möglich.

Aufgrund der hohen Abdeckung ermöglicht die Beratung per Telefon und Internet den Nutzer:innen prinzipiell, von fast jedem beliebigen Ort aus mit einer Beratungsstelle in Kontakt zu treten – der Zugang wird entsprechend als niedrigschwellig charakterisiert (Schmidt-Kaehler & Knatz, 2012). Bei der telefonischen Beratung stellt die verbal-auditive Kommunikation das zentrale Element dar. Visuelle Elemente, wie sie in schriftlichen oder Onlineberatungen eingesetzt werden können, fallen hingegen weg. Es konnte allerdings gezeigt werden, dass sich das Fehlen dieser nonverbalen Hinweisreize durch eine höhere auditiv-sprachliche Sensitivität der Akteur:innen gut kompensieren lässt. Als großer Vorteil der telefonischen Beratung oder der Beratung im Chat ist die höhere Anonymität der Ratsuchenden zu nennen, durch welche die Hemmungen zur Kontaktaufnahme (insbesondere für heikle bzw. intime Beratungsinhalte) sinken. In telefonischen Gesprächen fällt es Betroffenen im Vergleich zu schriftlichen oder Onlineangeboten darüber hinaus oft leichter, Ängste oder Schmerzen zu artikulieren (Schumacher & Knatz, 2019). In der onlinebasierten Kommunikation können soziale Hemmungen reduziert und Aspekte wie Offenheit und Partizipation gefördert werden. Unterstützt werden kann dies darüber hinaus durch die Nutzung der interaktiven und multimedialen Eigenschaften des Internets.

Auch Foren und Gruppen in sozialen Medien bieten zahlreiche Formen von Beratung an, die allerdings eher von Lai:innen gegeben wird (Link, 2019a). Die Übergänge zu Beratungsangeboten organisierter Patient:innen- und Angehörigenvereinigungen sind allerdings sicherlich fließend, da sich gerade chronisch Kranke oder deren Angehörige (auch ohne entsprechende akademische Ausbildung) durch ein hohes Expert:innentum auszeichnen (Greene et al., 2011). Durch eine sog. Peer-to-Peer-Beratung wird allerdings ein hohes Maß an Vertrauen und Verständnis erreicht. Viele Anliegen brauchen nicht weiter erklärt zu werden. Ein Ansatz der Beratung besteht daher auch darin, die Betroffenen in sozialen Medien aufzusuchen. Damit wird Information, Erst- und Verweisberatung dort angeboten, wo danach gefragt und gesucht wird. Dementsprechend wird hier auch von *Digital Streetwork* (Minor, 2019) oder *Forum Webcare als proaktive Informationsstrategie* (Quast & Nöcker, 2015) gesprochen (siehe Beispiel 7). Gleichzeitig kann damit auch Einfluss auf die Verbreitung von falschen oder irreführenden Informationen genommen werden, indem eine entsprechende Korrektur stattfindet. Dabei sollte allerdings berücksichtigt werden, dass bei den Nutzenden auch der (falsche) Eindruck entstehen kann, dass alle Aussagen im Forum expert:innengeprüft und von Fehlinformationen bereinigt sind (Quast & Nöcker, 2015).

Livechats werden nicht nur zunehmend im Kundendienst kommerzieller Anbieter:innen eingesetzt (z.B. um Fragen zu beantworten, Bestellungen aufzunehmen oder Beschwerden zu behandeln), sondern kommen zunehmend auch für Gesundheitsberatungen zum Einsatz. Im Gegensatz zu einer statischen Webseite, zu persönlicher Beratung oder zu Webforen können sie individuell, evidenzbasiert und gleichzeitig zeitnah und anonym auf die Anfragen eingehen (Brody et al., 2020). Sie sind besonders beliebt bei jungen, digital affinen Bevölkerungsgruppen (Rajaobelina & Ricard, 2021) und können sowohl von Menschen als auch von Konversationsagent:innen bzw. automatisierten Chatbots oder einer Kombination aus beiden betrieben werden (wie bspw. im Telefonservice schon sehr verbreitet). Ob Informationssuchende die Chatbots für vertrauenswürdig halten, hängt davon ab, wie menschenähnlich und nützlich die Beratung wahrgenommen wird. Das Risiko der Verletzung der Privatsphäre hat dagegen keinen Einfluss auf die wahrgenommene Vertrauenswürdigkeit (Viswanath Prakash & Das, 2020).

> **Beispiel 7: Aufsuchende Beratung in sozialen Medien für Migrantinnen**
>
> Zugewanderte Frauen suchen Informationen in ihren Herkunftssprachen vor allem in Gruppen auf sozialen Medien, wie *Facebook*, *WhatsApp*, *YouTube*, Webforen (und deutlich weniger als bei Präsenzberatungsstellen, die für sie räumlich und zeitlich mitunter nur schwer zu erreichen sind). Themen wie Absicherung in der Schwangerschaft, Kinderbetreuung, familiäre Gesundheit und Gewaltschutz, die fast ausschließlich von Frauen nachgefragt werden, sind zudem anonymer in sozialen Medien besprechbar als in persönlichen Settings. Daher hat Minor (eine Organisation speziell für die Beratung von Migrantinnen) den Ansatz der aufsuchenden Beratung in den sozialen Medien gewählt.
> Die Beratenden sind selbst Zugewanderte (Peer-to-Peer-Ansatz) mit der jeweils im Forum vorherrschenden Muttersprache und sind mit ihren Zielen und ihrem organisatorischen Hintergrund innerhalb der Gruppen transparent erkennbar, um eine entsprechende Reputation bei den Nutzer:inneninnen aufbauen zu können. Sie beobachten täglich die Diskussionen und Anfragen in den Foren und geben fachkundige Antworten zu verschiedenen Themen (ggf. mit Recherchen) oder verweisen auf passende Angebote. Sie möchten damit das Empowerment von Frauen durch Wissen und Kompetenzen im Alltag verbessern (Minor, 2019).

Livechats kommen besonders in Krisen- oder akuten Risikosituationen stark stigmatisierter Themen zum Einsatz (z.B. Missbrauch, mentale Krankheiten und Suizid oder Suchterkrankungen); für eine Übersicht siehe Brody et al. (2020). Ein Beispiel ist *krisenchat.de*, an den sich insbesondere Jugendliche in Krisensituationen per *WhatsApp* wenden können. Herausfordernd scheint es in Livechats zu sein, Vertrauen aufzubauen und komplexere Anfragen zu beantworten (Følstad et al., 2018; Przegalinska et al., 2019; Seitz et al., 2022). Dies gilt umso mehr für die Konversationsagenten (Moilanen et al., 2022; Seitz et al., 2022).

### Gesundheitsbildung

Im Gegensatz zur Gesundheitsberatung wird unter Gesundheitsbildung die strukturierte Vermittlung von Gesundheitsinformationen auf Basis inhaltlicher und didaktischer Prinzipien verstanden, welche die Aneignung und den Ausbau von gesundheitlichem Grundwissen begünstigen sollen. Ziel ist es, gesundheitsförderliche Einstellungen und Verhaltensmuster zu fördern bzw. gesundheitsschädliche abzubauen. Gesundheitserziehung richtet sich dabei vorrangig an Kinder, Jugendliche und Patient:innen. Dementsprechend finden sich unter den wichtigsten Organisationen und Trägern für Gesundheitserziehung insbesondere Kindergärten, Schulen und andere Ausbildungsstätten sowie Kliniken (Hörrmann, 2002; Hurrelmann & Richter, 2022). Gesundheitsbildung findet meist in kursförmigen Angeboten, etwa im Rahmen der Erwachsenenbildung von Volkshochschulen, Familienbildungsstätten, kirchlichen und gewerkschaftlichen Bildungswerken und zunehmend auch anderen öffentlichen oder privat getragenen Organisationen, statt (siehe Beispiel 8). Gesundheitsbildung zeichnet sich dadurch aus, dass die Teilnehmer:innen sich freiwillig in einen Veränderungsprozess (z.B. hinsichtlich Wissen, Einstellungen oder Verhalten) begeben.

> **Beispiel 8: Patientenuniversität der Medizinischen Hochschule Hannover**
>
> Die Patientenuniversität wurde als Bildungseinrichtung gegründet, um die Gesundheitskompetenz der Bürger:innen zu unterstützen und damit
>
> 1. das gesundheits- und systembezogene Gesundheitswissen,
> 2. die Kommunikation mit Professionellen im Gesundheitssystem und
> 3. den kritischen Umgang mit Informationen, Rechten und Strukturen des Gesundheitssystems zu verbessern.
>
> Das Programm umfasst Veranstaltungsreihen mit Expert:innenvorträgen zu Themen wie bspw. Schmerz, Demenz oder Herz, die auch live im *YouTube*-Kanal der Patientenuniversität übertragen werden. Begleitet werden diese von einem 90-minütigen interaktiven Vertiefungsangebot, sog. „Lernstationen", die von Expert:innen und qualifizierten Studierenden (Medizin, Public Health) betreut werden und an denen die Teilnehmer:innen spezifische und vertiefende Informationen zu bestimmten Aspekten des Themas erhalten können. Ein Programm zur Förderung der digitalen Gesundheitskompetenz chronisch kranker Menschen wird als sechswöchige Onlineschulung angeboten (siehe QR-Code).
>
> Die Patientenuniversität steht allen Interessierten offen und wird durch Eigenmittel der Medizinischen Hochschule Hannover, die Hilfe von Ehrenamtlichen sowie geringe Teilnehmer:innenbeiträge finanziert. Auf eine Förderung durch die Industrie wird bewusst verzichtet. Das Konzept wurde für Unternehmen und interkulturelle Kontexte (d.h. für Personengruppen mit Migrationshintergrund) adaptiert (Seidel, 2017).

Eine immer wichtiger werdende Form der Gesundheitsbildung stellen Patient:innenschulungen dar, welche die Bewältigung von Krankheitsdynamiken sowie den autonomen und eigenverantwortlichen Umgang von Patient:innen mit ihrer Krankheit fördern sollen. So können bspw. Diabetiker:innen von ihrem:r Ärzt:in eingeladen werden, an einer Gruppenschulung zum Umgang mit ihrer Erkrankung teilzunehmen. Patient:innenschulungen nutzen dabei das volle Spektrum an didaktischen Vermittlungsformen, bspw. frontale wie auch interaktive Methoden in Kombination mit Trainingsmaterialien oder Übungen (Hurrelmann & Richter, 2022; Ströbl et al., 2007). Im Vordergrund steht dabei eine konstruktive Beeinflussung von Wissen, Einstellungen, Handlungsintentionen und somit eine (nachhaltige) Verbesserung der (sozialen) Lebensqualität (Schaeffer & Schmidt-Kaehler, 2012). Deshalb liegt der Schwerpunkt solcher Maßnahmen nicht ausschließlich auf der Krankheitsbewältigung, sondern fokussiert vielmehr auch die Förderung von individuellen gesundheitsrelevanten Ressourcen, wie Gesundheitswissen oder Bewältigungsmechanismen (Hurrelmann & Richter, 2022; Schaeffer & Schmidt-Kaehler, 2012).

### Pflegeberatung

Während im Rahmen der Gesundheitsberatung eher zur Erhaltung und Gestaltung von Gesundheit oder (pflegerelevanten) Folgen von Krankheiten (z.B. Medikamenteneinnahme) informiert wird, hat die Pflegeberatung vor allem das Ziel, selbstbestimmtes Entscheiden über die pflegerische Versorgung der Betroffenen zu ermöglichen. Die vielen verschiedenen Pflegedienstleistungen und deren Finanzierungen von verschiedenen Sozialleistungsträgern ist für pflegebedürftige Menschen und deren Angehörige häufig undurchsichtig (Koch & Krampe, 2020). Die Pflegekassen sind daher zur Beratung ihrer Versicherten über ihre eigenen Leistungen sowie solche anderer Träger verpflichtet.

Ziel der Beratung kann es sein, Pflegebedürftigkeit zu verhindern bzw. sie hinauszuzögern, die ambulante oder stationäre Pflege (besser) zu managen, aber auch die Trauerarbeit oder die Aufgabe der Pflegerolle zu bewältigen (Koch & Krampe, 2020). Die Beratung kann in einer Beratungseinrichtung, aber auch im häuslichen Umfeld (unter Berücksichtigung der individuellen Lebenssituation) oder im klinischen Kontext (bspw. im Rahmen des Entlassungsmanagements) stattfinden. Häufig werden neben Einzelterminen auch Gruppenschulungen angeboten, um bspw. Pflegetechniken oder den Umgang mit verschiedenen Krankheitssymptomen in der häuslichen Pflege zu erlernen (Büker, 2021). Auch die Pflegeberatung ist aufgrund gesetzlicher Änderungen inzwischen per Videogespräch möglich (Aulke, 2022).

Inhalte der Pflegeberatung sind somit nicht nur krankheits- und pflegekassenbezogene Informationen für die allgemeine Pflegesituation, sondern auch die Stärkung individueller Bewältigungskompetenzen für akute Krisensituationen (Palesch, 2019). Dies gilt insbesondere für pflegende Angehörige, die sich bei zunehmender Pflegebedürftigkeit des Gepflegten vor allem Beratung über Entlastungsmöglichkeiten, den Austausch mit anderen Betroffenen und Beratung für die eigene Gesundheit wünschen (Büker, 2021). Bei der Pflegeberatung gilt es ähnlich wie bei anderen Mehrpersonengesprächen (siehe Kapitel 5.2.3), die Interessen der verschiedenen Beteiligten (Patient:innen, verschiedene Angehörige) in die Beratung einzubeziehen und damit als Beratende:r eine allparteiliche Haltung einzunehmen (Palesch, 2019).

# 6 Gesundheitsbezogene Organisationskommunikation

In diesem Kapitel erfahren Sie,

- was gesundheitsbezogene Organisationskommunikation auszeichnet;
- welche zentralen Organisationen es in der gesundheitsbezogenen Organisationskommunikation gibt;
- welche Ziele und Interessen die einzelnen Organisationen verfolgen;
- wie sich dies in der Kommunikation der einzelnen Organisationen niederschlägt.

### Formen der Organisationskommunikation

Die Kommunikation in Organisationen wie Kliniken, Pharmaunternehmen oder Stiftungen wird als Organisationskommunikation bezeichnet. In diesem Kontext werden Begriffe wie strategische Kommunikation und Kommunikationsmanagement verwendet, wobei auch interne Kommunikation, Public Relations (PR), Öffentlichkeitsarbeit und Marketingkommunikation Teilbereiche der organisationalen Kommunikation darstellen. Unternehmenskommunikation bezieht sich auf die Kommunikation von gewinnorientierten Organisationen (Unternehmen), während Verbandskommunikation die Kommunikation staatlicher Institutionen und Behörden beschreibt (Röttger et al., 2018). Aufgrund der vielfältigen Organisationsformen und Mischformen im Gesundheitswesen ergeben sich Möglichkeiten, Erkenntnisse aus beiden Forschungsfeldern auf die Gesundheits-Organisationskommunikation anzuwenden.

Der Begriff Organisationskommunikation umfasst sowohl die einseitige als auch dialogische Kommunikationsformen, analoge sowie digitale Kanäle, intern sowie extern ausgerichtete Kommunikation und intendierte sowie emergente Kommunikation (Raupp, 2017). Ein Beispiel für emergente, d.h. eher zufällig entstandene (statt strategisch geplante) Kommunikation sind bspw. Informationsveranstaltungen von Kliniken für Patient:innen. Diese werden vielfach auch von Angehörigen genutzt, obwohl sie für diese nicht geplant waren (Reifegerste, 2022 b).

Die externe Kommunikation zielt mittels PR und Öffentlichkeitsarbeit darauf ab, ein positives Image, Akzeptanz und Vertrauen bei der Öffentlichkeit oder bestimmten Zielgruppen innerhalb dieser zu schaffen. Zusätzlich verfolgt sie im Sinne des Marketings das Ziel, den Absatz von Produkten oder Dienstleistungen eines Unternehmens zu steigern. Bei gemeinnützigen, sog. Non-Profit-Organisationen können diese „Produkte" auch immaterielle Werte wie Gesundheit sein, wodurch sich der Begriff des sozialen Marketings ergibt. Hierbei werden Marketingstrategien für soziale, gemeinwohlorientierte Ziele eingesetzt (siehe Begriffsklärung 9). Gesundheitskampagnen, wie sie etwa von staatlichen Institutionen wie der *Bundeszentrale für gesundheitliche Aufklärung* durchgeführt werden (siehe Kapitel 9), können als Teil der externen Kommunikation betrachtet werden. Des Weiteren umfasst die externe Kommunikation auch die Lobbyarbeit der Organisationen (Mast, 2015).

> **Begriffsklärung 9: Social Marketing**
>
> Während das kommerzielle Marketing (auch bekannt als Business-Marketing) primär wirtschaftliche Ziele anstrebt, fokussiert sich das Sozialmarketing (Social Marketing) eher auf gemeinnützige Ziele wie beispielsweise die Reduzierung von Ungleichheiten im Gesundheitszustand zwischen verschiedenen Bevölkerungsgruppen. Dabei werden Marketingmethoden zur Preisgestaltung, Kommunikation und Vertrieb von Produkten auf soziale Ideen übertragen, um ihre Akzeptanz zu steigern. Im Gesundheitswesen entstehen häufig Konflikte zwischen beiden Marketingansätzen, da viele Akteur:innen, wie etwa Krankenkassen, gleichzeitig sowohl soziale als auch wirtschaftliche Ziele verfolgen oder wohltätige Initiativen nutzen, um wirtschaftliche Interessen zu bedienen (Scherenberg, 2022).

Die interne Organisationskommunikation umfasst die Kommunikation mit Mitarbeiter:innen über Kanäle wie Intranet, E-Mails und Mitarbeiter:innenzeitschriften. Insbesondere in den vielfältigen Veränderungsprozessen der Gesundheitsbranche spielt letztere eine bedeutende Rolle (Brandstädter et al., 2016). Diese Form der Kommunikation beschreibt den Informationsaustausch innerhalb einer Organisation, insbesondere zwischen den Mitarbeiter:innen, mit dem Ziel, eine gemeinsame Ausrichtung zu ermöglichen, etwa während Veränderungsprozessen. Hierbei kommen Instrumente wie Mitarbeiter:innen-Apps, -zeitschriften oder Intranet in Krankenhäusern zum Einsatz (Brandstädter et al., 2016). Der Begriff Organisationskommunikation wird mitunter auf diese interne Kommunikation beschränkt. In Organisationen können diese Kommunikationsprozesse einen Bezug zum Gesundheitswesen aufweisen, insbesondere wenn sie sich direkt auf gesundheitsfördernde Maßnahmen im Betrieb beziehen. Dies kann beispielsweise im Rahmen des betrieblichen Gesundheitsmanagements erfolgen, bei der Gestaltung von Arbeitsumgebungen, Arbeitsmitteln und -abläufen (Domsch & Lohaus, 2009).

Ein weiterer Aspekt der Organisationskommunikation betrifft die Kommunikation zur Personalrekrutierung, um neue Mitarbeitende zu gewinnen. Angesichts des Personalmangels in der Pflege und im Gesundheitswesen ist dies ein dringliches Problem, das jedoch nicht allein durch kommunikative Maßnahmen gelöst werden kann (Camphausen & Brandstädter, 2019). Im Bereich des Personalmarketings setzen Organisationen vor allem auf Social-Media-Plattformen, Jobbörsen und Karriereportale, um potenzielle Kandidat:innen anzusprechen (Zufelde, 2017). Ein Konzept, das hierbei Anwendung findet, ist das sog. Employer Branding. Kliniken beispielsweise versuchen durch Employer Branding ihre spezifischen Werte und Praktiken als eine eigene Marke zu präsentieren. Dies ermöglicht es ihnen, sich von anderen Arbeitgebern auf dem Arbeitsmarkt abzuheben und potenzielle Mitarbeitende anzuziehen sowie langfristig zu binden. Allerdings stellt die langfristige Bindung der Mitarbeitenden eine bedeutende Herausforderung dar. Oftmals können die interne Kommunikation und die praktizierte Unternehmenskultur (auch als Corporate Identity bekannt) im Arbeitsalltag nicht mit der ansprechenden und professionell gestalteten externen Kommunikation mithalten (Lutermann & Böckelmann, 2019).

### Organisationen im Gesundheitswesen

Das Gesundheitswesen besteht aus einer Vielzahl verschiedener Organisationen, die unterschiedliche Interessen (wie ökonomische, politische und soziale) verfolgen. Gleichzeitig unterliegt es umfassenden gesetzlichen Vorschriften. Dies führt zu einer komplexen Struktur und aufgrund der vielfältigen Zielsetzungen zuweilen zu konfliktreichen sozialen Beziehungen. In diesem Zusammenhang spielt Kommunikation eine zentrale Rolle im Gesundheitswesen. Sie ermöglicht nicht nur den Austausch von medizinischen und politischen Informationen, sondern auch Verhandlungsprozesse im Kontext ökonomischer Transaktionen (Roski, 2014).

Zu den wichtigsten Akteur:innen gehören die Leistungsempfänger:innen (d.h. die Patient:innen), die Leistungserbringer:innen sowie die Kostenträger:innen. Während die Leistungserbringer:innen (z.B. Krankenhäuser, niedergelassene Ärzt:innen und Therapeut:innen, Reha-Einrichtungen, Arzneimittelhersteller:innen) die Gesundheitsversorgung für die Patient:innen erbringen, erfolgt die Finanzierung der Leistungen meist nicht direkt durch die Patient:innen, sondern durch Kostenträger:innen. Den größten Teil der Kosten tragen die gesetzlichen und privaten Krankenversicherungen, welche – basierend auf den gesetzlichen Rahmenbedingungen – Verträge mit den Leistungserbringer:innen abschließen. Diese Rahmenbedingungen des Gesundheitssystems werden wiederum von Akteur:innen der Gesundheitspolitik mit den Leistungsempfänger:innen und Leistungserbringer:innen ausgehandelt. Dies geschieht in Deutschland sowohl im Rahmen von Gesundheitsreformen (Knieps & Reiners, 2015) als auch im *Gemeinsamen Bundesausschuss* (G-BA). Der G-BA ist das oberste Beschlussgremium der gemeinsamen Selbstverwaltung der Ärzt:innen, Zahnärzt:innen, Psychotherapeut:innen, Krankenhäuser und Krankenkassen. Dort wird entschieden, welche Leistungen von den Krankenversicherungen übernommen werden.

Die einzelnen Akteur:innengruppen werden durch zahlreiche Institutionen repräsentiert. Diese länderspezifischen und an das vorherrschende Gesundheitssystem angepassten Institutionen bzw. Interessenvertreter können dabei sowohl staatlich (Gesundheitsministerium, Länder), öffentlich bzw. parastaatlich (Krankenkassen, kassenärztliche Vereinigungen, Ärzt:innenkammern) als auch privat (Ärzt:innen, Krankenhäuser, Pharmaunternehmen, Patient:innenverbände und Selbsthilfeorganisationen) sein. Eine Übersicht über die Akteur:innen im Gesundheitssystem in Deutschland findet sich unter dem QR-Code.

### Ziel- und Wertehorizonte der Organisationen im Gesundheitswesen

Tendenziell ist der Gesundheitsmarkt von zunehmendem Kostendruck und damit einhergehender wachsender Konkurrenz zwischen den Akteur:innen geprägt, was auch zu einer Ökonomisierung aufseiten der Leistungserbringer:innen führt (Gerlinger, 2014). Daher gewinnen Fragestellungen der Effizienz und Effektivität einzelner (auch kommunikativer) Maßnahmen zunehmend an Bedeutung. Einerseits führt dies u.a. zum Abbau von Leistungen und der Privatisierung von Einrichtungen (z.B. Kliniken). Andererseits werden Faktoren wie etwa die Qualität der Versorgungsleistung oder Ergebnisse aus Evaluationen hinsichtlich der Effektivität von Präventionsmaßnahmen stärker berücksichtigt, was zu besseren Gesundheitsangeboten führen kann.

Die Ziele im Gesundheitswesen beinhalten oft sowohl medizinische und gemeinwohlorientierte Aspekte als auch wirtschaftliche Interessen. Diese vielfältigen Zielsetzungen erfordern kontinuierliche Abwägungen von Organisationen. Solche Abwägungen spiegeln sich auch in der Kommunikation der Organisationen wider (Roski, 2014). Ein Beispiel hierfür ist die Bestrebung von Kliniken, Pharmaunternehmen und Krankenversicherungen, die Gesundheit zu verbessern. Gleichzeitig streben diese Organisationen aber auch wirtschaftliche Effizienz und in einigen Fällen Gewinnmaximierung an. Das Handeln innerhalb des Gesundheitswesens ist somit von komplexen Zielen und Werten geprägt, die miteinander in Konflikt stehen können, aber auch in Einklang gebracht werden können (Vieth, 2021). Dabei ist es oftmals notwendig und sogar vorteilhaft, sowohl ökonomische als auch gemeinwohlorientierte Ziele zu verfolgen, um die Organisation zu erhalten und ihre Existenz zu legitimieren (Maio, 2016). Verschiedene Begriffe verdeutlichen diese unterschiedlichen Perspektiven, Schwerpunkte und Zielsetzungen. Begriffe wie Gesundheitsmarkt, Konsument:in, Kundenfreundlichkeit, Dienstleistung, Serviceorientierung oder Wettbewerb weisen eher auf eine ökonomische Betrachtungsweise hin. Hingegen rücken Begriffe wie Patient:in oder Gesundheitsversorgung die sozial-karitative Ausrichtung in den Vordergrund (Maio, 2016). Ein historisches Beispiel für solche Zielkonflikte und die damit verbundenen Herausforderungen ist der Fall des „Odolkönigs" August Lingner. Er finanzierte mit den Einnahmen seines Mundwassers „Odol" zahlreiche gemeinnützige Projekte, darunter das Deutsche Hygienemuseum in Dresden (siehe QR-Code). Sein gleichzeitiges Verfolgen von wirtschaftlichen Interessen und Gemeinwohlzielen stieß damals auf Kritik (Reifegerste, 2021).

Dabei ist auch zu berücksichtigen, dass die Gesundheitsbranche als einer der größten Wirtschaftszweige mit enormem Wachstum gilt (BMWK, 2022) und dass Gesundheitsthemen mit einer hohen Emotionalität der Patient:innen sowie ihrer Angehörigen (als wichtige Stakeholder) einhergehen (Knieps & Reiners 2015). Beides hat Einfluss auf die Lobbyarbeit und Advocacy der Beteiligten im Gesundheitswesen (siehe auch Kapitel 6.2). In einem Markt, der durch große Informationsasymmetrie zwischen den Beteiligten geprägt ist, spielt folglich insbesondere das Vertrauen in die Gesundheitsexpert:innen bzw. Institutionen eine zentrale Rolle in der Kommunikation (Roski, 2014). Deshalb sind Image, Reputation und Glaubwürdigkeit wichtige Faktoren für diese Akteur:innen (bspw. Kliniken oder Krankenversicherungen). In diesem Zusammenhang ist auch die Vorbereitung auf außergewöhnliche (negative) Ereignisse (insb. Krisenkommunikation) ein wichtiges Aufgabenfeld für die Unternehmenskommunikation (Röttger et al., 2018).

Wie auch in anderen Bereichen ist die Kommunikation der Leistungserbringer:innen und Kostenträger:innen durch die voranschreitende technologische Entwicklung, Digitalisierung und Algorithmisierung der Kommunikationsprozesse geprägt. Insbesondere aufgrund der umfangreichen und sensiblen Datenlage im Gesundheitssystem eröffnen diese Veränderungen bspw. nicht nur vielfältige Möglichkeiten der Individualisierung von Kommunikationsprozessen, sondern stellen die Beteiligten gleichzeitig auch vor neue Herausforderungen, z.B. hinsichtlich des Datenschutzes.

## 6.1 Organisationen der Leistungserbringer:innen

Die Kommunikation von Leistungserbringer:innen, wie Klinikgesellschaften, Krankenhäuser, Pflegedienstleister:innen oder Ärzt:innen-/Therapeut:innen-Praxen, richtet sich sowohl an die Patient:innen und deren Angehörige als auch an andere Leistungserbringer:innen sowie Kostenträger. Unter den Leistungserbringer:innen kommt den Kliniken eine besondere Bedeutung zu, da sie den größten Teil der Ausgaben der Krankenkassen verursachen (BMWK, 2022).

### Informationssuche potenzieller Patient:innen

Neben der in Kapitel 5.2 vorgestellten Kommunikation zwischen Ärzt:innen und Patient:innen ist – auch aufgrund der zunehmenden Ökonomisierung im Gesundheitswesen – die Kommunikation der Leistungserbringer:innen mit potenziellen Patient:innen relevant. Vor einer Entscheidung möchten sich Patient:innen meist über das Angebot und die Qualität eines:r Leistungserbringer:in informieren. Neben den Empfehlungen von Ärzt:innen (siehe Kapitel 5.2), Angehörigen, Freund:innen oder Kolleg:innen verlassen sich immer mehr Menschen zunehmend auf Bewertungsportale im Internet. Solche Angebote existieren mittlerweile etwa sowohl für Ärzt:innen (z.B. *Arzt-Auskunft, Imedo, Jameda, DocInsider, Weiße Liste*; Emmert et al., 2014) als auch für Krankhäuser (z.B. *AOK-Krankenhausnavigator, Barmer GEK Krankenhausnavi, TK Klinikführer, Krankenhaus.de*; Emmert et al., 2015). Meist finden sich in diesen Portalen subjektive Bewertungen und Erfahrungsberichte von Patient:innen. Zum Teil werden diese Informationen zur Versorgungsqualität auch mit Befragungen oder Qualitätsberichten von Kliniken angereichert (Emmert et al., 2015). Dies entspricht dem allgemeinen Trend, dass Patient:innen insgesamt verstärkt selbst nach Gesundheitsinformationen suchen und entsprechend auch Mitbestimmung bei Gesundheitsentscheidungen einfordern (Seifert, 2015). Zudem haben mediale Unterhaltungsangebote wie etwa Krankenhaus- oder Ärzt:inserien einen Einfluss auf die Wahrnehmung der:des Leistungserbringer:in (siehe Kapitel 7.3). So können Serien wie *In aller Freundschaft* oder *Der Bergdoktor* die Erwartungshaltung der Patient:innen an die Gesundheitsversorgung verändern (Witzel et al., 2018).

### Kommunikation zwischen Leistungserbringer:innen

Neben der Kommunikation mit den Patient:innen spielt auch die Kommunikation unter den Leistungserbringer:innen eine entscheidende Rolle in der Organisationskommunikation. Dies schließt die Interaktion zwischen ambulanten und stationären Leistungserbringer:innen ein, ebenso wie die Kommunikation zwischen Haus- und Fachärzt:innen sowie unterschiedlichen Berufsgruppen, Fachgebieten und Hierarchieebenen (siehe Kapitel 1.5). Die Kommunikation mit überweisenden Ärzt:innen kann maßgeblich den Erfolg eines Krankenhauses oder von Fachärzt:innen beeinflussen. Empfehlungen von Mediziner:innen haben neben den Informationen aus Bewertungsportalen oft großen Einfluss auf die Wahl eines:r Leistungserbringer:in (Nürnberg & Schneider, 2014). Besonders die niedergelassenen Ärzt:innen spielen als Zuweisende in Kliniken eine zentrale Rolle, da sie für bis zu 75 % der Einweisungen in deutsche Krankenhäuser verantwortlich sind. Die Zufriedenheit dieser Zuweisenden hängt von verschiedenen Faktoren ab, darunter eine qualitativ hochwertige Patient:innenversorgung, fachlich kompetentes Klinikpersonal, angemessene technische Ressourcen in der Klinik sowie gut formulierte Ärzt:innenbriefe und eine kooperative interprofessionelle Zusammenarbeit (Kotovnykova et al., 2021). Daher ist das Zuweisungsmarketing, also Maßnahmen zur Förderung dieser Zusammenarbeit, eine wesentliche Aufgabe der Klinikkommunikation, um eine ausreichende Anzahl an Patient:innen zu gewährleisten (Teerling & Reinecke, 2019).

Die Empfehlung einer Klinik durch eine:n Ärzt:in wird auch von seinem:ihrer persönlichen Erfahrungen mit den Kliniken beeinflusst, ebenso wie von den Erfahrungen ihrer Patient:innen und ihrer Zusammenarbeit mit der Klinik in der Nachbereitungsphase (Dobrick et al., 2017). Ein Ansatz zur Vereinfachung der Kommunikationsprozesse zwischen Zuweisenden und Krankenhaus ist die Nutzung eines sog. Zuweisungsportals. Solch ein Portal ermöglicht den beteiligten Ärzt:innen den Zugang zu relevanten Patient:innendaten, einschließlich Entlassungsbriefen, Medikationshinweisen, Röntgenbildern, Diagnosen und Befunden (Kotovnykova et al., 2021).

**Werbung und PR**

Konkrete Werbeaktivitäten, der Vergleich mit Konkurrenten oder das Aussprechen von Empfehlungen durch Kliniken oder Ärzt:innen unterliegen zahlreichen gesetzlichen Regelungen (Nürnberg & Schneider, 2014). Aus diesem Grund und weil keine Vergleiche mit anderen Anbieter:innen erfolgen dürfen, beschränken sich die Betroffenen meist auf die Darstellung der eigenen Angebote (z.B. auf der eigenen Webseite, in Werbeanzeigen oder in Bewertungsportalen).

Die Öffentlichkeitsarbeit (engl. public relations) von Leistungserbringer:innen richtet sich zum einen an Patient:innen, bspw. durch Pressemitteilungen oder Medienauftritte der Mediziner:innen, und zum anderen an politische Entscheidungsträger:innen (Seifert, 2019). Die Interessenvertretungen der Leistungserbringer:in können außerdem Vorschläge oder Empfehlungen zu Entwürfen für Gesetze, Richtlinien und Verordnungen in Entscheidungsgremien auf den verschiedenen politischen Ebenen einbringen, um politische Entscheidungsprozesse im Sinne der jeweiligen Interessen zu beeinflussen (S. Beck, 2014). Neben direkten Kontakten zu Meinungsführer:innen, Expert:innen und Entscheider:innen werden gleichermaßen Medien oder Werbekampagnen genutzt, um gesundheitspolitische Themen zu platzieren (Roski, 2014). So versuchte etwa die *Kassenärztliche Bundesvereinigung* (KBV) die geplanten Änderungen am Versorgungsstärkungsgesetz mittels einer Werbekampagne („Wir arbeiten für Ihr Leben gern") zu unterstützen (Dan, 2019).

Eine besondere Rolle im Gesundheitswesen nimmt die Organisationskommunikation für psychiatrische, psychotherapeutische und psychosomatische Kliniken ein. So unterscheidet sich nicht nur das Finanzierungssystem, welches nicht mit Fallpauschalen (DRGs) abrechnet und eine größere Verzahnung von ambulanten und stationärer Versorgung erfordert (Garg, 2019). Die Stigmatisierung vieler psychischer Erkrankungen führt auch dazu, dass Patient:innen sich eher eine Klinik fernab vom Wohn- und Arbeitsort auswählen, während sie bei somatischen Erkrankungen eine wohnortnahe klinische Versorgung bevorzugen (Dobrick et al., 2017). Zudem hat die verbale Verständigung zwischen den Patient:innen und dem Behandlerteam eine wesentlich höhere Bedeutung als in der somatischen Behandlung, die sowohl von der Patient:innenautonomie (Unterbringung auf Anordnung) als auch von Sprachbarrieren im Austausch mit Migrant:innen herausgefordert wird. Folglich braucht es in diesem Bereich besonders (kultur-)sensible Kommunikationsaktivitäten und eine intensive vertikale Vernetzung mit medizinischen Kooperationspartner:innen, Reha-Anbieter, komplementären ambulanten pflegepsychiatrischen Angeboten. Darüber hinaus bieten digitale Kommunikationswege hier eine Möglichkeit, niedrigschwellig erreichbar zu sein (Garg, 2019).

**Interkulturelle Mitarbeitende in Kliniken**

Um dem zuvor in der Einleitung dieses Kapitels beschriebenen Personalmangel in Kliniken entgegenzuwirken, wird vermehrt medizinisches Personal aus dem Ausland angeworben. Ein deutlicher Anstieg der Anzahl ausländischer Pflegekräfte in Deutschland in den letzten Jahren belegt diese Entwicklung (Ostermann, 2020). Eine Strategie, um der Erzeugung eines Fachkräftemangels in den Herkunftsländern vorzubeugen, ist dabei, gezielt Personen aus Nationen anzuwerben, die einen Überschuss an qualifizierten Fachkräften haben (Bundesgesundheitsministerium, 2019).

Die damit einhergehenden Herausforderungen betreffen jedoch nicht nur die sichere Anwerbung, sondern auch die Anerkennung von ausländischen Abschlüssen und die Überwindung von Sprachbarrieren. Letztere beeinflussen sowohl die professionelle Zusammenarbeit als auch die Kommunikation mit den Patient:innen (DBfK, 2018). Zudem unterscheiden sich oft die organisatorischen Abläufe, die interprofessionelle Arbeitsteilung, die Einarbeitungspraktiken und die Strukturen des Gesundheitssystems, was die reibungslose Integration ausländischer Fachkräfte zusätzlich erschwert.

Um diesen Herausforderungen zu begegnen, wurden verschiedene Maßnahmen entwickelt. Dazu gehören praktische Unterstützungen wie Mentoring-Programme, die Finanzierung von Deutschkursen und die Bereitstellung von Unterkünften. Der „Werkzeugkoffer Willkommenskultur und Integration – Erklärungen, Informationen und Umsetzungstipps" des *Deutschen Kompetenzzentrums für internationale Gesundheits- und Pflegeberufe* (DKF) bietet beispielsweise Anleitungen und Ratschläge in dieser Hinsicht. Dennoch bleibt fraglich, ob diese Maßnahmen allein ausreichen, um das Misstrauen bei Kolleg:innen und Patient:innen bezüglich der fachlichen Kompetenz ausländischer Fachkräfte und somit auch deren Erfahrungen von Diskriminierung zu beseitigen. Es ist wahrscheinlich, dass zusätzlich

Schulungen in interkultureller Kommunikationskompetenz für alle Mitarbeitenden erforderlich sind.

## 6.2 Pharmaunternehmen und Apotheken

### Kommunikation mit Leistungserbringer:innen

Traditionell erfolgte die Produktkommunikation der Pharmaunternehmen vor allem über Ärzt:innen und Apotheker:innen. Besonders bei verschreibungspflichtigen Medikamenten hatte die Entscheidung von Mediziner:innen einen maßgeblichen Einfluss. Auch im Bereich der nicht-verschreibungspflichtigen OTC-Produkte spielte der:die Apotheker:in als Berater:in eine zentrale Rolle. Daher war die Pharmakommunikation lange Zeit hauptsächlich auf diese Gruppen ausgerichtet, mithilfe von Außendienstaktivitäten, Fachzeitschriften-Anzeigen und Teilnahmen an Ärzt:innenfortbildungen und Konferenzen. Inzwischen haben sich die gesetzlichen Rahmenbedingungen im Arzneimittelmarkt deutlich verändert. Arzneimittel dürfen nun auch online verkauft werden, nicht mehr ausschließlich in Apotheken. Gleichzeitig hat sich das Informationsverhalten der Patient:innen durch die zahlreichen Onlineangebote stark verändert. Apotheker:innen stehen zudem in einem verstärkten Wettbewerb mit ausländischen Versandhändlern sowie Drogerien, Supermärkten und Parfümerien, besonders im Bereich der OTC-Produkte. Die Anzahl der Apotheken nimmt kontinuierlich ab und die Rolle des:der Apotheker:in wandelt sich. Es ist eine Herausforderung für Apotheker:innen, sich vermehrt als lokale Gesundheitsdienstleister:innen zu positionieren und sich durch individuelle Beratungs- und Gesundheitsdienstleistungen gegenüber dem Onlinehandel abzugrenzen (Hollat & Siebelt, 2019).

### Kommunikation mit Patient:innen/Verbraucher:innen

Für Pharmaunternehmen sind demnach die Patient:innen die entscheidende Zielgruppe, die sie durch gezielte Werbung direkt ansprechen wollen. Diese Verschiebung wird zusätzlich begünstigt durch den Einfluss von Arzneimitteltools und Rabattverträgen auf die Entscheidungen von Ärzt:innen und Kliniken bezüglich bestimmter Medikamente. Aufgrund dieser Faktoren sind traditionelle Zielgruppen weniger anfällig für die bisherigen Bemühungen der Pharmaunternehmen (Hollat & Siebelt, 2019).

Pharmaunternehmen bewerben ihre Produkte (vor allem verschreibungspflichtige und nicht verschreibungspflichtige Medikamente) wie andere Wirtschaftsunternehmen auch, um ihren Umsatz zu steigern (Dan, 2019). Allerdings unterliegt die Werbung von Pharmaunternehmen ebenfalls besonderen gesetzlichen Beschränkungen (DeLorme et al., 2011). In den meisten Ländern der Welt (Ausnahme ist z.B. die USA) sind Werbeaktivitäten für verschreibungspflichtige Medikamente, die sich direkt an ein Lai:innenpublikum richten, verboten. Zum Teil werden diese Regelungen von den Pharmaunternehmen nicht eingehalten oder durch bestimmte Kommunikationsstrategien umgangen (Dan, 2019). Da bspw. die allgemeine Aufklärung über bestimmte Krankheiten zulässig ist, nutzen Pharmaunternehmen dies als Schlupfloch, um bei dem:der Endverbraucher:in direkt oder indirekt für

Medikamente zu werben. So lässt sich auch rechtfertigen, dass diese Werbemaßnahmen mitunter zum Empowerment der Patient:innen beitragen (Koinig, 2021 b). So werden viele Broschüren oder Informationsseiten über Krankheiten im Internet von Pharmaunternehmen bzw. von durch Pharmaunternehmen bezuschussten Stiftungen oder Vereinen betrieben bzw. finanziert (Dan, 2019). Dies lässt sich jedoch oft nur durch einen genauen Blick ins Impressum der Webseite oder ins Mitgliederverzeichnis der Vereine erkennen.

Die in solchen Angeboten enthaltenen und scheinbar neutralen Informationen haben meist zum Ziel, durch die Information über bestimmte Symptome entweder das Bewusstsein für eine Krankheit zu erhöhen, oder empfehlen vorrangig eine medikamentöse Behandlung (Loss & Nagel, 2009). Ähnliche Ziele verfolgen Pharmaunternehmen durch die Platzierung bestimmter Medikamente (sog. Product Placement) oder Expert:innen in Filmen, Serien oder Ratgebersendungen (Ta & Frosch, 2008) sowie durch das Lancieren von Pressemitteilungen über bestimmte Krankheitsbilder, die dann zu entsprechenden Veröffentlichungen in Zeitschriften (z.B. Apothekenumschau oder Ratgebersendungen) führen können. Aus ethischer Sicht ist diese Form der Medikalisierung allerdings kritisch zu bewerten, da sie zum einen zur Problematisierung von Normalzuständen (z.B. Schwangerschaft) oder normalen Veränderungsprozessen (z.B. das Altern) beiträgt und andererseits alternative und nicht medikamentöse Behandlungsmethoden verschweigt. Kritisch bewertet wird in diesem Zusammenhang ebenfalls die Lobbyarbeit von Pharmaunternehmen, wenn bspw. Arzneimittelstudien für Wissenschaftler:innen finanziert oder Ärzt:innen und Journalist:innen auf Kongressreisen eingeladen werden (Schott et al., 2010). Es ist zu vermuten, dass sich die geförderten bzw. unterstützten Personen dann z.B. verpflichtet fühlen, ihren Patient:innen das Produkt des jeweiligen Unternehmens zu empfehlen und positiv über den Sponsor zu berichten (Jantzer, 2006).

**Lobbyarbeit**

Da die Produktion von pharmazeutischen Produkten und öffentliche Kommunikationsmaßnahmen darüber starken Reglementierungen unterworfen ist, beschäftigt sich ein großer Bereich der strategischen Pharmakommunikation auch damit, die damit zusammenhängenden und relevanten gesetzlichen Rahmenbedingungen zu beeinflussen (Dan, 2019). Durch diesen strategischen Lobbyismus sollen Gesetzesvorhaben beschleunigt, inhaltlich verändert, verzögert oder sogar verhindert werden (Beck, 2014). Wie bei anderen Akteur:innen besteht die Lobbyarbeit von Pharmaunternehmen einerseits in direkter, persönlicher, d.h. nicht öffentlicher Kommunikation, zum Teil auch unterstützt durch Parteispenden (Jorgensen, 2013). Andererseits werden Beeinflussungsversuche aber auch indirekt und öffentlichkeitswirksam unternommen (d.h. durch Dritte oder über die Medien). So werden bspw. Patient:innenorganisationen oder Selbsthilfegruppen von Pharmaunternehmen gesponsert, damit diese wiederum die Interessen des Pharmaunternehmens verteidigen (Dan, 2015).

So dient die Presse- und Öffentlichkeitsarbeit von Behörden, wie dem *Bundesinstitut für Arzneimittel und Medizinprodukte* (BfArM) und dem *Paul-Ehrlich-Institut*

(PEI) dafür, um Informationen zu Anwendungsrisiken von Arzneimitteln sowohl an Patient:innen als auch Angehörige der Heilberufe zu vermitteln (Bergner et al., 2022). Dafür nutzen die Behörden verschiedene Kommunikationsplattformen wie z.B. Rote-Hand-Briefe, Schulungsmaterial in Praxissoftwaresystemen oder ihre Webseiten (z.B. siehe QR-Code).

Eine besondere Herausforderung war die Risikokommunikation zu den COVID-19-Impfstoffen, da innerhalb kürzester Zeit eine Vielzahl an Informationen verarbeitet und bewertet werden musste. Ergänzend zu den etablierten Kommunikationswegen war daher auch eine aktive Pressearbeit notwendig, um den Bürger:innen eine fundierte Impfentscheidung zu ermöglichen. Zu einer transparenten und evidenzbasierten Kommunikation gehört in diesem Fall auch, Informationen zu präsentieren, obwohl die Fakten noch nicht vollständig geklärt waren. Gleichzeitig galt es, falsche Informationen und unbegründete Ängste auf der Basis der vorhandenen Befunde zu korrigieren (Bergner et al., 2022).

Neben diesen staatlichen Institutionen haben es sich auch zahlreichen nicht staatliche Institutionen, wie die „Initiative Nachrichtenaufklärung" (siehe QR-Code: oben), die Vebraucherzentralen (siehe QR-Code: Mitte) oder Medwatch (siehe QR-Code: unten), zur Aufgabe gemacht, auf beachtenswerte Vorgänge bzw. fragwürdige Werbeversprechen der Pharmaunternehmen aufmerksam zu machen und diese näher zu beleuchten.

## 6.3 Krankenversicherungen

Ebenso wie bei anderen Akteur:innen im Gesundheitssystem ist die Kommunikation der Krankenversicherungen stark von den gesetzlichen und strukturellen Rahmenbedingungen im jeweiligen Land geprägt (Fischer et al., 2012). Diese Rahmenbedingungen schränken den Handlungsspielraum der Krankenkassen mitunter sehr stark ein, da bspw. nur Leistungen übernommen werden können, die im Leistungskatalog aufgeführt sind (was auch immer wieder zu entsprechenden Beschwerden durch die Versicherten führt). Aufgrund ihrer Funktion als Kostenträger und Vermittler zwischen Versicherten und Leistungserbringer:innen interagieren Krankenkassen mit verschiedenen Akteur:innen des Gesundheitswesens. Neben der Kommunikation mit Versicherten haben sie u.a. auch regelmäßigen Kontakt mit indirekten Zielgruppen (z.B. Angehörigen, Arbeitgeber:innen/Unternehmen oder Betreuer:innen), Leistungserbringer:innen bzw. deren Institutionen sowie politischen Akteur:innen, Verbänden und Organisationen (Reifegerste et al., 2019).

### Wirtschaftliche und solidarische Ziele

Aus dem zunehmenden Wettbewerb im Gesundheitsmarkt hat sich auch für die gesetzlichen Krankenkassen ein Dilemma zwischen wirtschaftlichen Interessen und solidarischer Finanzierung bzw. gesetzlicher Leistungsverpflichtung entwickelt (Scherenberg, 2014). Sie bewegen sich hierbei ebenso wie die Leistungserbringer:innen im Spannungsverhältnis zwischen marktwirtschaftlichen Zielen und der solidarischen Unterstützung hilfsbedürftiger Patient:innen (Hollat & Siebelt, 2019). So müssen sie mit ihrer Kommunikation mitunter sehr unterschiedliche Zielstellungen bedienen. Einerseits werben sie um Mitglieder oder versuchen, bereits vorhandene Mitglieder zu halten. Andererseits nutzen sie Kommunikation über Präventions- und Versorgungsthemen, um kranke oder potenziell gefährdete Versicherte zu motivieren, selbst einen größeren Beitrag zu ihrem Gesundungsprozess beizutragen. Damit sollen die Leistungsausgaben (z.B. für Krankenhausaufenthalte, Medikamente etc.) möglichst niedrig gehalten werden. Die beiden Zielstellungen erfordern die Berücksichtigung der Eigenheiten unterschiedlicher Zielgruppen, Kommunikationsinhalte und Medienformen. Deshalb werden von Krankenkassen Strategien aus unterschiedlichen Fachdisziplinen eingesetzt (siehe Tabelle 10).

Für die unterschiedlichen Kommunikationsaufgaben nutzen Krankenversicherungen eine große Bandbreite an Kommunikationsformen, die von Präventions-Apps für Smartphones, Social-Media-Auftritten und Internetangeboten über traditionelle Briefkommunikation, Werbeanzeigen und Pressemitteilungen bis hin zu Fachkonferenzen und Eventmarketing reichen. Neben den klassischen persönlichen Beratungsformen (telefonisch oder in einer Filiale) führen Krankenkassen zunehmend auch Angebote zur Beratung in onlinebasierten Kommunikationskanälen im Internet, sozialen Medien, Chats oder Foren ein. Damit versuchen die Krankenkassen, den steigenden Forderungen der Versicherten nach zeit- bzw. ortsungebundener Erreichbarkeit sowie Flexibilität gerecht zu werden.

Im Bereich des Leistungsmanagements stehen Krankenkassen häufig vor einem Dilemma zwischen Kontrolle und Unterstützung. Einerseits agieren sie als Berater und unterstützen die Versicherten, andererseits müssen sie die wirtschaftliche Verwendung der Ressourcen (sowohl für Leistungsbewilligungen als auch für das eigene Personal) gewährleisten, um eine solidarische Finanzierung sicherzustellen (Reifegerste et al., 2019). Diese Spannung beeinflusst nicht nur das Vertrauensverhältnis zu den Versicherten, sondern erfordert auch einen sensiblen Umgang mit den verfügbaren Patient:innendaten, bspw. bei der Abrechnung von Medikamenten. Die Kooperation mit den Leistungserbringer:innen erfolgt in abgestimmten organisatorischen Strukturen wie bereits erläutert. Zusätzlich zu den Leistungserbringer:innen sind auch Aufsichtsgremien, Verbände und politische Institutionen wichtige Kommunikationspartner:innen und Anspruchsgruppen der Krankenkassen. Die Kommunikation mit diesen Partner:innen zielt darauf ab, eine nachhaltige und langfristige Interessenvertretung zu gewährleisten, und erfolgt oft in Form von persönlicher Kommunikation (Roski, 2014).

*Tabelle 10: Strategien der Krankenversicherungskommunikation. Quelle: Eigene Darstellung.*

| Ziel | Mitgliederwerbung und Imageverbesserung | Kundenbindung und Weiterempfehlung | Kostenmanagement und Prävention |
|---|---|---|---|
| Zielgruppen/ Adressaten | Junge, gutverdienende und gesunde Versicherte, junge Familien, Auszubildende, Studierende | Mitglieder | Ältere, chronisch Kranke und Risikogruppen |
| Inhalte | Leistungsangebote, Einsteigerinfopakete, Bewerberportale, Bonusprogramme, Wahltarife, Schwangerschaftsinformationen | Beratung zu allen Bereichen der Krankenkassen, Beschwerdemanagement | Disease-Management-Programme |
| Kommunikationswege | Werbeanzeigen in Printmedien oder in der Außenwerbung, Radiospots, Fernsehwerbung, Events, Sponsoring | Mitgliederzeitschriften, Mailings, Kundenberatung | Briefe, Flyer, Zeitschriften über spezielle Krankheiten, Informationsbroschüren |
| Strategien vergleichbar mit | Werbekommunikation, Guerilla- oder Eventmarketing, Public Relations | Dienstleistungsmarketing | Gesundheitswissenschaften, soziales Marketing, Gesundheitskampagnen staatlicher und nichtstaatlicher Organisationen |

## 6.4 Öffentliche Institutionen und Stiftungen

Im Gesundheitswesen wird Kommunikation von zahlreichen öffentlichen Institutionen und Stiftungen mit ganz unterschiedlichen Aufgaben betrieben (Wiegard et al., 2019). Dazu zählen insbesondere staatliche Behörden, die sich verschiedenen Aufgaben widmen. Diese beinhalten u.a.:

- Entwicklung von Gesetzen (*Bundesministerium für Gesundheit in Deutschland, Bundesministerium für Gesundheit und Frauen in Österreich, Bundesamt für Gesundheit in der Schweiz*);
- Überwachung und Weiterentwicklung der Qualität der Gesundheitsversorgung (z.B. *Institut für Qualität und Wirtschaftlichkeit im Gesundheitswesen* (IQWIG) in Deutschland, *Institut für Qualitätssicherung und Transparenz im Gesundheitswesen* (IQTIG), *Bundesinstitut für Qualität im Gesundheitswesen* (BIQG) in Österreich);
- Information der Bevölkerung über Gesundheitsrisiken und Motivation zur Gesundheitsförderung (z.B. *Bundeszentrale für gesundheitliche Aufklärung in Deutschland, Fonds Gesundes Österreich*);
- Bewertung und Zulassung von Impfstoffen, Arzneimitteln und Medizinprodukten (z.B. *Bundesinstitut für Arzneimittel und Medizinprodukte in Deutschland, Bundesamt für Sicherheit im Gesundheitswesen in Österreich*);

- Erkennung, Verhütung und Bekämpfung von Krankheiten, insbesondere der Infektionskrankheiten (z.B. *Robert Koch-Institut* in Deutschland, *Sentinella* in der Schweiz, *Oberster Sanitätsrat* in Österreich);
- Gesundheitsberichterstattung und Sammlung von Daten (z.B. *Deutsches Krebsregister, schweizerisches Gesundheitsobservatorium*).

Den öffentlichen Institutionen und Stiftungen ist gemeinsam, dass ihre Arbeit vorrangig dem Nutzen der Allgemeinheit und nicht wirtschaftlichen Interessen dient. Ihre Kommunikationsmaßnahmen folgen daher den Grundsätzen des Social Marketing (siehe Begriffsklärung 9) und beinhalten häufig auch Kampagnen zu Gesundheitsförderung und Krankheitsprävention. Solche Maßnahmen werden aber nicht nur von öffentlichen Institutionen durchgeführt, sondern auch von Stiftungen, Interessenvertretungen der Patient:innen oder Leistungserbringer:innen in Eigenregie organisiert (Roski, 2014).

---

**Beispiel 9: Bundeszentrale für gesundheitliche Aufklärung (BZgA)**

Die *Bundeszentrale für gesundheitliche Aufklärung* (BZgA) ist eine Fachbehörde im Geschäftsbereich des *Bundesministeriums für Gesundheit* (BMG). Sie hat die Aufgabe, Grundsätze und Richtlinien für Inhalte und Methoden der praktischen Gesundheitserziehung zu erarbeiten, die auf dem Gebiet der Gesundheitserziehung und -aufklärung tätigen Personen aus- und fortzubilden, gesundheitliche Aufklärung und Gesundheitserziehung im Bundesgebiet zu koordinieren und zu verstärken sowie in diesen Themenfeldern als Vertreterin von Deutschland mit dem Ausland zusammenzuarbeiten. Einen detaillierten Einblick in die Geschichte der Institution BZgA im Kontext der Entwicklung der Gesundheitsaufklärung in Deutschland nach 1945 findet sich bei Sammer (2020).

Die Informations- und Kommunikationsaufgaben der BZgA betreffen im Wesentlichen drei große Schwerpunktbereiche:

(1) allgemeine gesundheitliche Aufklärung mit dem Schwerpunkt der Gesundheitsförderung bei Kindern und Jugendlichen;

(2) langfristige, bundesweite Aufklärungskampagnen und Programme (HIV-/AIDS-Prävention, Suchtprävention, Sexualaufklärung);

(3) Aufklärung in weiteren Themenfeldern mit besonderer gesundheitlicher Priorität; Letzteres sind bspw. die Aufklärung zu Organspenden, Schutzimpfungen oder der Themenbereich Chancengleichheit.

---

International gehört die WHO zu den wichtigsten öffentlichen Institutionen der Gesundheitskommunikation, während auf nationaler Ebene in Deutschland dem *Bundesministerium für Gesundheit*, in Österreich der *Bundesgesundheitsagentur* und in der Schweiz dem *Bundesamt für Gesundheit* führende Rollen zukommen. Wiegard et al. (2019) geben einen Überblick über die Aufgaben und Arbeitsschwerpunkte der einzelnen Institutionen in Deutschland. Neben den entsprechenden Expert:innen gehören häufig auch Lai:innen zur Zielgruppe der öffentlichen Institutionen, die allgemein verständliche, verlässliche und genaue Informationen erfordern (Wiegard et al., 2019). Informationen, die von einer staatlichen oder öffentlichen Institution oder Organisation herausgegeben werden, gelten oft per se als sehr glaubwürdig und müssen deshalb auch besonders hohen Qualitätsanforderungen (z.B. dem der Evidenzbasierung; siehe Kapitel 9.2) entsprechen. Insbesondere in Krisensituationen ist es jedoch auch für diese Stellen schwierig, Informationen sowohl schnell als auch zuverlässig bereitzustellen (siehe Beispiel 9). Um die gesamte Bevölkerung zu erreichen, stehen die Akteur:innen vor der Herausforderung, zielgruppenspezifisch zu kommunizieren (siehe Kapitel 8.2) und darüber hinaus keine diskriminierenden Informationen zu verbreiten, bspw. im Hinblick auf kulturelle Unterschiede (Wiegard et al., 2019).

**Krisenkommunikation öffentlicher Institutionen**

Die staatlichen Behörden standen während der COVID-19-Pandemie vor großen Herausforderungen in der Krisenkommunikation. Der wissenschaftliche Kenntnisstand über das Virus und geeignete Schutzmaßnahmen änderte sich ständig, und frühere Empfehlungen erwiesen sich mitunter als fehlerhaft, wie beispielsweise die Empfehlung, keine Masken zu tragen. Das übergeordnete Ziel der Krisenkommunikation bestand darin, das Krisenmanagement bei der Bewältigung der Krise zu unterstützen (Hoffmann et al., 2022). Die lange Dauer der Krise, die anhaltenden Einschränkungen im täglichen Leben und die kontinuierliche Informationsänderung führten zur Ermüdung der Bevölkerung gegenüber Informationen. Trotzdem bemühten sich die Behörden, das Vertrauen der Bevölkerung aufrechtzuerhalten. Hierzu war es wichtig, die Informationen verständlich, zugänglich, auf wissenschaftlichen Erkenntnissen basierend, transparent und hoffnungsvoll zu vermitteln. Angesichts der sich ständig ändernden Fakten war es notwendig, eine angemessene Fehlerkultur zu etablieren und die Bedürfnisse der Bevölkerung zu erkennen sowie sie aktiv in die Krisenbewältigung einzubeziehen. Soziale Medien spielten eine bedeutende Rolle in der Krisenkommunikation der Behörden, da sie den Dialog und die Partizipation ermöglichten. Allerdings wurde auch deutlich, dass soziale Medien Raum für Fehlinformationen und Desinformation boten, die sich auf das pandemierelevante Gesundheitsverhalten auswirkten, wie etwa die Entscheidung, keine Masken zu tragen. Die Behörden versuchten dennoch das Vertrauen der Bevölkerung langfristig zu erhalten. Dafür war es notwendig, die Informationen verständlich, zugänglich, evidenzbasiert, transparent und hoffnungsvoll zu vermitteln (Dickmann & Strahwald, 2022; Hoffmann et al., 2022). Um das Vertrauen der Bevölkerung in zukünftigen Krisensituationen zu stärken, schlagen Dickmann und Strahwald (2022) vor, dass Behörden verstärkt über Chancen (nicht nur über Risiken) informieren sollten. Dies könnte dazu beitragen, eine ausgewogene Wahrnehmung und eine bessere Informationsgrundlage für die Bevölkerung zu schaffen.

**Stiftungen und Vereine**

Darüber hinaus engagiert sich eine Vielzahl an Stiftungen und Vereinen in der Gesundheitskommunikation. Hierzu gehören sowohl Stiftungen, die sich einem spezifischen Gesundheitsthema bzw. einer Krankheit widmen (z.B. *Deutsche Aidshilfe e.V.*, *Pro Mente Sana* als Stiftung für die Anliegen von psychisch erkrankten Menschen), als auch Vereine, die regional eingeschränkt tätig sind (z.B. die *Landesvereinigungen für Gesundheit*). So setzte sich bspw. die *Stiftung Junge Erwach-*

*sene mit Krebs* in ihrer Advocacy-Arbeit dafür ein, dass Krankenversicherungen die Finanzierung von Fruchtbarkeitsbehandlungen bei jungen Patient:innen mit Krebs übernehmen (Stüwe & Pawlowski, 2021). Private Stiftungen haben mit ihren Kampagnen meist das Gemeinwohl im Blick und werden zum Teil von staatlicher Seite (finanziell) unterstützt, zum Teil finanzieren sie sich aus Spenden. Allerdings agieren sie (z.B. im Vergleich zur BZgA in Deutschland) unabhängig und können kaum auf die Einhaltung bestimmter Vorgaben und Kriterien verpflichtet werden.

Häufig sind auch Pharmaunternehmen oder medizinisches Personal an Vereinen, Stiftungen oder Patient:innenorganisationen beteiligt, sodass die Interessen häufig nicht klar zuzuordnen sind. Umfangreiche finanzielle Mittel und persönliche Kontakte ermöglichen diesen Akteur:innen zum Teil aufwendige Kampagnen (Loss & Nagel, 2009). So konnte etwa die *Felix-Burda-Stiftung*, die sich durch umfassende Anzeigenaktionen zur Darmkrebsfrüherkennung auszeichnet, viele Prominente für ihre Aktionen gewinnen (siehe Abbildung 17). Zudem zeichnen sich ihre Kampagnen (vgl. die Kampagnen der *Michael-Stich-Stiftung*) häufiger durch besonders drastische, provokative und schockierende Motive aus, da sich die Akteur:innen dadurch eine größere Aufmerksamkeit erhoffen (Loss & Nagel, 2009). Problematisch kann allerdings auch der Einfluss von unternehmensnahen Stiftungen auf die Wissenschaftskommunikation im Rahmen ihrer Lobbyarbeit sein. So beschreiben Proctor und Schiebinger (2008) die Strategie der gezielten Verwirrung und Ablenkung von Tabakfirmen oder Nahrungsmittelherstellern. Die Unternehmen geben Forschung in Auftrag, die dann suggeriert, dass etablierte Forschungsergebnisse (z.B. zur gesundheitsschädlichen Wirkung von Tabak oder Zucker) angezweifelt werden müssten. Ähnlich wie bei den Informationskampagnen von Pharmaunternehmen ist auch hier nicht immer auf den ersten Blick erkennbar, welche Unternehmen sich hinter den Stiftungen verbergen.

# 7 Massenmediale bzw. öffentliche Gesundheitskommunikation

In diesem Kapitel erfahren Sie,

- anhand welcher Kriterien Medieninhalte unterschieden werden;
- welche Charakteristika und Einflussfaktoren Mediennutzung hat;
- anhand welcher Dimensionen Medienwirkungen unterschieden werden;
- und welche positiven und negativen Effekte sich aus der Mediennutzung ergeben können.

Wie der Titel dieses Kapitels schon andeutet, können die folgenden Teilkapitel sowohl unter dem Überbegriff massenmediale als auch öffentliche Gesundheitskommunikation eingeordnet werden. Es gibt hier unterschiedliche Perspektiven auf die Frage, welche Begrifflichkeit vor dem Hintergrund der heutigen Kommunikationslandschaft angemessener ist (siehe Kapitel 1.1).

Im klassischen Verständnis bezieht sich Massenkommunikation auf die öffentliche Verbreitung von Informationen, Nachrichten und Inhalten an ein breites Publikum über technische Verbreitungskanäle wie Fernsehen, Radio, Zeitungen und das Internet. Es handelt sich um eine einseitige und indirekte (d.h. medienvermittelte) Kommunikationsform, bei der die Inhalte von einer Quelle an viele unbekannte Empfänger:innen (d.h. ein disperses Publikum) gesendet werden. Ursprünglich wurde Massenkommunikation vor allem von interpersonaler Kommunikation wie Brief und Telefon unterschieden (Maletzke, 1963). Diese klassische Zweiteilung von massenmedialer versus interpersonaler Kommunikation lässt sich aufgrund fehlender Trennschärfe sowie zunehmender Medienkonvergenz immer weniger anwenden (siehe Kapitel 1.1).

Dabei waren und sind mit Massenmedien vor allem Medien gemeint, die identische Inhalte an ein Massenpublikum oder die Öffentlichkeit verbreiten. Nicht gemeint ist hingegen die massenhafte Verbreitung und Nutzung eines Mediums, denn dann wäre auch das Telefon ein Massenmedium. Ausschlaggebend ist somit nicht das Kriterium der Masse, sondern das der Öffentlichkeit. Treffender ist somit der Begriff öffentliche Kommunikation (Beck, 2020). Dieser ist im Vergleich zum Begriff Massenkommunikation breiter gefasst und fokussiert stärker den Austausch von Informationen, Ideen und Meinungen in der Öffentlichkeit. Darunter fallen demnach Kommunikationsformen wie persönliche Interaktionen, Diskussionen, Debatten, öffentliche Versammlungen, soziale Medien und anderen Plattformen, auf denen Menschen miteinander in Austausch treten und ihre Ansichten äußern können (Bentele et al., 2003; Hahn et al., 2017). Manchmal wird hier auch von Netzwerköffentlichkeit gesprochen (Friemel & Neuberger, 2021).

Da die Verwendung der Begriffe zum Teil unsystematisch erfolgt und die Konzepte zentrale Überschneidungen aufweisen, können folgende Kriterien helfen, sie voneinander abzugrenzen:

- Zielgruppe und Reichweite:
  - Massenkommunikation zielt auf eine breite, anonyme Masse von Menschen ab. Die Botschaften werden an eine große Anzahl von Empfänger:innen verbreitet, ohne eine individuelle Interaktion mit den einzelnen Empfänger:innen.
  - Öffentliche Kommunikation konzentriert sich auf die Interaktion mit einer bestimmten Öffentlichkeit oder Gruppe von Menschen. Oft erfolgt eine Segmentierung der Zielgruppe und eine entsprechende Anpassung der Inhalte.
- Interaktivität:
  - Massenkommunikation ist oft weniger interaktiv und ermöglicht weniger direktes Feedback von den Empfänger:innen. Die Kommunikation erfolgt meist in einer Richtung von Sender:in zu Empfänger:innen.
  - Öffentliche Kommunikation ist in der Regel interaktiver, da sie Raum für Rückmeldungen, Diskussionen und Dialoge bietet. Es besteht die Möglichkeit, auf Fragen, Kommentare und Anregungen zu reagieren.
- Medienkanäle:
  - Massenkommunikation erfolgt häufig über Massenmedien wie Fernsehen, Radio, Zeitungen, Zeitschriften und digitale Plattformen, die eine große Reichweite haben.
  - Öffentliche Kommunikation kann über verschiedene Kanäle erfolgen, einschließlich persönlicher Treffen, Veranstaltungen, sozialer Medien und spezialisierter Kommunikationsmittel.

Für eine ausführliche Übersicht siehe Tabelle 17 und Hoffmann (2019), McQuail (2015), Baran und Davis (2021), Beck (2020) sowie Severin und Tankard (2010).

Unabhängig von der Unterscheidung zwischen massenmedialer bzw. öffentlicher Gesundheitskommunikation lässt sich die Forschung dazu entlang der *Laswell-Formel* (siehe Kapitel 1.1) in drei Hauptbereiche unterscheiden: Inhalte, Nutzung und Wirkung. Die folgenden Kapitel widmen sich darum auch diesen drei Teilbereichen. Dabei werden die im Fach etablierten (wenngleich unspezifischen) Terminologien massenmediale Kommunikation bzw. Medien verwendet.

## 7.1 Inhalte

### Gesundheitsrelevanz vs. Gesundheitsbezug

Die Aussage, dass Gesundheitsthemen in den Medien omnipräsent seien, wird immer wieder von den unterschiedlichsten Quellen geäußert. Diese mitunter richtige Beobachtung ist jedoch eher eine Pauschalisierung und wird der Komplexität verschiedenartiger Medieninhalte nicht gerecht. Zunächst lassen sich gesundheitsrelevante Medieninhalte von gesundheitsbezogenen Medieninhalten unterscheiden (Baumann, Lampert & Fromm, 2020). Grundsätzlich können alle Medieninhalte, die „einen Einfluss auf gesundheitliche Einstellungen, Meinungen und Verhaltensweisen sowie den Gesundheitszustand der Rezipienten und Nutzer haben" (Fromm et al., 2011, S. 89) als gesundheitsrelevant kategorisiert werden. Thematisieren sie darüber hinaus auch noch explizit Gesundheitsthemen (z.B. Ärzt:inserien, Gesundheitsinformationssendungen), wird von einem Gesundheitsbezug der jeweiligen Inhalte gesprochen. Während im Rahmen dieses Kapitels insbesondere gesundheitsbezogene Medieninhalte betrachtet werden, finden im Kapitel zu Medienwirkungen in der Gesundheitskommunikation (siehe Kapitel 7.3) auch die gesundheitsrelevanten Medieninhalte und deren Nutzung Berücksichtigung. Ein weiteres Unterscheidungskriterium für gesundheitsbezogene Medieninhalte ist zudem, ob sich diese explizit auf Gesundheit bzw. Krankheit beziehen (z.B. eine Reportage über eine erkrankte Person) oder ob sie nur einen eher impliziten Gesundheitsbezug (z.B. in Spielfilmen oder Serien) aufweisen (Fromm et al., 2011). In letzteren wird bspw. Risikoverhalten, wie Rauchen oder Alkoholkonsum, eher beiläufig und meist ohne weitere Kommentierung oder Kontextualisierung dargestellt.

### 7.1.1 Strukturierungsmöglichkeiten von Medieninhalten

#### Spektrum der Gesundheitsformate

So vielfältig wie die angesprochenen Themen können auch die Formate sein, in denen Gesundheitsthemen zu finden sind. Gesundheitsthemen können u.a. in Ratgebersendungen, in Nachrichten der Tageszeitung, in Gesundheitszeitschriften, aber auch in Ärzt:inserien, Spielfilmen oder Broschüren enthalten sein bzw. angesprochen werden (Fromm et al., 2011). Das Spektrum der Medieninhalte reicht somit von eher sachlichen, informativen Darstellungen in Nachrichten- oder Ratgeberformaten über unterhaltsame Erzählungen (d.h. narrative Formate) bis hin zu werblichen Sendungen (siehe Tabelle 11). Zudem ist es möglich, dass die Kommunikator:innen strategisch informations- oder unterhaltungsorientierte Formate verwenden, um persuasive Absichten zu verschleiern. So nutzen Pharmaunternehmen sowohl Produktplatzierungen in Unterhaltungsformaten als auch Informationsbroschüren oder krankheitsspezifische Internetseiten, um ihre Marke oder ein bestimmtes Produkt zu vermarkten. Auch im Rahmen von Gesundheitskampagnen werden persuasive Absichten in Unterhaltungsformaten verpackt (siehe Kapitel 7.1), um Zielgruppen zu erreichen, die sich wenig für Gesundheitsthemen interessieren und nicht aktiv danach suchen würden. Darüber hinaus finden sich in den Medien vielfältige Formate, die offensichtlich versuchen, die Nutzer:innen von einem Produkt oder einer Verhaltensweise zu überzeugen (d.h. persuasionsorientiert sind). Dies geschieht u.a. durch Werbeanzeigen in Printmedien oder im Internet.

Die Themen werden dabei in unterschiedlichen Kanälen (z.B. Fernsehen, Zeitungen, Internet) und Formen (textlich, bildlich oder audiovisuell) präsentiert. Aufgrund zunehmender Konvergenztendenzen (siehe Kapitel 1.2) ist eine klare Trennung zwischen einzelnen Medienkanälen und Vermittlungsformen (wie Text, Bilder, interaktive Grafiken sowie Videos) nicht immer möglich bzw. wird zunehmend schwieriger.

*Tabelle 11: Beispiele für verschiedene gesundheitsbezogene Medienformate. Quelle: Eigene Darstellung.*

| Medium | Informationsorientiert | Unterhaltungsorientiert | Persuasionsorientiert |
|---|---|---|---|
| Print | Zeitungen, Ratgeber, Informationsbroschüren | Zeitschriften | Anzeigen, Flyer |
| Fernsehen & Radio | Nachrichten, Dokumentationen, Ratgebersendungen | Serien, Spielfilme | Werbesendungen, Product-Placement |
| interaktive Medien und Anwendungen | Webseiten, Onlinelexika, Onlineberatung und -foren, Datenbanken, Apps, e-Learning-Programme | soziale Netzwerke, Video- und Bilderplattformen, Videospiele | Banner, Werbevideos |

### Klassifikation von Internetangeboten

Darüber hinaus bieten die Angebote unterschiedliche Möglichkeiten der Interaktion bzw. einen unterschiedlichen Grad an Interaktivität. Während einige Angebote aus Sicht der Nutzer:innen nur eine einseitige Kommunikation von dem oder der Sender:in zu den Empfänger:innen ermöglichen und die Rezipient:innen eher passiv bleiben (S-R-Modell; bspw. Leser:innen von Printmedien und Zuschauer:innen oder Zuhörer:innen der Rundfunkmedien), ermöglichen verschiedene soziale und mobile Medienangebote den interaktiven Austausch über das persönliche Gesundheitsverhalten (bspw. Online-Communitys). Als eine weitere Form der Interaktivität kann die personalisierte und bedarfsorientierte Zusammenstellung von Inhalten gesehen werden. So können Nutzer:innen im Internet auf eine große Menge sehr spezifischer und unterschiedlich stark individualisierter Informationen zugreifen. In diesem Zusammenhang wird zwischen gesundheitsbezogenen Angeboten mit Fokus auf Inhalten (engl. health content) und Formaten zum Austausch über Gesundheitsthemen wie soziale Netzwerke oder Foren (engl. health communities) unterschieden (siehe Tabelle 12). Onlineselbsthilfegruppen, Chats mit professionellen Anbieter:innen und Gesundheitsportale sind häufig so gestaltet, dass Nutzer:innen auch selbst Inhalte generieren können, indem sie etwa Fragen stellen oder selbst Rückmeldungen, Hinweise oder Erfahrungsberichte geben. Lai:innen können somit unter Umständen über das Internet und die dort existierenden Kanäle bzw. Angebote (z.B. Blogs, *Facebook*, *YouTube*, *Pinterest*, *Instagram*, *TikTok* oder *Twitter*) ihre Inhalte und Erfahrungen mit einem großen Publikum teilen. Die Form und die Qualität der durch Lai:innen erstellten Inhalte (sog. user-generated content) sind ausgesprochen heterogen und es lassen sich nur schwer generelle Aussagen zu deren Qualität treffen. Zusätzlich zu diesem Austausch unter betroffenen Lai:innen finden sich auch Angebote, die einen Kontakt zwischen Medizinexpert:innen und Lai:innen ermöglichen. Zu diesen Formaten der Gesundheitsversorgung (engl. health provision) zählen etwa virtuelle Sprechstunden oder durch Fachpersonal moderierte Foren, Onlinevortragsreihen oder Onlineselbsthilfegruppen (siehe Kapitel 6.2 und 6.3).

*Tabelle 12: Klassifikationen von Gesundheitsangeboten im Internet. Quelle: Eigene Darstellung nach Rossmann, 2010, S. 343.*

| Funktionalität | Interaktivitätsgrad | Interessen | Anbieter | Adressaten |
|---|---|---|---|---|
| ■ Content<br>■ Community<br>■ Provision | ■ Information (einseitig)<br>■ Interaktion (wechselseitig)<br>■ Transaktion (wechselseitig) | ■ Kommerziell<br>■ Nicht-kommerziell (non-profit) | ■ Gesundheitswesen<br>■ Politik<br>■ Wissenschaft<br>■ Medien<br>■ Lai:innen | ■ Gesundheitswesen<br>■ Politik<br>■ Wissenschaft<br>■ Lai:innen (Öffentlichkeit, Zielgruppen, Betroffene) |

### Kommunikator:innen

Als Urheber von gesundheitsbezogenen Medieninhalten lassen sich professionelle Kommunikator:innen von Lai:innen unterscheiden. Professionelle Kommunikator:innen von Medieninhalten können Akteur:innen und Expert:innen aus dem Gesundheitssystem (z.B. Klinksprecher:innen, Ernährungsberater:innen oder Ärzt:innen) oder dem Mediensystem (z.B. Journalist:innen, Werbetreibende) sein. Sie kommunizieren von Berufs wegen in öffentlichen Massenmedien (Fromm et al., 2011). Demgegenüber stehen private Personen (Lai:innen), die keinen entsprechenden (beruflichen) Bezug zum Gesundheitssystem aufweisen, aber bspw. selbst oder als Angehörige von einer Krankheit betroffen sind oder sich sehr stark für ein bestimmtes Thema (z.B. vegane Ernährung) interessieren. Meist sind sie auch Lai:innen in der Medienproduktion, obwohl sich die Erstellung von Medieninhalten durch diese Personengruppe immer weiter professionalisiert. Daher wird es immer schwieriger, professionelle Angebote von Lai:inneninhalten zu unterscheiden. In Videoportalen und sozialen Medien bilden Gesundheitslai:innen vermutlich die größte Gruppe der Produzent:innen von Medieninhalten (Döring, 2019). Selbst wenn zahlreiche Akteur:innen im Gesundheitsmarkt inzwischen ihre eigene *Instagram*-Seite oder ihren eigenen Videokanal betreiben, sind staatliche oder gemeinnützige Gesundheitsorganisationen in den sozialen Medien stark unterrepräsentiert, obwohl gerade diese für bestimmte Zielgruppen, wie Jugendliche, effektive Kommunikationskanäle darstellen (Guidry et al., 2016).

### Inhaltsanalysen

Um herauszufinden, wie sich Kommunikator:innen und Inhalte auf die verfügbaren Kanäle verteilen, setzen Kommunikationswissenschaftler:innen Medieninhaltsanalysen ein (siehe Kapitel 7.1.1). Genauer werden dabei unter anderem die Häufigkeit und Darstellungsweise bestimmter Gesundheits- und Krankheitsthemen, die Genauigkeit gesundheitsbezogener Informationen in den Medien, die Formulierung von Risikoinformationen sowie deren Nutzen und Verständlichkeit für Patient:innen untersucht Valdivia et al., 2012). Um Antworten auf die entsprechenden Fragestellungen zu erhalten, interessiert Forschende neben den verschiedenen

Darstellungs- oder Gestaltungsformen in den jeweiligen Medien auch die Qualität der Darstellungen (siehe Kapitel 7 und 9.2) und die Unterschiede zwischen objektiver Realität und Medienrealität (und deren Entstehungsprozesse). Dabei bilden zahlreiche Inhaltsanalysen zu Gesundheitsthemen in den verschiedenen Formaten wiederum die Grundlage für weiterführende Untersuchungen, wie etwa zu Medienwirkungen. So geht bspw. die Kultivierungsforschung davon aus, dass verzerrte Medieninhalte auch zu einer verzerrten Wahrnehmung der Realität führen (H. Scherer & Link, 2019).

Gegenstand solcher Analysen sind meist Darstellungen einzelner Krankheitsbilder, deren Häufigkeit aber nicht zwangsläufig mit den Häufigkeiten in der epidemiologischen Gesundheitsberichterstattung übereinstimmen. In diesem Zusammenhang werden insbesondere Medieninhalte zu den Krankheiten Krebs und HIV/AIDS sowie zu den Risiko- und Gesundheitsverhaltensweisen Rauchen, Alkoholkonsum und Ernährung untersucht (Nazione et al., 2013). Medieninhaltsanalysen zur Gesundheitspolitik oder zu Themen wie Bewegung sowie zu bestimmten Darstellungsformen sind hingegen noch vergleichsweise selten. Aufgrund ihrer Relevanz finden sich Informationen zu Gesundheitsthemen neben vielen weiteren Themen häufig auch in Analysen aus dem Bereich der politischen Kommunikation bzw. der Politikberichterstattung (Scherr, 2014).

### 7.1.2 Informationsformate

**Informationsformate in verschiedenen Medienformen**

Informative Medieninhalte, wie Nachrichten- und Ratgeberformate, finden sich medienübergreifend sowohl in den klassischen Printmedien (d.h. Zeitungen und Zeitschriften), in audiovisuellen Medien (d.h. Fernsehen und Radio) als auch im Internet (hier insbesondere auch in den entsprechenden Onlineausgaben klassischer Medienangebote). Der Anteil von Medieninhalten mit explizitem Gesundheitsbezug fällt allerdings in Relation zu anderen Themen im Vergleich zum Gesamtangebot sehr gering aus und liegt zum Teil unter zwei Prozent. Dagegen nimmt das Thema Gesundheit in der US-Berichterstattung mit einem Anteil von 4 bis 5 Prozent (insgesamt auf Rang 8) einen deutlich prominenteren Platz ein (Scherr, 2014). Zudem gibt es eine Vielzahl weiterer Formate und Kanäle, wie etwa Poster, Broschüren, Flyer und Postkarten, die zur Information und Aufklärung über Gesundheitsthemen konzipiert und insbesondere im Rahmen von öffentlichen Gesundheitskampagnen gerne eingesetzt werden. Zunehmend etablieren sich auch Podcasts als wichtiges Informationsmedium, was insbesondere am COVID-19-Podcast des NDR deutlich wurde (siehe Kapitel 8.4; Sandrock, 2022).

**Themen**

Unabhängig vom konkreten Medienkanal können die Themen von informationsorientierten Medieninhalten sehr vielfältig sein. In Nachrichtenformaten werden vor allem Gesundheitsrisiken sowie Diagnose- und Behandlungsmethoden bestimmter Krankheiten dargestellt. Darüber hinaus sind auch Schutz- oder Früherkennungsmaßnahmen (z.B. Impfen, Mammografie) und Innovationen im medizintechnologischen oder pharmakologischen Bereich zentrale Bestandteile der Berichterstattung (Ruhrmann & Guenther, 2014). Medizinische Fortschritte sowie deren Chancen und Risiken werden oftmals im Rahmen von Debatten zwischen Befürworter:innen und Kritiker:innen diskutiert und kritisch beleuchtet (Ruhrmann et al., 2011). Zunehmend thematisieren Journalist:innen aber auch die ethischen Folgen und die Kosten der medizinischen Forschung und Versorgung. Seltener wird hingegen über Fragen aus dem Bereich der Gesundheitspolitik, der Gesundheitsversorgung sowie der Finanzierung des Gesundheitssystems berichtet (Wormer, 2014). Darüber hinaus finden sich Themen aus dem Bereich der Primärprävention sowie zur Stärkung der psychischen Gesundheit (z.B. Bewegung und Wellness) viel häufiger in Zeitschriften, Büchern oder Broschüren als in den klassischen Nachrichtenformaten von Zeitungen und Fernsehen.

Soziale Onlinenetzwerke und Communitys wie *Facebook*, *Instagram* oder *TikTok* weisen einen hohen Anteil an Themen mit Gesundheitsbezug auf, wenngleich hier häufig auch Risikoverhalten (z.B. Alkoholkonsum, ungesunde Ernährung) als nachahmenswert und ohne die Berücksichtigung potenziell negativer Konsequenzen dargestellt wird (Lindacher et al., 2014). Im Gegensatz zur Berichterstattung von Journalist:innen finden sich in diesen Kanälen oftmals sehr viel detailliertere Informationen zu einem Thema (z.B. zu einer bestimmten Therapieform für eine bestimmte Form einer Erkrankung). Darüber hinaus gibt es in den Onlineselbsthilfegruppen deutlich mehr Informationen zur emotionalen und sozialen Bewältigung von Krankheiten (Link, 2019 a).

**Journalistische Selektion**

Die Häufigkeit der Nennung einzelner Krankheiten in den Medien stimmt meist nicht mit der tatsächlichen Anzahl der Erkrankungen oder der Sterberate überein (Fromm et al., 2011). Journalist:innen orientieren sich bei der Auswahl von Nachrichteninhalten weniger an den Krankheitsstatistiken, sondern vielmehr an den Interessen ihres Publikums. Die *Nachrichtenwerttheorie* (Maier et al., 2010) oder die *Gatekeeperforschung* (Engelmann, 2016) liefern wichtige Ansatzpunkte, um diese journalistischen Selektionsvorgänge (im Kontext der Kommunikator:innenforschung) zu beschreiben und zu erklären.

So berichten Journalist:innen vor allem dann über Gesundheitsrisiken, wenn diese kurzfristig viele Menschen bedrohen, außergewöhnlich erscheinen, überraschen sowie von Wissenschaftler:innen oder Gesundheitsinstitutionen kontrovers diskutiert werden und somit für die Mediennutzenden besonders relevant erscheinen (Ruhrmann & Guenther, 2014). Demgegenüber werden positive Erfahrungen und unumstrittene Behandlungsformen meist als weniger relevant für die Nutzer:innen eingestuft und sind daher in der Folge für Journalist:innen auch weniger berichtenswert. Dagegen können bestimmte Ereignisse, etwa die Erkrankung einer prominenten Persönlichkeit, zu einer deutlichen Zunahme der Berichterstattung über ein Thema führen, ohne dass sich an der Morbidität (d.h. die Häufigkeit einer Krankheit in einer Bevölkerungsgruppe, auch Erkrankungsrate) etwas geändert hätte (Ruhrmann & Guenther, 2014). So führte bspw. die AIDS-Erkrankung des Schauspielers Rock Hudson und sein Tod im Herbst 1985 dazu, dass vielfach und überproportional über dieses Thema berichtet wurde, obwohl die Erkrankungsrate bereits vorher deutlich zugenommen hatte (Cajkovac, 2015). In sozialen Medien übernehmen die Influencer:innen zunehmend die Rolle der Journalist:innen und berichten bspw. über ihre Erfahrungen mit Krankheiten oder wollen zu gesünderem Verhalten motivieren (Heiss & Rudolph, 2022).

**Qualität und Evidenz der Informationen**

Da sich Patient:innen zusätzlich zur ärztlichen Beratung verstärkt in den Medien über Symptome und die Behandlung von Krankheiten informieren (siehe Kapitel 5.2), wird die Frage nach der Genauigkeit und Richtigkeit öffentlich zugänglicher gesundheitsbezogener Informationen immer relevanter. Insbesondere im Internet ist die Qualität der Medieninhalte aufgrund des hohen Anteils an Gesundheitslai:innen sowie der geringen Kontrolle durch professionelle Expert:innen sehr heterogen. In diesem Kontext finden sich auch sehr viel extremere Positionen sowie einseitigere Informationen als in der journalistischen Berichterstattung. Über die Evidenz und Qualität der Informationen in algorithmusbasierten KI-Anwendungen lässt sich aktuell vor allem sagen, dass sie mitunter recht zweifelhaft sind, da Inhalte kreativ erfunden werden.

Neben den Ursprungsinhalten können darüber hinaus auch die Kommentare Fehlinformationen enthalten, der ursprünglichen Aussage widersprechen oder im schlimmsten Fall beleidigend und verletzend sein. Häufen sich letztere Formen der Kommentierung, wird auch von einem sog. „Shitstorm" gesprochen. Erfreulicherweise sind die Rückmeldungen durch andere Nutzer:innen in den entsprechenden Angeboten jedoch meist positiv und unterstützend. Dies gilt insbesondere für Onlineforen, in denen sich Betroffene mit einem speziellen gesundheitlichen Problem zusammenfinden und austauschen. Hier geben meist die erfahreneren Nutzer:innen den Fragestellern hilfreiche Informationen (z.B. für die Bewältigung alltäglicher Situationen und spezifischer Probleme) oder vermitteln Unterstützung und Verständnis. Damit leisten sie eine wichtige emotionale Unterstützung für die Betroffenen, weshalb die Qualität und Evidenz der Informationen in diesen Settings in den Hintergrund rücken kann (Link, 2019a). Darüber hinaus existieren auch die Formen absichtlicher Falschinformationen (siehe Kapitel 1.3).

**Krisenkommunikation**

In gesundheitlichen Krisenzeiten (siehe auch Kapitel 1.4), ausgelöst bspw. durch Pandemien, Lebensmittelskandale oder Umweltkatastrophen, ist es häufig notwendig, die Bevölkerung innerhalb kurzer Zeit zu informieren und über die Risiken aufzuklären (Winter & Rösner, 2019). Dabei sind häufig national sowie international agierende (staatliche) Akteur:innen an der Krisenkommunikation beteiligt – in Pandemiefällen etwa die WHO, das RKI, das Gesundheitsministerium sowie die BZgA. Insbesondere dann, wenn Expert:innen unterschiedliche bzw. sich widersprechende Aussagen treffen oder nur unsichere Evidenzen haben, kann dies in der Bevölkerung zu Verunsicherung (bis hin zur Panik) und Verlust von Vertrauen in Behörden, Unternehmen oder bestimmte Produkte führen. Am Beispiel der letzten Ebola-Welle zeigt sich aber auch, dass aufgrund einer umfangreichen Verbreitung von Kriseninformationen in Presse, Fernsehen und Internet der Druck auf die zuständigen Akteur:innen, eine Lösung (in diesem Fall eine Schutzimpfung) zu finden, erhöht werden kann. Gleichzeitig kann dies aber auch, wie im Fall der Vogelgrippe, zu Fehlinvestitionen im Gesundheitssektor führen (Rössler, 2019). Zunehmend setzen Regierungen, Behörden und Hilfsorganisationen bei gesundheitlichen Krisenfällen (wie Erdbeben oder Viruspandemien) Mobilkommunikation ein, um Menschen möglichst schnell zu informieren und den Schaden gering zu halten (Rossmann & Krömer, 2016). So nutzten bspw. Helfer:innen während der Ebola-Epidemie 2014 und 2015 eine App, um sich über den aktuellen Stand der Krankheitsausbrüche zu informieren (Dahiya & Kakkar, 2016). Insbesondere in Krisenzeiten haben Informationen mit geringer Evidenz und Qualität eine hohe Konjunktur, sodass *Fake News* und Verschwörungstheorien besonders verbreitet sind (siehe Kapitel 1.4; Schmiege et al., 2023).

## Skandalisierung

Es kann aber ebenso vorkommen, dass ein extremes (unangemessenes) Ausmaß an (Krisen-) Berichterstattung in den Medien stattfindet, obwohl es gar keinen Anlass dazu gäbe. In diesen Fällen wird auch von einer Skandalisierung des jeweiligen Themas gesprochen (Kepplinger, 2005). Die Analyse des Organspendeskandals im Jahr 2012 zeigt bspw., welche dramatischen und generell gesundheitsschädlichen Auswirkungen skandalisierende Medienberichte haben können. Durch die Aufdeckung problematischer Abläufe in deutschen Kliniken wurde bspw. die Einstellung der Bevölkerung zu Organspende deutlich negativer, und die Spenderzahlen gingen zurück (Meyer, 2017). Verstärkt werden können diese Skandalisierungsformen durch die Verbreitung von Gerüchten ohne journalistische Prüfung, wie sie häufig in sozialen Medien stattfindet – obgleich diese Verbreitungskanäle für Gesundheitsbehörden in Krisenzeiten eben auch eine schnelle Information der Bevölkerung ermöglichen können (Winter & Rösner, 2019).

Gleichzeitig gibt es aber auch Aktivitäten von Journalist:innen und Patient:innen, um mittels Skandalisierung Missstände z.B. im Vorgehen von Pharmaunternehmen öffentlich zu machen. Obwohl die Skandalisierung (d.h. die öffentliche Empörung) in der Politik oder im Showgeschäft oft auch irreführend zur Aufmerksamkeitsgenerierung eingesetzt wird, so zeigt ein Blick in die Geschichte der Pharmaskandale, dass der Gang in die Medienöffentlichkeit häufig notwendig war, um Geschädigten zu helfen und weitere Vorfälle zu verhindern. Das gilt nicht nur für den Contergankandal, sondern auch für den Handel mit gepanschten Krebsmitteln (Roloff & Henke-Wendt, 2018). Das Beruhigungs- und Schlafmittel *Contergan* war von 1957 an rezeptfrei erhältlich. Obwohl es bereits vier Jahre später erste Anzeichen dafür gab, dass der Wirkstoff Thalidomid bei Neugeborenen schwere Missbildungen verursacht, führte ein jahrelanger Prozess gegen Mitarbeiter:innen des Herstellers Grünenthal zu keinem Urteil. Erst nach jahrelangen öffentlichen Protesten der Geschädigten kam es zu Entschädigungszahlungen und strengeren Kontrollen für die Arzneimittelzulassung und Gesetzen zu Informationen über die Risiken der Arzneimittel (Roloff & Henke-Wendt, 2018).

### Tabuisierung

Die mediale Verzerrung kann nicht nur zur Überbetonung von Themen (wie bei der Skandalisierung) führen, sondern kann auch eine sog. Tabuisierung oder Unterbetonung bestimmter Themen zur Folge haben. So wurden etwa Krebserkrankungen lange Zeit wenig beachtet (M. Grimm & Baumann, 2017). Aktuell kann eine Tabuisierung vor allem für psychische Erkrankungen, über die deutlich weniger berichtet wird als über körperliche Krankheiten, attestiert werden (Scherr, 2017). Darüber hinaus werden auch seltene oder nur in bestimmten Ethnien vorkommende Krankheiten oder auch bestimmte Regionen der Welt und ihre Gesundheitsprobleme systematisch aus der Berichterstattung ausgeklammert oder viel seltener darüber berichtet (Kline, 2006). Einen potenziellen Ausweg aus diesem Dilemma ermöglicht inzwischen das Internet, welches durch seine Breite und Fülle an Informationen einen (häufig auch anonymen) Zugang zu Informationen für nahezu alle Bevölkerungsgruppen und -schichten ermöglicht. Das Übergehen bestimmter Themen liegt mitunter aber auch darin begründet, dass sich bestimmte Gesundheitsinformationen sehr schwierig medial (d.h. schriftlich, auditiv und/oder visuell) darstellen lassen (Fromm et al., 2011). Gut darstellbare Themen oder auch eingängige und allgemeinverständliche wissenschaftliche Belege (z.B. Bilder oder Diagramme) finden dementsprechend häufiger Eingang in die Berichterstattung (Kessler, 2016).

### Interessengeleitete Medieninhalte

Neben der Darstellbarkeit und den wahrgenommenen Publikumsinteressen können aber auch Interessen von Akteur:innen der Gesundheitswirtschaft (siehe Kapitel 6) und deren Werbe- und Öffentlichkeitsarbeit Einfluss auf die Medieninhalte nehmen. So wurde bspw. Pharmaunternehmen vorgeworfen, dass sie das Krankheitsbild Burn-out (eigentlich eine Form der Depression, die unter anderem mit Medikamenten behandelt werden kann) durch entsprechende Pressearbeit gezielt auf die Medienagenda gesetzt hätten. Durch die gezielte Streuung von Information über Symptome und medikamentöse Behandlungsmöglichkeiten hätten sie sowohl das Bewusstsein für die Krankheit gesteigert und gleichzeitig versucht, den Absatz der eigenen Medikamente zu fördern (siehe Kapitel 6.2). Man spricht in diesem Zusammenhang auch von der Erfindung von Krankheiten (engl. disease mongering), die zum Ziel hat, den Absatz eines Behandlungsprodukts zu fördern (G. Schott, 2015). Zudem können die Annahmen der Journalist:innen über die tatsächlichen oder wahrgenommenen Interessen von werbetreibenden Medieninhalte beeinflussen. Aus Angst davor, Anzeigenkund:innen zu verlieren, wurden etwa gesundheitsschädliche Effekte von Zigaretten und Alkohol lange Zeit kaum in den Medien thematisiert (Fromm et al., 2011).

### Framing

Neben der Auswahl bestimmter Themen kann auch die Darstellung bzw. Betonung einzelner Aspekte eines Themas medial verzerrt sein. So kann dasselbe Thema in verschiedenen Medien und von den jeweiligen Journalist:innen unterschiedlich dargestellt werden. Kommunikationswissenschaftler:innen sprechen diesbezüglich von Rahmen (engl. frames), die verwendet werden, um bestimmte Aspekte eines Themas zu betonen oder abzuschwächen (Matthes, 2014). So könnten in einem Artikel über Gendiagnostik in Medium A die Möglichkeiten zur individuellen Prävention euphorisch thematisiert werden, während gleichzeitig die Kosten und die damit verbundenen Auswirkungen auf das Gesundheitssystem unerwähnt bleiben, welche aber wiederum in einem anderen Artikel in Medium B ausführlich beleuchtet werden.

Eine systematische Übersicht über viele Studien zum Framing von Gesundheitsthemen (Temmann et al., 2021) zeigte, dass individuelle Ursachen und Lösungsmöglichkeiten für ein Gesundheitsproblem häufiger dargestellt werden als die sozialen und gesellschaftlichen Ursachen oder Lösungsmöglichkeiten. So wird bspw. für Übergewicht vor allem die mangelnde Motivation des Betroffenen und weniger die schlechte Verfügbarkeit gesunder Lebensmittel thematisiert. Dies kann dann dazu führen, dass die Betroffenen selbst für das Problem verantwortlich gemacht werden und im Umkehrschluss staatliche oder organisationale Interventionen (z.B. vom Arbeitgeber:innen geförderte Ernährungs- oder Fitnesscoachings) für irrelevant gehalten werden (Lundell et al., 2013). Darüber hinaus kann dies dazu führen, dass Betroffene sich stigmatisiert fühlen (sog. Selbststigmatisierung), in der Folge nicht mehr über ihre Probleme sprechen und keine (professionelle) Hilfe mehr in Anspruch nehmen (Lannin et al., 2016). In Darstellungen von Depressionen in Printmedien konnten zusätzlich auch sog. Interaktionsframes identifiziert werden, die vermitteln, dass Gesundheitsprobleme sowohl durch individuelles Verhalten als auch durch soziale und gesellschaftliche Kontexte verursacht und geheilt werden können (Wiedicke et al., 2022).

Eine andere Möglichkeit ist die Darstellung eines Themas durch die persönliche Geschichte eines Betroffenen. Diese Form der Darstellung anhand von Fallbeispielen wird nicht nur in Gesundheitskampagnen zu Persuasionszwecken eingesetzt (siehe Kapitel 8.3.5), sondern häufig auch von Journalist:innen gewählt, da abstrakte Statistiken oft weniger interessant erscheinen oder unverständlich sind (Peter, 2019). Die personalisierte Darstellung (sog. episodisches Framing) kann ebenso wie die Betonung der individuellen Risiken dazu führen, dass eher der Einzelne als die Gesellschaft für ein Problem verantwortlich gemacht wird. Das thematische Framing (Entman, 1993) kann hingegen durch die Verwendung von Visualisierungen (z.B. die grafische Darstellung sonst komplexer oder unverständlicher Statistiken) oder natürliche Zahlen (z.B. „2 von 100 Patient:innen versterben an der Erkrankung" statt der Prozentzahl) vereinfacht werden.

**E-Learning**

Digitale informationsorientierte Inhalte der Gesundheitskommunikation finden sich zudem im Bildungskontext unter dem Begriff E-Learning (siehe Begriffsklärung 10). Die digitalen Lehrformate führen häufig zu besseren Lernergebnissen, steigender Zufriedenheit und höheren Teilnehmer:innenraten der Auszubildenden und Studierenden. Durch die Integration neuer Medienformen in traditionelle Lehr- und Lernformen können jedoch nicht nur Lernprozesse verbessert werden, sondern es entstehen auch neue Möglichkeiten kollaborativen Lernens (Tolks, 2016).

> **Begriffsklärung 10: E-Learning**
>
> Unter dem Begriff E-Learning werden ganz verschiedene digitale Lehrformate zusammengefasst, denen allen der Einsatz mediengestützter Lehr-/Lernarrangements gemeinsam ist. Zu diesen digitalen Lehrformaten zählen bspw. Lernmanagementsysteme, wie *Moodle*, die als Plattform für den Austausch von Dateien und zur Anwendung von Chats und Foren dienen, oder Massive Open Online Courses (MOOC), d.h. rein online stattfindende mehrwöchige Veranstaltungen zu einem Themengebiet, (Online-)Lernvideos oder Podcasts, die zum Teil auch öffentlich verfügbar sind.
> Im Kontext der Gesundheitskommunikation sind insbesondere Formen von E-Learning relevant, welche die medizinische Ausbildung unterstützen. So können Tutorial- oder Übungsvideos zur Vermittlung von praktischen Fähigkeiten eingesetzt werden, wie z.B. für die korrekte Händedesinfektion oder die Durchführung einer Injektion. Virtuelle Anwendungen werden ebenfalls bereits für das Einüben und Trainieren praktischer chirurgischer Fertigkeiten genutzt.
> Digitale interaktive Übungsformate mit virtuellen Patient:innen können beim Training der Kommunikationskompetenz in Arzt-Patienten-Gesprächen oder Angehörigengesprächen helfen. Dabei kommen häufig elektronische Fallstudien oder Szenarien (z.B. Notfallmanagement) zum Einsatz, bei denen die Lernenden die richtige Diagnose und die angemessene Vorgehensweise anhand der Datenlage erkennen und empfehlen müssen. Dies ermöglicht zum einen eine risikofreie Lernumgebung und zum anderen die Einbeziehung seltener Erkrankungen oder mehrerer Personen (Tolks, 2016). Ein E-Learning-Programm zur Angehörigenkommunikation für Studierende in Gesundheitsberufen ist hier als Beispiel verlinkt (siehe QR-Code).

## Apps

Gesundheits-Apps (engl. health-apps) als eine Möglichkeit von mHealth (siehe Begriffsklärung 2) beinhalten mobile digitale Anwendungen, die Nutzer:innen über Gesundheitsthemen informieren und bei einem gesundheitsförderlichen Lebensstil (z.B. Bewegung, Ernährung und Entspannung) unterstützen sollen. Apps, die sich nur an Patient:innen im Kontext einer bestimmten (meist chronischen) Krankheit richten, werden dagegen als Medizin-Apps (engl. medical apps) bezeichnet. Diese zielen darauf ab, das Krankheitsmanagement von Betroffenen zu verbessern. Apps können somit Themen der Gesundheitsförderung, der Prävention wie auch der Therapie enthalten. Ebenso zählen Apps für Heilberufsgruppen und deren Praxis- oder Klinikalltag (Ärzt:innen, Pflegekräfte, Therapeut:innen) z. B. mit Nachschlagewerken, Dosierungsrechnern und medizinischen Entscheidungshilfen zu den Medizin-Apps.

Sowohl Gesundheits- als auch Medizin-Apps werden häufig in Verbindung mit einem Messgerät oder einem Sensor (z.B. zur Blutzucker- oder Pulsmessung) in einem tragbaren Gerät oder einem sog. Wearable (Smartwatch oder Fitnessarmband) eingesetzt, um die individuellen Kennwerte innerhalb der Anwendung zu verarbeiten. So erhalten die Nutzer:innen die für sie und ihren aktuellen Zustand passenden Informationen (Kramer, 2017). Zum Teil sind die Apps mit entstehenden Online-Communitys oder *Facebook*-Gruppen verbunden, sodass die Messwerte (z.B. von sportlichen Aktivitäten) mit anderen Nutzer:innen oder medizinischen Expert:innen (siehe Begriffsklärung 2) geteilt werden (Döring, 2014). Häufig ist es aber schwierig, Inhalte verschiedener Apps oder Plattformen zu verknüpfen (Rossmann & Krömer, 2016). So müssen bspw. Diabetiker:innen verschiedene Apps nutzen, um ihre Ernährung zu dokumentieren oder ihr Bewegungsverhalten zu messen.

Die Qualität der Apps ist dabei sehr heterogen. Häufig sind die Angaben der Hersteller allerdings so unzureichend, dass eine Einschätzung der Qualität schwer bis unmöglich wird. Dabei ist der Schutz persönlicher Gesundheitsdaten nur eines von vielen Kriterien. Aus der Sicht von Kostenträgern sollten die Anwendungen auch auf wissenschaftlich geprüften Inhalten basieren bzw. entsprechende Maßnahmen empfehlen und diese dann auch angemessen darstellen (Kramer, 2017). Hierzu existieren zwar verschiedene Kriterienkataloge (wie der HealthOn-App-Ehrenkodex; siehe QR-Code), auf Grundlage dessen Apps geprüft werden. Allerdings gelingt es aufgrund der Vielzahl der vorhandenen Apps bisher kaum, einen Überblick zu erhalten.

### 7.1.3 Unterhaltungsformate

#### Unterhaltungsformate in verschiedenen Medien

Neben der eher sachlich-informativen Darstellung von Gesundheit und Krankheit finden sich zahlreiche eher unterhaltende Formate, in denen Gesundheit explizit oder implizit thematisiert wird – so bspw. in Spielfilmen, Serien, Comics, Fernsehshows, Videoplattformen, Beiträgen in sozialen Netzwerken oder auch Videospielen. Im Gegensatz zu Nachrichten und Ratgeberformaten handelt es sich bei Unterhaltungsformaten überwiegend um fiktionale Inhalte (z.B. TV-Ärzt:innenserien, Ärzt:innen-Groschenromane, Spielfilme u.Ä.). Damit besitzen Unterhaltungsformate das Potenzial, Informationen über Gesundheitsthemen in einer viel persönlicheren und spielerischeren Art und Weise zu transportieren.

Neben reinen Unterhaltungsformaten existieren zudem Mischformen, die sowohl informierenden als auch unterhaltenden Charakter haben. Solche Medienangebote werden als Infotainment bezeichnet. Beim Infotainment werden Nachrichten unterhaltsam präsentiert (z.B. Berichte über erkrankte Prominente in einem Boulevard-Magazin). Von Edutainment oder Entertainment Education (siehe Kapitel 1.2) spricht man hingegen, wenn durch die Unterhaltung neben den Informationszielen (d.h. Wissensveränderung) auch Persuasionsziele (d.h. Einstellungs- und Verhaltensänderungen) verfolgt werden (Lampert, 2010; siehe Beispiel 10).

> **Beispiel 10: Lindenstraße**
>
> Die *Lindenstraße*, eine der langlebigsten und erfolgreichsten Serien im deutschen Fernsehen, wurde und wird immer wieder genutzt, um Gesundheitsthemen anzusprechen. In den 1980er-Jahren wurde bspw. die Ansteckungsgefahr mit dem HI-Virus thematisiert. In der Serie erfährt ein Charakter im Rahmen einer Blutspende von seiner Infektion. In der Folge wird thematisiert, wie er sich nach der Diagnose über die Krankheit informiert, wie seine Partnerin, seine Nachbarin und schließlich auch sein Arbeitgeber davon erfahren und er schließlich an AIDS stirbt.
>
> Die Produzent:innen wollten mit der Thematisierung u.a. auch verdeutlichen, dass sich nicht nur homosexuelle Menschen mit dem HI-Virus anstecken können (in der Serie erfolgt die Ansteckung durch eine Bluttransfusion). Außerdem wird in der Handlung auch die Stigmatisierung und soziale Ausgrenzung von HIV-Infizierten und an AIDS erkrankten Personen dargestellt. Konkret wird dem Erkrankten der Job gekündigt und der Hausverwalter möchte die Beendigung des Mietverhältnisses erzwingen (Petek, 2016).

Trotz hoher Nutzungszahlen sind Unterhaltungsformate noch immer deutlich weniger erforscht als Informations- und Ratgeberformate. Wenn Studien in dem Kontext angesiedelt sind, dann beschäftigen sie sich eher mit Inhalten, die potenziell negative Effekte haben können. Dies gilt jedoch nicht nur für Studien im Bereich Gesundheitskommunikation, sondern kann in vielen Bereichen der Kommunikationswissenschaft beobachtet werden (Allgaier, 2017).

### Darstellungen von Risikoverhalten

Häufig beabsichtigen die Produzent:innen mit der Darstellung von gesundheitsbezogenem Verhalten nicht, dass ihre Inhalte auch einen Einfluss auf gesundheitsrelevante Einstellungen haben. Riskante Verhaltensweisen ebenso wie Gewaltdarstellungen sind sowohl in Unterhaltungsangeboten als auch in der Werbung weit verbreitet. In Spielfilmen und Serien wird Alkohol-, Tabak- oder Drogenkonsum häufig als Bewältigungsoption nach kritischen Lebensereignissen oder als Nebenbeschäftigung dargestellt. Da diese Medieninhalte oft negative Auswirkungen auf die Gesundheit haben können (insbesondere für Kinder und Jugendliche), existieren verschiedene Regularien, sodass es bspw. in Spielfilmen und Serien inzwischen viel seltener geraucht wird (Lampert, 2014). Eine überproportionale Darstellung von Risikoverhalten zeigt sich insbesondere auch in sozialen Medien. Da risikofreudigere Nutzer:innen sehr viel häufiger über ihr riskantes Verhalten berichten (z.B. Beiträge in sozialen Netzwerken posten) als risikoaverse Personen, kann der Eindruck entstehen, dass bspw. der Alkoholkonsum unter Jugendlichen viel höher ist als der tatsächliche Durchschnittswert in dieser Altersgruppe (Hendriks et al., 2017). Diese verzerrte Darstellung der Realität kann aufgrund von Kultivierungseffekten und sozialen Vergleichsprozessen (siehe Kapitel 3.3.2 und 3.2.1) auch zu entsprechenden Medienwirkungen führen.

### Unrealistische Darstellungen

Ähnlich wie in der informationsorientierten Berichterstattung kann es auch in Unterhaltungsformaten zu Abweichungen zwischen Medienrealität und tatsächlicher Realität kommen. So können Ärzt:in- oder Krankenhausserien wie *Der Bergdoktor* (ZDF) oder die Serie *In aller Freundschaft* (ARD) unrealistische Erwartungen an eine Ärzt:inbehandlung oder den Krankenhausaufenthalt entstehen lassen, weil das medizinische Personal in diesen fiktionalen Angeboten im Gegensatz zur realen Gesundheitsversorgung sehr zeitintensiv und individuell auf die Patient:innen eingehen kann (J. Grimm & Rosenzweig, 2014). Darüber hinaus werden Körperbilder oder der Umgang mit Krankheiten in der Familie vielfach idealisiert dargestellt, was dazu führen kann, dass Betroffene in realen Situationen enttäuscht werden (Rossmann & Brosius, 2005).

### Video- und Computerspiele

Aufgrund der großen thematischen Vielfalt existieren mittlerweile etliche Serious Games mit zum Teil sehr spezifischen thematischen Hintergründen, die sich wiederum an sehr unterschiedliche Zielgruppen richten (siehe Begriffsklärung 11). So adressieren verschiedene Spiele des Entwicklers BreakAway, bspw. „Pulse!!", (angehende) Fachkräfte aus dem Pflege- bzw. Gesundheitsbereich und versuchen, dementsprechend relevantes und berufsspezifisches Fachwissen zum Umgang mit Patient:innen und Kompetenz für Situationen des Berufsalltags zu vermitteln (BreakAway Games, 2021). Ein bekanntes – wenngleich schon älteres – Beispiel für ein Serious Game, welches sich eher an ein allgemeineres Publikum richtet, ist das Spiel „Catch the Sperm". Dieses im Auftrag des Schweizerischen *Bundesamtes für Gesundheit* entwickelte Spiel versuchte auf spielerische Art und Weise, Wissen zur Prävention sexuell übertragbarer Krankheiten sowie Schwangerschaft zu vermitteln (Ziel des Spiels ist es, in kurzer Zeit HI-Viren und Spermien mit einer Kondomkanone unschädlich zu machen). Wenngleich die meisten solcher Spiele aufgrund hoher Spezifität einen eher kleinen Markt bedienen, finden sich doch immer wieder Beispiele, die es auch schaffen, ein größeres Publikum zu erreichen.

### Eventformate

Eine weitere gesundheitsbezogene unterhaltungsorientierte Form sind Eventformate. Hierunter fallen bspw. Unterhaltungsshows mit Gesundheitsbezug (z.B. *The Biggest Loser*), Dokumentationen (z.B. *Die Ernährungs-Docs*) oder medizinisches Kabarett (z.B. Dr. Eckardt von *Hirschhausen*). Häufig finden die entsprechenden Veranstaltungen real statt und werden dann in den Medien übertragen. Bei diesen Formaten werden häufig medizinische bzw. gesundheitsbezogene Themen durch medizinische Expert:innen präsentiert oder zumindest begleitet. Dabei kommen vielfach auch Humorelemente zum Einsatz, um die Aufmerksamkeit der Zuschauer:innen zu steigern und deren Interesse für Gesundheitsthemen zu wecken (Völzke et al., 2017). Darüber hinaus findet sich in Videoportalen eine Vielzahl an Eventformaten mit Gesundheitsbezug, bei denen in verschiedenen Wettbewerben (engl. challenges) Ernährungsrekorde (z.B. 30 Tage ohne Fleisch, Gewichtsverlust oder besonders eklige/ungesunde Dinge essen) oder Sportaufgaben (z.B. 30 Tage

Push-up-/Squat-Challenge) gemeistert werden (sollen). Eine Untersuchung über deren Wirkung steht allerdings noch aus. Bislang überwiegen empirische Untersuchungen, die sich auf spezifische Krankheitsbilder und deren Darstellung in Videoportalen konzentrieren (Madathil et al., 2015).

---

**Begriffsklärung 11: Serious Games**

Serious Games nutzen unterhaltende Elemente von Spielen zur Vermittlung von Wissen und Kompetenzen (Ritterfeld et al., 2009). Im Gegensatz zu klassischen Spielen wird die Unterhaltsamkeit von Serious Games (wie bei Entertainment Education) ausschließlich genutzt, um die Motivation zur erstmaligen sowie erneuten Nutzung zu erhöhen (Tolks et al., 2020). Das Zusammenspiel von Aufgabe und Belohnung sowie Involvementprozessen wird bewusst dazu verwendet, um die Aufmerksamkeit und den Lernerfolg zu steigern. Beim E-Learning (siehe Begriffsklärung 10) werden im Gegensatz dazu allgemein elektronisch gestützte Methoden zur Wissensvermittlung eingesetzt, auch wenn diese keine spielerischen Elemente beinhalten.

Serious Games existieren nicht nur im Gesundheitskontext, sondern auch in den Bereichen Politik und Kultur. Darüber hinaus werden sie in der militärischen Ausbildung eingesetzt und sollen, je nach Anwendungsfeld, unterschiedliche Zielgruppen (z.B. Erwachsene, Kinder, Jugendliche, pathologische Zielgruppen, die Allgemeinheit) ansprechen.

Im Gesundheitskontext kommen sie vor allem zum Lernen von Inhalten in der Prävention, Therapie oder Rehabilitation sowie der Weiterbildung in medizinischen Berufen zum Einsatz (Tolks et al., 2020). Durch den technologischen Fortschritt im Bereich der Sensorik (z.B. X-Box Kinect) oder Virtual Reality (z.B. VR-Brille für die Playstation von Sony) eröffnen sich immer einfacher umsetzbare, realistischere und umfangreichere Möglichkeiten für solche Spiele. Bisher liegen noch wenige bzw. keine eindeutigen Erkenntnisse über deren Wirkung vor (Girard et al., 2013; Wouters et al., 2013). Personen verbringen zwar gerne mehr Zeit mit dieser Form von Spielen als mit weniger interaktiven Angeboten. Kritikern zufolge bedeutet dies allerdings nicht, dass die Aneignung von Spielprinzip und Informationen auch alltagsrelevant, d.h. in konkreten Situationen, auch entsprechend abgerufen und eingesetzt werden.

---

## 7.2 Nutzung

**Gesundheitsbezogene und gesundheitsrelevante Mediennutzung**

Mit der Betrachtung der Mediennutzung wechselt nun die Perspektive von der Angebotsseite auf die Seite der Rezipient:innen. Während im vorigen Kapitel verschiedene Gesundheitsthemen in den Medien betrachtet wurden, geht die Selektions- und Nutzungsforschung (um die es an dieser Stelle gehen soll) den Fragen nach, welche Medieninhalte aus welchen Gründen ausgewählt – oder vermieden – werden und wer sie wie nutzt. Bei den Nutzungsmodalitäten unterscheidet man Parameter wie Häufigkeit, Dauer und Intensität der Mediennutzung. Es kann hierbei wie auch schon bei den Medieninhalten beschrieben zwischen gesundheitsbezogener und gesundheitsrelevanter Mediennutzung unterschieden werden. Während die gesundheitsbezogene Mediennutzung nur die Nutzung von Medieninhalten mit Gesundheitsbezug (siehe Kapitel 7.1) beinhaltet, bezieht sich der Begriff gesundheitsrelevante Mediennutzung auf die Effekte, die Medieninhalte generell auf die Gesundheit haben können (z.B. Bewegungsmangel durch intensive Fernsehnutzung). Letzteres wird im Kapitel Medienwirkung (siehe Kapitel 7.3) noch einmal detaillierter dargestellt. Im Fokus dieses Kapitels steht deshalb vielmehr die Frage, wie und warum mediale Gesundheitsinformationen genutzt werden und welche Theorien und Faktoren zur Erklärung dieses Verhaltens herangezogen werden können. Weitere Befunde zu Effekten der gesundheitsbezogenen Mediennutzung finden sich darüber hinaus im Kapitel Gesundheitskampagnen (siehe Kapitel 8), wo insbesondere auf die intendierte Nutzung gesundheitsbezogener Medieninhalte eingegangen wird.

### 7.2.1 Formen der Mediennutzung

**Aktive und passive Mediennutzung**

Bei der Suche nach Gesundheitsinformationen wird von einer aktiven und absichtlichen Mediennutzung durch die Nutzer:innen ausgegangen. Daneben finden sich aber auch Formen der Mediennutzung, bei denen Mediennutzer:innen eher „zufällige" Empfänger:innen bestimmter Gesundheitsinformationen sind. Dies gilt insbesondere dann, wenn sie in anderen – nicht gesundheitsbezogenen – Kontexten auf entsprechende Inhalte treffen (Johnson & Case, 2012), bspw. im Rahmen einer Werbesendung oder in den täglichen Nachrichten. Diese Form der Mediennutzung findet sich vor allem in Situationen gewohnheitsmäßiger (d.h. habitualisierter) Mediennutzung (Schweiger, 2007). Dutta-Bergman (2004) unterscheidet diesbezüglich zwischen aktiven und passiven Medienkanälen. Das Internet, die Tageszeitung oder Zeitschriften sowie interpersonale Kommunikation (z.B. Patient:innenberatung), die ein hohes Involvement bzw. ein gewisses Vorinteresse der Nutzer:innen erfordern, werden als aktive Medienkanäle eingeordnet. Dagegen zählen Fernsehen und Radio zu den passiven Kanälen, da das Publikum diese häufig lediglich nebenbei und mit geringem Involvement nutzt. Allerdings lässt sich diese Einschätzung der Nutzungsweise nicht auf alle Medieninhalte in den jeweiligen Kanälen generalisieren, da sich bspw. auch im Internet Inhalte finden, die einem eher passiven oder habitualisierten Konsum zugeordnet werden können (z.B. Musikvideos). Daneben finden sich etwa auch im Radio aufmerksamkeitsstarke Inhalte bzw. Formate (z.B. Hörspiele).

**Interaktivität**

Aus diesem Grund unterscheidet Hautzinger (2013) nicht nach Medienkanälen, sondern ordnet Medieninhalte und deren Nutzer:innen anhand ihres Aktivitätsgrades ein. Während Informationsinhalte (sog. Health Content) sich demnach an eher passiv-rezipierende Nutzer:innen richten, verlangen Gesundheitsforen mit Lai:innen und Expert:innen einen höheren Aktivitätsgrad und teilweise auch einen aktiven Austausch zwischen den Beteiligten. Aktivität kann somit einerseits bedeuten, dass Nutzer:innen die angebotenen Inhalte selektieren und an ihre Bedürfnisse anpassen. Anderseits können Sie die Inhalte in vielen Fällen durch ihre Beiträge (z.B. in Foren) oder ihre Handlungen (z.B. in Computerspielen) mitgestalten. Der interaktive Umgang mit gesundheitsbezogenen Medieninhalten soll deren Wirksamkeit steigern, da durch ein höheres Involvement gleichermaßen der Lerneffekt, die Nutzungsmotivation und die Selbstwirksamkeit erhöht werden (Rossmann & Karnowski, 2014).

### Nichtnutzung

Mediennutzer:innen können gesundheitsbezogene Medieninhalte aber auch aktiv vermeiden oder ignorieren (Link, 2022). Dies ist vor allem dann der Fall, wenn Personen mit der medialen Rezeptionssituation oder den vermittelten Botschaften emotional überfordert sind, d.h. Angst vor Konflikten, Veränderungen (z.B. Ernährungsumstellung) oder kritischen Themen (z.B. Tod und Leid) haben. Mitunter kann die Verleugnung oder Verdrängung von Informationen und Inhalten aus psychologischer Perspektive als Schutzmechanismus interpretiert werden, da Individuen möglicherweise gerade nicht in der Lage sind, sich mit den dargebotenen Medieninhalten auseinanderzusetzen, oder die vermittelten Inhalte ablehnen (Baumann & Hastall, 2014). Darüber hinaus kann auch schlicht mangelndes Interesse an Gesundheitsthemen die Ursachen für die spärliche Nutzung von gesundheitsbezogenen Medieninhalten sein. Letztlich kann Personen der Zugang zu entsprechenden Informationen aber auch verwehrt bleiben, weil ihnen die notwendigen technischen Mittel nicht zur Verfügung stehen (z.B. weil sie keinen Computer oder kein Smartphone besitzen) oder ihnen entsprechende Fähigkeiten (z.B. die Sprache der Medieninhalte nicht beherrschen) fehlen (Reifegerste, 2014). Dies hat zur Folge, dass bspw. mobile Anwendungen und soziale Onlinenetzwerke von einigen Zielgruppen täglich mehrfach genutzt werden, während andere Bevölkerungsgruppen diese Kommunikationsformen kaum nutzen (W. Koch & Frees, 2016). Aus diesem Grund ist es für die Nutzungsforschung wichtig, in Analysen ebenfalls die spezifische Mediennutzung einer Zielgruppe (unabhängig von Gesundheitsinhalten) zu berücksichtigen. Schließlich können ebenfalls datenschutzrechtliche Bedenken bezüglich der Sicherheit (eigener) personenbezogener Daten eine Ursache für rezipient:innenseitige Vorbehalte gegenüber der Nutzung moderner Kommunikationstechnologien für medizinische Zwecke sein (N. Schumacher et al., 2014). Dies hat sich beispielsweise bereits bei der Entwicklung und Einführung der *elektronischen Gesundheitskarte* (eGK) gezeigt (Hornung, 2013).

### Stellvertretende Mediennutzung

Teilweise werden gesundheitsbezogene Medieninhalte auch stellvertretend für andere Personen genutzt. Eine Mehrheit der Personen (bis zu 66 Prozent), die nach Gesundheitsinformationen suchen, tut dies auch für andere und nicht nur für sich selbst (Reifegerste et al., 2017). Dies wird auch als indirekte oder stellvertretende Informationssuche oder auch Proxysuche (engl. surrogate seeking) bezeichnet (Freytag et al., 2023; Reifegerste et al., 2020). Vor allem (Ehe)Partner:innen, aber auch erwachsene Kinder oder Geschwister suchen oft stellvertretend nach Gesundheitsinformationen für ihre Angehörigen bzw. ihnen nahestehende Personen; entweder weil sie dazu den konkreten Auftrag von den Patient:innen haben oder weil diese selbst – etwa aufgrund ihrer gesundheitlichen Lage oder ihrer Medienkompetenz – nicht dazu in der Lage sind (S. L. Cutrona et al., 2015).

### Methoden zur Analyse der Mediennutzung

Das methodische Repertoire zur Erfassung und Analyse der gesundheitsbezogenen Mediennutzung verläuft parallel zu den eingesetzten Verfahren der klassischen Mediennutzungsforschung. In ihren Grundzügen umfasst diese „alle Forschungsansätze, die Mediennutzungsepisoden, Mediennutzungsmuster oder Medienbewertungen/-kompetenzen von Individuen, sozialen Gruppen oder Medienpublika beschreiben oder anhand einschlägiger Faktoren erklären" (Schweiger, 2007, S. 32). Die Bandbreite der Methoden (siehe Kapitel 4) zur Analyse der Mediennutzung reicht dementsprechend von Befragungen (Selbstauskünfte) zu Motiven und Hintergründen über direkte (z.B. Selektionsverhalten, Nutzungsweise, Nutzungsintensität oder Suchstrategien) und indirekte Beobachtung (z.B. sog. Logfileanalysen bzw. Verhaltensspuren) bis hin zur Auswertung und Analyse von Sekundärdaten (z.B. ARD/ZDF-Onlinestudie; W. Koch, 2022).

Die unterschiedlichen Befunde sind dabei zum Teil auf die voneinander abweichenden Studiendesigns, methodischen Herangehensweisen (z.B. qualitative oder quantitative Erhebung) oder konkreten Fragebogenformulierungen zurückzuführen. So wird in manchen Studien nach einem konkreten Anlass oder der letzten Suche von Gesundheitsinformationen gefragt, während andere Befragungen häufig genutzte Quellen zu Gesundheitsfragen im Allgemeinen oder innerhalb der letzten Wochen oder Monate erheben. Zudem unterscheidet sich die Art und Anzahl der abgefragten Quellen, was u.U. an der vielfältigen (und zum Teil unüberschaubaren) Medienlandschaft sowie den verschiedenen (zum Teil kommerziellen) Forschungsinteressen der Studienherausgeber:innen liegen kann. Die Berücksichtigung aller Medien, Genres, Inhalte, Kommunikationsformen und Zielgruppen innerhalb einer Untersuchung erscheint schwer realisierbar und ist für die Beantwortung der Forschungsfrage(n) häufig auch gar nicht notwendig (Fromm et al., 2011).

### Mediennutzung des medizinischen Fachpersonals

Ein spezifischer Untersuchungsgegenstand der Gesundheitskommunikation ist die Mediennutzung durch medizinisches Fachpersonal. Dabei wird deutlich, dass sich Ärzt:innen und Pflegekräfte ebenfalls zunehmend via Internet und Suchmaschinen über Krankheiten und deren Behandlungsmöglichkeiten informieren (Schulz & Hartung, 2014). Relevante und glaubwürdige Gesundheitsinformationen im Internet (für sich selbst oder zur Weiterempfehlung an Patient:innen) zu finden, scheint allerdings auch für das medizinische Personal eine Herausforderung zu sein. Mangels der Bekanntheit von evidenzbasierten und verlässlichen Internetquellen für Gesundheitsinformationen schätzen sie bspw. das Onlinelexikon *Wikipedia* als vertrauenswürdiger ein als die von offiziellen Gesundheitsträgern betriebenen Informationsangebote (wie die Seiten *patienteninformation.de* oder *gesundheitsinformationen.de*) (Bittner, 2015). Bei einer Untersuchung zur Nutzung von Krankenhausserien wurde darüber hinaus deutlich, dass Krankenhaus-Mitarbeiter:nnen solche Unterhaltungsangebote für unterschiedliche Zwecke rezipieren (H. Scherer et al., 2005).

Die Nutzung technischer Geräte bzw. Hilfsmittel, wie Smartphones, durch medizinisches Personal wird einerseits als Übertragungsmittel von Patient:inneninformationen untersucht, wobei sowohl die Vorteile des schnellen, bereichsübergreifenden (telemedizinischen) Austausches, aber auch datenschutzrechtliche Aspekte betrachtet werden (siehe Begriffsklärung 6). Andererseits wird die zunehmende Smartphonenutzung als potenziell unerwünschte Ablenkung während der Dienstzeit diskutiert (Katz-Sidlow et al., 2012). E-Health-Anwendungen werden trotzdem zunehmend als Kommunikationskanal für die Aus- und Weiterbildung des medizinischen Personals erkannt (Ruf et al., 2008; siehe Begriffsklärung 2). Darüber hinaus wird betrachtet, inwieweit im Gesundheitssektor Tätige sich auf Social-Media-Plattformen wie *LinkedIn*, *Facebook*, *Instagram* und *Xing* untereinander vernetzen, um sich fachbezogen auszutauschen oder Personal anzuwerben (siehe Terfrüchte, 2017; van de Belt et al., 2012).

### 7.2.2 Nutzung gesundheitsbezogener Medienangebote

#### Massenmedien

Medizinisches Personal (meistens der:die Ärzt:in) ist nach wie vor die bevorzugte Quelle für Gesundheitsinformationen. So informierten sich im Jahr 2020 über zwei Drittel (69 Prozent; 2014 waren es noch 56 Prozent) der deutschen Bevölkerung auf diesem Weg über Gesundheitsthemen (Baumann & Czerwinski, 2015; Baumann, Czerwinski et al., 2020). Ebenso sind Gespräche mit Verwandten, Freund:innen oder Bekannten wichtige und oft genutzte Informationsquellen, die häufig mit medialen Angeboten, wie kostenlosen Broschüren oder Ratgebersendungen im Fernsehen, kombiniert werden (Baumann & Czerwinski, 2015). Da Menschen durchschnittlich aber fast sieben Stunden täglich Medien konsumieren (Hess & Müller, 2023), verwundert es nicht, dass sie einen Großteil der gesundheitsbezogenen Informationen auch auf diesem Wege erhalten (Rossmann et al., 2014).

#### Internet

Neben den klassischen Informationskanälen (Fernsehen und Printmedien) wird das Internet für die Suche nach Gesundheitsinformationen immer relevanter – so gehören diese mittlerweile zu den meistgesuchten Informationen im Netz (Higgins et al., 2011). Darüber hinaus geben etwa 20 Prozent der Deutschen an, bei dringendem Informationsbedarf zuerst das Internet zu konsultieren (Baumann, Czerwinski et al., 2020). Das Internet ermöglicht den Nutzenden eine anonyme, interaktive, individualisierte sowie zeit- und ortsunabhängige Suche in einer Vielzahl von Angeboten und Anwendungen. Im Gegensatz dazu sind etwa Fernsehangebote vergleichsweise starr strukturiert und nur begrenzt individualisierbar. So bietet das Internet bspw. für Erkrankte in ländlichen Regionen oder mit eingeschränkter Mobilität sowie Personen mit seltenen oder stigmatisierenden Erkrankungen zahlreiche (sonst schwerer verfügbare) Informationen.

### Suchmaschinen

Der häufigste Zugang zu Gesundheitsinformationen im Internet wird über Suchmaschinen vermittelt (Zschorlich et al., 2015). Offenbar kennen oder nutzen viele Rezipient:innen keine bestimmten Webseiten, die sie gezielt für verlässliche Gesundheitsinformationen ansteuern können (Baumann & Link, 2016). Insgesamt bevorzugen die Nutzer:innen aber gesundheitsbezogene Medienangebote zur reinen Informationsvermittlung (also solche ohne Interaktionsmöglichkeiten). Dabei rangieren Onlinelexika (wie *Wikipedia*) noch vor Webseiten von Gesundheitsakteur:innen und -institutionen (z.B. BZgA, Krankenkassen, Ärzt:innen, Krankenhäuser) und allgemeinen Gesundheitsportalen (z.B. *Gesündernet* und *netdoctors*). Die Nutzung von Onlineforen, etwa in Form von Ratgeberforen, themenspezifischen Gruppen in Social-Media-Netzwerken oder auch Bewertungsportalen für Krankenhäuser oder Ärzt:innen hat demgegenüber eine geringe Bedeutung. Onlineforen werden in Deutschland nur von etwa einem Drittel derer genutzt, die im Internet nach Gesundheitsinformationen suchen (Baumann & Czerwinski, 2015). Aufgrund der Vielfalt an Informationen stellt die Suche und Selektion relevanter und glaubwürdiger Gesundheitsinformationen für alle Nutzer:innen nach wie vor eine große Herausforderung dar (Baumann, Czerwinski et al., 2020; Schulz & Hartung, 2014).

### Onlineforen und soziale Netzwerke

Sowohl gesundheitsbezogene Gruppen und Formate in sozialen Onlinenetzwerken (wie *Facebook, Instagram* oder *TikTok*) als auch in spezifischen Gesundheitsforen ermöglichen den Nutzer:innen einen interpersonalen Dialog untereinander (W. Koch, 2022). Da es sich bei diesen Angebotsformen meist um virtuelle Gemeinschaften handelt, findet der Austausch dabei in unterschiedlichen Anonymitätsgraden statt, obwohl die Funktionalität vieler Onlineforen denen herkömmlicher und ortsgebundener Selbsthilfegruppen ähnelt. Die Beteiligten können dabei sowohl in die Rolle des:der Rezipient:in als auch in die des:der Produzent:in von Inhalten schlüpfen. Eine Mehrzahl an Nutzer:innen beschränkt sich jedoch auf das reine Rezipieren der Beiträge (engl. lurken), während nur wenige eigene Fragen und Kommentare verfassen (Link, 2019a). Neben dem Austausch von sehr spezifischen Informationen (z.B. bei seltenen Erkrankungen oder Krankheitskombinationen) befriedigen Onlineforen bei den Teilnehmer:innen vor allem das Bedürfnis nach emotionaler Unterstützung und enthalten Empfehlungen für lebenspraktische Fragen der Krankheitsbewältigung, die von den Medizinexpert:innen oft unzureichend beantwortet werden. Meist handelt es sich bei den Beteiligten zwar um Lai:innen, die ein gemeinsames Anliegen (z.B. die gleiche Krankheit) teilen, von denen manche jedoch aufgrund langjähriger Erfahrungen bereits eine Art „Expert:innenstatus" aufweisen (Carron-Arthur et al., 2015). Mitunter sind aber auch professionelle Gesundheitsexpert:innen als Moderator:innen oder als Teilnehmer:innen am Dialog beteiligt (Link, 2019a). Ähnliche Nutzungsmuster finden sich bei sozialen Netzwerken. Diese werden von den Nutzer:innen zum Suchen und Teilen gesundheitsbezogener Informationen, aus Gründen sozialer

Unterstützung und zum Verfolgen und Teilen von Gesundheitszuständen und -aktivitäten genutzt (Chen & Wang, 2021).

### Onlinevideokanäle

Neben Onlineforen mit Textbeiträgen finden sich zunehmend auch gesundheitsbezogene Kanäle auf Video- und Bildplattformen. Die Forschung zu diesen Plattformen hat sich bislang überwiegend auf die Inhalte (und deren Qualität) konzentriert. Somit beschränken sich Aussagen zur Nutzung von Onlinevideokanälen meist auf (inhaltliche) Beschreibungen. Inhalte in gesundheitsbezogenen Videokanälen werden angesehen, bewertet und kommentiert, wobei oft die (para-)soziale Beziehung zu den Videoproduzent:innen im Fokus steht. Vor allem bei Jugendlichen und jungen Erwachsenen sind die Betreiber:innen und Produzent:innen von *YouTube*-Kanälen bzw. entsprechenden Inhalten (sog. YouTuber) bekannt und beliebt. Dies drückt sich bspw. in entsprechend hohen Abonnenten- und Klickzahlen sowie zahlreichen Likes, Kommentaren und Tweets mit Bezug auf das Video aus (Döring, 2019). Ein weiteres, bisher noch wenig beforschtes Gebiet ist die Nutzung von Onlinebilderportalen wie *Pinterest* oder *Instagram*, obwohl zahlreiche gesundheitsbezogene sowie gesundheitsrelevante (oft als potenziell schädlich diskutierte) Inhalte und deren Kommentierung auf eine hohe Relevanz und umfangreiche Nutzung hinweisen (Guidry et al., 2016).

### Gesundheits-Apps

Die Nutzung von mHealth-Angeboten nimmt mit der steigenden Verbreitung von Smartphones stetig zu. Die allgemeine Nutzung von mobilen Endgeräten hat dabei inzwischen Fernsehen und stationäre Computer verdrängt. In Deutschland liegt der Anteil derer, die das Internet per Smartphone nutzen, in der Altersgruppe der 14- bis 49-Jährigen bei über 90 Prozent, bei den über 70-Jährigen bei etwa 70 Prozent (Arbeitsgemeinschaft Verbrauchs- und Medienanalyse [VuMA], 2021). Dadurch sind viele Nutzer:innen stets zeit- und ortsunabhängig erreichbar. Zur Verwendung von mHealth in Deutschland gibt es allerdings nur wenige Daten. Sie lag 2014 etwa bei 14 Prozent, wobei Frauen Gesundheits-Apps häufiger nutzen als Männer (Rossmann & Krömer, 2016). Umfragen aus den USA zeigen, dass etwa die Hälfte aller Handybesitzer:innen und über 60 Prozent der Menschen mit einem gesundheitlichen Leiden eine Gesundheits-App installiert haben (Yang Wang et al., 2021). Hinsichtlich des Anwendungskontexts sind Apps zur Ernährung, Gewichtsregulierung und für sportliche Aktivitäten am beliebtesten (Kunst, 2019). Die Wahl einer geeigneten oder sogar qualitätsgeprüften App wird allerdings, bedingt durch die Vielzahl der Angebote und deren ständige Weiterentwicklung, zunehmend schwieriger. Zwar existieren einige Zertifikate, diese werden bisher jedoch nur selten eingesetzt und von den Anwender:innen auch häufig nicht wahrgenommen.

Problematisch ist zudem die mangelnde Nachhaltigkeit der Nutzung. Apps werden häufig nach wenigen Wochen nicht mehr genutzt (nur die Hälfte erreicht eine durchschnittliche Nutzungsdauer von 30 Tagen), obwohl Änderungen im Lebensstil oder Selbstmanagement langfristig erfolgen sollten. Es zeigt sich jedoch, dass die Retentionsrate (d.h. der Anteil der Weiternutzung) von Gesundheits-Apps durch Empfehlung eines:r Ärzt:in deutlich erhöht werden kann (Kramer, 2017). Im Gegensatz zur allgemeinen Bevölkerung nutzen insbesondere Menschen mit chronischen Erkrankungen wie Diabetes entsprechende Apps täglich und langfristig, da sie ihnen eine dauerhafte Dokumentation des eigenen Verhaltens (z.B. Blutzuckerwerte), eine Integration interaktiver Kommunikation mit dem:der Ärzt:in oder anderen Betroffenen sowie personalisierte Angebote bieten (Rossmann & Krömer, 2016).

### 7.2.3 Faktoren der Mediennutzung

Verschiedene Theorien und etliche empirische Untersuchungen widmen sich der Frage, warum bestimmte Medienkanäle, -formate oder -inhalte genutzt werden. Rossmann et al. (2014) unterscheiden dabei zwischen kognitionsbasierten und emotionsbasierten Theorien der Mediennutzung. Kognitionsbasierte Ansätze fokussieren vor allem die bewusste Entscheidung für die Mediennutzung aufgrund einer rationalen Bewertung der Nützlichkeit der Medienkanäle oder Medienformate. Emotionsbasierte Ansätze gehen hingegen davon aus, dass sich die Mediennutzung vor allem durch unbewusste und emotionale Prozesse (z.B. Angstbewältigung) erklären lässt.

**Kognitionsbasierte Ansätze**

Als einer der wohl bekanntesten Vertreter kognitionsbasierter Ansätze geht der *Nutzen- und Belohnungsansatz* (engl. uses and gratifications approach) davon aus, dass Rezipient:innen Medieninhalte bewusst, zielorientiert und funktional verwenden, um verschiedene Bedürfnisse, wie Information oder Entspannung, zu befriedigen (Blumler & Katz, 1974). Obwohl der Ansatz häufig kritisiert und weiterentwickelt wurde (Schweiger, 2007), finden sich dennoch zahlreiche Studien, die Nutzungsmotive im Gesundheitskontext (wie etwa die Suche nach krankheitsspezifischen Informationen oder Unterstützung) für verschiedene Medieninhalte untersuchen (siehe unten). Ebenfalls von einer rationalen Bewertung des Nutzens geht der *Information-Utility-Ansatz* aus. Es wird angenommen, dass Faktoren wie bspw. die Stärke positiver oder negativer Folgen, die Wahrscheinlichkeit einer eigenen Betroffenheit, die zeitliche Nähe des Ereignisses und die Selbstwirksamkeit der Rezipient:innen wesentliche Kriterien für die Medienzuwendung sind (Hastall, 2011).

Die Vermeidung von Informationen wird vor allem mittels der *Theorie der kognitiven Dissonanz* (Festinger, 1954) erklärt. Sie geht davon aus, dass Menschen eine Übereinstimmung zwischen Gedanken und Verhaltensweisen erreichen wollen und Dissonanzen daher als unangenehm empfinden. So vermeiden bspw. Raucher:innen insbesondere solche Medieninhalte, die ihren eigenen Einstellungen widersprechen (wie Informationen über ein erhöhtes Krebsrisiko durch Tabakkonsum). Darüber hinaus sind aber auch andere Verhaltensweisen und Vorkehrungen in der Mediennutzung oder der sich daran anschließenden interpersonalen Kommunikation von Vermeidung gekennzeichnet. So kann auch der Abbruch der Rezeption eines Medienbeitrags als Vermeidung verstanden werden oder die bewusste Abwahl von bestimmten Inhalten (Link, 2022; Link & Baumann, 2020).

**Emotionsbasierte Ansätze**

Emotionsbasierte Ansätze betrachten sowohl positive als auch negative Emotionen (siehe Kapitel 2.4) als Auslöser für die Mediennutzung. So postuliert bspw. der *Mood-Management-Ansatz* (ganz unabhängig vom Gesundheitsbezug), dass Menschen Medienangebote zur Emotions- und Stimmungsregulierung nutzen (Zillmann, 1988). Menschen wenden sich meist unbewusst Medieninhalten zu, die ihnen eine angenehme Stimmung verschaffen, und vermeiden solche, die unangenehme Gefühle hervorbringen. Sie können somit allgemein zur psychischen Gesundheit und Emotionsregulation beitragen (Sassenberg, 2017).

Unangenehme Gefühle wie Unsicherheit und Furcht können aber auch Ausgangspunkt für eine intensive Suche nach Gesundheitsinformationen sein. So sieht die *Theorie des Unsicherheitsmanagements* (Brashers, 2001 oder *Theory of Motivated Information Management*, Afifi & Weiner, 2004) Unsicherheit als wesentlichen Treiber für die Informationssuche. Die Diskrepanz zwischen vorhandenem und gewünschtem Informationszustand (z.B. über das Risiko, selbst von einer Krankheit betroffen zu sein, oder die Erfolgswahrscheinlichkeit von Behandlungen; siehe Kapitel 2.2) löst Unsicherheit (d.h. eine emotionale Reaktion) aus. Diese führt wiederum dazu, dass Kosten und Nutzen der Informationssuche abgeschätzt werden und ggf. eine passende Strategie gewählt wird, um die benötigten Informationen zu finden.

**Comprehensive Model of Information Seeking**

Das *Comprehensive Model of Information Seeking* (Johnson & Meischke Hemdrika, 1993) verbindet schließlich die kognitionsbasierten Nützlichkeitsbewertungen aus dem *Uses and Gratification Approach* mit den emotionalen Komponenten aus dem *Health Belief Model*. Das Modell besteht dementsprechend aus Elementen, die sowohl Hintergrundfaktoren der Risikowahrnehmung als auch deren Nützlichkeitseinschätzung enthalten, um die Wahrscheinlichkeit der Informationssuche zu prognostizieren. Die erste Kategorie bilden die gesundheitsbezogenen Faktoren, wozu die demografischen Faktoren (z.B. Alter, Geschlecht, sozialer Status, Bildung), die direkte Erfahrung mit einem Gesundheitsthema, die Salienz (d.h. das Bedrohungspotenzial) und die Überzeugungen (d.h. der Glaube an die Wirksamkeit) zählen. In der zweiten Kategorie finden sich die Eigenschaften des Informationsträgers, die sowohl dessen Merkmale (z.B. Glaubwürdigkeit, Qualität) als auch dessen wahrgenommene Nützlichkeit beinhalten.

**Anlässe und Themen**

Die große Relevanz von Unsicherheit als Bedingung oder Motiv von Mediennutzung wird darüber hinaus deutlich, wenn die spezifischen Anlässe der Informationssuche detailliert betrachtet werden. Ein bedeutender Anlass für die Suche nach gesundheitsbezogenen Medieninhalten ist vor allem eine akute Erkrankung.

Insbesondere nach einem Ärzt:intermin bzw. einer entsprechenden Diagnose besteht vielfach ein Bedürfnis bzw. der Wunsch nach ergänzenden Informationen und Meinungen zur Diagnose und Behandlungsmöglichkeiten (Baumann & Czerwinski, 2015). Auch Informationen aus dem Internet kommt in diesem Zusammenhang eine besondere Rolle zu, weil sie mittlerweile vielfach bereits vor einem Ärzt:intermin für eine erste Selbstdiagnose genutzt werden und dann wiederum zur Entscheidungsfindung, ob ein Ärzt:inbesuch notwendig ist, beitragen (Baumann & Link, 2016). Zur Auswahl des:r entsprechenden Ärzt:in oder der klinischen Einrichtung für eine Behandlung werden darüber hinaus zahlreiche Bewertungsportale (z.B. *Jameda*) genutzt, um sich über die verschiedenen Qualitätsmerkmale der Gesundheitsakteur:innen und -einrichtungen zu informieren (Emmert et al., 2014). Auch nach einem Ärzt:inbesuch können entsprechende Informationen dazu dienen, die Angaben des:r Ärzt:in zu ergänzen, zu prüfen oder einzuordnen (Zschorlich et al., 2015). Außerdem zeigen Studien, dass die krankheitsbezogene Mediennutzung umso intensiver ist, je unzufriedener Patient:innen mit der Beratung durch den:die Ärzt:in sind (Baumann & Czerwinski, 2015; siehe Kapitel 5).

Menschen nutzen Medien dementsprechend, um Überblickswissen, Entscheidungshilfen, spezifische Handlungsanleitungen oder Unterstützungsangebote zu finden (Baumann & Hastall, 2014). Dabei ist die gesundheitsbezogene Mediennutzung vor allem abhängig vom individuellen Gesundheitszustand (Baumann & Link, 2016). Während gesunde Personen überwiegend nach Präventions- und Wellnessthemen suchen, recherchieren Menschen mit Symptomen oder in den ersten Wochen nach einer Diagnose intensiv nach spezifischen Informationen zu ihrer Krankheit und deren Bewältigung. Chronisch Erkrankte haben aufgrund der Dauer ihrer Erkrankung dagegen oftmals bereits ein gewohnheitsmäßiges Informationsverhalten. Sie kennen bestimmte krankheitsspezifische Internetangebote und nutzen diese regelmäßig, um sich zu informieren. Ziel ihrer Mediennutzung ist vor allem, Informationen zum Umgang mit der Erkrankung zu finden und sich mit anderen Betroffenen auszutauschen. Onlineforen bieten ihren Nutzer:innen neben den medizinischen Aspekten darüber hinaus oftmals auch Informationen zu vielen Fragen des Alltags (u.a. finanzielle, rechtliche oder versicherungstechnische Herausforderungen) und ermöglichen bzw. vermitteln Unterstützung durch andere Betroffene. Dabei sind sie zeitlich und räumlich flexibel sowie leicht zugänglich (Link, 2019 a).

Für die stellvertretende Suche nach Informationen durch Angehörige können sowohl die körperliche Verfassung des:r Patient:in als auch die Qualität der Beziehung ausschlaggebend sein. Letzteres zeigt sich unter anderem daran, dass verheiratete Personen, Eltern, pflegende Angehörige oder indirekt Betroffene (d.h. eine ihnen nahestehende Person leidet an einer schweren und/oder chronischen Krankheit) eher nach Informationen für Andere suchen (Sadasivam et al., 2013). Darüber hinaus sind ein fehlender Internetzugang oder die mangelnde Medienkompetenz eines:r Patient:in Anlass für Dritte, sich auf die Suche nach Informationen zu begeben (Abrahamson et al., 2008). Zusätzlich sehen Angehörige die Suche nach Gesundheitsinformationen über die Krankheit einer nahestehenden

Person als Unterstützungsleistung (z.B. zur Entscheidungsfindung) und initiieren diese selbst (proaktiv), um die entsprechenden Informationen dann weiterzugeben. So suchen etwa Angehörige von Krebspatient:innen nach weiteren Behandlungsmöglichkeiten. Ergänzend zur Unterstützung der Patient:innen kann dies auch den Angehörigen selbst helfen, mit Unsicherheiten umzugehen und Ängste vor unklaren oder bedrohlichen Situationen abzubauen (Yuen et al., 2016).

## 7.3 Wirkungen

### Gesundheitsrelevanz vs. Gesundheitsbezug

Die Effekte der Medieninhalte und der Mediennutzung werden im Forschungsfeld Medienwirkungen untersucht. Wie bei Medieninhalten und Mediennutzung lassen sich auch Medienwirkungen in verschiedene Dimensionen unterteilen (siehe Tabelle 13) – etwa ob sie gesundheitsrelevante Effekte haben oder nicht; unabhängig davon, ob diese aus gesundheitsbezogenen Medieninhalten und deren Nutzung herrühren. Selbst wenn die Medieninhalte keinen impliziten oder expliziten Gesundheitsbezug aufweisen, kann schon die Mediennutzung an sich einen Einfluss auf die körperliche, psychische oder soziale Gesundheit haben (Fromm et al., 2011).

*Tabelle 13: Dimensionen von Medienwirkungen. Quelle: Eigene Darstellung, nach Fromm et al., 2011, S. 122 und Schweiger, 2013, S. 20.*

| Dimension | Ausprägungen |
| --- | --- |
| Gesundheitsbezug | Explizit – implizit |
| Gesundheitsrelevanz | Vorhanden – nicht vorhanden |
| Wirkungsstärke | Keine – schwache – starke |
| Wirkungsintention | Intendierte – nicht intendierte |
| Wirkungsrichtung | Positiv – negativ – ambivalent |
| Wirkungspfad | direkte – indirekte – mehrstufige |
| Wirkungsebene | Mikro (Individuum) – Meso (Organisationen, soziale Gruppe, System) – Makro (Gesellschaft) |
| Wirkungsdimension | Kognition – Affekt – Einstellung – Verhalten |
| Wirkungsdauer | kurzfristig – langfristig |
| Wirkungsursachen | monokausal – multikausal – interaktional |

### Positive und negative Wirkungen

Diese gesundheitsrelevanten Effekte können sich dann sowohl positiv (d.h. gesundheitsförderlich) als auch negativ (d.h. gesundheitsschädlich) auswirken. Während bspw. die Berichterstattung über Grippeviren in bestimmten Bevölkerungsgruppen zu steigenden Impfraten führt, kann sie gleichzeitig in anderen Teilen der Bevölkerung zur Verunsicherung beitragen (Fromm et al., 2011). Je nach inhaltlicher Ausrichtung konzentrieren sich Analysen der Medienwirkungsforschung auf unterschiedliche Aspekte. So liegt der Fokus bei der Forschung zu Gesundheitskampagnen auf den positiven Effekten (z.B. gewünschte Einstellungs- und Verhaltensänderungen bezüglich der Nutzung von Kondomen) und den verschiedenen Strategien, wie diese erreicht werden können (siehe Kapitel 8). Dagegen konzentrieren sich Arbeiten zu gesundheitsrelevanter Mediennutzung verstärkt auf negative Wirkungen (z.B. Fernsehen als Ursache für Übergewicht).

### 7.3.1 Dimensionen der Medienwirkungen

#### Historische Betrachtung

Die Bewertung von Medieneffekten hängt häufig vom historischen bzw. gesellschaftlichen Kontext sowie dem zugrunde liegenden Verständnis von Gesundheit ab. Aus einer historischen Betrachtung heraus (siehe Kapitel 1.3) tauchen diese ambivalenten Bewertungen der (gesundheitsrelevanten) Medieneffekte regelmäßig im Zuge der Entwicklung, Einführung und Verbreitung neuer Medien auf. So wurde bereits im 16. Jahrhundert befürchtet, dass das Zeitungslesen zur Flucht aus dem Alltag, Nachahmung von Gewalttaten und unangemessener Sensationslust führt. Ebenso wurde im 18. Jahrhundert Realitätsflucht als negative Folge der Lektüre von Romanen vermutet. Vor sog. „Lesesucht" wurden darüber hinaus insbesondere Frauen und Jugendliche gewarnt, die sich vermeintlich besonders stark mit den Romanfiguren identifizierten und sich in der Folge zu stark auf ihre Emotionen konzentrierten (Bartsch, 2010). Dabei wurde nicht nur eine Gefahr für die psychische Gesundheit (z.B. Schlafstörungen) der Leser:innen gesehen, sondern auch der mögliche Schaden für die körperliche Gesundheit (z.B. Blutstockungen).

#### Werther-Fffekt

Besonders kritisiert wurde fiktionale Literatur im Zusammenhang mit dem Roman *Die Leiden des jungen Werther* von Johann Wolfgang Goethe, der 1774 erschien und zu zahlreichen Selbstmorden unter den jüngeren Leser:innen geführt haben soll. Unter dem Begriff *Werther-Effekt* wird seither untersucht, ob die Berichterstattung sowie fiktionale Erzählungen über Suizide zu Nachahmungstaten führen (Scherr & Bartsch, 2019). Da einige Studien Hinweise liefern, dass eine unangemessene mediale Darstellung eines Suizids (z.B. durch überproportionale Berichterstattung) zu zusätzlichen Selbstmorden führen kann, existieren in vielen Ländern entsprechende Pressekodizes zum Umgang mit solchen Ereignissen (M. Schäfer & Potrafke, 2016). Dieses Beispiel verdeutlicht, dass Studien und Erkenntnisse über gesundheitsrelevante Medienwirkungen immer wieder auch die Grundlage für medienpolitische und -rechtliche Regulierung und entsprechende Empfehlungen sein können (Schweiger & Fahr, 2013).

#### Third-Person-Effekt

Bei der Interpretation und der Bewertung von Medienwirkungen ist darüber hinaus zu berücksichtigen, dass Menschen dazu neigen, insbesondere den negativen Einfluss von Medien auf sich selbst grundsätzlich schwächer einzuschätzen als auf Dritte. Dieses Phänomen wird als *Third-Person-Effekt* (Dohle, 2013) bezeichnet und ist vergleichbar mit dem *unrealistischen Optimismus*, bei dem die Wahrnehmung des persönlichen Risikos (etwa von den negativen Folgen des Rauchens betroffen zu sein) niedriger ausfällt als für andere Personen (siehe Kapitel 3.1).

### Wirkungsebenen

Medien können zudem auf verschiedenen Ebenen ihre Wirkung entfalten. Auf der Mikroebene geht es um die Einflüsse auf das Individuum. Von Bedeutung für die Gesundheitskommunikation sind hier vor allem Dimensionen wie Wissen (kognitiv), Emotionen (affektiv), Verhalten (konativ) sowie der individuelle Gesundheitszustand (siehe Kapitel 3.1). Zur Erklärung dieser Wirkungen dienen insbesondere verschiedene Theorien des Gesundheitsverhaltens, die *sozial-kognitive Lerntheorie* oder die *Theorie der Schutzmotivation* (siehe Kapitel 3.1.5).

Auf der Mesoebene können Medien und deren Inhalte bspw. zur Diffusion von Innovationen (etwa von eHealth-Anwendungen oder gesundheitsrelevanten Verhaltensweisen) in bestimmten (Bevölkerungs-)Gruppen sowie zu Kommunikationsprozessen in Institutionen oder Organisationen beitragen (siehe Kapitel 3.2). Hier finden sich zahlreiche weitere Wirkungen mit Bezug zu interpersonaler Kommunikation, die bspw. als sog. Anschlusskommunikation mit Familienmitgliedern, Freund:innen oder dem:r Ärzt:in stattfinden kann, sich aber auch auf Diskurse innerhalb von Institutionen mit Bezug zu Gesundheit (z.B. Gesundheitsministerium, Gesundheitsämter) erstreckt (Rossmann & Ziegler, 2013).

Medienwirkungen auf der Makroebene können bspw. hinsichtlich zentraler Zielparameter der Gesundheitskommunikation wie Wissen oder Einstellungen entweder zu einer Homogenisierung oder aber auch zur Differenzierung in der Gesellschaft führen. So können sich Bevölkerungsgruppen durch die Nutzung entsprechender Informationen einem Gesundheitsthema annähern. Dagegen kann aber auch – etwa durch Unterschiede in der Intensität oder der Nutzung unterschiedlicher Kanäle bzw. Quellen sowie aufgrund von unterschiedlicher Bildung – das Entstehen sog. *Wissensklüfte* (siehe Kapitel 3.3) zwischen bestimmten sozialen Schichten oder gesellschaftlichen Gruppen gefördert werden (Rossmann & Ziegler, 2013). Darüber hinaus können sog. *Kultivierungseffekte* (siehe Kapitel 3.3.2) bspw. von unrealistischen Körpernormen zu ungesundem Ernährungsverhalten bedingt durch Unzufriedenheit mit dem eigenen Körper (Baumann, 2007), veränderten Einstellungen zur Ernährung (Lücke, 2007) oder zur verstärkten Inanspruchnahme von Schönheitsoperationen führen (Rossmann & Brosius, 2005).

### Wirkungsursachen

Monokausale Schuldzuweisungen an Medien für gesellschaftliche Missstände wie Magersucht, Adipositas oder Alkoholmissbrauch durch Jugendliche („Komasaufen") sowie kategorische Pathologisierungen von Mediennutzer:innen (z.B. „alle Videospieler") sind in der Regel völlig unangemessen (Fromm et al., 2011). Zum einen sind neben den Medien noch viele weitere Quellen für die Vermittlung von Gesundheitsinformationen verantwortlich und nehmen dadurch Einfluss auf das individuelle Gesundheitsverhalten. Zum anderen sind bei der Erforschung von

Medienwirkungen und der Interpretation der Resultate individuelle Selektions- und Rezeptionsprozesse sowie relevante Drittvariablen (wie Persönlichkeitsmerkmale oder gesellschaftliche Rahmenbedingungen) und deren mitunter komplexe Wechselwirkungszusammenhänge zu berücksichtigen (Schweiger, 2013). Das bedeutet, dass derselbe Medieninhalt bei verschiedenen Personen oder in verschiedenen Rezeptionssituationen ganz unterschiedliche Effekte haben kann. Deshalb gibt es keine monokausalen Zusammenhänge zwischen der Mediennutzung und dem individuellen Gesundheitsverhalten. Die Folge ist, dass bspw. Planer:innen von Gesundheitskampagnen entsprechend auch mit eher moderaten oder auch unerwünschten Effekten rechnen müssen (siehe Kapitel 9.1).

### Medienmerkmale

Zudem treten Medienwirkungen in vielen Fällen kanalspezifisch, d.h. in Abhängigkeit des jeweiligen Vermittlungskanals (z.B. Printmedien oder Internet), auf. So kann dann auch untersucht werden, welche Wirkungen ein spezifisches Medium bzw. ein technisches Mediengerät bzw. dessen spezifische Eigenschaften haben. Aufgrund der zunehmenden Konvergenz bzw. der Möglichkeit der Nutzung identischer Inhalte auf verschiedenen Geräten (z.B. Serien auf Fernseher, Laptop oder Smartphone) reicht es häufig nicht aus, sich hinsichtlich der zu untersuchenden Wirkungen auf einzelne Medien zu beschränken. Die Ausführungen in den folgenden Unterkapiteln sollen demnach auch verdeutlichen, dass mit ein und derselben Funktionalität bzw. Medieneigenschaft sowohl positive als auch negative gesundheitsrelevante Effekte der Mediennutzung einhergehen können.

### Methoden zur Prüfung der Medienwirkungen

Die große Bandbreite an Medieneffekten, deren Spezifität sowie die unterschiedlichen theoretischen Hintergründe zur Erklärung dieser stellen ganz unterschiedliche Anforderungen an die Forschenden und müssen bei der Prüfung von Medienwirkungen berücksichtigt werden. Einerseits lassen sich die Effekte oft schwer messen oder messbar machen (Messproblem). Darüber hinaus ist eine unterstellte Kausalbeziehung zwischen Mediennutzung bzw. Medieninhalt und den jeweiligen Effekten oft schwer nachweis- bzw. generalisierbar oder schlicht zu simplifizierend (Inferenzproblematik). Um Medienwirkungen trotzdem nachweisen zu können, muss in entsprechenden Untersuchungen sichergestellt werden, dass die Effekte einem bestimmten Medienstimulus zugeschrieben werden können (Kontrolle des Medieninhalts) und die Rezipient:innen den zu untersuchenden Inhalt gesehen bzw. das entsprechende Medium genutzt haben (Kontrolle der Medienzuwendung). Weil Medieneffekte mitunter komplexeren Wirkungsprozessen und -zusammenhängen unterliegen, muss schließlich auch sichergestellt sein, dass mögliche weitere Einflussgrößen (sog. mediatisierende Prozesse oder Drittfaktoren), die die Beziehung zwischen Medieninhalten bzw. der Mediennutzung und den entsprechenden Wirkungen vermitteln, berücksichtigt werden. Aus diesen Gründen wurden zur Prüfung von Medienwirkungen in der Vergangenheit vorrangig Experimente eingesetzt. Insbesondere durch die hohe Kontrolle der Laborsituation (Vermeidung von Störeinflüssen – Konfundierung) gilt diese Untersuchungsanlage auch heute noch als Königsweg, um Kausaleffekte zu untersuchen. Daneben haben sich aber auch weitere Methoden (z.B. Langzeit- und Feldstudien oder Quasi-Experimente) etabliert, die bei Eignung der Fragestellung eingesetzt werden (Bonfadelli & Friemel, 2020).

### 7.3.2 Positive Effekte

#### Kampagnenwirkungen

Zu den am häufigsten diskutierten positiven Effekten in der Gesundheitskommunikation gehören die gesundheitsförderlichen Wirkungen von Kampagnen. Diese sind allerdings nicht selbstverständlich und unmittelbar aus den Erwartungen und Zielen der Initiator:innen entsprechender Maßnahmen ableitbar, sondern müssen vielmehr durch eine gründliche Planung und Evaluation der Kampagne sichergestellt und überprüft werden. Dabei sind vor allem die positive Veränderung von Wissen und Einstellungen sowie mögliche adaptive Verhaltensänderungen von zentraler Bedeutung. Vergleichbare positive Medienwirkungen ergeben sich häufig auch für sonstige Medieninhalte, welche aber ähnliche Inhalte bzw. Botschaften vermitteln. Dabei kann es sich sowohl um aktuelle Berichterstattung, Ratgeber- und Unterhaltungsformate sowie Inhalte in sozialen Medien handeln. So können auch Videospiele zur Entstigmatisierung oder dem besseren Verständnis von (psychischen) Krankheiten beitragen (Dorrani & Sukalla, 2023; Linke et al., 2022). Generell sind bestimmte Zielgrößen einfacher zu beeinflussen als andere (siehe Kapitel 2). So ist der Einfluss von Medien(-nutzung) auf Wissen oder Risikowahrnehmung wahrscheinlicher als auf Einstellungen. Einstellungen sind wiederum leichter veränderbar als das tatsächliche Gesundheitsverhalten, welches als ultimative Zielgröße gilt. Neue Verhaltensweisen zu etablieren ist dabei einfacher, als alte zu ändern. Darüber hinaus ist einmaliges Verhalten (z.B. zur Vorsorge zu gehen) leichter zu verändern, als neue Gewohnheiten (wie regelmäßiges Ernährungs- und Bewegungsverhalten) zu schaffen.

#### Medienvorbilder

Zudem können medienvermittelte Vorbilder (sowohl fiktive Figuren als auch reale Personen) einen wichtigen Beitrag zu positiven Medienwirkungen leisten. In ihrer Vorbildfunktion können diese die Rezipient:innen bspw. für Risiken sensibilisieren oder individuelle Einstellungen (z.B. gegenüber gesunder Ernährung) sowie gesellschaftliche Normen positiv verändern (Mummer, 2019). Die Identifikation mit Medienfiguren und deren Nachahmung (siehe Kapitel 3.1.2) kann außerdem das Erlernen von Gesundheitswissen und anderen gesundheitsrelevanten Kompetenzen unterstützen. Außerdem können bspw. YouTuber auf ihren Fitness-, Ernährungs- und Lifestyle-Kanälen die Nutzer:innen zu einer gesundheitsbewussteren Lebensweise motivieren oder ihre Zuschauer:innen und Abonnent:innen bei der Bewältigung von Schwierigkeiten unterstützen. Dies bringen die Nutzer:innen häufig in ihren Kommentaren zum Ausdruck. Zwar werden dabei häufig unrealistische Normen (z.B. Körperbilder) vermittelt. Das breite Spektrum an Rollenmodellen in den verschiedenen Videokanälen ermöglicht hierbei jedoch grundsätzlich eine breitere Varianz der Körperformen, als diese etwa in Zeitschriften oder Serien zu finden ist (Döring, 2019). Unabhängig von der Art der Vorbilder können parasoziale (d.h. virtuelle) Beziehungen (siehe Kapitel 3.2.1) zu Medienpersonen darüber hinaus auch zu einer Verminderung von Einsamkeitsgefühlen beitragen (Oliver & Reinecke, 2017).

**Stimmungsregulation und Entspannung**

Ganz unabhängig vom Inhalt kann die Mediennutzung auch aus bestimmten Bedürfnissen resultieren und sich dann positiv auf die Nutzer:innen auswirken. Hierzu zählen etwa die unterhaltsame bzw. spielerische Nutzung, bspw. zur Stimmungsregulation (engl. mood-management; siehe Kapitel 7.2.3), zur Stressregulation oder zum Zeitvertreib. Insbesondere audiovisuelle Medien (z.B. Fernsehen, Video und Videospiele) werden häufig und gerne genutzt, um schlechte Gedanken zu vertreiben, und können dadurch potenziell zur seelischen Gesundheit beitragen. So zeigte sich etwa, dass Videospiele, insbesondere wenn diese während der Arbeitszeit genutzt werden, zur schnelleren Erholung nach stressigen Situationen beitragen und damit wichtige emotionale Bedürfnisse der Beschäftigten befriedigen (Reinecke & Eden, 2017).

**Mobile Verfügbarkeit von Informationen**

Die Nutzung traditioneller Medien(-kanäle) ist in vielen Fällen durch das technische Gerät (z.B. großer Fernseher) an einen bestimmten Ort und eine bestimmte Zeit gebunden. Digitale mobile und soziale Medien durchdringen dagegen die Lebenswelt der Nutzer:innen überall und zu jeder Zeit, weshalb in diesem Zusammenhang oft auch der Begriff permanently online, permanently connected (POPC) verwendet wird, um die Nutzungsmodalitäten der Rezipient:innen zu umschreiben (Vorderer, 2015). Dies hat eine zeit- und ortsunabhängige Verfügbarkeit sehr großer Mengen an Informationen und Angeboten zur Folge, was insbesondere in gesundheitlichen Notfällen relevant werden kann. Des Weiteren kann die ständige Verfügbarkeit gesundheitsrelevanter Informationen aber auch die Alltagsbewältigung chronisch Erkrankter erleichtern (z.B. Einkauf oder Freizeitplanung von Allergiker:innen) und sich dadurch sehr positiv auf das Allgemeinbefinden und andere gesundheitsrelevante Aspekte auswirken (Scherenberg & Kramer, 2013).

**Monitoring**

In diesem Zusmmenhang werden auch die gesundheitsförderlichen Auswirkungen der mobilen Verfügbarkeit und automatischen Überwachungsfunktionen von mHealth-Anwendungen diskutiert. Diese können von Nutzer:innen sowohl für die Protokollierung im Rahmen bewegungsfördernder Angebote (z.B. Fitness-Tracking) als auch für die Überwachung wichtiger Körperfunktionen (Monitoring; z.B. Pulsüberwachung, Insulintagebuch) eingesetzt werden. Die Möglichkeit, etwa die eigenen Fortschritte beim Laufen oder Radfahren zu beobachten, sich mit anderen zu vergleichen (z.B. mit Personen bzw. Freund:innen, die die gleiche Anwendung nutzen) oder vom Programm individuelles Feedback (z.B. Bestzeiten, Erinnerungen) zu erhalten, erhöht bei vielen Nutzer:innen die Motivation zu gesundheitsförderlichem Verhalten (Klenk et al., 2017). Positive Effekte des Selbstmonitorings wurden bereits für Anwendungen, die bspw. die Protokollierung des Ernährungs- und Trinkverhaltens, der Medikamenteneinnahme oder anderer medizinischer Parameter ermöglichen, nachgewiesen (Stehr et al., 2016).

**Soziale Verbundenheit**

Die medienvermittelte Verbundenheit mit anderen Personen bzw. Nutzer:innen hat vor allem aber positive Effekte für die psychosoziale Gesundheit. So lassen sich bspw. Familie und Beruf durch die Erreichbarkeit am Arbeitsplatz bzw. zu Hause einfacher verbinden, Termine lassen sich schneller abstimmen und es ist leichter, bei Bedarf eine:n Gesprächspartner:in und ggf. soziale Unterstützung zu finden. Dadurch können Einsamkeitsgefühle und Verlustängste minimiert und vielfältige Alltags- und Gesundheitsprobleme gelöst werden (Eichhorn, 2008). Bereits die Wahrnehmung, dass andere Personen potenziell verfügbar wären bzw. an die betroffene Person denken, kann sich positiv auf das Wohlbefinden auswirken. Aufgrund der großen Reichweite ist es mittels mobiler und sozialer Medien möglich, innerhalb kurzer Zeit Hilfe innerhalb eines großen Netzwerks zu generieren. Dies kann insbesondere Betroffene mit seltenen oder stigmatisierten Krankheiten oder Immobilität helfen. Für diese Personengruppen ist es sonst schwieriger, im eigenen persönlichen Umfeld Unterstützung zu finden (Trepte & Scharkow, 2017).

### 7.3.3 Negative Effekte

**Gewalthaltige Medieninhalte**

Eine der am häufigsten diskutierten negativen Medienwirkungen ist, dass die Nutzung bestimmter Inhalte die Gewaltbereitschaft der Rezipient:innen erhöht. Die Debatte, ob Medienhalte zu Aggression oder anderem unerwünschten Verhalten führen, wurde bereits im Kontext der Zeitungssucht geführt. Eine empirische Auseinandersetzung mit den entsprechenden Zusammenhängen findet aber hauptsächlich und besonders intensiv mit Bezug auf gewalthaltige Film- und Fernsehinhalte sowie Videospiele statt (Friedrich, 2013). Insbesondere Morde und Amokläufe werden gerne und häufig mit gewalthaltigen Medieninhalten in Verbindung gebracht (Schweiger, 2013). Einige Studien zeigen darüber hinaus, dass regelmäßiger und exzessiver Mediengewaltkonsum die Wahrscheinlichkeit und die Akzeptanz aggressiven Verhaltens erhöht, was sich u.U. auf mögliche Lerneffekte im Sinne der *sozial-kognitiven Theorie* (siehe Kapitel 3.1.2) zurückführen lässt. Allerdings wird immer wieder festgehalten, dass monokausale Erklärungen hierfür unzureichend sind

Ein weiterer Faktor in diesem Zusammenhang ist darüber hinaus die Art und Weise der Gewaltdarstellung. Unterschieden werden kann hier bezüglich Explizitheit (Schäden für Opfer und/oder Täter werden gezeigt), Realitätsnähe (real vs. fiktional), Art von Gewalthandlung (verbal, körperlich, psychisch) sowie der aus der Gewalt folgenden Konsequenzen (Ahndung vs. folgenlos). Es macht außerdem einen Unterschied, ob der Aggressor heroisiert wird (gewaltfördernd), bspw. durch eine Rechtfertigung seines Verhaltens aus moralischen Verpflichtungen (Friedrich, 2013).

Gesundheitsschädliche Wirkungen können jedoch im gleichen Maße von einer intensiven Berichterstattung über Katastrophen, Krieg und Terror mit Darstellungen von realer Gewalt ausgehen. Insbesondere emotionale Bilder, die die Opfer zeigen, sowie deren ständige Wiederholung können bei Rezipient:innen Symptome einer posttraumatischen Belastungsstörung hervorrufen (Knieper, 2006). Im Sinne der *Kultivierungsthese* (siehe Kapitel 3.3.2) können sich Gewaltdarstellungen zudem auf die Vorstellungen von sozialer Realität auswirken, sodass Mediennutzer:innen, die häufig Inhalte mit Bezug zu Gewalt bzw. Kriminalität in den Medien sehen, die Realität dementsprechend aggressiver und gefährlicher wahrnehmen, als sie in Wirklichkeit ist.

Aufgrund dieser potenziell schädlichen Wirkungen gewalthaltiger Medieninhalte finden sich zahlreiche Vorgaben für deren Ausstrahlung und Verkauf, der sich unter anderem in eingeschränkten Sendezeiten, Maßnahmen der freiwilligen Selbstkontrolle (FSK; auch für den Verkauf) sowie in Hinweisen zur verantwortungsvollen Berichterstattung über Suizide oder Essstörungen niederschlagen (Scherr, 2014). Gleichzeitig ist es aber auch notwendig sicherzustellen, dass durch diese Maßnahmen keine Zensur entsteht und die Verminderung gesundheitsschädlicher Wirkungen nicht grundsätzlich höher gewichtet wird als das Informationsinteresse der Bevölkerung (Mikat, 2008).

Ein anderer Ansatzpunkt zur Reduzierung der Risiken von Mediennutzung ist die Förderung der Medienkompetenz (siehe Kapitel 2.5). Dies beinhaltet einerseits, den Zugang zu Medien zu fördern (z.B. technische Voraussetzungen schaffen), Menschen in deren Nutzung zu „schulen" (z.B. Privatsphäre-Einstellungen managen, relevante und vertrauenswürdige Informationsquellen kennen) und andererseits die kritische Reflexion über Medieninhalte anzuregen (z.B. Wissen über Werbebotschaften und Werbeplatzierungen in Spielfilmen und Serien – auch Persuasionswissen oder zur Idealisierung bestimmter Körperbilder in sozialen Medien).

**Körperliche Gesundheit**

Die Nutzung von Medien (unabhängig von den Inhalten) kann darüber hinaus direkte physische Konsequenzen für die Nutzer:innen haben. So wurde in den Anfängen der Medienwirkungsforschung vermutet, dass intensive Fernsehnutzung zu Sehschäden, Atemnot oder auch Unruhe führt (Fromm et al., 2011). Inzwischen hat sich gezeigt, dass die tägliche und lang andauernde Nutzung von Medien (wie alle sitzenden Tätigkeiten) negative physische Konsequenzen hat. Die Zeit, die wir mit Medien verbringen, verringert die Zeit für andere (aktivere) Freizeitbeschäftigungen; dementsprechend können bspw. Rückenschmerzen oder Übergewicht in vielen Fällen auf eine mit der Mediennutzung in Verbindung zu bringende, geringere körperliche Aktivität und bisweilen erhöhte Nahrungsaufnahme während der Mediennutzung zurückgeführt werden (Reinecke & Eden, 2017). Die Zusammenhänge zeigen sich dabei unabhängig von Alter und Geschlecht der Mediennutzer:innen, können aber durch bestimmte gesundheitsrelevante Medieninhalte (z.B. Werbung für zuckerhaltige Lebensmittel) zusätzlich verstärkt werden (Finne & Bucksch, 2014). Eine umfangreiche Zusammenstellung der Wirkungen von

Medieninhalten auf die Gesundheit (z.B. Ernährungsverhalten und Körperwahrnehmung) findet sich zudem in Wulf et al. (2023).

**Pathologische Mediennutzung**

Um zu bewerten, ab wann Mediennutzung als pathologisch gilt, werden unter anderem Indikatoren wie der zeitliche Umfang sowie die negativen Wirkungen auf andere Lebensbereiche berücksichtigt (Ort et al., 2020). Vergleichbar mit anderen Süchten, wie Drogenabhängigkeit oder Alkoholismus, kann exzessive Mediennutzung sowohl die körperliche als auch die psychische Gesundheit zum Teil gravierend beeinträchtigen. So kann Videospielsucht zu erheblichen sozialen Defiziten, der Vernachlässigung beruflicher oder schulischer Verpflichtungen sowie zu finanziellen Problemen führen (Scherr & Bartsch, 2019). Deutliche Indikatoren einer pathologischen Mediennutzung sind darüber hinaus das Auftreten von Entzugserscheinungen bei Nichtnutzung oder mangelndes Interesse an anderen (alternativen) Freizeitbeschäftigungen. In Experimenten, bei denen Teilnehmer:innen ihr Smartphone für eine längere Zeit (bis zu einer Stunde) nicht nutzen durften, beschrieben insbesondere Intensivnutzende zunehmend ein Gefühl von Unruhe (Cheever et al., 2014).

Problematische Mediennutzung zeigt sich also vor allem als die individuelle Unfähigkeit zur Kontrolle der Nutzung und kann mit anderen Krankheiten wie Depressionen oder sozialen Ängsten verbunden sein. Was im positiven Sinne als Zeitvertreib oder Entspannung gilt, kann somit in übertriebener Form als Prokrastination sowie Ablenkung von wichtigeren Aufgaben bzw. dem Umgehen einer (rechtzeitigen) Bewältigung von Problemen betrachtet werden. Während Prokrastination und Realitätsflucht als negative Folgen der Mediennutzung bereits im Zusammenhang mit Zeitungs- und Buchkonsum thematisiert wurden (Bartsch, 2010), werden sie nun erneut mit Bezug auf die Nutzung von Filmportalen, Videospielen und mobilen/sozialen Medien diskutiert (Hofmann et al., 2020).

**Binge-Watching**

Eine jüngst vieldiskutierte Form der pathologischen Nutzung audiovisueller Inhalte ist das sog. Binge-Watching – das Anschauen mehrerer aufeinanderfolgender Episoden einer Serie innerhalb eines kurzen Zeitraums. Der Begriff sowie dessen negative Konnotation leiten sich ab vom bereits bekannten Phänomen des Binge-Eating, bei dem innerhalb von kurzer Zeit größere Nahrungsmengen aufgenommen werden. Binge-Watching wird in den letzten Jahren immer intensiver diskutiert, weil Medieninhalte in Mediatheken, Videoplattformen oder über Internet-Streamingdiensten (z.B. *Netflix*) zunehmend ohne großen Aufwand, zeitlich ungebunden und in großen Mengen verfügbar sind (Scherr & Bartsch, 2019). Studien in diesem Bereich untersuchen neben den Binge-förderlichen Faktoren und den Auswirkungen auf das Unterhaltungserleben (Wirz et al., 2022; Wirz et al., 2023) auch direkt gesundheitsrelevante Aspekte wie die Auswirkungen auf die Schlafqualität (Baselgia et al., 2023) oder das Suchtpotenzial (Ort et al., 2020) des exzessiven Serienkonsums. Die Befundlage deutet jedoch nicht darauf hin, dass Binge-Watching nicht grundsätzlich – wie häufig proklamiert – als problematisches Nutzungsverhalten eingeordnet werden könnte.

**Permanente Verfügbarkeit**

Die oben beschriebenen Vorteile der ständigen Verfügbarkeit von Informationen sowie der sozialen Verbundenheit mit anderen können einerseits als Erleichterung gesehen werden – bspw. in Bezug auf die Erreichbarkeit per Smartphone. Andererseits geht damit oft aber auch eine Anspruchshaltung des persönlichen Umfelds einher, permanent verfügbar sein zu müssen oder Informationen zeitnah zu lesen, was von vielen Menschen als (sozialer) Druck bzw. Zwang empfunden wird. Dies kann dann insbesondere bei Personen, denen soziale Anerkennung wichtig ist oder die Erreichbarkeit und Informiertheit als berufliche Pflicht betrachten, zu Stress, Besorgnis, Anspannung, Schlafstörungen, Burn-out oder sogar Depressionen führen. Oftmals werden momentane Aufgaben genau aus diesem Bedürfnis oder Zwang heraus unterbrochen, oder es wird versucht, kognitive Ressourcen auf mehrere Dinge gleichzeitig zu verteilen. Diese Formen von Ablenkung führen im Vergleich zum fokussierten Arbeiten nachweislich zu eher uneffektivem Multitasking, zusätzlichem Stress bzw. Anspannung und können in bestimmten Situationen (z.B. im Straßenverkehr) negative bis lebensgefährliche Konsequenzen für die Gesundheit haben (Hefner & Vorderer, 2017).

Die Angst, wichtige Ereignisse bzw. Informationen im Beruf oder im eigenen sozialen Netzwerk zu verpassen, kann zu einer permanenten Alarmbereitschaft führen, die u.a. im Verdacht stand, mit Schlafstörungen einherzugehen (Misra & Stokols, 2012). Ergebnisse aus der psychologischen Schlafforschung konnten diese Vermutung jedoch bisher nicht bestätigen (Combertaldi et al., 2021). Dagegen hat insbesondere eine zunehmend fehlende Abgrenzung von privatem und beruflichem Kontext in einigen Berufsfeldern zu einer Zunahme psychischer Erkrankungen geführt. Aus diesem Grund sehen sich Arbeitgeber:innen zum Teil dazu veranlasst, technische Maßnahmen zu ergreifen (z.B. Abschalten des Mailservers nach Dienstschluss), um die notwendigen Erholungszeiten der Mitarbeiter:innen sicherzustellen (Sonnentag & Pundt, 2017).

**Datenmissbrauch**

Die zur Selbstüberwachung und -verbesserung (engl. *Self-Monitoring* bzw. *-Enhancement*) genutzten Daten in eHealth-Anwendungen sollen das Erreichen persönlicher Gesundheitsziele vereinfachen bzw. unterstützen und eine individuelle Anpassung von Gesundheitsangeboten ermöglichen. Gleichzeitig erhöht die Speicherung solcher Daten auch die Gefahr von Datenmissbrauch und kann somit potenziell negative Konsequenzen für Nutzer:innen haben (siehe Kapitel 9.1). Durch die gewünschte (wissentliche) oder auch unerwünschte (unwissentliche) Veröffentlichung und Zugänglichkeit von gesundheitsbezogenen Selbstinformationen können sich bspw. Probleme mit dem direkten sozialen Umfeld, z.B. Kolleg:innen, Familie und Freund:innen, ergeben. Auch auf professioneller Ebene ist Vorsicht geboten, wenn etwa der Arbeitgeber Bilder einer privaten Feier auf *Facebook* oder *Instagram* sieht und der Arbeitnehmer sich für diesen Tag eigentlich krankgemeldet hatte. Das Bekanntwerden einer Erkrankung (z.B. durch die Nutzung einer App oder eines entsprechenden Forums) kann zudem zu einer Erhöhung der Prämie für private Versicherungen führen (Fischer, 2017).

### Cybermobbing

Insbesondere problematisch für das psychische Wohlbefinden bzw. die Gesundheit kann die Verletzung der persönlichen Privatsphäre werden. Vor allem dann, wenn die Verbreitung und Verfügbarkeit persönlicher Informationen (z.B. in sozialen Medien) dazu genutzt wird, um Personen oder Gruppen (z.B. Betroffene, Erkrankte, aber auch Firmen) durch Beleidigung bzw. Bloßstellung zu stigmatisieren oder diese (öffentlich) zu belästigen (z.B. sexuell), zu bedrohen oder bloßzustellen. Entsprechende Handlungen werden zum Teil unter dem Begriff des Cybermobbings zusammengefasst (Fluck & Stelter, 2014). Dabei ist das Vorhandensein oder die Nutzung von Medien keine zwingende Voraussetzung. Gesundheitsbezogenes und gesundheitsrelevantes Mobbing kann ebenso in der interpersonalen, direkten Kommunikation auftreten. Die potenziellen Folgen von Cybermobbing, bspw. in sozialen Medien, sind jedoch größer, da sich entsprechende Informationen dort sehr schnell an viele Personen verbreiten und diese oft auch nicht vollständig gelöscht werden können. Da die Täter:innen hier häufig anonym bleiben, ist es für den Einzelnen viel schwieriger, entsprechenden Situationen Herr zu werden. Auch die Nichtnutzung bestimmter Medien kann in diesem Zusammenhang negative Folgen haben, weil betroffene Personen unter Umständen keine Kenntnis von der Verbreitung negativer Informationen besitzen.

# 8 Gesundheitskampagnen

In diesem Kapitel erfahren Sie,

- wie Sie bei der strategischen Planung einer Gesundheitskampagne vorgehen;
- welche Botschaftsstrategien bei der Umsetzung von Gesundheitskampagnen angewendet werden;
- nach welchen Kriterien Sie die Kommunikationskanäle für eine Gesundheitskampagne auswählen.

### Formen gesundheitsbezogener Kommunikationskampagnen

Gesundheitsbezogene Kommunikationskampagnen sind das typische Mittel strategischer Gesundheitskommunikation. Im Gegensatz zu nicht-strategischer Kommunikation versuchen Gesundheitskampagnen, gesundheitsrelevante Einstellungen oder Verhaltensweisen zielgerichtet und systematisch zu verändern. Bonfadelli und Friemel (2020, S. 16) definieren Kommunikationskampagnen dementsprechend als „1) die Konzeption, Durchführung und Evaluation von 2) systematischen und zielgerichteten 3) Kommunikationsaktivitäten zur 4) Förderung von Wissen, Einstellungen und Verhaltensweisen 5) gewisser Zielgruppen 6) im positiven, d.h. gesellschaftlich erwünschten Sinn".

Somit geht es im Folgenden um die intentionalen bzw. persuasiven Formen von Gesundheitskommunikation. Eine zentrale Frage, die sich sowohl Praktiker:innen als auch Forschende stellen, lautet in diesem Zusammenhang: Wie sollten oder müssten solche Kommunikationsaktivitäten gestaltet werden, damit diese die Zielgruppe überzeugen (und damit wirksam sind)? Im Zentrum steht daher das Vorgehen bei der Entwicklung, Durchführung und Evaluation von Gesundheitskampagnen. Dafür werden die wichtigsten und am häufigsten eingesetzten Strategien (d.h. Gestaltungsformen, stilistische Mittel, Botschaftsstrategien) und Kriterien der Wahl der Kommunikationswege beleuchtet und anhand bekannter Beispiele erläutert. Für eine ausführliche Übersicht zu den hier vorgestellten Inhalten sei auf das Werk von Bonfadelli und Friemel (2020) zu Kommunikationskampagnen im Gesundheitsbereich sowie auf weitere entsprechende englischsprachige Werke verwiesen (Cho, 2012; Maibach & Parrott, 1995; Rice & Atkin, 2012; Singhal et al., 2014). Ein anschauliches und umfangreich dokumentiertes Beispiel (siehe auch Beispiel 12) für die theorie- und evidenzbasierte Entwicklung einer Kampagne zur Bewegungsförderung bei älteren und hochaltrigen Personen findet sich bei Stehr et al. (2020).

### Initiatoren von Gesundheitskampagnen

Unter den Urhebern typischer Gesundheitskampagnen finden sich sowohl staatliche und überstaatliche Institutionen (z.B. WHO, RKI, Ministerien oder die BZgA/das BAG) sowie Krankenversicherungen als auch Stiftungen und andere Non-Profit-Organisationen (wie bspw. die *Michael-Stich-Stiftung*). Die Ziele der Initiatoren von Gesundheitskampagnen sind vielfältig. Zu den wichtigsten zählen jegliche Formen der Prävention, Aufklärung sowie Gesundheitsförderung und die

Verbesserung des individuellen und gesamtgesellschaftlichen Gesundheitszustandes (siehe Kapitel 1.2).

Genauso vielseitig ist das thematische Spektrum der Kampagnen. Es reicht von Genussmitteln wie Alkohol und Tabak, Sicherheit im Straßenverkehr, Infektionskrankheitenprävention wie Grippe oder COVID-19 über Medikamenten- und Drogenabhängigkeit bis hin zu Inkontinenz, Schlaganfall oder Osteoporose. Prominente Beispiele sind die AIDS/HIV- und Impfkampagnen der BZgA/des BAG oder Verkehrssicherheitskampagnen, die uns regelmäßig im Straßenbild begegnen (Klimmt et al., 2014). Darüber hinaus können außerdem andere Akteur:innen im Gesundheitsmarkt (siehe Kapitel 7.3) systematische und strategische Formen der Kommunikation einsetzen, um ihre Ziele (z.B. Umsatzerhöhung, Kostensenkung oder Kundengewinnung) zu erreichen (Bruhn et al., 2016). Alle Kampagnen (sowohl eher profitorientierte als auch eher gesundheitsorientierte) nutzen dafür Strategien aus Werbung und Marketing sowie der Public Relations, um ihre Persuasionsziele zu erreichen (Bonfadelli & Friemel, 2020).

## 8.1 Vorgehen bei der Kampagnenentwicklung

Die meisten Expert:innen der Kommunikationswissenschaft gehen heute davon aus, dass Kommunikationskampagnen dann Erfolg haben, wenn sie theorie- und evidenzbasiert sind, explizite Ziele formulieren und sich an der Ziel- oder Dialoggruppe orientieren (Rossmann, 2015). Bonfadelli und Friemel (2020) fassen die wichtigsten Schritte von Kommunikationskampagnen in einem sog. System- oder Ablaufmodell zusammen (siehe Abbildung 11). Wir skizzieren zunächst die Schritte dieses Modells kurz, bevor wir in Kapitel 8.2 bis 8.4 konkreter auf die Aspekte Zielgruppenspezifika, Strategiewahl und Wahl der Kommunikationswege eingehen.

### Problemstellung

Kampagnen basieren, diesem Modell folgend, auf einer aus dem Umfeld (soziales Problem, Betroffene, Auftraggeber:innen oder Stakeholder:innen) kommenden Problemlage oder einem Defizit bzw. Anliegen (sog. Input), zu dessen Lösung eine Kommunikationskampagne als angemessen und erfolgversprechend angesehen wird. Die für die Umsetzung der Kampagne zuständigen Stellen (Agenturen, Kommunikationsexpert:innen etc.) müssen also einen entsprechend klar formulierten Auftrag erhalten und die Kampagne auch mit Bezug auf bereits existierende bzw. umfassende Programme entwickeln. So könnten bspw. eine Pandemie oder zahlreiche Todesfälle durch Suizid eine entsprechende Relevanz darstellen, die eine Kommunikationskampagne zur Prävention der Ausbreitung der Infektionskrankheit oder zur Prävention von Suiziden notwendig erscheinen lassen.

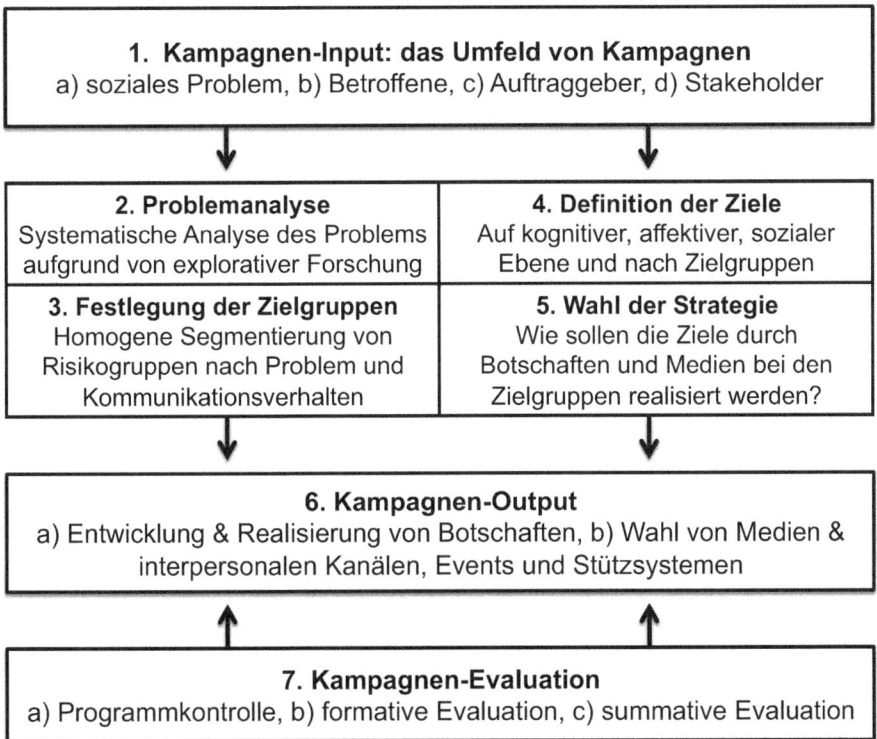

*Abbildung 11: Systemmodell zur Durchführung von Kommunikationskampagnen. Quelle: Bonfadelli & Friemel, 2020, S. 33.*

Problemanalyse

Vor einer Planung der Umsetzung gilt es, in diesem Schritt theorie- und evidenzbasiert (d.h. anhand von vorhandenen Daten) die Ursachen, Einflussfaktoren und Veränderungsmöglichkeiten und somit auch mögliche Lösungen des Problems zu analysieren und zu bewerten. Idealerweise geschieht dies mit Bezug auf die Perspektive der Betroffenen oder bestenfalls sogar mit ihrer Beteiligung (siehe Begriffsklärung 12). Hierzu werden Daten aus Befragungen (z.B. mit Betroffenen oder Expert:innen) und aus Beobachtungen sowie Verhaltensstatistiken über Krankheiten oder die Inanspruchnahme von Leistungen herangezogen. Durch die Sekundäranalyse von bereits an anderer Stelle erhobenen Daten können wertvolle Informationen, bspw. über den Informationsbedarf oder Kommunikationsgewohnheiten einer Zielgruppe oder über die Strukturen der Zielgruppe, gewonnen werden. Ziel ist es, einen ausreichenden, wissenschaftlich fundierten und vielseitigen Wissensstand zur vorliegenden Problematik zu erlangen. In der Praxis wird allerdings das Medium bzw. die Botschaftsstrategie oft schon festgelegt, bevor überhaupt Zieldefinition sowie Problemanalyse abgeschlossen sind, sodass letztlich ein unpassendes Medium bzw. eine unpassende Botschaftsstrategie gewählt werden. Ebenso problematisch kann es sein, ein Problem ohne Beteiligung der Betroffenen zu analysieren, da die Betroffenen aus ihrer Perspektive möglicherweise ganz andere Problembereiche benennen oder verändern wollen (siehe Begriffsklärung 12).

### Zielgruppen

Ein entscheidender Erfolgsfaktor für jegliche Kommunikationsmaßnahme liegt darin, dass sie gezielt auf die anzusprechende oder potenzielle Zielgruppe zugeschnitten und umgesetzt wird. Besonders wenn Informationen über die üblichen Massenmedienkanäle von Kampagnen verbreitet werden (z.B. Plakate, Radiowerbung, Flyer usw.) und kein direktes Feedback von den Empfänger:innen eingeholt werden kann, gewinnt die präzise Anpassung der Materialien an die Zielgruppe und ihre zu erwartenden Reaktionen an Bedeutung. Die Abgrenzung der Zielgruppe anhand bestimmter Kriterien oder idealerweise einer Kombination von Kriterien ermöglicht eine effektive und zielgerichtete Ansprache. Gleichzeitig kann dies dazu beitragen, unnötige Ausgaben für die Ansprache irrelevanter Zielgruppen zu minimieren.

Dabei gilt es auch zu beachten, dass die verschiedenen Faktoren auch in ihrem Zusammenspiel, d.h. in ihrer Intersektionalität, berücksichtigt werden müssen (Luetke Lanfer & Reifegerste, 2021).

### Zieldefinition

Bonfadelli und Friemel (2020) bezeichnen die explizite und messbare Nennung von Zielen als wichtigste Voraussetzung für eine erfolgreiche Kampagne. Die Ziele einer Kampagne sollten realistisch sein und nach der Kampagne evaluiert werden. Zu den am häufigsten verfolgten Zielen zählen etwa die Anregung, Entwicklung, Stabilisierung oder Veränderung von gesundheitsrelevanten Faktoren, die wiederum auf unterschiedlichen Ebenen angesiedelt sein können (Bonfadelli & Friemel, 2020). Kampagnen mit kognitiven Zielen können zum einen darauf abzielen, dass Personen auf ein Problem aufmerksam werden (das sie bisher vielleicht noch nicht wahrgenommen haben). Zum anderen geht es aber ebenso darum, Wissen über Ursachen und Zusammenhänge oder eine neue Perspektive auf ein Gesundheitsthema (z.B. Stigmatisierung von psychischen Krankheiten) zu kommunizieren. Auf affektiver Ebene können entsprechende Maßnahmen das emotionale Empfinden oder auch die emotionale Komponente der Einstellungen zu einem Thema fokussieren. So versuchen bspw. viele Kampagnen, durch das Auslösen von bestimmten emotionalen Zuständen oder die Beeinflussung bereits vorhandener Emotionslagen die Akzeptanz und die Motivation für ein gesundheitsförderliches Verhalten (z.B. Bewegung und gesunde Ernährung) zu erhöhen oder vor einem gesundheitsschädlichen Verhalten zu warnen bzw. abzuschrecken. Das oberste Ziel der meisten strategischen Interventionen ist es jedoch, das Verhalten von Individuen zu beeinflussen (konative Ebene). So sollen entweder neue gesundheitsförderliche Verhaltensweisen aktiviert oder etabliert oder aber – häufiger noch – bereits bestehende (gesundheitsschädliche) Verhaltensweisen bestärkt, gelenkt oder verändert werden.

In der Praxis finden sich selten Kampagnen, die lediglich auf einen Zielparameter fokussieren. Vielmehr werden oft kognitive oder emotionale Parameter kombiniert, um Verhaltensänderungen zu erreichen. In vielen Fällen ändern sich die Ziele auch im Lauf der Zeit. Anhand der Entwicklung der AIDS/HIV-Kampagne der BZgA lässt sich dies gut nachvollziehen (siehe Beispiel 11).

> **Beispiel 11: Zeitliche Entwicklung von AIDS/HIV-Kampagnen**
>
> Die ersten nationalen AIDS-Präventionskampagnen starteten in Deutschland Mitte der 1980er-Jahre und konzentrierten sich vor allem auf Informationen über Ansteckungswege und Schutzmaßnahmen (meist Kondome). Zunächst ging es darum, die Aufmerksamkeit und Risikowahrnehmung in der Bevölkerung zu steigern, das Thema insgesamt zu enttabuisieren und somit die Kommunikation über die Verwendung von Kondomen zu erleichtern. Die BZgA in Deutschland hat dafür vor allem Humorappelle eingesetzt, wie bspw. der Fernsehspot „Tina, wat kosten die Kondome?" von 1989 oder die „Mach's mit"-Kampagne „Obst & Gemüse" (siehe Abbildung 15).
> Ab 1990 wurde verstärkt der Umgang mit HIV-Infizierten angesprochen, um Diskriminierung und Stigmatisierung vorzubeugen bzw. abzubauen (z.B. „Positiv zusammenleben"). Botschaften in anderen Ländern thematisieren weitere Facetten des Umgangs mit AIDS und der Prävention. So lautete ein Plakattitel in Südafrika „Jede Frau hat das Recht ‚Nein!' zu sagen" und in der Schweiz „Seitensprung immer mit Präservativ" (Roeßiger, 2013, S. 509). Als in den 2000er-Jahren die Risikowahrnehmung für AIDS bzw. HIV-Infektionen aufgrund der medikamentösen Behandelbarkeit sank und die Neuinfektionen wieder zunahmen, wurde auch in den Botschaften wieder verstärkt auf die Gefahren einer Infektion mit dem HI-Virus eingegangen. Ab 2016 wurde in Deutschland die AIDS-Kampagne um Inhalte zu anderen sexuell übertragbaren Krankheiten (z.B. Chlamydien, Gonorrhö, HPV) erweitert, da hier die Risikowahrnehmung noch deutlich geringer ist (Bundeszentrale für gesundheitliche Aufklärung, 2016).

Zudem ist es häufig unrealistisch zu erwarten, dass bspw. eine mediale Präventionskampagne allein zu den gewünschten Änderungen von Verhalten und Lebensstil führt und dadurch direkt zur Senkung der (Neu-)Erkrankungen oder Todesfälle beiträgt. Häufig sind weitere Einflussfaktoren für ein Verhalten (wie genetische Veranlagungen, die körperliche Verfassung, soziale Erfahrungen und soziale Systeme) verantwortlich, die durch Kommunikationskampagnen schwer oder gar nicht beeinflussbar sind (Schnabel & Bödeker, 2012). Neben Gesundheitskampagnen können und sollten daher noch zahlreiche andere Möglichkeiten genutzt werden, um Gesundheit zu fördern. So können ebenso die Einführung von Gesetzen (z.B. ein Rauchverbot), die Veränderung der strukturellen Rahmenbedingungen (z.B. die Gestaltung des Arbeitsplatzes oder der Wohnumgebung) sowie finanzielle Anreize (z.B. die Einführung einer Tabaksteuer) wichtige Maßnahmen sein (Schnabel & Bödeker, 2012).

**Wahl der Strategie**

Nach der Abgrenzung von Problem, Zielgruppe und Ziel stellen sich Kampagnenplaner:innen nun die Frage, wie und mit welchen Mitteln das Ziel erreicht werden kann. Dabei ist zu beachten, dass die zu beeinflussenden Einstellungen und Verhaltensweisen oft über längere Zeit gefestigt wurden und nicht nur durch rationale Argumentation oder Wissensvermittlung, sondern auch durch affektive sowie soziale Einflüsse bedingt sind (siehe Tabelle 14).

*Tabelle 14: Ziele und Strategien zur Zielerreichung. Quelle: Eigene Darstellung nach Bonfadelli & Friemel, 2020, S. 39 ff.*

| Ebene | Ziel | Strategien | Methoden | Beispiele |
|---|---|---|---|---|
| Kognitiv | Wissensvermittlung | Problematisieren | Auf ein Problem aufmerksam machen | Furchtappell, der die Folgen von Masern zeigt |
| | | Informieren | Wissen über Ursachen und Zusammenhänge kommunizieren | Berichterstattung über Rauchen als Ursache von Lungenkrebs |
| | | Orientieren | Neue Sicht des Problems kommunizieren | Neue Erkenntnisse der Forschung zum Alkoholkonsum einordnen |
| Affektiv | Erhöhung von Selbstwirksamkeit, Verständnis und Lebenszufriedenheit, Vorbeugung psychischer Probleme | Sensibilisieren | Emotionale Einstellung zum Thema verändern und Akzeptanz schaffen | Akzeptanz für psychische Erkrankungen verändern |
| | | Motivieren | Motivation für ein gesundheitsförderliches Verhalten erhöhen oder vor gesundheitsschädlichem Verhalten warnen | Zu mehr körperlicher Aktivität ermuntern |
| Verhaltensbezogen | Informationssuche, Suche von Unterstützung, richtige Ausführung, Vermeidung von Gewalt | Instruieren | Beeinflussung des Verhaltens, bestehende Verhaltensweisen verändern | Anleitung zur richtigen Technik des Händewaschens |
| | | Aktivieren | Neue Verhaltensweisen nahelegen, gesundheitsförderliche Verhaltensweisen fördern, riskante Verhaltensweisen verringern | Patient:innen ermuntern, selbstständig Informationen zu finden, diese auf Qualität und Nützlichkeit zu bewerten und situations- und bedarfsgerecht für sich nutzbar zu machen |

Die Praxis zeigt, dass es sich auf Basis der Stadienmodelle (siehe Kapitel 3.1.3) empfiehlt, ein Gesundheitsthema zunächst zu problematisieren, dann Wissen und Akzeptanz für die empfohlenen Maßnahmen zu erhöhen, um schließlich das Verhalten zu ändern. Die drei unterschiedlichen Ebenen können ebenfalls gemeinsam in einer Kampagne angestrebt werden. So kann etwa eine Kampagne zum Impfen versuchen, Wissen über mögliche Risiken des Nichtimpfens zu vermitteln und über Nebenwirkungen der Impfungen aufzuklären und darüber hinaus Verantwortungsgefühle gegenüber der Gemeinschaft anzusprechen, um letztlich auf der Verhaltensebene den Anteil der geimpften Personen in der Bevölkerung zu steigern. Kampagnenziele können sich dementsprechend danach unterscheiden, ob sie Veränderungen bei Individuen oder in der Gesellschaft erreichen sollen. Aus gesellschaftlicher Perspektive geht es vor allem darum, Ungleichheiten in der Gesundheitsversorgung oder dem Gesundheitswissen zu verringern. Eine Möglichkeit, um z.B. die Unterschiede im Wissen, sog. Wissensklüfte (siehe Kapitel 3.3.1), zu reduzieren, besteht darin, sich verstärkt an benachteiligte Bevölkerungsgruppen zu wenden.

**Kampagnen-Output (Botschaftsinhalte und Botschaftsmerkmale)**

Aus diesen Vorüberlegungen und weiteren Informationen resultiert schließlich der Inhalt der Botschaften (d.h. die Informationen und Argumente) und die Gestaltung der Kampagne. Das Rahmenmodell von Rossmann (2010) macht deutlich, dass verschiedene Theorie- und Evidenzbereiche für die Botschafsinhalte, die Botschaftsmerkmale sowie die Medienwahl genutzt werden können. Botschaftsinhalte können auf der Basis von sozial-psychologischen (Gesundheits-)Verhaltenstheorien abgeleitet werden, indem jene Determinanten in der Kampagne adressiert werden, die für das Zielverhalten entscheidend sind. Ist bspw. vor allem mangelnde Risikowahrnehmung dafür verantwortlich, dass COVID-19-Schutzmaßnahmen nicht eingehalten werden, dann gilt es diese in den Botschaften zu erhöhen. Sind dagegen eher Falschinformationen oder erhöhte Panik in der Zielgruppe verbreitet, dann sollte eher die Selbstwirksamkeit für die Schutzmaßnahmen mit den Botschaften gesteigert werden (Koinig, 2022).

Für eine ausführlichere und praxisbezogene Einführung sowie vertiefende Hinweise zur Gestaltung von Gesundheitsbotschaften sei an dieser Stelle auch auf die Werke von Cho (2012), Singhal et al. (2014) sowie Stehr et al. (2020) verwiesen.

**Wahl der Kommunikationswege**

Je nach Strategie kommt für Kampagnen eine Vielzahl von Kommunikationswegen und Trägermedien zum Einsatz, um die Zielgruppe zu erreichen (für Details siehe Kapitel 8.2). Die Bandbreite reicht von klassischen Plakaten und Flyern über Radio-, TV- und Kino-Spots bis hin zu digitalen Medien wie etwa Webseiten oder Applikationen für Smartphones. Diese werden in aller Regel miteinander kombiniert (Media-Mix), um möglichst viele Personen aus der Zielgruppe erreichen und so eine bestmögliche Wirkung erzielen zu können (siehe auch Grodke-Bried & Ort, 2016).

Um geeignete Kommunikationswege zu identifizieren, können sowohl Studien zum Mediennutzungsverhalten der Zielgruppe (siehe Kapitel 8.2) als auch Erkenntnisse zum themenspezifischen Informationsverhalten genutzt werden. So kann bspw. für eine Gesundheitskampagne, die sich an die erwachsene Bevölkerung in Deutschland richten soll, die ARD/ZDF-Onlinestudie erste Anhaltspunkte liefern, da sie das allgemeine Mediennutzungsverhalten dieser Gruppe abbildet (ARD/ZDF Forschungskommission, 2022). Darüber hinaus kann aber auch der HINTS Germany spezifischere Erkenntnisse liefern, welche Kommunikationswege Erwachsene in Deutschland nutzen, um Informationen zu Gesundheitsthemen zu erhalten.

---

**Beispiel 12: Theorie- und evidenzbasierte Entwicklung**

Um die körperliche Aktivität von älteren und hochaltrigen Menschen langfristig zu fördern, bedarf es einer ganzheitlichen Kommunikationsstrategie, die theorie- und evidenzbasiert ist. Das hier vorgestellte Projekt zur Kampagnenentwicklung wurde von der BZgA in Auftrag gegeben und an der Universität Erfurt durchgeführt (Stehr et al., 2020).

Als theoretische Grundlage diente u.a. die Theorie des geplanten Verhaltens (siehe Kapitel 3.1.1). Um die relevanten Modellvariablen für die Auswahl der Botschaftsinhalte sowie die Mediennutzung der Zielgruppe zu erfassen, wurden qualitative Leitfadeninterviews und eine telefonische Befragung mit älteren und hochaltrigen Menschen in Deutschland durchgeführt. Aus den Ergebnissen dieser Erhebungen ergaben sich verschiedene Konsequenzen für die Botschaftsinhalte und die Wahl der Medien in der Kampagne.

Für die Botschaftsinhalte zeigte sich, dass bspw. die wahrgenommene Verhaltenskontrolle (ein Bestandteil der Theorie des geplanten Verhaltens) in der Kampagne adressiert werden kann. So könnte das Suchen und Finden von Gleichgesinnten und die Anpassung der Aktivitäten an körperliche Einschränkungen als Themen angesprochen werden und damit zur Steigerung der Verhaltenskontrolle und somit auch zu mehr Bewegung in dieser Zielgruppe beitragen.

Bei der Medienwahl zeigten die Ergebnisse zum Informationsverhalten Älterer und Hochaltriger, dass klassische Massenmedien wie Fernsehen und Printmedien eine wichtige Rolle im Alltag der Zielgruppe spielen und daher für die Kampagne genutzt werden sollten.

---

## Kampagnen-Evaluation

Eine Evaluation (d.h. die systematische Bewertung einer Kampagne) sollte wichtiger Bestandteil jeder Kampagnenplanung sein und erfüllt mehrere Funktionen. Bereits während der Entwicklung einer Kampagne kann durch die Einbeziehung von Betroffenen und Expert:innen sichergestellt werden, dass die Botschaften überhaupt verstanden werden und eine entsprechende Wirkung möglich wird (siehe Begriffsklärung 12). Dies schließt auch ein, dass die Kommunikationsangebote direkt an der Zielgruppe getestet und dabei idealerweise intensiv besprochen und diskutiert werden, sodass Schwächen und Potenziale identifiziert und noch vor der Umsetzung überarbeitet werden können. Für die formative Evaluation bieten sich neben Expert:innengesprächen und qualitativen Interviews auch Fokusgruppen und Experimentaldesigns an, um zu untersuchen, welche Wirkungen die entwickelten Maßnahmen hervorrufen (siehe Kapitel 4).

> **Begriffsklärung 12: Partizipative Entwicklung von Gesundheitskommunikation**
>
> Es sollte gewährleistet werden, dass Gesundheitsinformationen für die jeweilige Zielgruppe – insbesondere für Personen, die über eine niedrigere formale Bildung verfügen oder einen anderen sprachlichen oder kulturellen Hintergrund haben – verständlich und relevant sind und weniger nicht intendierte Wirkungen hervorrufen. Dafür bietet es sich an, die adressierten Empfänger:innen oder ihre Vertretung (z.B. Patient:innen- und Angehörigenorganisationen) selbst in die Entstehung und Evaluierung mit einzubeziehen (siehe zu den Herausforderungen der partizipativen Evaluation auch das Schwerpunktheft der LVG & AFS, 2015). Mitunter wird in diesem Zusammenhang auch eher von Dialoggruppen als von Zielgruppen gesprochen, um auch sprachlich deutlich zu machen, dass hier Partner:innen auf Augenhöhe miteinander interagieren.
> So haben verschiedene Vergleichsstudien zeigen können, dass Informationsmaterialien, in deren Entwicklung Patient:innen bzw. Betroffene involviert waren (z.B. durch Telefoninterviews, Fokusgruppeninterviews), relevanter und verständlicher sind (Luehnen et al., 2017). Verschiedene Studien und Reviews (z.B. Allweiss et al., 2021; J. Russell et al., 2020) belegen die Wichtigkeit partizipativer Verfahren in der Gesundheitsforschung, da sie zu verbesserter Rekrutierung und relevanterer Forschung für die intendierte Zielgruppe führen kann.
> Eine Methode zur Verbindung der partizipativen Entwicklung mit der Expert:innenperspektive stellt das sog. „Parallel-Tracking" dar, welches von Laverack und Labonte (2000) entwickelt wurde. Dabei finden sowohl die Bewertungen der Betroffenen als auch die der Expert:innen parallel und gleichgewichtig Einzug in die Entstehung von Kommunikationsmaterial (Wihofszky, 2015). Um insbesondere Menschen mit geringem sprachlichen und/oder schriftlichen Ausdrucksvermögen zu beteiligen, eignen sich vor allem visuelle Methoden, bei denen zum Verstehen und Darstellen von Sachverhalten Bilder, Fotos, Gedichte usw. genutzt werden (Gangarova, 2015).
> Von den Herausforderungen der partizipativen Gesundheitsforschung berichten Lütke Lanfer und Landwehr (2023). Anhand von zwei Praxisprojekten mit Kindern (zum Thema Schlaf) und mit Personen in Sierra Leone (zum Thema Handhygiene) zeigen sie, dass insbesondere der Ein- und Ausschluss von Beteiligten, der Umgang mit Ressourcen und Erwartungen unterschiedlicher Gruppen sowie die Teilhabe an Entscheidungen zu Konflikten führen können.

Eine prozessbegleitende Evaluation während der Kommunikationsarbeit ist wichtig, um die Durchführung der Kampagne zu steuern. Dabei können bspw. aktuelle Veränderungen in der Politik, dem Gesundheitswesen, der Wirtschaft oder in der Zielgruppe eine Rolle spielen, und es kann ggf. notwendig werden, die Kommunikationsangebote entsprechend anzupassen. Zur begleitenden Evaluation bietet sich insbesondere ein Medienmonitoring (d.h. eine Überwachung der Berichterstattung), aber auch das direkte Feedback der anvisierten Zielgruppe an. Im Gegensatz hierzu wird bei der summativen (Ergebnis-)Evaluation ein Vergleich zwischen dem angestrebten und dem tatsächlich erreichten Zustand nach der Durchführung der Kampagne angestellt.

Mittels der Evaluation nach einer Kampagne können die Planer:innen kontrollieren, ob die gewünschten Effekte überhaupt erzielt wurden. Hierbei wird geprüft, ob die mit der Kampagne beabsichtigten Veränderungen im Denken, Fühlen oder

Verhalten wirklich eingetreten sind. Sie dient somit der Legitimierung gegenüber den Auftraggebern einer Kampagne, die Investitionen für die Durchführung der Kampagne geleistet haben. Dabei sollte überprüft werden, wie effizient eine Kampagne war. Hierfür werden die Effekte einer Kampagne im Verhältnis zum Aufwand betrachtet. Allerdings findet diese Betrachtung in der Praxis noch viel zu selten statt.

Die Evaluation einer Kampagne liefert wichtige Anregungen für künftige Kampagnen und bringt Erkenntnisse über den Erfolg eingesetzter Strategien. Dies kann wichtige Hinweise liefern, wie ähnliche Kampagnen in anderen Ländern oder bei anderen Gesundheitsthemen eingesetzt werden können. Um eine Evaluation durchzuführen, werden am häufigsten Befragungen eingesetzt, die im Idealfall die Situation vor und nach einer Kampagne oder Gruppen mit und ohne Kampagnenkontakt vergleichen. So führt die BZgA regelmäßig eine Befragung unter Jugendlichen und jungen Erwachsenen bezüglich ihres Konsums, ihrer Konsummotive, ihrer Einstellungen und der situativen Bedingungen des Rauchens und des Konsums von Alkohol und illegalen Drogen durch (Orth & Merkel, 2022). Mit weiterführenden Fragen zur Mediennutzung und ihrer Bekanntheit kann die BZgA einerseits herausfinden, mit welchen Medien Jugendliche und junge Erwachsene erreichbar sind. Andererseits kann sie durch die Betrachtung im Längsschnitt auch erkennen, ob die umgesetzten Präventionsmaßnahmen erfolgreich waren. Es bieten sich aber ebenso andere Indikatoren an, um den Erfolg einer Kommunikationsmaßnahme zu messen, wie bspw. die Bestellung von Informationsmaterialien, Klicks auf Webseiten oder Anrufe bei einer Telefonhotline. Wenn geeignet und verfügbar, eignen sich auch Daten zur Inanspruchnahme von Impfungen oder Vorsorgeuntersuchungen. Neben den erwünschten Effekten können Kampagnen aber auch unerwünschte Effekte haben, die von Kampagnenplaner:innen allerdings meist nicht erwartet werden (Hastall, 2017; siehe Kapitel 9.1).

## 8.2 Zielgruppenspezifika

Die Orientierung an verschiedenen Zielgruppen bringt ganz unterschiedliche Anforderungen an die Kommunikation mit sich. Während etwa Frauen im mittleren Lebensalter mit formal höherer Bildung und einem höheren sozioökonomischen Status vergleichsweise einfach mit Gesundheitsinformationen zu erreichen sind, kann sich die Erreichbarkeit anderer Bevölkerungsgruppen aus diversen Gründen weitaus schwieriger gestalten (Reifegerste, 2020). Eine Anpassung der Kommunikation an die Zielgruppe erhöht deshalb die Erfolgswahrscheinlichkeit gesundheitskommunikativer Maßnahmen, weshalb es notwendig ist, sich mit den demografischen, psychologischen und kommunikativen Besonderheiten der Zielgruppe(n) auseinanderzusetzen.

### Targeting

Im engeren Sinne der Kommunikation (siehe Kapitel 1.1) wird die Zielgruppenorientierung (sog. Targeting) nicht nur als einseitige Übermittlung von Botschaften verstanden, sondern vielmehr als eine kooperative Interaktion und wechselseitige

Beziehung zwischen Absender:in und Empfänger:innen. Hierbei werden bei der Erstellung von Inhalten und der Auswahl der Kommunikationskanäle bestimmte Eigenschaften der anvisierten Bevölkerungsgruppen berücksichtigt, und es wird bewusst auf eine allgemeine Botschaft verzichtet, die für alle gleichermaßen geeignet wäre (Hawkins et al., 2008). Idealerweise werden die zu erreichenden Bevölkerungsgruppen sogar aktiv in die Entwicklung der Maßnahmen einbezogen, was als partizipative Strategie bezeichnet wird (siehe Begriffsklärung 12). Eine noch individuellere Form der zielgruppenspezifischen Ansprache ist die maßgeschneiderte Gesundheitskommunikation (sog. Tailoring). Fortschritte in der Entwicklung von Algorithmen und Schnelltestverfahren ermöglichen auf Grundlage umfangreicher Datensätze (engl. big data) immer präzisere und damit auch individualisierte Angebote. Dabei ist es jedoch wichtig, den Datenschutz zu wahren.

### Demografische Aspekte

Für Gesundheitskampagnen werden Zielgruppen meist nach den soziodemografischen Merkmalen Geschlecht, Alter, formale Bildung und sozioökonomischer Status (d.h. Einkommen) segmentiert, da diese Informationen meist einfach verfügbar sind. Allerdings stehen diese Merkmale möglicherweise nur indirekt im Zusammenhang mit dem Gesundheits- oder Kommunikationsverhalten (Bonfadelli & Friemel, 2020). Spezifische Angebote für Personen mit niedriger formaler Bildung oder Kinder sind bspw. unterhaltende Vermittlungsformen und spielerische Angebote wie Entertainment Education oder Serious Games (Tolks et al., 2020).

*Abbildung 12: Motive aus der LOVE LIFE-Kampagne. Quelle: Bundesamt für Gesundheit; Agentur: Rod Kommunikation; Foto: Julien Vonier.*

Da Setting-Ansätze mit der Kommunikation direkt in der alltäglichen Lebenswelt der jeweiligen Bevölkerungsgruppe ansetzen, können so bspw. Kinder und Jugendliche in Schulen und Tageseinrichtungen, Berufstätige am Arbeitsplatz und ältere Menschen in ihrem Wohnumfeld erreicht werden (für eine Übersicht zu Kampagnen in der kommunalen Lebenswelt siehe Abu-Omar et al., 2020). Um möglichst viele Menschen zu informieren, setzen etwa Gesundheitskampagnen auf die direkte Ansprache spezifischer und voneinander abgrenzbarer Zielgruppen. Ein Beispiel hierfür ist die *LOVE-LIFE*-Kampagne gegen sexuell übertragbare Krankheiten aus der Schweiz, die mit ihren Motiven gezielt Menschen unterschiedlicher sexueller Orientierung und verschiedener Ethnien adressiert (siehe Abbildung 12).

### Psychologische Merkmale

Zusätzlich zu demografischen Merkmalen können psychografische Merkmale wichtige Informationen für die Erreichbarkeit von Zielgruppen liefern. Klassischerweise werden im Marketing dafür allgemeine Lebensstile, wie z.B. die *SINUS-Milieus* (Barth et al., 2018), verwendet. Auch Menschen, die keiner Erwerbstätigkeit nachgehen, keine Wohnung haben, an gesellschaftlich stigmatisierten oder optisch entstellenden Krankheiten bzw. Beeinträchtigungen leiden, selten das Haus verlassen oder weniger anerkannte Berufe ausüben, können spezifische Zielgruppen für die Gesundheitskommunikation darstellen. Aufgrund von Stigmatisierung werden bzw. fühlen sich diese Gruppen sozial ausgegrenzt und haben mitunter selbst nicht den Mut, Gesundheitsangebote in Anspruch zu nehmen. Aber auch mangelndes Interesse an Gesundheitsinformationen kann ein wichtiges Zielgruppenmerkmal darstellen. Um das Interesse dieser Personen zu gewinnen, eignen sich Botschaftsstrategien und Kommunikationskanäle, die nicht vordergründig mit Gesundheit in Verbindung gebracht werden (z.B. Humor) und relevante Bedürfnisse der Zielgruppe ansprechen.

Schwer erreichbar sind außerdem Personen, die nicht identifiziert werden möchten oder aus Zeitgründen schwer zu erreichen sind (Reifegerste, 2020). Unter Umständen besteht bspw. die Gefahr, dass etwa Beratungsstellen und ähnliche Angebote Personen mit höherem sozioökonomischem Status aufgrund ihrer Form, Ausrichtung oder Kommunikationsart ausschließen. Inzwischen bieten verschiedene technische Lösungen die Möglichkeit einer niedrigschwelligen, anonymen und zeitlich flexiblen Gesundheitskommunikation für diese „schwierigen" Zielgruppen. Onlineplattformen und Chatbots ermöglichen den Zugriff auf vielfältige Informationen, ohne dass die Nutzer:innen sich identifizieren oder zu festen Zeiten verfügbar sein müssen.

Die Bezeichnung „schwer erreichbare Zielgruppen" ist mittlerweile umstritten, da sie von einer einseitigen Kommunikationsvorstellung ausgeht, die auf eine eher „passive" Empfänger:innengruppe abzielt. Diese Perspektive konzentriert sich hauptsächlich auf die Hindernisse, Defizite und Verwundbarkeiten innerhalb dieser Empfänger:innengruppe. Dies kann implizite Schuldzuweisungen gegenüber nicht oder schwer erreichbaren Zielgruppen mit sich bringen (Reifegerste, 2020). Um dem vorzubeugen und den Dialogaspekt zu betonen, kann auch von Dialoggruppen gesprochen werden. Bisher hat sich diese Bezeichnung jedoch noch nicht weitläufig in der Kampagnenliteratur durchgesetzt.

### Sprache

Die Informationsvermittlung in der Gesundheitskommunikation erfolgt überwiegend durch sprachliche Kommunikation, wodurch Zielgruppen auch aufgrund ihrer Sprache differenziert werden können. Hierbei spielen sowohl die gewählte Sprache (die gesprochene [Mutter-]Sprache) als auch sprachliche Ausdrucksweisen und schriftliche Formulierungen eine bedeutende Rolle. Insbesondere in der Gesundheitsversorgung ist eine klare sprachliche Verständigung oft entscheidend für den Erfolg der Behandlung (Fernando, 2013). Untersuchungen zeigen, dass die

Bereitschaft zu Vorsorgeuntersuchungen und generellen Ärzt:inbesuchen erheblich abnimmt, wenn die gesprochene Amtssprache nicht die Muttersprache ist (Jacobs et al., 2005). Obwohl das Internet mit mehrsprachigen Angeboten und automatisierten Übersetzungsprogrammen eine potenzielle Lösung für dieses Problem darstellt, gibt es bereits Initiativen, die gezielt den Zugang zu Gesundheitsinformationen für Migrant:innen in ihrer Muttersprache fördern. Ein Beispiel dafür ist das Projekt „Migesplus: Gesundheitsmaterial für Migrant:innen" in der Schweiz, das seit 2004 eine Internetplattform betreibt und Informationen in verschiedenen Sprachen anbietet, um einen gleichberechtigten Zugang zu Gesundheitsinformationen zu gewährleisten (migesplus.ch, 2022).

Selbst für Menschen, die ihre Muttersprache sprechen, können spezifische Fachbegriffe, Behördensprache oder statistische Darstellungen unverständlich sein. Dies birgt die Gefahr, dass bereits vorhandene Wissenslücken weiter verstärkt werden (siehe Kapitel 3.3.1). Um Gesundheitsbotschaften effektiv zu vermitteln und zu gewährleisten, dass sie verstanden werden, ist es oft erforderlich, die Informationen in eine einfachere (Lai:innengerechte) Sprache zu übersetzen. Zusätzlich zur sprachlichen Anpassung kann die Verständigung auch durch eine „angereicherte" Kommunikation verbessert werden. Faktoren wie Blickkontakt, visuelle Hilfsmittel wie Bilder, langsames Sprechen und nonverbale Signale können die Kommunikation mit bestimmten Gruppen erleichtern, wie älteren Menschen, Kindern, Menschen mit Behinderungen, Fremdsprachigen oder Personen mit Lese- und Verständnisschwierigkeiten (Goodfellow & Moorley, 2013). Ebenso können visuelle Elemente wie Zeichnungen, grafische Darstellungen von Statistiken sowie praxisnahe Beispiele dazu beitragen, komplizierte Informationen verständlicher zu vermitteln. Für spezifische Zielgruppen kann auch die technische Präsentation der Inhalte eine Hürde darstellen. Ältere Menschen benötigen möglicherweise eine größere Schriftgröße oder Lautstärke, Blinde benötigen Hörfassungen oder Brailleschrift, und Demenzkranke können von einfacheren Formulierungen profitieren (Katz et al., 2006).

### Migrationshintergrund

Neben den sprachlichen Barrieren stellen für Personen mit Migrationshintergrund auch die Unbekanntheit des deutschen Gesundheitssystems und kulturelle Verständigungsprobleme eine wesentliche Herausforderung dar. In Deutschland leben rund 21,2 Millionen Personen mit Migrationshintergrund (Bundesamt für Migration und Flüchtlinge, 2019). Sie repräsentieren damit etwa ein Viertel der in Deutschland lebenden Bevölkerung, sind aber angesichts sprachlicher, kultureller und sozioökonomischer Unterschiede des Herkunftslands, eigener versus familiärer, nicht-eigener Migrationserfahrung, Alter zum Zeitpunkt der Migration und Aufenthaltsdauer in Deutschland sehr heterogen (Razum et al., 2016). Daher lässt sich kaum von einer einzigen Zielgruppe sprechen. Hinzu kommt, dass sich im letzten Jahrzehnt die Herkunftsländer der Eingewanderten verschoben haben: Während lange Zeit Zuwanderung aus der Türkei, osteuropäischen Ländern und Russland dominierte, stammt die erste Zuwanderungsgeneration zunehmend aus Ländern des Mittleren und Nahen Ostens (Afghanistan, Irak, Iran, Syrien; Pfündel et al., 2020). Trotz der Größe und Diversität dieser Bevölkerungsgruppe gibt es noch einen großen Mangel an detaillierten Studien, die die einzelnen Zuwanderungsgruppen in den Blick nehmen. Die vorhandenen Studien konzentrieren sich vornehmlich auf türkisch- und russischstämmige Migranten mit einer jahrzehntelangen Geschichte der Zuwanderung nach Deutschland. Personen mit eigener Migrationserfahrung (d.h. erste Zuwanderungsgeneration) aus Herkunftsländern des Mittleren und Nahen Ostens (Afghanistan, Irak, Iran, Syrien), die zudem einen Großteil der Geflüchteten bzw. Asylsuchenden ausmachen, sind bisher wenig repräsentiert, sind aber im Vergleich noch schwieriger mit Kampagnen zu erreichen.

Um die Vielfalt angemessen zu berücksichtigen, greift der kulturzentrierte Ansatz der Gesundheitskommunikation, geprägt von Dutta (2022), auf die dynamischen Kontexte von Bevölkerungsgruppen zurück und betrachtet die Aspekte Kultur, Struktur und Handeln. Unter „Kultur" werden hierbei die sich stetig (re-)konstituierenden dynamischen Prozesse gemeinsam geteilter Bedeutungen verstanden, die in den alltäglichen Interaktionen zwischen Mitgliedern einer Kultur in ihrem lokalen Umfeld entstehen. „Struktur" bezieht sich auf die soziale und physische Umgebung der Menschen, die den Zugang zu gesundheitsrelevanten Ressourcen und Informationen ermöglicht oder begrenzt. „Handeln" schließt einerseits die Fähigkeit ein, den eigenen kulturellen und strukturellen Rahmenbedingungen Bedeutung zu verleihen, und andererseits die Wahl aus einem Spektrum von Handlungsoptionen oder Strukturen. Dieser Ansatz fordert daher, dass: (a) Kultur als dynamisch und kontextabhängig konzipiert wird, da sie mit strukturellen Prozessen in Wechselwirkung steht, die sowohl Kultur als auch Handeln des Einzelnen umgeben; (b) kulturelle Bedeutungen und Praktiken im Zusammenhang mit Gesundheitsinformationen nicht von den Kommunikator:innen im Voraus identifiziert werden, sondern durch eine partizipative Entwicklung von Kampagnen in Zusammenarbeit mit den Betroffenen entstehen (siehe Begriffsklärung 12).

Um kultursensible Gesundheitskampagnen zu ermöglichen, gilt es folglich, den Zugang, das Verständnis und die Beurteilung von Gesundheitsinformationen (1) potenzial- und ressourcenorientiert unter Berücksichtigung (nicht) überwindbarer Barrieren, (2) situations- und kontextbezogen und in dynamischen, ökosystemischen Strukturen verankert sowie (3) in kulturzentrierter partizipativer Zusammenarbeit mit den Ziel- bzw. Dialoggruppen zu konzeptualisieren und daraus Kommunikationsansätze und -konzepte zu entwickeln. Dies gilt es entsprechend auch bei der Wahl der Botschaftsstrategien (siehe Kapitel 8.3) und der Kommunikationskanäle (siehe Kapitel 8.4) zu berücksichtigen.

### Krankheitsspezifika

Die Forschung im Bereich der Gesundheitskommunikation umfasst eine breite Palette von Gesundheitsthemen. Besondere Relevanz haben vor allem solche Gesundheitszustände oder Krankheiten, die durch Verhaltensänderungen verhindert oder verbessert werden können (Nazione et al., 2013). Ein Großteil der Studien in diesem Feld konzentriert sich daher auf Präventions- und Gesundheitsförderungsthemen (Hannawa et al., 2015). Bei chronischen Krankheiten wie Diabetes kann zudem die Verbesserung des Selbstmanagements für bereits Erkrankte ein wichtiger Aspekt der Kommunikation sein. Ebenso spielt die Kommunikation und Informationssuche im Krankheitsfall eine bedeutende Rolle. Insgesamt sind Krebs, HIV/AIDS, Rauchen, Alkoholkonsum und gesunde Ernährung die am häufigsten untersuchten Gesundheitsthemen (Nazione et al., 2013). Es ist jedoch anzumerken, dass die Auswahl dieser Themen nicht zwangsläufig aufgrund ihrer höchsten Verbreitung oder der schwerwiegendsten Folgen erfolgt. Krankheitsbilder wie Herz-Kreislauf-Erkrankungen oder Infektionskrankheiten wie Malaria, die weltweit zu den führenden Todesursachen gehören, werden in der Forschung und Medienberichterstattung oft weniger berücksichtigt (Fromm et al., 2011). In den Medien wird vor allem über Gesundheitsrisiken berichtet, die kurzfristig eine große Anzahl von Menschen bedrohen, ungewöhnlich erscheinen, überraschend sind, von Wissenschaftler:innen oder Gesundheitsinstitutionen kontrovers diskutiert werden und sich personalisiert darstellen lassen – idealerweise durch Prominente (Ruhrmann & Guenther, 2014). Dies führt dazu, dass physische Krankheiten nicht nur häufiger in den Medien behandelt werden (siehe Kapitel 7.1), sondern auch intensiver erforscht werden im Vergleich zu psychischen Erkrankungen. In jüngerer Zeit erfahren jedoch auch Themen der psychischen Gesundheitsförderung wie Wohlbefinden und Resilienz verstärkt Aufmerksamkeit. Abhängig vom spezifischen Krankheitsbild sind zusätzliche, spezifische Kommunikationsaspekte zu berücksichtigen. Beispielsweise reagieren depressive Patient:innen oft abwehrend auf Unterstützungsbotschaften (Lienemann et al., 2013), oder Menschen mit hoher Risikoaffinität bevorzugen abwechslungsreiche Kommunikation (Palmgreen et al., 2012).

**Mediennutzung**

Die Mediennutzung (siehe Kapitel 7.2) kann ebenfalls als ein entscheidendes Unterscheidungskriterium für Zielgruppen in der Gesundheitskommunikation dienen. Während einige Zielgruppen das Internet, mobile Anwendungen und soziale Medien mittlerweile häufig und sogar täglich nutzen, gehören andere Bevölkerungsgruppen eher nicht zu den Nutzer:innen dieser Kommunikationsformen (W. Koch, 2022). Zusätzlich dazu sind massenmediale Botschaften bei Zielgruppen mit geringem Interesse, Zeitmangel oder eingeschränkten Kontaktmöglichkeiten oft weniger effektiv, selbst wenn die Angebote zielgruppengerecht gestaltet sind und im bevorzugten Kommunikationskanal verfügbar gemacht werden.

Die interpersonale Kommunikation in Form von Gesprächen ist daher ein wichtiger Bestandteil im Repertoire gesundheitskommunikativer Maßnahmen – insbesondere für schwer erreichbare Zielgruppen (Reifegerste, 2020). Für diese eignen sich unter Umständen auch indirekte Zugangswege mit privaten oder professionellen Multiplikator:innen (wie Angehörigen, Pädagog:innen, medizinischem Personal). Diese Personen können einen wichtigen Zugangskanal zu bestimmten Zielgruppen darstellen. So können bspw. Pädagog:innen Kontakt mit Kindern und Jugendlichen aufnehmen, Ärzt:innen erleichtern den Zugang zu älteren Menschen und Sprachlehrer:innen zu Personen mit Migrationshintergrund (Reifegerste, Stehr et al., 2023). Ebenso sind Jugendliche durch soziale Diffusion über ihre meist gleichaltrigen Peers und die meisten Patient:innen schließlich über ihre Angehörigen erreichbar (siehe Kapitel 3.2.3).

## 8.3 Zentrale Strategien in Gesundheitskampagnen

Eine Botschaft bildet den zentralen Inhalt einer Kommunikationskampagne. Es existieren zahlreiche Theorien (siehe Kapitel 3.1) und Studien (für eine Übersicht siehe Keller & Lehmann 2008), die Anhaltspunkte geben, welche Arten von Botschafts- und Persuasionsstrategien bei welchem Ziel und bei welcher Zielgruppe die beste Wirksamkeit erreichen (Hastall, 2014). (Für eine systematische Übersicht zur Effektivität von Kommunkationsstrategien zur Kinderunfallprävention siehe Stehr et al., 2022.) So geben vor allem die gesundheitspsychologischen Theorien darüber Aufschluss, welche Verhaltensdeterminanten (z.B. Selbstwirksamkeit) es zu adressieren gilt (Rossmann, 2010). Ist bspw. aus der Problemanalyse deutlich geworden, dass für die Veränderung von körperlicher Aktivität vor allem Selbstwirksamkeit eine wichtige Voraussetzung ist, dann sollten Vorbilder ein wichtiger Botschaftsinhalt sein, während Furchtappelle zur Erhöhung der Risikowahrnehmung für diese Zielstellung weniger passend erscheinen. Häufig zeigt sich in den Theorien und Studien, dass es dabei keine einfachen Rezepte für die Auswahl von Strategien für die Gestaltung von Kommunikationsbotschaften gibt. Es sind sowohl Kontextfaktoren (wie bspw. gesetzliche Rahmenbedingungen oder weitere Maßnahmen) als auch Voreinstellungen der Rezipient:innen zu berücksichtigen. Darüber hinaus werden die Strategien oft nicht in ihrer Reinform eingesetzt, sondern gezielt miteinander kombiniert, um die Effekte verschiedener Ansätze zu nutzen und die Wirkung der kommunikativen Maßnahmen noch weiter zu steigern.

Obwohl es hier nicht möglich ist, diese Zusammenhänge im Detail zu erläutern, soll dennoch ein kurzer Überblick über wesentliche Formen von Botschaften und ihre potenziellen Anwendungen in Kampagnen gegeben werden. Dabei ist zu beachten, dass diese Strategien bzw. Gestaltungsoptionen für Botschaften nicht immer in ihrer Vollständigkeit in allen Medienformaten umsetzbar sind. Vielmehr verfügen bestimmte Medienangebote (Formen und Kanäle) von Natur aus über bestimmte Eigenschaften und Möglichkeiten. Zum Beispiel lassen sich audiovisuelle oder emotionale Strategien in Printmedien weniger effektiv umsetzen als in digitalen Medien.

### 8.3.1 Strategien zur Wissensvermittlung

Verständlichkeit

Wenn die Zielgruppe an Gesundheitswissen interessiert ist und aktiv nach Informationen für eine bestimmte medizinische Entscheidung sucht (z.B. ob eine Röntgenuntersuchung bei Rückenschmerzen durchgeführt werden soll), dann sind kognitive Strategien am besten geeignet. Die entsprechenden Informationen zur Wissensvermittlung sollten auf medizinisch gesichertem Wissen beruhen (d.h. evidenzbasiert sein, siehe Büchter & Albrecht, 2019) und mit entsprechenden Referenzen, Studiennamen sowie Expert:innenzitaten belegt werden. Dabei ist allerdings zu berücksichtigen, dass diese – für die jeweilige Zielgruppe – verständlich aufbereitet werden müssen, denn häufig sind evidenzbasierte Gesundheitsinformationen für Lai:innen nur schwer zu verstehen (Kolpatzik, 2017). Die Vermittlung von Informationen sollte sich zudem an den Bedürfnissen und Voraussetzungen der spezifischen Zielgruppe orientieren. Manche Zielgruppen verlangen nach großer Schrift, einfacher Sprache oder verstärkter Visualisierung. Denn wie gut Inhalte verstanden werden, wird auch maßgeblich von Darstellungsqualitäten wie der Lesbarkeit, Satzstruktur und Organisation der Argumente sowie dem Layout und Design beeinflusst.

Zu viele oder unverständlich aufbereitete Informationen (z.B. über Krankheiten) können zu Überforderung, Panik und Verdrängung führen. So können etwa qualitativ „hochwertige" Gesundheitsinformationen Menschen mit niedrigem Bildungsstatus oder wenig Interesse an Gesundheitsthemen abschrecken, wenn sie zu viele Informationen enthalten. Gerade Zusammenfassungen und Überblicke zu Ergebnissen der evidenzbasierten Medizin, etwa in Form von Meta-Analysen, sind für den Lai:innen oft schwer verständlich. Hilfreicher bei der Vermittlung von Häufigkeiten über Risiken, Schaden und Nutzen von Verhaltensweisen können numerische Darstellungen in Form von natürlichen Zahlen (statt Prozentzahlen), sortierten Piktogrammen und Balkendiagrammen sein.

Um die Verständlichkeit zu erhöhen, können zudem Visualisierungen in Form von Cartoons, anatomischen Bildern und Fotos eingesetzt werden (Luehnen et al., 2017). Zeichnungen, Diagramme, Fotografien, Filme bis hin zu Präparaten und Modellen gelten als glaubwürdiger als bspw. geschriebener Text (Lobinger, 2012). In der Gesundheitskommunikation wurden und werden daher verschiedene Formen der Visualisierung von Evidenzen zur Wissensvermittlung und zur Persuasion in Ausstellungen und Museen eingesetzt, wo zusätzlich zu (bewegten) Bildern auch andere Formen von Visualisierungen einbezogen werden, wie haptisch erfassbare 3-D-Modelle, Präparate realer Körper oder interaktive Apparate (siehe Beispiel 13).

Auch konkrete Erfahrungsberichte eines:r Betroffenen oder Beschreibungen in einfacher Sprache und Visualisierungen von Häufigkeiten können die Verständlichkeit erhöhen (Büchter & Albrecht, 2019). So haben verschiedene Krankenkassen Entscheidungshilfen und Faktenboxen zu verschiedenen Gesundheitsthemen entwickelt, bei denen Visualisierungen von Risiken und Behandlungserfolgen zum Einsatz kommen (z.B. AOK Faktenbox, siehe Abbildung 13). Eine weitere Möglichkeit, die Verständlichkeit zu erhöhen, ist die aktive Beteiligung (d.h. Partizipation; siehe auch Begriffsklärung 12) der Betroffenen (Zielgruppe) an der Entwicklung der Kommunikationsmaßnahmen. Diese Vorgehensweise soll erreichen, dass die Angebote besser zugänglich sind und eher akzeptiert werden (Loss & Nagel, 2009).

Die Informationsverarbeitung von Kampagnen verläuft je nach Aufmerksamkeit der Empfänger:innen der Botschaften unterschiedlich. Wenn sie ein hohes Interesse am Thema haben und dazu fähig sind, sich mit den Inhalten aktiv auseinanderzusetzen, dann haben Kampagnenbotschaften meist einen höheren und langfristigeren Einfluss (Petty & Cacioppo, 1986; siehe Kapitel 3.1.4). Dies betrifft vor allem Personen, die z.b. durch eigene Betroffenheit oder ihre Ausbildung bereits über Vorwissen verfügen. Für viele Zielgruppen erscheinen Gesundheitsbotschaften aber weniger relevant, sodass sie sich nicht intensiv mit den Informationen beschäftigen. Die Botschaften können die Zielpersonen in diesem Fall nur dann erreichen, wenn sie auch mit starken medialen Reizen verbunden sind, um ihre Aufmerksamkeit zu erhalten. Solche Reize können etwa Visualisierung, Personalisierung, Emotionalisierung oder Dramatisierung bzw. Skandalisierung sein.

> **Beispiel 13: Visualisierungen im Deutschen Hygienemuseum Dresden**
>
> Aus historischer Perspektive nimmt das Deutsche Hygienemuseum Dresden (DHMD) eine besondere Stellung für Visualisierungen in der Gesundheitskommunikation ein. Es wurde 1912 gegründet und hat sich seitdem in den jeweiligen historischen Kontexten und politischen Systemen der Vermittlung von Gesundheitswissen (vergleichbar mit der BZgA) gewidmet. Es versteht sich bis heute als Museum, das die Themen Mensch, Körper und Gesundheit mit jeweils modernsten Medientechniken und hoher Anschaulichkeit vermitteln möchte (Vogel, 2010). Zudem verfügt es über eine umfangreiche Sammlung historischer Exponate sowie von Dokumenten über deren Rezeption und Wirkungen (Nikolow, 2015; Roessiger & Merk, 1998).
>
> Eine erste Form der Visualisierungen im DHMD findet sich auf Lehrtafelabbildungen zur Tuberkulose, die durch ihre Kreisform den Blick durch ein Mikroskop suggerierten. Zudem konnten die Museumsbesucher:innen eigenständig die Evidenz der Bilder mit Mikroskopen in den Ausstellungsräumen von 1911 prüfen (Vogel, 2010). Eigenständig im DHMD angefertigt wurden 3-D-Modelle und Echtkörperpräparate, die wissenschaftliche Erkenntnisse nicht nur visuell, sondern teilweise auch haptisch und interaktiv erfahrbar machten (Vogel, 2003). Dazu gehören u.a. Wachsmoulagen (Abformungen von Körperteilen) und der gläserne Mensch.
>
> Die visuelle Darstellung dient zum einen der Wissensvermittlung, aber im DHMD waren stets auch verhaltensbezogene Wirkungsabsichten zentral. Bereits August Lingner, der Gründer des DHMD, verband mit den Ausstellungen die Hoffnung, „dem Ausstellungsbesucher den Respekt vor dem Gezeigten und dem Ernste der hygienischen Dinge beizubringen" (nach Vogel, 2003, S. 22). Die Kenntnis und die Bewunderung des menschlichen Körpers (im Allgemeinen) sowie die „wissenschaftsbasierte" Selbstwahrnehmung des eigenen Körpers sollten die Besucher:innen dazu motivieren, ihre Lebensweise danach auszurichten. Die spektakuläre Darstellung des menschlichen Körpers als Wunder hatte mit zum Teil mehreren Millionen Besucher:innen immensen Publikumserfolg und war eng verbunden mit dem Anspruch, dadurch wirksam Gesundheitsaufklärung und -erziehung leisten zu können (Gold, 1998).

## 8.3 Zentrale Strategien in Gesundheitskampagnen

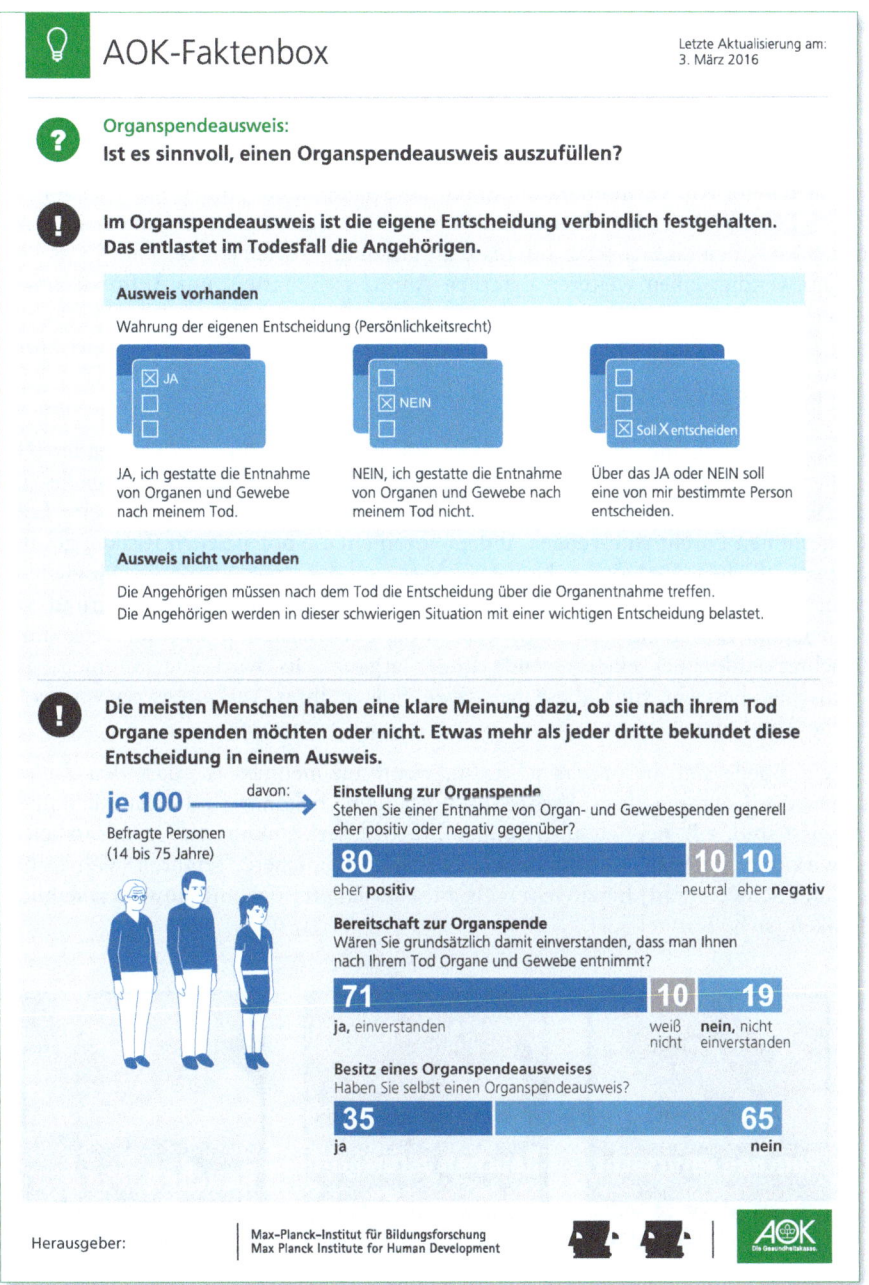

*Abbildung 13: AOK Faktenbox zum Thema „Organspende". Quelle: AOK-Bundesverband & Gigerenzer, 2016.*

## 8.3.2 Emotionale Appelle

Häufig werden Gesundheitsinformationen (seien es nun Kampagnen oder andere Medieninhalte) in einer emotionalen Art und Weise transportiert. Zum einen eignet sich diese Form der Gestaltung, da Gesundheitsthemen (persönliches Wohlbefinden, Krankheiten etc.) für viele Personen eine hohe Relevanz besitzen und damit bereits von vornherein emotional aufgeladen sind. Andererseits lassen sich Menschen häufig nicht allein durch Wissen bzw. das bessere Argument überzeugen oder haben einfach kein Interesse an Gesundheitsthemen. Deshalb ist es häufig notwendig, einen weiteren externen Anreiz zu schaffen, um Aufmerksamkeit zu erlangen oder die Intentionen zur Verhaltensänderung zu stärken. Hierzu eignen sich neben Furcht auch emotionale Reize wie Schuld, Ekel, Freude oder Stolz.

### Furchtappelle

In Gesundheitskampagnen werden Furchtappelle am häufigsten verwendet (Hastall, 2010; Ort, 2019 b). Ein bekanntes Beispiel für solche Furchtappelle sind die Warnhinweise auf Zigarettenverpackungen. Sie zielen darauf ab, beim Empfänger:innen Furcht zu erzeugen, indem vor allem die potenziellen Risiken gesundheitsschädlichen Verhaltens hervorgehoben werden, wie etwa die Möglichkeit einer Krebserkrankung durch Rauchen oder Herzerkrankungen aufgrund von mangelnder Bewegung. Seit 2016 werden diese textbasierten Warnhinweise durch abschreckende oder ekelerregende Bilder ergänzt. Es wird angenommen, dass Menschen bestrebt sind, diese negativen Folgen ihres Verhaltens zu vermeiden (siehe Abbildung 14).

Furchtappelle sind besonders wirksam, wenn anzunehmen ist, dass den Zielpersonen die Gefahren ihres Verhaltens noch nicht bekannt sind oder nicht mehr bewusst sind, z.B. bei neu auftretenden Infektionserkrankungen. Grundsätzlich ist es wirkungsvoller, auf unmittelbare und wahrscheinlichere Gefahren (Vulnerabilität und Schweregrad) hinzuweisen als auf eher langfristige und unwahrscheinliche Risiken (siehe Kapitel 3.1).

*Abbildung 14: Beispiele für Warnhinweise auf Zigarettenpackungen. Quelle: Europäische Parlament, 2013.*

Empirische Studien zeigen außerdem, dass es notwendig bzw. effektiver ist, Furchtappelle mit Hinweisen auf Verhaltensalternativen und Schutzmaßnahmen zu kombinieren (Ort & Fahr, 2018). Andernfalls zeigen die Zielpersonen häufig eine Abwehrreaktion gegenüber den Botschaften, was als Reaktanz bezeichnet wird, insbesondere dann, wenn die erzeugte Furcht zu intensiv ist. In solchen Fällen neigen Empfänger:innen dazu, die Informationen umzudeuten oder herunterzuspielen (z.B.: „Das betrifft mich ohnehin nicht") oder sie sogar komplett zu vermeiden. Ein Beispiel hierfür ist die zunehmende Reaktion von Rauchern auf die schockierenden Bilder auf Zigarettenpackungen, indem sie nach alternativen Verpackungen für ihre Zigaretten suchen. Ein anderes Beispiel sind die Widerstände gegen Präventionsmaßnahmen während der COVID-19-Pandemie, die sich aus den mitunter panikmachenden Botschaften entwickelt haben (Hastall & Scherenberg, 2022). Aus Sicht der angestrebten präventiven Verhaltensänderung hat es sich bewährt, eher auf die positiven Ergebnisse gesundheitsförderlichen Verhaltens (die Vorteile) einzugehen, anstatt ausschließlich auf die Gefahren negativen Verhaltens (die Verluste) hinzuweisen. Zudem gilt es, der Verbreitung potenziell panikauslösende Botschaften und Gerüchte vorzubeugen (Koinig, 2021 a).

**Wut, Ekel, Scham, Schuld**

Neben Furchtappellen sind auch Ekel, Wut oder Scham auslösende Appelle eine häufig genutzte Botschaftsstrategie in der Gesundheitskommunikation (Clayton & Myrick, 2022; Ort, 2019 a). Oft kommen mehrere negative Emotionen zum Einsatz, sodass eine klare Trennung zwischen den einzelnen emotionalen Bestandteilen und deren Wirkung nicht ohne Weiteres möglich ist. So kann angenommen werden, dass die Schock- und Ekelbilder auf Zigarettenpackungen (siehe Abbbildung 11) nicht nur Furcht vor den möglichen gesundheitlichen Folgen, sondern ebenso Ekel vor den dargestellten Folgen des Rauchens auslösen (Leshner et al., 2009). Genauso kann eine Kampagne gegen Alkohol am Steuer, die einen Unfall sowie die verletzten Personen durch den Einsatz schockierender Bilder darstellt, nicht nur Ekel und Furcht auslösen, sondern bei Personen, die bereits unter Alkoholeinfluss gefahren sind, auch ein Gefühl von Scham oder Schuld mit sich bringen. Bei direkt oder indirekt Betroffenen (die selbst in einen entsprechenden Unfall verwickelt wurden oder jemand aus ihrem sozialen Umfeld) könnte die Kampagne ebenso Wut hervorrufen. Hier wird deutlich, dass die emotionale Reaktion sehr stark vom persönlichen Blickwinkel bzw. der Relevanz und Betroffenheit abhängen kann.

Die empirische Forschung zeigt, dass es mit Blick auf die Determinanten gesundheitsrelevanten Verhaltens sowohl Hinweise für einen fördernden als auch hemmenden Einfluss von Ekel-, Wut- sowie Scham- und Schuldappellen gibt (Ort, 2019 a). Bei der Gestaltung von Kampagnen sollten insbesondere die potenziellen negativen Effekte solcher Appelle bedacht werden. Idealerweise werden die Maßnahmen vor der Veröffentlichung mit der entsprechenden Zielgruppe auf deren Wirksamkeit geprüft (siehe Kapitel 8.2). Darüber hinaus kommen insbesondere bei den hier behandelten Emotionen immer auch moralische sowie ethische Aspekte zum

Tragen und müssen berücksichtigt werden, um bspw. eine mögliche Bloßstellung oder Stigmatisierung betroffener Personen zu verhindern (siehe Kapitel 9).

Für eine ausführliche Übersicht zu theoretischen Hintergründen und empirischen Erkenntnissen in Bezug auf die hier behandelten Emotionen siehe Clayton und Myrick (2022) sowie Ort (2019 a und 2019 b).

## Positive Emotionen

Statt negativer Gefühle wie Furcht oder Ekel ist eine immer häufigere Strategie der gezielte Einsatz positiver emotionaler Reize in Kampagnen (Ort, Siegenthaler & Fahr, 2021). Beliebt sind unter anderem Humorbotschaften. Sie werden in der Werbung oder anderen Themen eingesetzt, um eine höhere Aufmerksamkeit, positivere Einstellungen, eine bessere Erinnerung und letztlich die Generierung von Verhaltensabsichten zu erreichen (Walter et al., 2018). Bislang liegen allerdings nur wenige empirische Studien zur Untersuchung von Humorappellen in Gesundheitsthemen vor (Blanc & Brigaud, 2014; Mukherjee & Dubé, 2012; Yoon, 2015). Die wenigen Studien zeigen dennoch, dass es Humorbotschaften gelingen kann, insbesondere solche Personen zu erreichen, die sich für Gesundheitsthemen und Risikobotschaften nicht interessieren (Schwarz & Reifegerste, 2019). Darüber hinaus können Humorbotschaften ebenfalls für Themen genutzt werden, die von den Rezipient:innen häufig als langweilig empfunden werden (wie Straßenverkehr oder Krankenhaushygiene) und deren Risiken weitgehend bekannt sind (Lewis et al., 2007). Die BZgA setzt immer wieder humorvolle Botschaftsstrategien ein, um das Tabu von sexuell übertragbaren Krankheiten zu brechen, wie bspw. im Fernsehspot „Tina, wat kosten die Kondome?" von 1989 oder in der „Mach's mit"-Kampagne „Obst & Gemüse" von 2006 (siehe Abbildung 15) oder in den 2016 eingesetzten Cartoons in der Kampagne „Liebesleben". Die witzige und zumeist auch provokante Darstellung der Schutzmaßnahmen (meist Kondomnutzung) soll dabei helfen, Schamgefühle zu überwinden, und dazu auffordern, mit anderen darüber zu sprechen. Diese positive Wirkung auf die weitere Verbreitung von Humorbotschaften zeigt sich bspw. in sozialen Medien, wo witzige Bilder oder Videos besonders häufig geteilt und kommentiert werden (Evers et al., 2013).

Humor dient zudem vielen Menschen als Bewältigungsstrategie für schwierige Lebenssituationen (Wanzer et al., 2005). So existieren zahlreiche Comics, die humorvoll über den Umgang mit einer AIDS-, Krebs-, Depressions- oder Diabeteserkrankung informieren. Sie können den Patient:innen, den Angehörigen oder etwa dem medizinischen Personal helfen, positiver (oder zumindest konstruktiver) mit der Situation umzugehen. So stellt etwa der Comic „Alicia" die Krankheitsgeschichte einer jungen Frau dar, die von Brustkrebs betroffen ist und mit einer Amputation und der Chemotherapie umgehen muss (Franc et al., 2013), und vermittelt damit humorvoll wichtiges Wissen zur Krankheitsbewältigung.

Der Einsatz von Humor kann aber auch dazu führen, dass die Botschaften nicht verstanden oder nicht ernst genommen werden oder zu sehr von der eigentlichen Information ablenken (Schwarz & Reifegerste, 2019). Zudem ist es möglich, dass ernsthaft Gesundheitsinteressierte oder Betroffene die humorvolle Darstellung der Informationen als unglaubwürdig oder stigmatisierend empfinden. Daher sollten Kampagnenplaner:innen sensibel abwägen, wann der Einsatz von Humor angemessen erscheint. Ebenso können natürlich auch Botschaften als humorvoll empfunden werden, obwohl dies nicht beabsichtigt war. So lässt sich bspw. für die Kommunikation im Rahmen des Pferdefleisch-Skandals vermuten, dass diese – anders als andere Lebensmittelskandale – eher humorvoll als furchterregend wahrgenommen wurde (Mummer et al., 2015).

Neben Humor ist auch Hoffnung eine weitere positive Emotion, welche als Zielstellung für Gesundheitskampagnen definiert werden kann (Nabi & Qi, 2022). Insbesondere Hoffnung scheint eine wichtige Voraussetzung für Änderungen im Gesundheitsverhalten zu sein, die auch im Rahmen von Furchtappellen (siehe Kapitel 8.3.2) und Gain-Framing (siehe Kapitel 8.3.4) eine Rolle spielt und oft mit Selbstwirksamkeit in Verbindung gebracht wird (siehe Kapitel 2.2). So lassen sich (entsprechend des Konzepts vom *Emotional Flow*) Furchtappelle immer auch als Hoffnungsappelle betrachten, da die Furchtappelle letztlich die Hoffnung auslösen können, die befürchteten negativen Konsequenzen durch bspw. eine Verhaltensanpassung oder Präventionsverhalten vermeiden zu können (Engel, 2023). Dies gilt insbesondere, wenn der Furchtappell durch hoffnungsauslösende Wirksamkeitsinformationen ergänzt wird (Siegenthaler et al., 2021). Da viele Gesundheitsverhaltensweisen anhaltende Anstrengungen erfordern und Individuen während der Initiierung neuen Verhaltens sowie der Verhaltensänderung bzw. -aufrechterhaltung mit zahlreichen Barrieren und Rückschlägen konfrontiert werden (z.B. Suchtmittelentwöhnung, gesunde Ernährung, Medikamenteneinnahme, Behandlung chronischer Erkrankungen), kann Hoffnung besonders nützlich und wirksam sein (ebd.). Als eines der wenigen Modelle beschäftigt sich die *Theorie der persuasiven Hoffnung* (engl. *Persuasive Hope Theory*) von Chadwick (2014) konkret damit, welche Botschaftselemente denn überhaupt für das Auslösen von Hoffnung verantwortlich sind. So können insbesondere Botschaftsinhalte bzw. -merkmale, die die Selbstwirksamkeit steigern, das subjektive Gefühl der Hoffnung auslösen. Bekannt ist auch, dass Narrative, die sich auf Geschichten des Erfolgs, der Resilienz und der Überwindung von Hindernissen konzentrieren, die Hoffnung vergrößern (siehe Kapitel 8.3.5). Bislang ist jedoch unklar, welche (in-)direkte Wirkung hoffnungssteigernde Botschaften für das Gesundheitsverhalten haben (Nabi & Qi, 2022). Bisherige empirische Studien (im Kontext von Klimawandelkommunikation) konnten diesen Zusammenhang nur bedingt nachweisen. Zusätzlich ist anzumerken, dass eine unbedachte Verwendung positiver Emotionen dazu führt, dass betroffenen Personen ein falsches Gefühl von Sicherheit vermittelt wird. Dies wiederum könnte den Effekt des Appells auf gesundheitsbezogenes Verhalten verringern, da scheinbar keine Notwendigkeit zum Handeln gesehen wird (Ort, Siegenthaler & Fahr, 2021).

Vielversprechende erste Befunde gibt es auch zu den positiven Emotionen Stolz und Dankbarkeit. So zeigt eine Studie von Carver et al. (2010) im Rahmen von Alkoholkonsum bspw., dass Gefühle von angemessenem Stolz mit höherer Selbstkontrolle, größerem Engagement für Ziele und weniger Konsumverhalten einhergehen, während überheblicher Stolz mit einer Steigerung der Impulsivität, geringerer Selbstkontrolle und mehr Alkoholkonsum verbunden ist. In Studien zu Dankbarkeitsinterventionen haben sich entsprechende Listen, Tagebücher oder explizite Ausdrücke der Dankbarkeit als vielversprechend für die Gesundheitsförderung erwiesen (Fredrickson, 2004). Es bleibt noch zu klären, wie durch Gesundheitsbotschaften hervorgerufene Dankbarkeit in Kampagnen wirkt. Bisher liegen hierzu nur wenig Befunde vor (Nabi & Qi, 2022).

Abbildung 15: Plakat aus der „Mach's mit"-Kampagne. Quelle: mit freundlicher Genehmigung und Unterstützung der Bundeszentrale für gesundheitliche Aufklärung, 2006.

Für eine ausführliche Übersicht zu theoretischen Hintergründen und empirischen Erkenntnissen in Bezug auf die hier behandelten Emotionen siehe den Beitrag von Schwarz und Reifegerste (2019) und Nabi und Qi (2022).

### 8.3.3 Soziale Appelle

Neben den am häufigsten verwendeten und erforschten Konsequenzen für die körperliche Gesundheit lassen sich in Kampagnen eine Vielzahl weiterer positiver und negativer Folgen eines gesundheitsrelevanten Verhaltens ansprechen. So könnten auch Konsequenzen für die seelische Gesundheit (z.B. Wohlbefinden), die soziale Anerkennung (z.B. Ablehnung durch Freund:innen), Attraktivität, finanzielle Ressourcen oder rechtliche Folgen thematisiert werden (Hastall, 2014; siehe Abbildung 16). Dies erscheint insbesondere bei Zielgruppen relevant, denen gesundheitliche Folgen (noch) nicht so wichtig sind. Für Jugendliche kann bspw. die soziale Anerkennung unter Gleichaltrigen relevanter erscheinen als mögliche gesundheitliche Risiken, die gewöhnlich erst im hohen Alter auftreten (Reifegerste, 2013).

*Abbildung 16: Plakat aus der Kampagne „Kenn dein Limit". Quelle: mit freundlicher Genehmigung und Unterstützung der Bundeszentrale für gesundheitliche Aufklärung, 2013.*

Im Gegensatz zu den zuvor behandelten emotionalen Gesundheitsappellen, die auf körperliche oder mentale Risiken eines gesundheitsrelevanten Verhaltens hinweisen, betonen soziale Appelle die sozialen Konsequenzen des individuellen Verhaltens. Sie rücken „die Beziehung zu anderen Menschen und die sozialen Motive für das betreffende gesundheitsrelevante Verhalten (statt das Überleben und die Integrität des Organismus) in den Vordergrund" (Reifegerste & Rössler, 2014). Bray und Kolleg:innen (2020) definieren zwar soziale Appelle auch als Botschaften, die sich auf soziale Vorteile (z.B. für das Familienleben) beziehen, verstehen aber „angesprochene Peinlichkeiten aufgrund von Hautproblemen" als persönliche Appelle. Verschiedene Formen von sozialen Appellen unterscheiden sich somit in ihrer Betonung unterschiedlicher sozialer Konsequenzen:

- Normappelle: Hier geht es vor allem um die Bewertung eines bestimmten Verhaltens durch andere und den sozialen Vergleich. Indirekt besteht damit die Möglichkeit der Ablehnung (Isolationsfurcht) bei Nichteinhaltung oder der zusätzlichen Bestätigung bei Erfüllung der Erwartungen anderer (siehe Kapitel 2.3 und 3.2.1). So können die Appelle die Wahrnehmung der Prävalenz und der Zustimmung zu schädlichem (Rauchen, Sonnenbräune) oder schützendem Verhalten (Tragen einer Maske, körperliche Aktivität) verändern. Solche Appelle enthalten Informationen über injunktive oder präskriptive Normen oder Beispiele für sozial relevante Verhaltensmodelle (Samson et al., 2021, siehe Kapitel 3.1.2).

- Bindungsappelle: Diese Form sozialer Appelle stellt vor allem mögliche negative Konsequenzen in Form von Ausgrenzung aus einer Gruppe oder den Verlust von Anerkennung in den Vordergrund. Umgekehrt können auch die Chancen für die Integration in sozialen Bezugsgruppen und die Steigerung von Ansehen bei Freund:innen dargestellt werden.
- Partnerwahlappelle: Im Gegensatz zu Bindungsappellen (generelle Beziehungen zu anderen) beziehen sich Partnerwahlappelle auf die Konsequenzen (positiv oder negativ) des Verhaltens in Bezug auf die Suche nach intimen Lebens- oder Sexualpartner:innen. Dies geschieht häufig durch das Aufzeigen einer möglichen Zu- oder Abnahme an Attraktivität, Wohlstand oder Anerkennung durch die Vermeidung oder Ausführung von entsprechenden Verhaltensweisen.
- Prosoziale Appelle: Prosoziale Appelle fokussieren auf die Konsequenzen des Verhaltens von Personen für die Gesundheit anderer, die vom gesundheitsrelevanten Verhalten profitieren oder darunter leiden können. Es geht also um die Unterstützung von oder die Verantwortung für andere Personen.

Studien belegen, dass soziale Appelle bei bestimmten Zielgruppen (insbesondere Jugendlichen und Personen mit hoher sozialer Orientierung) und für Gesundheitsthemen mit hoher sozialer Relevanz eine effektive Alternative zu Gesundheits- bzw. Furchtappellen in der Präventionskommunikation darstellen können (für einen Überblick siehe Reifegerste & Rössler, 2014). Bei der Unterscheidung der einzelnen Formen sozialer Appelle ist nicht immer eine eindeutige Zuordnung zu den vier dargestellten Formen möglich. Zum Teil finden sich auch Mischformen oder weitere Ausdifferenzierungen.

Für eine Übersicht zu theoretischen Hintergründen und empirischen Erkenntnissen in Bezug auf soziale Appelle siehe den Beitrag von Reifegerste (2022 a).

### 8.3.4 Framing

Die Grundannahme des Framing-Ansatzes ist, dass bestimmte Ereignisse und Themen sowohl von politischen Akteur:innen, Medienvertreter:innen als auch von Rezipient:innen durch Betonung oder Auslassung bestimmter Aspekte in einen subjektiven „Deutungsrahmen" eingebettet und dem jeweiligen Publikum vermittelt werden (Rosset et al., 2022). So werden für die Ursachen und Behandlung einer Krankheit (z.B. Fettleibigkeit) eher die Individuen oder die gesellschaftlichen Umstände verantwortlich gemacht. Diese Rahmung legt den Rezipient:innen entsprechender Informationen eine gewisse Interpretation nahe und beeinflusst somit deren Wahrnehmung (Matthes, 2014). Für die Gesundheitskommunikation relevant und weit verbreitet ist das *Gewinn- und Verlustframing* (sog. *Grain-Loss-*

*Framing*). Mit Bezug auf Gesundheitskampagnen bedeutet dies, dass Gewinnframes die positiven Konsequenzen bei Befolgen der Botschaftsempfehlung hervorheben (z.B. „Nichtraucher haben eine 10 Jahre höhere Lebenserwartung"). Dagegen betonen Verlustframes die negativen Konsequenzen, wenn die Botschaftsempfehlung ignoriert bzw. nicht befolgt wird (z.B. „Raucher sterben 10 Jahre früher"). Auch wenn sich mit Bezug auf den tatsächlichen Inhalt an der Botschaft wenig ändert, wirkt sich die Darstellung der Vorteile motivierender aus als die Darstellung des Verlusts. Dies gilt jedoch nicht uneingeschränkt für alle Gesundheitsrisiken bzw. Präventionsmaßnahmen. So hat sich vor dem Hintergrund von Präventionsverhalten zu Sonnenschutz gezeigt, dass Botschaften mit einer Kombination von Gewinn- und Verlustframes oder rein verlustorientierten Botschaften ein höheres Potenzial bieten, Verhaltensabsichten zu steigern, als Botschaften, die sich lediglich auf Gewinnaspekte konzentrieren (Ort et al., 2021). Ähnliche Ergebnisse zeigen sich auch bei Kampagnen zur Förderung von Früherkennungsmaßnahmen. Hier haben sich bspw. Verlustbotschaften als wirksamer erwiesen (O'Keefe & Jensen, 2007).

Die empirischen Befunde zur Wirksamkeit von Gewinn- und Verlustframing sind nicht eindeutig. Es ist davon auszugehen, dass es sich hierbei um komplexe Zusammenhänge handelt, die eine Berücksichtigung weiterer Mediatoren und Moderatoren (Botschafts- und Rezipient:innenmerkmale) notwendig machen. Ein Grund hierfür ist wohl auch, dass verschiedene Gesundheitsthemen unterschiedlich weitreichende Konsequenzen für das Individuum haben. Die potenziellen Gewinne oder Verluste variieren also je nach Thema. Deshalb scheint es notwendig, bei der Kampagnenplanung die Spezifität einzelner Themen zu berücksichtigen.

Neben dem Gewinn- und Verlust-Framing sind auch Frames der Verantwortungszuschreibung relevant, da diese häufig im Zusammenhang mit Gesundheitsthemen auftauchen. Sie adressieren die Frage, wer für die Ursachen und Behandlung von Krankheiten verantwortlich zu machen ist. In Wirkungsstudien hat sich gezeigt, dass die Zuschreibung dieser Verantwortung in Medieninhalten auch die Wahrnehmung der Rezipient:innen bzw. der Bevölkerung beeinflussen kann. Untersucht wurde dies unter anderem bereits für Diabetes, Depressionen oder Demenz (Berlekamp et al., 2022; Temmann et al., 2023).

Für eine ausführliche Übersicht zu theoretischen Hintergründen und empirischen Erkenntnissen in Bezug auf Framing siehe das Buch von Matthes (2014) sowie mit Bezug auf Gesundheitskommunikation die Beiträge von Wagner (2019), Rosset et al. (2022) und Reifegerste, Kolip und Wagner (2023).

### 8.3.5 Fallbeispiele, Narrative und Expert:innen

Zitate von Personen oder Schilderungen von Einzelfällen oder Prominenten in Form von Fallbeispielen oder Testimonials sind oft überzeugender als die statistischen Belege in Form von Zahlen, Daten und Fakten. So kann die Hautkrebserkrankung von Frau Müller aus dem eigenen Wohnort relevanter sein als die Aussage des *Robert Koch-Instituts*, dass im Jahr 2004 in Deutschland etwa 8.400 Frauen und 6.500 Männer an einem malignen Melanom der Haut erkrankten.

Obwohl die Information des staatlichen Instituts wissenschaftlich sehr viel valider ist, gelingt es Einzelschicksalen ebenso wie emotionalen Bildern (insbesondere solchen von Kindern) besser, Menschen auf Risiken hinzuweisen und zu einer Änderung ihres Verhaltens zu motivieren (Zillmann, 2006).

Die bessere Wirksamkeit der Einzelfälle hängt auch damit zusammen, dass sich Menschen vielfach am Verhalten anderer orientieren. In seiner *sozial-kognitiven Lerntheorie* beschreibt Albert Bandura, dass den Menschen dieses Verhalten als Modell mit stellvertretenden Erfahrungen dient und entsprechend imitiert wird (siehe Kapitel 3.1.2). Die *sozial-kognitive Lerntheorie* gehört zu den von Kampagnenplaner:innen am häufigsten angewendeten Theorien (Bonfadelli & Friemel, 2020).

Wird die gesamte Geschichte (sog. Narrativ oder Storytelling) einer betroffenen Person dargestellt, kann es zudem gelingen, die Veränderungen und den Umgang der Betroffenen mit Rückschlägen zu vermitteln (Busselle & Bilandzic, 2009) und so die Hoffnung der Betroffenen für eine erfolgreiche Prävention, Heilung oder Stabilisierung der Erkrankung zu steigern (siehe Kapitel 8.3.2). Dies gilt vor allem dann, wenn die Geschichte audiovisuell (und nicht nur in Printmedien) vermittelt wird und die dargestellte Person dem:der Rezipient:in in verschiedenen Merkmalen wie Alter, Geschlecht und Krankheitsstatus ähnlich ist (Shen et al., 2015). Durch diese Ähnlichkeit und intensive Einblicke in die Entwicklung der Motive eines Betroffenen (z.B. in einer Reportage oder auch in einer Unterhaltungsserie) ist es den Zuschauer:innen möglich, sich eher mit dem dargestellten Beispiel zu identifizieren. Oft ist der persuasive Charakter bei diesen Geschichten weniger stark ausgeprägt und wird daher nicht so stark abgelehnt wie eine Kampagnenbotschaft mit einer direkten, d.h. expliziten, Aufforderung. Zudem kann es dabei gelingen, dass die adressierten Personen sich entsprechend der *Self-Determination-Theorie* (Ryan & Deci, 2000) eher als Gestalter ihrer Gesundheit erleben und weniger als Opfer (Lu, 2022).

Neben Fallbeispielen genießen außerdem Expert:innenaussagen eine hohe Glaubwürdigkeit für Gesundheitsinformationen. Da Betroffene für Gesundheitsinformationen vor allem auf die Aussagen einer:s Ärzt:in oder anderer medizinischer Expert:innen vertrauen, werden diese häufig in Kampagnen oder den entsprechenden Begleitunterlagen zitiert, um bestimmte Risiken darzustellen oder Handlungsempfehlungen zu geben (Link, 2019 b). In kulturellen Kontexten, wo Religion eine große Rolle spielt, können auch religiöse Führer:innen eine wichtige vertrauensbildende Instanz sein und somit als glaubwürdige Referenz in Kampagnen eingesetzt werden. Dies hat sich beispielsweise während der Ebolaausbrüche in Sierra Leone gezeigt (Luetke Lanfer et al., 2022).

Aus demselben Grund werden darüber hinaus häufig prominente Personen wie Sportler:innen, Schauspieler:innen, Sänger:innen oder Politiker:innen eingesetzt. Insbesondere wenn sie bei der relevanten Zielgruppe eine hohe Popularität und Glaubwürdigkeit besitzen und die Zielgruppen eher nicht an Gesundheitsinformationen interessiert sind, können sie die Aufmerksamkeit auf bestimmte Gesundheitsthemen lenken. So warb bspw. die *Felix-Burda-Stiftung* in ihrer Kampagne zur

Darmkrebsfrüherkennung mit verschiedenen prominenten Ehepaaren, darunter Boxer Vitali Klitschko und seine Ehefrau Natalia (siehe Abbildung 17). Allerdings sollte beachtet werden, dass die Prominenten auch langfristig glaubwürdig bleiben müssen (und nicht etwa durch einen Skandal an Glaubwürdigkeit verlieren) und nicht zu sehr vom eigentlichen Thema ablenken. So wurde in der Kampagne #Ärmelhoch für die Impfung zur COVID-19-Prävention mit der Schauspielerin Uschi Glas und dem Moderator Günther Jauch als Testimonials geworben, was nicht nur zahlreiche Diskussionen zu deren Impfstati nach sich zog, sondern die Prominenten auch selbst in die Kritik brachte (Jonas, 2021).

*Abbildung 17: Plakat aus der Kampagne zur Darmkrebsfrüherkennung mit V. Klitschko. Quelle: www.felix-burda-stiftung.de, 2023.*

Für eine ausführliche Übersicht zu theoretischen Hintergründen und empirischen Erkenntnissen in Bezug auf Personalisierungsstrategien siehe Christina Peter (2019), Kalch und Meitz (2019) und Lu (2022).

### 8.3.6 Entertainment Education

Für Bevölkerungsgruppen, die aus bestimmten Gründen (z.B. Relevanz, Interesse) weniger auf der inhaltlichen Ebene abgeholt und erreicht werden können, bietet sich der sog. Entertainment-Education-Ansatz (oft auch als Edutainment bezeichnet) an (Lubjuhn & Bouman, 2019). Entertainment Education setzt auf die bewusste Kombination von unterhaltenden und bildenden Elementen mit dem Ziel, prosoziales Wissen, Einstellungen und Verhalten in Bezug auf unterschiedliche Themen (z.B. Umweltverschmutzung, Diskriminierung oder eben Gesundheitsproblematiken) zu fördern. Die Bandbreite der möglichen Formate und Verbreitungswege reicht dabei von eher klassischen Medienkanälen wie TV und Radio bis hin zu neueren oder eher exotischen wie Theater, Internet und Computerspielen.

Der Entertainment-Education-Ansatz hat sich in zahlreichen Kontexten bewährt und die Effektivität wird von zahlreichen Ansätzen und Theorien gestützt (Lubjuhn & Bouman, 2019). Da Entertainment-Education-Angebote bzw. entsprechende Medienformate eine Verbindung aus Unterhaltung und Bildung herstellen, erfordert die erfolgreiche Entwicklung und Umsetzung solcher Maßnahmen in der Regel eine Kooperation zwischen Expert:innen aus verschiedenen Fachbereichen (insbesondere Gesundheitskommunikation und Unterhaltungsindustrie). Die vielfältigen Herangehensweisen und Arbeitsmethoden der unterschiedlichen Berufsfelder erhöhen einerseits das Potenzial für Synergieeffekte, können jedoch ebenso zu zusätzlichen Konflikten oder Problemen führen, etwa in Form von Zielkonflikten. Produzent:innen solcher Inhalte sollten berücksichtigen, dass die Wahl der Zielgruppe maßgeblich die Ausgestaltung der Inhalte beeinflusst. Der hohe Aufwand für die Planung und Realisierung derartiger Maßnahmen rentiert sich ausschließlich, wenn die angestrebte Zielgruppe auch tatsächlich erreicht werden kann.

Beispielhaft für gelungene Kooperationen im Bereich Entertainment-Education sind die täglichen Serien *Gute Zeiten, Schlechte Zeiten* und die *Lindenstraße* (siehe Beispiel 10) sowie das Kinderformat *Sesamstraße*. Hierbei arbeiten Bildungsexpert:innen (mit beratender und prüfender Funktion) eng mit der Unterhaltungsindustrie zusammen (für die Umsetzung), um relevante soziale Themen, wie bspw. die medizinische Versorgung benachteiligter Bevölkerungsgruppen oder die Organspende, an das Publikum zu vermitteln. Gerade im internationalen Kontext existieren zahlreiche Beispiele, wo es gut gelingt, Gesundheitsbotschaften in Unterhaltsformaten zu integrieren. So werden in den in Brasilien sehr beliebten (und qualitiv sehr hochwertig entwickelten) Seifenopern (Telenovelas) regelmäßig auch Gesundheitsbotschaften integriert (Filgueiras et al., 2021). Ebenso ist es in Sierra Leone mittels eines unterhaltsamen Theaterstücks gelungen, die Einstellungen zum Handwaschverhalten zu verbessern (Luetke Lanfer, 2021).

Trotz ehrenwerter Absichten sehen sich Entertainment-Education-Angebote immer wieder der Kritik ausgesetzt, ihre Überzeugungsabsicht verdecken zu wollen, um die Empfänger:innen der Botschaften gewissermaßen zu täuschen. Ein weiterer Aspekt der Diskussion betrifft die Frage, wer letztlich darüber entscheidet, welches in den Inhalten behandelte Verhalten als gesundheitsförderlich oder schädlich angesehen wird. Um diesem Vorwurf entgegenzuwirken, empfiehlt es sich, Entertainment-Education mit einer partizipativen Herangehensweise zu verknüpfen (siehe Begriffsklärung 12; Torres, 2012). Auf diese Weise können die entsprechenden Programme, beispielsweise ein Theaterstück, gemeinsam mit der jeweiligen Zielgruppe entwickelt werden. Dadurch wird nicht nur die Relevanz für die Lebenswelt erhöht, sondern auch die Glaubwürdigkeit gestärkt.

Für eine ausführliche Übersicht zu theoretischen Hintergründen und empirischen Erkenntnissen in Bezug auf Entertainment Education siehe die Beiträge von Riley et al. (2022), Murphy und Phelps (2022) sowie Lubjuhn und Bouman (2019).

## 8.4 Auswahl der Kommunikationswege

Um die anvisierten Zielpersonen zu erreichen, gilt es, neben der passenden Botschaftsstrategie auch den geeigneten Kommunikationsweg bzw. Kanal zu wählen. Letztlich ist ein noch so guter Appell wertlos, wenn er nicht bis zur Zielgruppe vordringt und von dieser nicht zur Kenntnis genommen wird. Die Wahl eines Kanals sollte sich immer aus der Problemanalyse und aus den Kommunikationszielen ergeben (Bonfadelli & Friemel, 2020; Flood-Grady, 2022). Einzelne Kommunikationswege verfügen über spezifische Eigenschaften sowie Stärken und Schwächen, die bei ihrem Einsatz berücksichtigt werden müssen (siehe Tabelle 15).

*Tabelle 15: Kriterien zur Bewertung von Kommunikationswegen und Formaten. Quelle: Eigene Darstellung nach Bonfadelli & Friemel, 2020, S. 144 ff.*

| Kriterium | Erläuterung |
|---|---|
| Reichweite | Die Reichweite gibt an, wie viele und welche Personen von einem Medium erreicht werden können und ob diese Nutzer:innengruppen zur angestrebten Zielgruppe gehören. Aussagen zur Reichweite können Studien zur Nutzungshäufigkeit verschiedener Medienangebote wie die ARD/ZDF-Onlinestudie (W. Koch, 2022; W. Koch & Frees, 2016) oder für den internationalen Kontext der Digital News Report (Newman et al., 2022) liefern.<br><br>Zudem muss der Zugang (engl. access) zum gewählten Medium für die relevante Bevölkerungsgruppe möglich sein. Das heißt, es müssen sowohl die technischen Voraussetzungen als auch die entsprechende Medienkompetenz vorhanden sein (siehe Kapitel 2.5). So können etwa Apps nur Personen erreichen, die über ein Smartphone verfügen und dies entsprechend bedienen können. |
| Zielgruppenspezifität | Die Spezifität bezüglich der Zielgruppe beschreibt, in welchem Maß der Kanal oder das Format geeignet sind, eine präzise definierte Zielgruppe anzusprechen und diese dort zu erreichen, wo sie natürlicherweise nach Informationen sucht oder bereits zu Unterhaltungszwecken verweilt (siehe Kapitel 8.2). Weniger geeignet sind dagegen Formate, die kaum Berührungspunkte mit den Zielindividuen aufweisen (bspw. ein Bericht in einer überregionalen Zeitung, um bildungsferne Bevölkerungsgruppen zu erreichen). Höchste Zielgruppenspezifität wird durch personalisierte Informationen via *Google* Adverts, E-Mail, postalische Sendungen (sog. Direct Mailing) oder Textnachrichten erreicht, wie z.B. die Einladung zum Mammografiescreening. Zunehmend bieten algorithmusbasierte Anwendungen diese Möglichkeit in verschiedenen Kommunikationskanälen (Kinzel & Pfannstiel, 2022). |

| Kriterium | Erläuterung |
|---|---|
| Interaktivität | Interaktivität verweist auf die Wechselseitigkeit der Kommunikation, bei der der:die Kommunikator:in (Sender:in) und Rezipient:in (Empfänger:in) in der Kommunikationssituation die Rollen wechseln (z.b. im persönlichen Gespräch oder Telefonat, in einem Chat, einem Onlineforum) und die Nutzenden aktiv eingebunden werden (siehe Kapitel 1.1). Durch interaktive Medien kann man flexibel auf die Bedürfnisse und Angaben der Nutzer:innen reagieren, die Informationen hieran anpassen und individuell auf Verständnisschwierigkeiten eingehen. Sie ermöglichen somit eine individualisierte Ansprache (siehe Kapitel 8.2). |
| Informationstiefe | Die Informationstiefe eines Kanals gibt an, wie detailliert und umfassend Informationen vermittelt werden können. Manche Medienformate (z.B. Plakate oder Videospots) eignen sich gut zur Aufmerksamkeitsgenerierung, allerdings weniger gut zur tiefergehenden Wissensvermittlung. Für das Ziel der Vermittlung komplexerer und detaillierterer Informationen eignen sich eher textorientierte Medien wie Printmedien oder Webseiten. |
| Glaubwürdigkeit | Sowohl die Medienformate als auch die Quelle der Botschaft unterscheiden sich hinsichtlich ihrer Glaubwürdigkeit. Medizinische Expert:innen genießen in Gesundheitsfragen die höchste Glaubwürdigkeit. Auch Informationen von bspw. staatlichen Stellen und renommierten Institutionen werden (zumindest überwiegend in der Bevölkerung) als glaubwürdiger und damit verlässlicher wahrgenommen. Informationen in Boulevardmedien und werbliche Botschaften werden als weniger glaubwürdig eingeschätzt (siehe Begriffsklärung 3 zu *Fake News*). |
| Themensetzung | Das Kriterium der Themenwahl umfasst die Fähigkeit eines Kanals oder Formats, die wahrgenommene Relevanz eines Themas zu erhöhen. Dies schließt in erster Linie die Kapazität ein, Aufmerksamkeit über den Kanal zu generieren, indem Personen dazu angeregt werden, sich mit dem Thema im Allgemeinen oder mit spezifischen Aspekten davon auseinanderzusetzen. Hierdurch entsteht ein Bewusstsein für individuelle oder gesellschaftliche Missstände, Bedürfnisse oder sogar Erfolge (siehe Kapitel 3.3.3). |
| Aufwand/Kosten | Manche Medienformate sind in der Herstellung und Verbreitung sehr kostenintensiv (z.B. Werbespots), während andere günstig in der Herstellung sind, aber einen hohen Betreuungsaufwand nach sich ziehen (z.B. Webseiten). |
| Anschaulichkeit | Die Möglichkeit, Informationen anschaulich aufzubereiten, ist nicht bei allen Medienformaten in gleichem Maße gegeben. Anschaulichkeit kann besonders gut durch multimediale und grafische Formen der Aufbereitung hergestellt werden. Je anschaulicher die Informationen gemacht werden, umso leichter fällt es den Rezipient:innen, diese zu verarbeiten. Textbasierte Formate verlangen nach höherer kognitiver Aufmerksamkeit als visuelle Medienformate. |

Im Folgenden werden einige Kommunikationskanäle näher dargestellt und anhand der dargestellten Kriterien beleuchtet. Um die Vor- und Nachteile verschiedener Medien auszugleichen bzw. Vorteile zu kumulieren, ist in der Regel ein Medien-Mix die beste – wenn auch häufig eine kostenintensive – Lösung. Zudem ist es häufig notwendig, verschiedene Medienformate kombiniert einzusetzen, um bspw. auf andere Kanäle (z.B. ein Internetangebot) zu verweisen. Weitere Details zu den einzelnen Medienkanälen finden sich in den entsprechenden Kapiteln (siehe Kapitel 7.1 und 7.2).

### Face-to-Face und Live-Events

Trotz der zunehmenden Verbreitung und Akzeptanz von digitalen Medien kommt dem persönlichen und interaktiven Gespräch sowie dem direkten Erleben einer solchen Interaktion nach wie vor eine hohe Bedeutung zu (Kirchgeorg & Erner, 2014). Persönliche Beziehungen können zum einen genutzt werden, um Informationen an Zielgruppen zu vermitteln, die als schwer erreichbar gelten. Hier können Multiplikatoren wie Partner:innen, Eltern, Pädagog:innen, religiöse Führer:innen oder Ärzt:innen (siehe Kapitel 5.2) Informationen an die eigentliche Zielgruppe weitergeben (Luetke Lanfer et al., 2022; Reifegerste et al., 2023).

Zum anderen können persönliche, multisensuale, emotionalisierende Erlebnisse (sog. Live-Communication) wie bei Veranstaltungen, Ausstellungen und Museen (siehe Beispiel 11) höhere Aufmerksamkeit, Erinnerungsleistungen und Glaubwürdigkeit erreichen als andere indirekte Vermittlungsformate (Kirchgeorg und Ermer, 2014). Dies ist eine insbesondere bei Kindern beliebte Kampagnenstrategie (Reifegerste et al., 2012). Die individuelle Rückmeldung zu eigenen Körperfunktionen kann mit Apparatetechnik sowohl in Museen als auch mit Screenings und Tests an Gesundheitstagen und ähnlichen Veranstaltungen zusätzlich eingesetzt werden. Beispiele für haptisch erlebbare Modelle der Gesundheitsaufklärung sind das begehbare Darmmodell der *Felix-Burda-Stiftung* (siehe QR-Code) sowie die Halle der Erkenntnis in den Ausstellungen des Hygienemuseums in Dresden mit zahlreichen Apparaten zur Leistungsmessung (Nikolow, 2015).

### Textmedien

Textmedien umfassen vorrangig regionale und überregionale Tageszeitungen, Publikumszeitschriften, Kunden- und Mitgliederzeitschriften, Fachzeitschriften, Broschüren, Informationsseiten und Bücher als Print- und Onlineausgabe. Als Informations- und Aufklärungsmaterialien können sie in gedruckter Form an eine spezifische Zielgruppe und in spezifischen Settings (z.B. Wartezimmer oder Beratungsstellen, im Kontext einer Veranstaltung) verbreitet werden. Textmedien weisen eine hohe Informationstiefe auf, weil sie mehr und komplexere Informationen vermitteln können als audiovisuelle Medien. Dies verlangt den Rezipient:innen allerdings eine höhere Aufmerksamkeit ab, die jedoch mit einer intensiveren Auseinandersetzung mit den dargebotenen Inhalten verbunden ist (Klimmt & Rosset, 2020; siehe Kapitel 3.1.4). Dies setzt allerdings ein gewisses Interesse seitens der Rezipient:innen voraus, sodass vor allem diejenigen erreicht werden, die sich bereits für ein bestimmtes Thema interessieren.

Neben den erwähnten Textmedien bieten auch interaktive Beratungsangebote im Internet häufig den Vorteil der Anonymität. Dies ermöglicht es bspw. Betroffenen, in Online-Communitys oder Livechats nach sensiblen Informationen (z.B. schambesetzten oder tabuisierten Themen) zu suchen.

### Bewegtbildmedien

Unter den Bewegtbildformaten besitzt das Fernsehen nach wie vor die höchste Reichweite, wodurch es insbesondere im Kontext der Verbreitung präventiver Gesundheitsinformationen sowie bei der Setzung von Themen eine herausragende Rolle als Leitmedium einnimmt. Aufgrund seiner sequenziellen Darbietungsform bietet das audiovisuelle Medium eine effektive Möglichkeit, das Publikum mit gesundheitsbezogenen Themen in Kontakt zu bringen, es für diese zu sensibilisieren und zur Auseinandersetzung damit anzuregen. Dabei lassen sich besonders jene Menschen erreichen, die üblicherweise nicht aktiv nach Gesundheitsinformationen suchen.

Die Fähigkeit zur audiovisuellen Aufbereitung ermöglicht die Veranschaulichung von Inhalten, die sonst schwer verständlich wären. Insbesondere durch visuelle Unterstützung gewinnen Fernsehen und Videoformate an Authentizität und Überzeugungskraft. Besonders fiktionale Unterhaltungsformate wie Fernseh- oder Kinofilme bieten darüber hinaus die Gelegenheit, Informationen mit emotionalen Aspekten zu verknüpfen und sie narrativ aufzubereiten, sodass die Inhalte einen unterhaltsamen Charakter annehmen (siehe Kapitel 7.1.3) und leicht nachvollziehbar sind.

Insbesondere Bewegtbildformate in Mediatheken, bei Streamingdienstleistern und in Videoportalen ermöglichen den Zugriff auf Informationen zu jeder Zeit und an jedem Ort. Das Internet stellt Rezipient:innen allerdings auch vor Herausforderungen: So müssen sie aus den vielen verfügbaren Informationen (die aus gesicherten und ungesicherten Quellen stammen) auswählen und die Qualität und Zuverlässigkeit der Inhalte bewerten (siehe Kapitel 9.2).

Soziale Medien (Social Media) bieten zudem viele Möglichkeiten, um kommunikative Interventionen zu unterstützen, bspw. durch Health Influencer, Social Bookmarking, Public/Private Messaging und das Teilen von Fotos und Videos. Sie bieten zudem interaktive sowie in Raum und Zeit flexible Wege des Austauschs zwischen Patient:innen und Fachkräften sowie Möglichkeiten der sozialen Unterstützung. Dieser Austausch in sozialen Medien, Onlineselbsthilfegruppen (sog. Online Support Groups) und Blogs kann zur Steigerung der Selbstwirksamkeit, zur Wahrnehmung sozialer Unterstützung und zur intensiven Informationsvermittlung und Reflexion beitragen. Im besten Fall tauschen sich verschiedene Personen untereinander aus und haben professionelle Ansprechpartner:innen, die ggf. die Interaktionen moderieren und durch Expert:innenmeinungen ergänzen.

### Hörmedien

Audiomedien wie Radio, Musikstreaming und Podcasts sind zwar auch relevant in der Mediennutzung, spielen aber für Gesundheitskampagnen nur eine untergeordnete Rolle (Sandrock, 2022). Einzelne Gesundheitskampagnen verwendeten jedoch im Rahmen eines Medienmixes auch Hörformate. So verwendete die Kampagne „Runter vom Rauchen – ein Kurs zum Abgewöhnen" der BZgA im Jahr 1979 das Hörmedium. Ein aus einem Volkshochschulkurs entwickelter „Fernkurs" beinhaltete insgesamt acht Sonntagnachmittagssendungen mit einer

Dauer von 45 Minuten pro Lerneinheit, die im Radio ausgestrahlt wurden. Durch die jeweilige Sendung führte ein Moderator, der das hörende Publikum aktivieren sollte, eine Moderatorin, welche die Etappen der Sendung immer wieder in einfachen Worten zusammenfasste, sowie ein „skeptischer Raucher", der sich in Sketchen weigerte, vorgestellte Verhaltenstipps anzunehmen. Akustisch grenzte sich das Format durch eine wiederkehrende Titelmelodie zum allgemeinen Hörfunkprogramm ab (Institut für Markt- und Werbeforschung Köln, 1985).

Podcastinhalte und -episoden können ähnlich wie Textmedien tiefgreifende Informationen vermitteln, da die Inhalte, beispielsweise bei Verständnisschwierigkeiten, beliebig oft wiederholt werden können. Im Laufe mehrerer Folgen eines Podcasts bietet sich den Rezipierenden die Gelegenheit, sich mit einem bestimmten (Gesundheits-)Thema intensiver auseinanderzusetzen. Zum Teil kommen Podcasts auch in der Ausbildung von Gesundheitsberufen zum Einsatz (Hurst, 2019). Während der COVID-19-Pandemie war der Podcast „Coronavirus-Update" von Christian Drosten in Zusammenarbeit mit dem NDR sehr populär. Darin wurden zahlreiche Aspekte der Infektionskrankheit und Präventionsmaßnahmen aufgegriffen, ausführlich erklärt und diskutiert (Henning & Schulmann, 2020).

# 9 Ethische Aspekte

In diesem Kapitel erfahren Sie,

- zu welchen unerwünschten ethischen Wirkungen es im Bereich der Gesundheitskommunikation kommen kann;
- was Qualität in der Gesundheitskommunikation bedeutet und wie sie überprüft werden kann;
- welche ethischen Dimensionen in der Gesundheitskommunikation zu berücksichtigen sind.

**Ethik als Werteorientierung**

Die Ziele der Gesundheitskommunikation werden wesentlich von den Werten und Prinzipien der Organisationen im Gesundheitswesen (siehe Kapitel 6) sowie dem gesellschaftlichen Kontext mitgeprägt. So können diese (oft impliziten) Werte einen entscheidenden Einfluss darauf haben, welche Zielgruppen und Gesundheitszustände mit welchen Botschaftsinhalten und Kommunikationsstrategien erreicht werden sollen und welche Formen von Gesundheitskommunikation (normativ oder rechtlich) zulässig sind (Reifegerste & Hastall, 2014). Ethik ist dabei als eine Reflexion über diese Werte zu verstehen (Schildmann et al., 2014). In deren Licht werden zum einen die Grundlagen für bestimmte Handlungen und Entscheidungen diskutiert und zum anderen auf ethische Dilemmata hingewiesen, die sich aus dem Konflikt verschiedener Wertevorstellungen ergeben. Für technische Entwicklungen leistet die Ethik zudem einen Beitrag bei der Klärung theoretischer und normativer Vorannahmen, indem die moralischen Implikationen verschiedener Handlungsoptionen (z.B. Transparenz der Daten) aufgezeigt werden (Marckmann, 2016). Dies trifft bspw. bei Anwendungen der künstlichen Intelligenz und der digitalen Gesundheitskommunikation zu (Schnell, 2018). An dieser Stelle werden deshalb einige zentrale ethische Herausforderungen und Konflikte der Gesundheitskommunikation auf verschiedenen Ebenen angesprochen, deren Konsequenzen beleuchtet sowie entsprechende Handlungsstrategien zu deren Bewältigung benannt.

## 9.1 Unerwünschte Effekte

Obwohl Gesundheitskommunikation meist das Ziel verfolgt, den Gesundheitszustand der Rezipient:innen zu verbessern, können (vor allem aus ethischer Sicht) negative Effekte sowohl auf individueller als auch gesellschaftlicher Ebene (siehe Tabelle 16) auftreten, die nicht zu diesem Ziel führen.

Die unerwünschten Effekte von Gesundheitskommunikation auf individueller Ebene können dabei sowohl physische als auch psychische Folgen haben. Die Berichterstattung über Lebensmittelskandale kann sich bspw. negativ auf das Ernährungsverhalten auswirken und unter Umständen zu Mangelerscheinungen führen (Mummer et al., 2015). Ebenso kann eine einseitig positive Darstellung der Vorteile von Vorsorgeuntersuchungen oder Behandlungsmethoden Personen dazu verleiten, diese in Anspruch zu nehmen, ohne sich vorher über deren Risiken zu informieren (Seidel et al., 2014). Dies kann, bedingt durch eine Überversorgung (z.B. aufgrund übertriebener Sorge), negative finanzielle Konsequenzen haben. Darüber hinaus können bspw. aufgrund intensiver Berichterstattung über Selbstmorde im Sinne des *Werther-Effekts* (siehe Kapitel 7.3.1) entsprechende Handlungen gefördert werden (Scherr, 2016). Auf psychischer Ebene reichen die Folgen vom Wecken unrealistischer Hoffnungen oder Förderung übermäßiger Sorgen bis hin zu Panik, Verwirrung (über widersprüchliche Aussagen) oder Schuldgefühle.

*Tabelle 16: Mögliche negative Effekte der Gesundheitskommunikation. Quelle: Eigene Darstellung nach Kalch & Meitz, 2019, Lorenc & Oliver, 2014.*

| | Ebene des Schadens | unerwünschte Wirkungen | mögliche Auslöser |
| --- | --- | --- | --- |
| individuelle Ebene | physische Ebene | Unangemessene Behandlung, Unterlassung oder Abbruch einer Therapie | Lai:innenforen im Internet, pharmazeutische Werbung |
| | psychische Ebene | Panik, Angst, Besorgnis, falsche Hoffnungen, Schuldgefühle, Krankheitsgefühl, Ekel, Ausgrenzung, Verwirrung, Reaktanz, Boomerang-Effekt, Vermeidung, Verharmlosung | (schockierende) Kampagnen zur Krebsfrüherkennung, skandalisierende oder widersprüchliche Berichte |
| gesellschaftliche Ebene | normative Ebene | Medikalisierung von normalen Körperprozessen, Stigmatisierung, Diskriminierung einzelner Bevölkerungsgruppen | Präventionskampagnen zu AIDS oder Adipositas, pharmazeutische Werbung, Berichterstattung mit Fokus auf individueller Verantwortung |
| | finanzielle Ebene | Unnötige Therapien, Doppelversorgung, Benachteiligung bildungsferner Schichten | Komplexe Darstellungen von Gesundheitsthemen, Lai:innenforen im Internet |

Auf gesellschaftlicher Ebene kann Gesundheitskommunikation dazu beitragen, dass Krankheiten auf einer normativen Ebene verändert wahrgenommen werden. Dadurch kann die Hilfsbereitschaft für die Betroffenen abnehmen oder zu Benachteiligung und Stigmatisierung bestimmter Bevölkerungsgruppen führen (Loss & Nagel, 2009). Persuasive Strategien, bspw. die Verwendung von schockierenden oder humorvollen Bildern, wie sie etwa in Präventionskampagnen eingesetzt werden, um eine höhere Aufmerksamkeit zu erzielen (siehe Kapitel 8.3), laufen immer Gefahr, maladaptive Wirkungen zu haben. Aber auch eine individuelle Verantwortungszuschreibung im Rahmen von Kampagnen (siehe Kapitel 7.1.2 und 8.3.4), die das eigenverantwortliche Gesundheitsverhalten der Betroffenen fördern sollte, kann unter Umständen zur Stigmatisierung der angesprochenen Zielgruppe bzw. der Betroffenen führen (Schaller et al., 2023). Sie können etwa Risikoverhalten begünstigen, zur Abwertung und entsprechenden Ausgrenzung einzelner Bevölkerungsgruppen führen oder einen negativen Einfluss auf die Selbstwahrnehmung der Betroffenen haben. So konnte gezeigt werden, dass Gesundheitsinformationen gegen Adipositas, die Bilder von übergewichtigen Kindern und Jugendlichen einsetzten, die körperbezogene Selbstwahrnehmung ebendieser Altersgruppe verschlechtern kann (Kalch et al., 2016).

Aus Evaluationen der AIDS-Kampagnen der BZgA wird deutlich, dass Missverständnis der am häufigsten auftretende unerwünschte Effekt war (Paschold, 2022). Insbesondere die Verwendung von Humorappellen führte dazu, dass die Rezipient:innen die Aufklärungsmaßnahmen nicht ernst nahmen. Zudem führten einige Kampagnen zu einer Ausgrenzung Betroffener oder auch zu einer ablehnenden Haltung gegenüber dem Thema.

Im Zusammenhang unerwünschter Outcomes von Gesundheitskommunikation ist auch der Nocebo-Effekt zu nennen (Colloca, 2023). Er beschreibt (im Gegensatz zum Placebo-Effekt), dass Personen nicht an die Wirksamkeit einer Maßnahme glauben und der eigentliche Effekt (z.B. eines Medikaments oder einer Übung) daher nicht oder viel schwächer eintritt. Nocebo-Effekte können nicht nur durch Botschaften in der Berichterstattung oder sozialen Medien, sondern auch durch frühere negative Erfahrungen, die Beobachtung negativer Erfahrungen anderer oder (eigentlich als hilfreich gemeinte) Risikoinformationen zu Nebenwirkungen ausgelöst werden. Als weitere unerwünschte Folge von Medienberichterstattung auf gesellschaftlicher Ebene wird außerdem die sog. Medikalisierung gesehen (Schneider, 2013). Unter Medikalisierung werden (u.a. durch Medienberichterstattung und den individuellen Medienkonsum beeinflusste) soziale Prozesse verstanden, in deren Folge die medizinische Interpretation und Behandlung von Phänomenen (wie bspw. Sucht oder Schwangerschaft) zunimmt (Peter & Neubert, 2016). Diese Überbetonung individueller Ursachen (wie Lebensstil) und individueller Lösungen (wie operative Eingriffe oder die Einnahme von Medikamenten) kann dazu führen, dass staatliche Interventionen oder soziale Unterstützung als weniger hilfreiche Maßnahmen betrachtet werden (Lundell et al., 2013). Zusätzlich können sich auf gesellschaftlicher Ebene negative finanzielle Folgen der Gesundheitskommunikation in Form von Überversorgung (z.B. aufgrund übertriebener Sorge) äußern.

## 9.2 Qualität

Gesundheitsinformationen können von den unterschiedlichsten Quellen (z.B. medizinisches Personal, Lai:innen, kommerzielle Anbieter:innen, Wissenschaftler:innen oder öffentliche Institutionen) veröffentlicht werden. Da der Ursprung der Informationen jedoch oft nicht direkt nachvollzogen werden kann, ist auch die Qualität der zur Verfügung stehenden Informationen in vielen Fällen unklar (Loss & Nagel, 2009). Dies kann sich wiederum negativ auf deren Glaubwürdigkeit auswirken. Wesentliche Kriterien für die Qualität von Gesundheitskommunikation sind vor allem Korrektheit, Transparenz und Verständlichkeit der Informationen (Loss & Nagel, 2009). Bei digitalen Medien können zudem Anforderungen an Datenschutz, Nutzer:innenfreundlichkeit und Interaktivität gestellt werden (Fischer & Dockweiler, 2016). Die Korrektheit, Vollständigkeit, Aktualität und Ausgewogenheit der Informationen kann bspw. durch den Einsatz fachkompetenter Kommunikator:innen und wissenschaftliche Fundierung, sog. Evidenzbasierung, angestrebt werden (Albrecht et al. 2014). Allerdings wird die Nachvollziehbarkeit der Quellen durch die Vielfalt der Kommuniaktor:innen in sozialen Medien und die Zunahme algorithmusbasierter Medieninhalte immer schwieriger.

**Implikationen für Gesundheitskommunikation**

Obwohl negative Effekte von den Kommunikator:innen in der Regel nicht beabsichtigt sind, treten sie dennoch sehr häufig und in diversen Formen auf (Hastall, 2017; Loss & Nagel, 2009). Auslöser können sowohl Inhalte der Berichterstattung, Gesundheitsinformationen im Internet als auch Kampagnen oder Äußerungen des medizinischen Personals sein. Allerdings werden diese unerwünschten „Nebenwirkungen" von Gesundheitskommunikation von Verantwortlichen bzw. Expert:innen im Gesundheitsbereich (Ärzt:innen, Journalist:innen oder Kampagnendesigner:innen) häufig unterschätzt und daher nicht berücksichtigt (Hastall, 2017), auch wenn die Schadensvermeidung (engl. do-no-harm) als ethisches Grundprinzip der Gesundheitsversorgung gilt (Beauchamp & Childress, 2001). Angesichts des möglichen individuellen und gesellschaftlichen Schadens erscheint es daher notwendig, potenziell auftretende negative Effekte (neben den beabsichtigten positiven Effekten) von Gesundheitskommunikation zu thematisieren und zu evaluieren, um etwa Nutzen und Schaden einer schockierenden Kampagne gegeneinander abzuwägen. Obwohl eine Intervention intuitiv oft als zielführend erscheint, kann Nichthandeln (d.h. keine Kommunikation) und damit verbunden auch ein Nichtwissen in der Gesamtbetrachtung dann mitunter sinnvoller sein (Schildmann et al., 2014). Zudem ist die Analyse unerwünschter Effekte notwendig, um Gesundheitskommunikationskampagnen zukünftig effektiver zu gestalten bzw. so anzupassen, dass gesundheitsschädliche Wirkungen gemindert oder ganz vermieden werden können.

**Leitlinie zu evidenzbasierten Gesundheitsinformationen**

Evidenzbasierung bedeutet, die aktuell besten wissenschaftlichen Erkenntnisse (Evidenz) für Entscheidungen, beispielsweise im Rahmen der medizinischen Versorgung von Patient:innen, gewissenhaft, explizit und rational einzusetzen (Baumann & Reifegerste, 2018; Büchter & Albrecht, 2019). Damit einher gehen konkrete Ansprüche an die methodische Qualität der zugrunde liegenden Studien. Optimalerweise sollten medizinische Entscheidungen auf Reviews und Meta-Analysen basieren, die auf randomisierten kontrollierten Experimenten beruhen. Darüber hinaus verlangt die Praxis der evidenzbasierten Medizin, dass wissenschaftliche Nachweise in einem sinnvollen Kontext genutzt werden – unter Berücksichtigung sowohl der Erfahrung des:der Mediziner:in als auch der individuellen Erwartungen der Patient:innen.

Ähnliche Anforderungen ergeben sich auch für die Evidenzbasierung in der Gesundheitskommunikation (Büchter & Albrecht, 2019). So wurde eine Leitlinie „Evidenzbasierte Gesundheitsinformation" (Luehnen et al., 2017) entwickelt, die Anforderungen an die Qualität von Gesundheitsinformationen formuliert. Als Qualitätskriterien nennt die Leitlinie Zielgruppenorientierung und Einhaltung inhaltlicher Anforderungen (z.B. Angaben zu Risiken, Nebenwirkungen, Behandlungsalternativen, Information zu Unsicherheiten sowie Regeln zur Darstellung von Häufigkeiten [z.B. verbal, numerisch, durch Grafiken]). Zudem müssen die Informationen vollständig und transparent vorhandene Interessen offenlegen (Loss & Nagel, 2009). Nur so wird es den Rezipient:innen ermöglicht, Werbung, Produktplatzierungen oder finanzielle Interessen (z.B. von Pharmaunternehmen) zu erkennen und diese von objektiven Informationen zu unterscheiden. Allerdings ist diese Nachvollziehbarkeit der Quellen insbesondere in algorithmusbasierten Kommunikationsformen, wie bspw. *ChatGPT*, kaum möglich.

### Qualitätssicherung

Um Gesundheitskommunikation systematisch zu überprüfen und deren Qualität zu sichern, existieren verschiedene Institutionen, Initiativen und Leitlinien (Fischer & Dockweiler, 2016). So wurde für gedruckte Patient:inneninformationen bspw. der Kriterienkatalog DISCERN (*discern.de*) entwickelt. DISCERN ist ein wissenschaftlich international anerkannter Kriterienkatalog zur Überprüfung der Qualität von Patient:inneninformationen. Er wurde von der Medizinischen Hochschule Hannover und dem Ärztlichen Zentrum für Qualität (ÄZQ) aus dem Englischen ins Deutsche übertragen. Für Internetseiten und Gesundheits-Apps wurde der HON (Health-on-the-Net)-Code weiterentwickelt (Loss & Nagel, 2009).

Zur Qualitätsprüfung werden (Informations-)Angebote anhand verschiedener Kriterien (z.B. Qualifikation der Verfasser:in oder Angabe der Finanzierungsquellen) evaluiert. Nach positiver Begutachtung erhalten diese dann ein entsprechendes Zertifikat (Schnabel & Bödeker, 2012). Die Qualität medizinjournalistischer Beiträge wird seit 2010 durch den Mediendoktor (*medien-doktor.de*) beurteilt, die Qualität von Gesundheitswerbung durch den Faktencheck der *Verbraucherschutzzentrale*. Dem Vorbild anderer internationaler Projekte folgend bewerten Medizinjournalist:innen die Beiträge anhand eines Kriterienkatalogs. Ziel ist, die gesundheitsbezogene Berichterstattung besser und verständlicher zu machen. Natürlich müssen die Nutzer:innen von Gesundheitsinformationen die angelegten Kriterien und existierenden Zertifikate auch kennen, damit sie die Informationen entsprechend bewerten können. Dieser Prozess der Bewertung stellt wiederum einen wichtigen Aspekt der Gesundheitskompetenz dar (siehe Kapitel 2.5).

## 9.3 Entscheidungsfreiheit und Verantwortung

### Patient:innenautonomie

Im Umgang mit Patient:innen und deren Entscheidungsfreiheit lassen sich zwei gegensätzliche Positionen bzw. Menschenbilder identifizieren, die sich sowohl in der Arzt-Patienten-Kommunikation (siehe Kapitel 5.2.3) als auch in anderen Kontexten der Gesundheitskommunikation (z.B. Berichterstattung oder Gesundheitskampagnen) zeigen. Verfechter der Patient:innenautonomie gehen von einem rationalen, kritisch abwägenden und eigenverantwortlichen Menschen aus, der über eine ausreichende Entscheidungskompetenz verfügt, um dann autonom aus verschiedenen Handlungsoptionen auszuwählen (Schröder-Bäck, 2011). Von diesem Standpunkt aus sollten Gesundheitsinformationen möglichst neutral, wahrheitsgemäß, umfassend und realistisch dargestellt werden (Reifegerste & Hastall, 2015). Diese Sichtweise spiegelt sich auch im Rollenbild der informativen Ärzt:innen (Emanuel & Emanuel, 1992) oder des Journalist:innen als neutralem Vermittler (Jarren & Donges, 2011) wieder. Die Wertvorstellungen der Ärzt:innen oder Journalist:innen sollen die Entscheidung der Patient:innen bzw. Rezipient:innen nicht beeinflussen. Ihnen ist es daher wichtig, die Tatsachen möglichst klar, objektiv und richtig wiederzugeben. Daraus folgt der Anspruch, dass staatliche Institutionen keine verbindlichen Vorschriften zum Gesundheitsverhalten machen sollten, da die Entscheidung zu gesundheitsrelevantem Verhalten (wie bspw. das Tragen eines Helms beim Fahrradfahren) dem Einzelnen und damit dessen individueller Autonomie überlassen bleibt (Guttman & Ressler, 2001).

**Pflicht zur Gesundheit**

Allerdings wird auch davon ausgegangen, dass Menschen nicht immer ausreichend kompetent und motiviert sind, um Informationen korrekt zu verstehen und Entscheidungen in Gesundheitsfragen unter Umständen nicht immer selbst treffen möchten. Die Ausrichtung am autonomen gesundheitskompetenten Menschen kann jedoch auch eine mangelnde Zielgruppenorientierung der Informationen zur Folge haben, bei der die individuellen Lebensumstände nicht ausreichend berücksichtigt werden. Unter Umständen werden bestimmte Bevölkerungsgruppen dann nicht mehr erreicht oder fühlen sich von den Informationen überfordert. Dies kann wiederum das Entstehen von Wissensklüften begünstigen oder bestehende Wissensklüfte verstärken (siehe Kapitel 3.3.1). Zudem besteht die Gefahr, dass die autonome Entscheidung eines Menschen den medizinischen widerspricht (denn das Recht auf freie Entfaltung umfasst auch ein Recht auf Risiko und Krankheit), also objektiv gesundheitsgefährdend oder gesundheitsschädlich ist (Höfling, 2009). Insbesondere in individualisierten Gesellschaften kann die Selbstbestimmung über die eigene Gesundheit als Leistungserwartung interpretiert werden, wodurch sich eine Art freiwilliger Zwang zu gesundheitsbewusstem Verhalten und damit eine normative „Pflicht zur Gesundheit" (Höfling, 2009, S. 288) ergeben kann. Diese Wahrnehmung eines sozialen Drucks zur Gesunderhaltung kann einerseits zu übertriebenen Formen des Gesundheitsverhaltens und andererseits zu Widerstand und Ablehnung führen. Beides kann gesundheitsschädliche Folgen haben (für eine literarische Verarbeitung dieses ethischen Dilemmas siehe Julie Zehs Roman „Corpus Delicti"). Dieser Aspekt wurde im Zuge der umfangreichen und zum Teil als sehr einschränkenden Präventionsmaßnahmen in der COVID-19-Pandemie sehr umstritten diskutiert (Precht, 2021).

**Paternalismus**

Die paternalistische Sichtweise als Gegenposition zur Patient:innenautonomie geht hingegen von einem irrational handelnden, inkompetenten und leicht beeinflussbaren Menschen aus, der von Expert:innen (wie Ärzt:innen oder Kampagnenplaner:innen) beraten werden sollte (siehe Tabelle 17). Die Auswahl an Informationen richtet sich hier nach dem vermeintlichen Wohl der Patient:innen bzw.

Rezipient:innen. Dadurch kann es zu einer verzerrten, selektiven und potenziell missverständlichen Darstellung (insbesondere von Risikoinformationen) kommen (Guttman, 1997; Schildmann et al., 2014). Aus dieser Position heraus wäre es bspw. gerechtfertigt, Demenzkranke zu belügen, um sie vor Unfällen zu schützen (Clarke, 2006). Im Vordergrund steht hier das Wohlergehen eines bedürftigen Gegenübers – und nicht dessen Wille (Guttman, 1997). Zudem berücksichtigt diese sozial-fürsorgliche Position die jeweiligen Besonderheiten von einzelnen Zielgruppen die jeweils vermeintlich effektivste Persuasionsstrategie zu finden, um die Rezipient:innen zu gesundheitsförderlichem Verhalten zu motivieren (Loss & Nagel, 2009).

*Tabelle 17: Gegensätzliche Positionen im Umgang mit Patient:innen. Quelle: Eigene Darstellung.*

|  | Patient:innenautonomie | Paternalismus |
|---|---|---|
| Annahme | Rationaler Rezipient:innen | Bedürftiger Rezipient:innen |
| Werte | Selbstbestimmung des:der Patient:in, Wahrhaftigkeit | Paternalismus, Recht auf Unwissenheit |
| Ärzt:inrolle | Informative:r Ärzt:in | Bestimmende:r Ärzt:in |
| Kommunikation | Sachlich-korrekte und evidenzbasierte Informationen, umfassende Informationen über Optionen, Diskussion über Entscheidungen | Einsatz von zielgruppenspezifischen Mitteln, Expert:in trifft die Entscheidungen, gibt Ratschläge |
| mögliche negative Effekte | Gefahr der Nichterreichung, Wissenskluft, Überforderung, Angst durch Wissen, Panik, Schuldgefühle | Gefahr der Manipulation, Falschinformation, Zwang, Nötigung |

Kritisiert wird bei solchen Ansätzen allerdings, dass die Fokussierung auf bestimmte Zielgruppen auch die potenzielle Gefahr der Stigmatisierung dieser Bevölkerungsgruppe(n) bei gleichzeitiger Vernachlässigung anderer (vielleicht auch relevanter Zielgruppen) birgt. Gleichzeitig kann die Auswahl der jeweiligen Zielgruppe durch eine höhere Instanz bereits als Bevormundung oder Manipulation interpretiert werden. Dies kann zu Widerstand (Reaktanz) bei den angesprochenen Personen führen (Schröder-Bäck, 2011). Diese Position entspricht dem Rollenbild des:der paternalistischen Ärzt:in (Emanuel & Emanuel, 1992) oder dem journalistischen „Missionar" (Jarren & Donges, 2011). Sie richten die Therapieempfehlungen und Informationsauswahl am Wohl der:des Patient:in oder Rezipient:in aus. Allerdings erfolgt die Bewertung hauptsächlich auf Basis ihrer eigenen Wertvorstellungen, die sich durchaus von denen der Patient:innen unterscheiden können. Diese Perspektive spielt auch im internationalen Kontext und bei der Entwicklung interkultureller Kampagnen eine wichtige Rolle, wo möglicherweise bestimmte (westlich geprägte) Gesundheitsperspektiven und Sichtweisen paternalistisch auf andere Kulturen übertragen werden (Guttman & Thompson, 2011).

### Setting-Ansatz und Nudging

Zu den entsprechenden (paternalistischen) Strategien von Kampagnenplaner:innen gehören u.a. bestimmte Appellformen (z.B. Furchtappelle), Setting-Ansätze oder das Nudging. Setting-Ansätze sind Maßnahmen, die in der Alltagswelt der Zielgruppe (z.B. im Kindergarten, in der Schule, am Arbeitsplatz) stattfinden. Sie werden eingesetzt, um Personen zu erreichen, die sich von sich aus zunächst wenig für Gesundheitsthemen interessieren. Oft werden Setting-Ansätze mit dem Anstupsen (engl. nudging) kombiniert. Über dieses Verfahren werden gesundheitsförderliche Entscheidungsoptionen gegeben und die jeweils gesündere Option aufgezeigt. So kann bspw. das Obst in einer Betriebskantine oder Mensa prominenter im Kassenbereich präsentiert oder günstiger angeboten werden als Süßigkeiten.

Diese Entwicklung wird zum einen durch die Existenz vielfältiger Gesundheitsinformationen (siehe Kapitel 7.1) und zum anderen durch den medizinisch-technischen Fortschritt begünstigt, da sich hieraus oft vielfältige bzw. zusätzliche Handlungsoptionen ergeben, zwischen denen gewählt werden kann (z.B. Präimplantationsdiagnostik, gentechnisch veränderte Lebensmittel). Dies geht einher mit einem Trend zu mehr Eigenverantwortung und Individualisierung, der letztlich auch mit ökonomischen Interessen verbunden ist (Dobrick & Reifegerste, 2015). Dennoch erfordert die Abwägung zwischen individueller und gesellschaftlicher Verantwortung in Gesundheitsfragen, d.h. zwischen Autonomie und paternalistischen Maßnahmen, eine anhaltende ethische und politische Diskussion.

# 10 Chancen, Herausforderungen und Perspektiven für die Gesundheitskommunikation

Die vorherigen Abschnitte haben deutlich gemacht, dass innerhalb des Bereichs der Gesundheitskommunikation eine Vielzahl an möglichen Perspektiven auf denselben Sachverhalt existieren können. Diese Vielzahl ist größtenteils auf die starke interdisziplinäre Ausrichtung der Gesundheitskommunikation (und der Kommunikationswissenschaft im Allgemeinen) sowie auf die Integration von Ansätzen und Theorien aus angrenzenden Disziplinen zurückzuführen. Dies kann insbesondere für Personen ohne Fachkenntnisse und Anfänger:innen zu Beginn eine beträchtliche Herausforderung darstellen. Daher zielt dieses Lehrbuch darauf ab, mögliche Wege aufzuzeigen, um (auf verschiedene Weise) strukturiert in das Fachgebiet einzusteigen. Es wurde bewusst darauf verzichtet, detaillierte empirische Ergebnisse für einzelne Teilbereiche wiederzugeben. Stattdessen soll die Vielfalt an Strukturierungsmöglichkeiten, Zugängen und Problemfeldern sowie die Breite des Fachgebiets dargestellt werden.

Ein weiteres Ziel besteht darin, den Leser:innen einen Einblick in mögliche zukünftige Fragestellungen und Entwicklungsmöglichkeiten des Fachgebiets zu geben. Mit den hier behandelten Grundlagen und Verweisen auf vertiefende Literatur sollen die entsprechenden theoretischen und empirischen Werkzeuge vermittelt werden, um sich den vielfältigen Aufgaben- und Themenbereichen der Gesundheitskommunikation zu nähern und sie mittels der weiterführenden Literatur und den verlinkten Anwendungsbeispielen entsprechend vertiefend zu bearbeiten. Darüber hinaus wurden in diesem Buch auch Themen und Fragestellungen vorgestellt, die bisher nur wenig erforscht sind. Angesichts des starken und weiter steigenden Interesses am Forschungsfeld und der zunehmenden Anzahl von Wissenschaftler:innen, welche sich mit den Fragestellungen des Fachs auseinandersetzen, werden entsprechende Ergebnisse und damit Antworten auf viele der heute noch offenen Fragen nicht mehr lange auf sich warten lassen.

### Gesellschaftliche Entwicklungen

Darüber hinaus etwa werfen gesellschaftliche und politische Entwicklungen immer wieder neue Fragen auf, mit denen sich Kommunikationsexpert:innen im Gesundheitskontext auseinandersetzen müssen (und die hier ansatzweise dargestellt wurden).

Ein wichtiger Trend, der die Gesundheitskommunikation prägt, ist der demografische Wandel. Des Weiteren spielen kulturelle sowie strukturelle Veränderungen der Gesellschaft eine zentrale Rolle für die Gesundheitskommunikation. Die mit beiden Entwicklungen einhergehende Vielfalt in der Gesellschaft verlangt nicht nur eine sensibilisierte und spezifische Arzt-Patienten-Kommunikation, sondern auch die Schaffung ganz anderer Austauschformate, um diesen Veränderungen zu begegnen.

Ein weiterer wichtiger Aspekt betrifft die Veränderung von zeitlichen und räumlichen Strukturen. Die Kommunikation muss flexibel sein und auf die verschiedenen zeitlichen und räumlichen Kontexte angepasst werden. Virtuelle Kommunikation und Telemedizin gewinnen an Bedeutung, um eine effektive und zugängliche Gesundheitskommunikation sicherzustellen.

Nicht zuletzt haben die COVID-19-Pandemie und aktuelle Herausforderungen durch den Klimawandel erhebliche Auswirkungen auf die Gesundheitskommunikation. Beides hat zu einer verstärkten Nachfrage nach vertrauenswürdigen Informationen geführt. Dabei stellen Fehlinformationen und Verschwörungstheorien in sozialen und algorithmusbasierten Medien zunehmend Herausforderung für die Gesundheitskommunikation dar.

**Medienbezogene Entwicklungen**

Auch medienbezogene Innovationen und Veränderungen nehmen einen ganz entscheidenden Einfluss auf gesundheitskommunikative Rahmenbedingungen und stellen Forschende im Bereich Gesundheitskommunikation (wie auch in der Kommunikationswissenschaft allgemein) vor immer neue Herausforderungen (Strippel et al., 2018). Neben der zunehmenden Orientierung an den Zeithorizonten, Selektionsregeln und Rollenvorgaben des Mediensystems sowie der zunehmenden Medialisierung (Birkner, 2017) gesellschaftlicher Teilbereiche (wie Sport, Wirtschaft, Politik) lassen vor allem die zunehmende Individualisierung des Medienkonsums und die Entwicklung und Einführung neuer Technologien (bspw. Smartwatches, Gesundheits-Apps oder Virtual-Reality-Brillen) neue Fragen und Handlungsfelder entstehen, die bearbeitet und im Hinblick auf ihre Nutzung, Effekte und ethischen Implikationen (z.B. Datenschutz, Eigenverantwortung) bewertet werden müssen.

Damit zusammenhängend zu erwähnen sind auch die indirekten Konsequenzen einer zunehmend medienvermittelten Beschaffung von Gesundheitsinformationen, etwa auf Bereiche wie bspw. die Arzt-Patienten-Kommunikation. Aufgrund zahlreicher Faktoren, wie der kontinuierlichen Wissensaneignung des aktuellen Forschungsstandes, der umfangreichen Dokumentation von Versorgungsleistungen, des Umgangs mit fehlinformierten bzw. unkooperativen Patient:innen sowie deren Angehörigen, wächst der zeitliche Druck auf das medizinische Fachpersonal. Hierunter leiden dann schließlich nicht nur die Gesundheitsexpert:innen persönlich, sondern potenziell auch die Qualität der Beratung, Pflege und Therapie und damit indirekt die Patient:innen.

**Technologische Innovationen und Digitalisierung**

Und letztlich ist spätestens seit der Veröffentlichung von *ChatGPT* der Bereich künstliche Intelligenz (KI) und maschinelles Lernen in aller Munde. Doch bereits seit einigen Jahren gewinnen entsprechende Anwendungsbereiche an Bedeutung für die Gesundheitskommunikation. So können durch den Einsatz von KI-Algorithmen große Datenmengen analysiert und Muster erkannt werden, um personalisierte Empfehlungen und Entscheidungsunterstützung zu bieten. KI-basierte Chatbots stellen rund um die Uhr Informationen bereit und verbessern somit den Zugang zu medizinischer Beratung. Gleichzeitig müssen ethische und rechtliche

Fragen berücksichtigt werden, um sicherzustellen, dass KI-Anwendungen transparent, fair und verantwortungsbewusst eingesetzt werden.

**Herausforderungen des Praxistransfers**

Neben theoretischen und empirischen Herausforderungen der Integration und Umsetzung wird dem Anspruch, die Ergebnisse wissenschaftlicher Forschung in die Praxis zu transferieren, große Bedeutung zugeschrieben. So wird immer häufiger die Forderung einer intensiveren Kooperation und eines Austauschs zwischen Wissenschaft und Praxis sowie zwischen verschiedenen Forschungsfeldern gestellt. Oftmals sind die Befunde jedoch zu komplex, um diese sinnvoll umsetzen zu können. Darüber hinaus herrschen teilweise auch unrealistische oder widersprüchliche Vorstellungen, bspw. hinsichtlich der theoretischen Fundierung oder notwendigen Begleitevaluationen, die angesichts niedriger Budgets und kurzfristiger Planungshorizonte in der Praxis nicht umsetzbar sind.

Eine wichtige Grundvoraussetzung für eine erfolgreiche Kooperation zwischen Wissenschaft und Praxis (ebenso wie zwischen verschiedenen Disziplinen) ist daher das saller beteiligten Akteur:innen. Zum einen sollten Wissenschaftler:innen relevante Fragen aus der Praxis und von den betroffenen Bevölkerungsgruppen aufgreifen. Praktiker:innen sollten im Gegenzug dazu bereit sein, wissenschaftlich gesicherte Erkenntnisse bei der Planung und Umsetzung kommunikativer Maßnahmen zu berücksichtigen. Entsprechende Tendenzen und Ansätze, sowohl zur Praxisorientierung (Schneider-Stingelin, 2014) als auch zur Evidenzbasierung (Steckelberg et al., 2013), lassen sich insbesondere in den letzten Jahren bereits verstärkt erkennen. Diese bleiben jedoch (noch) vielfach deutlich hinter den Erwartungen zurück.

**(Globale) Gesundheitsnotlagen**

Gesundheitsnotlagen wie die COVID-19-Pandemie stellen die Gesundheitskommunikation vor erhebliche Herausforderungen und bieten gleichzeitig Chancen für ihre Weiterentwicklung. In solchen Krisensituationen wirkt eine Gesundheitsnotlage nicht nur als ein brennglasartiger Verstärker, der Schwachstellen und Defizite aufzeigt, sondern agiert auch als Katalysator für positive Veränderungen.

Zu den Herausforderungen gehören die effektive Verbreitung präziser Informationen, die Bekämpfung von Fehlinformationen und die Bewältigung von Informationsüberflutung. Die Kommunikation muss in Echtzeit erfolgen, um auf sich ständig ändernde Umstände zu reagieren und das Vertrauen der Bevölkerung aufrechtzuerhalten. Es bedarf einer klaren und verständlichen Kommunikation, um Verhaltensänderungen zu fördern und die Zusammenarbeit zwischen verschiedenen Akteur:innen zu erleichtern.

Darüber hinaus führt eine Gesundheitsnotlage zu einem erhöhten Bewusstsein für die Bedeutung von Gesundheitskommunikation und der Notwendigkeit, die Gesundheitskompetenz der Bevölkerung zu stärken. Dies eröffnet die Möglichkeit, innovative Ansätze und Maßnahmen zu entwickeln und zu erproben, um die öffentliche Gesundheit zu fördern. Die Krise fördert auch die Zusammenarbeit zwischen verschiedenen Fachbereichen und Akteur:innen, wie Regierungen, Gesundheitsorganisationen, Wissenschaftler:innen und Medien, um gemeinsame Lösungen für drängende Probleme zu finden.

# Literaturverzeichnis

Abel, T. & Sommerhalder, K. (2015). Gesundheitskompetenz/Health Literacy: Das Konzept und seine Operationalisierung. *Bundesgesundheitsblatt, Gesundheitsforschung, Gesundheitsschutz, 58*(9), 923–929. https://doi.org/10.1007/s00103-015-2198-2

Abraham, C., Southby, L., Quandte, S., Krahe, B. & Sluijs, W. (2007). What's in a leaflet? Identifying research-based persuasive messages in European alcohol-education leaflets. *Psychology & Health, 22*(1), 31–60. https://doi.org/10.1080/14768320600774405

Abrahamson, J. A., Fisher, K. E., Turner, A. G., Durrance, J. C. & Turner, T. C. (2008). Lay information mediary behavior uncovered: exploring how nonprofessionals seek health information for themselves and others online. *Journal of the Medical Library Association: JMLA, 96*(4), 310–323. https://doi.org/10.3163/1536-5050.96.4.006

Abu-Omar, K., Frahsa, A. & Till, M. (2020). Kampagnen in der Prävention und Gesundheitsförderung. In M. Tiemann & M. Mohokum (Hrsg.), *Springer Reference Pflege – Therapie – Gesundheit. Prävention und Gesundheitsförderung* (S. 1–12). Springer. https://doi.org/10.1007/978-3-662-55793-8_20-1

Afifi, W. A. & Weiner, J. L. (2004). Toward a Theory of Motivated Information Management. *Communication Theory, 14*(2), 167–190. https://doi.org/10.1111/j.1468-2885.2004.tb00310.x

Ajzen, I. (1985). From Intentions to Actions: A Theory of Planned Behavior. In J. Kuhl & J. Beckmann (Hrsg.), *Action Control* (S. 11–39). Springer. https://doi.org/10.1007/978-3-642-69746-3_2

Ajzen, I. (1991). The theory of planned behavior. *Organizational Behavior and Human Decision Processes, 50*(2), 179–211. https://doi.org/10.1016/0749-5978(91)90020-T

Ajzen, I. & Fishbein, M. (1980). *Understanding attitudes and predicting social behavior*. Prentice-Hall.

Akers, R. L. & Lee, G. (1996). A Longitudinal Test of Social Learning Theory: Adolescent Smoking. *Journal of Drug Issues, 26*(2), 317–343. https://doi.org/10.1177/002204269602600203

Albrecht, M., Mühlhauser, I. & Steckelberg, A. (2014). Evidenzbasierte Gesundheitsinformation. In K. Hurrelmann & E. Baumann (Hrsg.), *Handbuch Gesundheitskommunikation* (S. 142–158). Verlag Hans Huber.

Allgaier, J. (2017). Wissenschaft und Populärkultur. In H. Bonfadelli, B. Fähnrich, C. Lüthje, J. Milde, M. Rhomberg & M. S. Schäfer (Hrsg.), *Forschungsfeld Wissenschaftskommunikation* (S. 239–250). Springer. https://doi.org/10.1007/978-3-658-12898-2_13

Allweiss, T., Cook, T. & Wright, M. T. (2021). Wirkungen in der partizipativen Gesundheitsforschung: Eine Einordnung in die Diskurse zum Forschungsimpact. *Bundesgesundheitsblatt, Gesundheitsforschung, Gesundheitsschutz, 64*(2), 215–222. https://doi.org/10.1007/s00103-020-03268-8

Anders, M. P. & Breitbart, E. W. (2014). Die Bedeutung der Kommunikation in der medizinischen Versorgung. In K. Hurrelmann & E. Baumann (Hrsg.), *Handbuch Gesundheitskommunikation* (S. 129–141). Verlag Hans Huber.

Anderson, P., Bruijn, A. de, Angus, K., Gordon, R. & Hastings, G. (2009). Impact of alcohol advertising and media exposure on adolescent alcohol use: a systematic review of longitudinal studies. *Alcohol and alcoholism, 44*(3), 229–243. https://doi.org/10.1093/alcalc/agn115

Anker, A. E., Reinhart, A. M. & Feeley, T. H. (2011). Health information seeking: A review of measures and methods. *Patient Education and Counseling, 82*(3), 346–354. https://doi.org/10.1016/j.pec.2010.12.008

Anton, A. & Schink, A. (2021). *Der Kampf um die Wahrheit: Verschwörungstheorien zwischen Fake, Fiktion und Fakt*. Komplett-Media.

AOK-Bundesverband & Gigerenzer, G. (2016). AOK Faktenbox Organspende. https://www.aok.de/pk/magazin/cms/fileadmin/pk/pdf/faktenbox-organspende.pdf

## Literaturverzeichnis

Appel, A. J. (2000). Patentrezepte per TV. In D. Jazbinsek (Hrsg.), *Gesundheitskommunikation* (S. 96–114). Westdeutscher Verlag. https://doi.org/10.1007/978-3-663-08098-5_5

Arbeitsgemeinschaft Verbrauchs- und Medienanalyse. (2021). *Anteil der Smartphone-Nutzer in Deutschland nach Altersgruppe 2021.* https://de.statista.com/statistik/daten/studie/459963/umfrage/anteil-der-smartphone-nutzer-in-deutschland-nach-altersgruppe/

ARD/ZDF Forschungskommission (2022). *ARD/ZDF-Onlinestudie: Grundlagenstudie im Auftrag der ARD/ZDF Forschungskommission.* https://www.ard-zdf-onlinestudie.de/ardzdf-onlinestudie/ergebnispraesentation/

Arens, M. (2008). Lasswell-Formel. In U. Sander, F. von Gross & K.-U. Hugger (Hrsg.), *Handbuch Medienpädagogik* (S. 198–203). Springer.

Aulke, Y. (2022). Pflegeberatung: Auch per Videogespräch möglich. *Pflegezeitschrift, 75*(1-2), 30–31. https://doi.org/10.1007/s41906-021-1188-2

Avanzini, J. (2023). *Aufrüttelnde Fakten zur Gesundheit von LGBT-Personen - Soziale Arbeit an der Hochschule Luzern.* https://hub.hslu.ch/soziale-arbeit/fakten-zur-gesundheit-von-lgbt-personen/

Averbeck-Lietz, S. & Meyen, M. (Hrsg.). (2016). *Handbuch nicht standardisierte Methoden in der Kommunikationswissenschaft* (1. Aufl.). Springer. https://doi.org/10.1007/978-3-658-01656-2

Avery, E., Lariscy, R., Amador, E., Ickowitz, T., Primm, C. & Taylor, A. (2010). Diffusion of Social Media Among Public Relations Practitioners in Health Departments Across Various Community Population Sizes. *Journal of Public Relations Research, 22*(3), 336–358. https://doi.org/10.1080/10627261003614427

Bachl, M. & Link, E. (2022). Vaccine-related discussions in online communities for parents. A quantitative overview, 2012–2019. *Studies in Communication and Media, 11*(1), 73–97. https://doi.org/10.5771/2192-4007-2022-1-73

Bachmann, S. & Ternès von Hattburg, A. (2021). *Effiziente Krisenkommunikation – transparent und authentisch.* Springer. https://doi.org/10.1007/978-3-658-34883-0

Bandura, A. (1977). *Social learning theory.* Prentice-Hall.

Bandura, A. (1986). *Social foundations of thought and action: A social cognitive theory.* Prentice Hall.

Bandura, A. (2002). *Social learning theory.* Prentice-Hall.

Bandura, A. (2004). Health promotion by social cognitive means. *Health Education & Behavior, 31*(2), 143–164. https://doi.org/10.1177/1090198104263660

Bandura, A., Ross, D. & Ross, S. A. (Hrsg.). (1989). *Vicarious reinforcement and imitative learning* (Bd. 67). https://doi.org/10.1037/h0045550

Baran, S. J. & Davis, D. K. (2021). *Mass communication theory: Foundations, ferment, and future* (Eighth edition). Oxford University Press.

Barth, B., Flaig, B. B., Schäuble, N. & Tautscher, M. (Hrsg.). (2018). *Praxis der Sinus-Milieus®: Gegenwart und Zukunft eines modernen Gesellschafts- und Zielgruppenmodells.* Springer.

Barton, H. & Grant, M. (2006). A health map for the local human habitat. *The Journal of the Royal Society for the Promotion of Health, 126*(6), 252–253. https://doi.org/10.1177/14664240060704

Bartsch, A. (2010). Zeitungs-Sucht, Lesewut und Fernsehfieber. In M. Buck, F. Hartling & S. Pfau (Hrsg.), *Randgänge der Mediengeschichte* (S. 109–122). Springer. https://doi.org/10.1007/978-3-531-91957-7_7

Baselgia, S., Combertaldi, S. L., Fahr, A., Wirz, D. S., Ort, A. & Rasch, B. (2023). Pre-sleep arousal induced by suspenseful series and cliffhangers have only minor effects on sleep: A sleep laboratory study. *Sleep medicine, 102,* 186–198. https://doi.org/10.1016/j.sleep.2023.01.005

Bashshur, R. L., Doarn, C. R., Frenk, J. M., Kvedar, J. C. & Woolliscroft, J. O. (2020). Telemedicine and the COVID-19 Pandemic, Lessons for the Future. *Telemedicine jour-*

nal and e-health: the official journal of the American Telemedicine Association, 26(5), 571–573. https://doi.org/10.1089/tmj.2020.29040.rb

Baumann, E. (2007). Über den Zusammenhang zwischen Essstörungen und Medien. Plädoyer für eine rezipientenzentrierte Perspektive. *Körper. Kult. Medien. Inszenierungen im Alltag und in der Medienbildung.*

Baumann, E. & Czerwinski, F. (2015). Erst mal Doktor Google fragen? Nutzung Neuer Medien zur Information und zum Austausch über Gesundheitsthemen. In J. Böcken, B. Braun & R. Meierjürgen (Hrsg.), *Gesundheitsmonitor 2015: Bürgerorientierung im Gesundheitswesen - Kooperationsprojekt der Bertelsmann Stiftung und der BARMER GEK* (S. 57–79). Verlag Bertelsmann Stiftung.

Baumann, E., Czerwinski, F., Rosset, M., Seelig, M. & Suhr, R. (2020). Wie informieren sich die Menschen in Deutschland zum Thema Gesundheit? Erkenntnisse aus der ersten Welle von HINTS Germany. *Bundesgesundheitsblatt - Gesundheitsforschung - Gesundheitsschutz, 63*(9), 1151–1160. https://doi.org/10.1007/s00103-020-03192-x

Baumann, E., Finne, E. & Ort, A. (2019). Methoden der Gesundheitskommunikation. In C. Rossmann & M. R. Hastall (Hrsg.), *Handbuch der Gesundheitskommunikation: Kommunikationswissenschaftliche Perspektiven.* Springer. https://doi.org/10.1007/978-3-658-10948-6_3-1

Baumann, E. & Hastall, M. R. (2014). Nutzung von Gesundheitsinformationen. In K. Hurrelmann & E. Baumann (Hrsg.), *Handbuch Gesundheitskommunikation* (S. 451–466). Verlag Hans Huber.

Baumann, E. & Hurrelmann, K. (2014). Gesundheitskommunikation: Eine Einführung. In K. Hurrelmann & E. Baumann (Hrsg.), *Handbuch Gesundheitskommunikation* (S. 8–17). Verlag Hans Huber.

Baumann, E., Lampert, C. & Fromm, B. (2020). Gesundheitskommunikation. In O. Razum & P. Kolip (Hrsg.), *Handbuch Gesundheitswissenschaften* (7. Aufl., S. 465–492). Beltz Juventa.

Baumann, E. & Link, E. (2016). Onlinebasierte Gesundheitskommunikation: Nutzung und Austausch von Gesundheitsinformationen über das Internet. In F. Fischer & A. Krämer (Hrsg.), *eHealth in Deutschland* (S. 385–406). Springer. https://doi.org/10.1007/978-3-662-49504-9_21

Baumann, E. & Reifegerste, D. (2018). Vielfalt und Herausforderungen der Evidenzbasierung in der strategischen Gesundheitskommunikation. In C. Rossmann, D. Heinemeier & P. Stehr (Hrsg.), *Medien + Gesundheit. Evidenzbasierte | evidenzinformierte Gesundheitskommunikation* (S. 73–84). Nomos. https://doi.org/10.5771/9783845291963-73

Beauchamp, T. L. & Childress, J. F. (2001). *Principles of biomedical ethics.* Oxford University Press.

Bech, P. (2004). Measuring the dimension of psychological general well-being by the WHO-5. *Quality of Life Newsletter, 32,* 15–16.

Beck, K. (2020). *Kommunikationswissenschaft* (6. Aufl.). UTB.

Beck, S. (2014). *Lobbyismus im Gesundheitswesen.* Nomos.

Bekalu, M. A. & Eggermont, S. (2014). Media use and HIV/AIDS knowledge: a knowledge gap perspective. *Health promotion international, 29*(4), 739–750. https://doi.org/10.1093/heapro/dat030

Bentele, G., Brosius, H.-B. & Jarren, O. (2003). Vorwort. In G. Bentele, H.-B. Brosius & O. Jarren (Hrsg.), *Öffentliche Kommunikation* (S. 7–10). Springer. https://doi.org/10.1007/978-3-322-80383-2_1

Berens, E.-M., Klinger, J., Mensing, M., Carol, S. & Schaeffer, D. (2022). *Gesundheitskompetenz von Menschen mit Migrationshintergrund in Deutschland: Ergebnisse des HLS-MIG.* https://doi.org/10.4119/unibi/2960131

Bergdolt, K. (2006). *Die Pest: Geschichte des schwarzen Todes.* Beck.

Bergner, S., Grüger, T., Huber, M., Lütkehermölle, W., Paeschke, N., Palissa, H., Stephan, K., Cibura, S. & Keller-Stanislawski, B. (2022). *Bundesgesundheitsblatt - Gesund-*

*heitsforschung - Gesundheitsschutz*, 65(5), 567–576. https://doi.org/10.1007/s00103-022-03527-w

Berkowitz, A. D. (2005). An overview of the social norms approach. In L. C. Lederman & L. P. Stewart (Hrsg.), *Health communication. Changing the culture of college drinking: A socially situated health communication campaign* (S. 193–214). Hampton Press.

Berlekamp, M., Reifegerste, D., Temmann, L. J., & Daube, D. (2022). Effekte visueller Responsibility Frames im Kontext von Demenzen - Eine Experimentalstudie. In J. Vogelgesang, N. Ströbele-Benschop, M. Schäfer, & D. Reifegerste (Hrsg.), *Gesundheitskommunikation in Zeiten der COVID-19-Pandemie* (S. 1-12). Stuttgart: Deutsche Gesellschaft für Publizistik- und Kommunikationswissenschaft e.V. https://doi.org/10.21241/ssoar.85997

Bhattacharya, S., Sekhon, H., Sharma, N. & Singh, A. (2020). Exceptions of Diffusion of Innovation Theory During COVID-19 Pandemic and Health Policy Implications - A Viewpoint. *Journal of Surgical Specialties and Rural Practice*, 1(1), 3–7. https://doi.org/10.4103/jssrp.jssrp_5_20

Birkner, T. (2017). *Medialisierung und Mediatisierung. Konzepte. Ansätze der Medien- und Kommunikationswissenschaft*. Nomos.

Birren, J. E., Lubben, J. E., Rowe, J. C. & Deutchman, D. E. (2014). *The concept and measurement of quality of life in the frail elderly*. Academic Press.

Bittlingmayer, U. H., Dadaczynski, K., Sahrai, D., Van den Broucke, Stephan & Okan, O. (2020). Digitale Gesundheitskompetenz – Konzeptionelle Verortung, Erfassung und Förderung mit Fokus auf Kinder und Jugendliche. *Bundesgesundheitsblatt - Gesundheitsforschung - Gesundheitsschutz*, 63(2), 176–184. https://doi.org/10.1007/s00103-019-03087-6

Bittner, A. (2015). Erfahrungen, Einstellungen und Umgang von Ärzten mit informierten Patienten. In J. Böcken, B. Braun & R. Meierjürgen (Hrsg.), *Gesundheitsmonitor 2015: Bürgerorientierung im Gesundheitswesen - Kooperationsprojekt der Bertelsmann Stiftung und der BARMER GEK*. Verlag Bertelsmann Stiftung.

Blanc, N. & Brigaud, E. (2014). Humor in print health advertisements: enhanced attention, privileged recognition, and persuasiveness of preventive messages. *Health Communication*, 29(7), 669–677. https://doi.org/10.1080/10410236.2013.769832

Blankenburg, L., Reifegerste, D. & Rössler, P. (2021). Wissenschaftspopularisierung zu Gesundheitszwecken in Zeiten des Nationalsozialismus? In T. Birkner, B. Fähnrich, A. M. Scheu & C. Schwarzenegger (Hrsg.), *Wissenschaftskommunikation und Kommunikationsgeschichte: Umbrüche, Transformationen, Kontinuitäten.: Jahrestagung der Fachgruppen Wissenschaftskommunikation und Kommunikationsgeschichte der DGPuK 2020*. DGPuK. https://doi.org/10.21241/ssoar.83503

Bleicher, J. & Lampert, C. (2003). Gesundheit und Krankheit als Themen der Medien- und Kommunikationswissenschaft: Eine Einleitung. *Medien & Kommunikationswissenschaft*, 51(3-4), 347–352. https://doi.org/10.5771/1615-634x-2003-3-4-347

Blöbaum, B., Nölke, D. & Scheu, A. M. (2016). Das Experteninterview in der Kommunikationswissenschaft. In S. Averbeck-Lietz & M. Meyen (Hrsg.), *Handbuch nicht standardisierte Methoden in der Kommunikationswissenschaft* (S. 175–190). Springer. https://doi.org/10.1007/978-3-658-01656-2_11

Blondeel, K., Say, L., Chou, D., Toskin, I., Khosla, R., Scolaro, E. & Temmerman, M. (2016). Evidence and knowledge gaps on the disease burden in sexual and gender minorities: a review of systematic reviews. *International Journal for Equity in Health*, 15, 16. https://doi.org/10.1186/s12939-016-0304-1

Blumler, J. G. & Katz, E. (1974). *The Uses of mass communications: Current perspectives on gratifications research*. Sage Publications.

BMWK. (2022). *Gesundheitswirtschaft: Fakten & Zahlen 2021*. https://www.bmwk.de/Redaktion/DE/Publikationen/Wirtschaft/gesundheitswirtschaft-fakten-zahlen-2021.html

Bochner, A. P. (1989). Interpersonal communication. In A. Bandura, D. Ross & S. A. Ross (Hrsg.), *Vicarious Reinforcement and Imitative Learning* (S. 336–340).

Bond, B. J. & Drogos, K. L. (2014). Sex on the Shore: Wishful Identification and Parasocial Relationships as Mediators in the Relationship Between Jersey Shore Exposure and Emerging Adults' Sexual Attitudes and Behaviors. *Media Psychology, 17*(1), 102–126. https://doi.org/10.1080/15213269.2013.872039

Bonfadelli, H. (2019). Wissenskluft-Perspektive und Digital Divide in der Gesundheitskommunikation. In C. Rossmann & M. R. Hastall (Hrsg.), *Handbuch der Gesundheitskommunikation: Kommunikationswissenschaftliche Perspektiven*. Springer.

Bonfadelli, H., Fähnrich, B., Lüthje, C., Milde, J., Rhomberg, M. & Schäfer, M. S. (2017). Das Forschungsfeld Wissenschaftskommunikation. In H. Bonfadelli, B. Fähnrich, C. Lüthje, J. Milde, M. Rhomberg & M. S. Schäfer (Hrsg.), *Forschungsfeld Wissenschaftskommunikation* (S. 3–14). Springer. https://doi.org/10.1007/978-3-658-12898-2_1

Bonfadelli, H. & Friemel, T. N. (2017). *Medienwirkungsforschung* (6., überarbeitete Auflage). *UTB*.

Bonfadelli, H. & Friemel, T. N. (2020). *Kommunikationskampagnen im Gesundheitsbereich: Grundlagen und Anwendungen* (3 Aufl.). *Kommunikationswissenschaft*. Herbert von Halem Verlag.

Boster, F. J. & Mongeau, P. (1984). Fear-Arousing Persuasive Messages. *Annals of the International Communication Association, 8*(1), 330–375. https://doi.org/10.1080/23808985.1984.11678581

Bowling, A. (2014). *Research methods in health: Investigating health and health services*. Open University Press.

Brand, T., Kleer, D., Samkange-Zeeb, F. & Zeeb, H. (2015). Prävention bei Menschen mit Migrationshintergrund: Teilnahme, migrationssensible Strategien und Angebotscharakteristika. *Bundesgesundheitsblatt, Gesundheitsforschung, Gesundheitsschutz, 58*(6), 584–592. https://doi.org/10.1007/s00103-015-2149-y

Brandstädter, M. M., Grootz, S. & Ullrich, T. W. (2016). *Interne Kommunikation im Krankenhaus: Gelungene Interaktion zwischen Unternehmen und Mitarbeitern*. Springer.

Brashers, D. E. (2001). Communication and Uncertainty Management. *The Journal of communication, 51*(3), 477–497. https://doi.org/10.1111/j.1460-2466.2001.tb02892.x

Braun, B. (2018). Der (des)informierte Nutzer des digitalen Gesundheitswesens – Chancen und Grenzen von Medienkompetenz. In J. Pundt & V. Scherenberg (Hrsg.), *Digitale Gesundheitskommunikation: Zwischen Meinungsbildung und Manipulation* (S. 61–86). APPOLON University Press.

Braun, B. & Marstedt, G. (2014). Partizipative Entscheidungsfindung beim Arzt: Anspruch und Wirklichkeit. J. Böcken (Hrsg.), *Gesundheitsmonitor. Gesundheitsmonitor 2014: Bürgerorientierung im Gesundheitswesen* (S. 107–131). Verlag Bertelsmann Stiftung.

Bray, J. K., Cline, A., Masicampo, E. J., Kammrath, L. & Feldman, S. R. (2020). Comparing psoriasis advertisement methods with patient willingness to initiate treatment. *The Journal of dermatological treatment, 31*(6), 626–630. https://doi.org/10.1080/09546634.2019.1688235

BreakAway Games. (2021, 29. Juni). *BreakAway Games - Serious Games Developer*. https://www.breakawaygames.com/

Brenner, P. S. & DeLamater, J. D. (2014). Social Desirability Bias in Self-reports of Physical Activity: Is an Exercise Identity the Culprit? *Social Indicators Research, 117*(2), 489–504. https://doi.org/10.1007/s11205-013-0359-y

Bridle, C., Riemsma, R. P., Pattenden, J., Sowden, A. J., Mather, L., Watt, I. S. & Walker, A. (2005). Systematic review of the effectiveness of health behavior interventions based on the transtheoretical model. *Psychology & Health, 20*(3), 283–301. https://doi.org/10.1080/08870440512331333997

Brody, C., Star, A. & Tran, J. (2020). Chat-based hotlines for health promotion: a systematic review. *mHealth, 6*, 36. https://doi.org/10.21037/mhealth-2019-di-13

Brosius, H.-B. (2016). Warum Kommunikation im Internet öffentlich ist. *Publizistik*, *61*(4), 363–372. https://doi.org/10.1007/s11616-016-0304-6

Brosius, H.-B., Haas, A. & Unkel, J. (2022). *Methoden der empirischen Kommunikationsforschung: Eine Einführung* (8., vollständig überarbeitete und erweiterte Auflage). *Lehrbuch*. Springer. https://doi.org/10.1007/978-3-658-34195-4

Bruhn, M., Esch, F.-R. & Langner, T. (2016). *Handbuch Strategische Kommunikation*. Springer. https://doi.org/10.1007/978-3-658-04706-1

Büchter, R. B. & Albrecht, M. (2019). Evidenzbasierte Gesundheitsinformationen in der Prävention und Gesundheitsförderung. In M. Tiemann & M. Mohukum (Hrsg.), *Prävention und Gesundheitsförderung*. Springer. https://doi.org/10.1007/978-3-662-55793-8_17-1

Büker, C. (2021). *Pflegende Angehörige stärken: Information, Schulung und Beratung als Aufgaben der professionellen Pflege* (3. Aufl.). Kohlhammer.

Bullinger, M., Kirchberger, I. & Ware, J. (1995). Der deutsche SF-36 Health Survey Übersetzung und psychometrische Testung eines krankheitsübergreifenden Instruments zur Erfassung der gesundheitsbezogenen Lebensqualität. *Zeitschrift für Gesundheitswissenschaften= Journal of public health*, *3*(1), 21–36.

Bundesamt für Gesundheit. *LOVE LIFE Kampangne*.

Bundesamt für Migration und Flüchtlinge. (2019). *Das Bundesamt in Zahlen 2018: Asyl, Migration und Integration*.

Bundeszentrale für gesundheitliche Aufklärung. (2006). *"Mach´s mit"-Kampagne*.

Bundeszentrale für gesundheitliche Aufklärung. (2013). *Alkohol? Kenn dein Limit*.

Bundeszentrale für gesundheitliche Aufklärung. (2016). *Kampagnenhistorie*. http://www.gib-aids-keine-chance.de/kampagnenindex/liebesleben/kampagnenhistorie.php

Busselle, R. & Bilandzic, H. (2009). Measuring Narrative Engagement. *Media Psychology*, *12*(4), 321–347. https://doi.org/10.1080/15213260903287259

Cacioppo, J. T., Berntson, G. G. & Aue, T. (Hrsg.). (2007). *Social Psychophysiology* Wiley. https://doi.org/10.1002/9780470479216.corpsy0897

Cajkovac, V. (2015). *AIDS - Nach einer wahren Begebenheit*. Verl. des Dt. Hygienemuseums.

Camerini, A.-L., Ludolph, R. & Rothenfluh, F. B. (Hrsg.). (2016). *Gesundheitskommunikation im Spannungsfeld zwischen Theorie und Praxis*. Nomos. https://doi.org/10.5771/9783845274256

Camphausen, M. & Brandstädter, M. M. (2019). Employer Branding: Von der Notwendigkeit einer Arbeitgebermarke für Gesundheitseinrichtungen. In D. Matusiewicz, F. Stratmann & J. Wimmer (Hrsg.), *Marketing im Gesundheitswesen* (S. 75–90). Springer. https://doi.org/10.1007/978-3-658-20279-8_5

Campo, S. & Cameron, K. A. (2006). Differential effects of exposure to social norms campaigns: a cause for concern. *Health Communication*, *19*(3), 209–219. https://doi.org/10.1207/s15327027hc1903_3

Carpenter, C. J. (2010). A meta-analysis of the effectiveness of health belief model variables in predicting behavior. *Health Communication*, *25*(8), 661–669. https://doi.org/10.1080/10410236.2010.521906

Carron-Arthur, B., Ali, K., Cunningham, J. A. & Griffiths, K. M. (2015). From Help-Seekers to Influential Users: A Systematic Review of Participation Styles in Online Health Communities. *Journal of Medical Internet Research*, *17*(12), e271. https://doi.org/10.2196/jmir.4705

Carver, C. S., Johnson, S. L. & Sinclair, S. (2010). Authentic and Hubristic Pride: Differential Relations to Aspects of Goal Regulation, Affect, and Self-Control. *Journal of Research in Personality*, *44*(6), 698–703. https://doi.org/10.1016/j.jrp.2010.09.004

Chadwick, A. E. (2014). Toward a theory of persuasive hope: effects of cognitive appraisals, hope appeals, and hope in the context of climate change. *Health Communication*, *30*(6), 598–611. https://doi.org/10.1080/10410236.2014.916777

Chaiken, S., Liebermann, A. & Eagly, A. H. (1989). Heuristic and systematic information processing within and beyond the Persuasion Context. In *Unintended thought* (S. 212–252). Guilford Press.

Charles, C., Gafni, A. & Whelan, T. (1997). Shared decision-making in the medical encounter: What does it mean? (or it takes at least two to tango). *Social Science & Medicine*, 44(5), 681–692. https://doi.org/10.1016/s0277-9536(96)00221-3

Charles, C., Gafni, A. & Whelan, T. (1999). Decision-making in the physician–patient encounter: revisiting the shared treatment decision-making model. *Social Science & Medicine*, 49(5), 651–661. https://doi.org/10.1016/s0277-9536(99)00145-8

Cheever, N. A., Rosen, L. D., Carrier, L. M. & Chavez, A. (2014). Out of sight is not out of mind: The impact of restricting wireless mobile device use on anxiety levels among low, moderate and high users. *Computers in Human Behavior*, 37, 290–297. https://doi.org/10.1016/j.chb.2014.05.002

Chen, J. & Wang, Y [Yuan] (2021). Social Media Use for Health Purposes: Systematic Review. *Journal of medical Internet research*, 23(5), e17917. https://doi.org/10.2196/17917

Cho, H. (Hrsg.). (2012). *Health communication message design: Theory and practice*. Sage Publications.

Chory-Assad, R. M. & Cicchirillo, V. (2005). Empathy and Affective Orientation as Predictors of Identification with Television Characters. *Communication Research Reports*, 22(2), 151–156. https://doi.org/10.1080/00036810500130786

Chory-Assad, R. M. & Tamborini, R. (2003). Television Exposure and the Public's Perceptions of Physicians. *Journal of Broadcasting & Electronic Media*, 47(2), 197–215. https://doi.org/10.1207/s15506878jobem4702_3

Ciompi, L. (2016). *Die emotionalen Grundlagen des Denkens: Entwurf einer fraktalen Affektlogik*. Vandenhoeck & Ruprecht.

Clarke, J. N. (2006). The Case of the Missing Person: Alzheimer's Disease in Mass Print Magazines 1991-2001. *Health Communication*, 19(3), 269–276. https://doi.org/10.1207/s15327027hc1903_9

Clayton, R. B. & Myrick, J. G. (2022). Appeals: Negative Emotions, Other. In E. Y. Ho, C. L. Bylund, J. C. M. van Weert, I. Basnyat, N. Bol & M. Dean (Hrsg.), *The International Encyclopedia of Health Communication*. John Wiley & Sons. https://doi.org/10.1002/9781119678816.iehc0753

Cline, R. J. W. (2003). Everyday interpersonal communication and health. In T. L. Thompson, A. M. Dorsey, K. I. Miller & R. Parrott (Hrsg.), *Handbook of health communication* (S. 285–313). Lawrence Erlbaum Associates.

Cohen, J. (2001). Defining Identification: A Theoretical Look at the Identification of Audiences With Media Characters. *Mass Communication and Society*, 4(3), 245–264. https://doi.org/10.1207/S15327825MCS0403_01

Coleman, J., Katz, E. & Menzel, H. (1957). The Diffusion of an Innovation Among Physicians. *Sociometry*, 20(4), 253. https://doi.org/10.2307/2785979

Colloca, L. (2023). The Nocebo Effect. *Annual review of pharmacology and toxicology*. Vorab-Onlinepublikation. https://doi.org/10.1146/annurev-pharmtox-022723-112425

Combertaldi, S. L., Ort, A., Cordi, M., Fahr, A. & Rasch, B. (2021). Pre-sleep social media use does not strongly disturb sleep: a sleep laboratory study in healthy young participants. *Sleep medicine*, 87, 191–202. https://doi.org/10.1016/j.sleep.2021.09.009

Conniff, R. & Reineberger, S. (2020). Pandemien und was sie uns lehren. *National Geographic*(8), 41–77.

Conway, B. A. (2013). Addressing the "Medical Malady": Second-Level Agenda Setting and Public Approval of "Obamacare". *International Journal of Public Opinion Research*, 25(4), 535–546. https://doi.org/10.1093/ijpor/eds041

Coulter, A. (1999). Paternalism or partnership? Patients have grown up-and there's no going back. *BMJ (Clinical research ed.)*, *319*(7212), 719–720. https://doi.org/10.1136/bmj.319.7212.719

Courneya, K. S., Plotnikoff, R. C., Hotz, S. B. & Birkett, N. J. (2000). Social Support and the Theory of Planned Behavior in the Exercise Domain. *American Journal of Health Behavior*, *24*(4), 300–308. https://doi.org/10.5993/AJHB.24.4.6

Cutrona, C. E., & Russell, D. W. (1987). The provisions of social relationships and adaptation to stress. In W. H. Jones & D. Perlman (Hrsg.), *Advances in personal relationships* (S. 37–67). JAI Press.

Cutrona, S. L., Mazor, K. M., Vieux, S. N., Luger, T. M., Volkman, J. E. & Finney Rutten, L. J. (2015). Health information-seeking on behalf of others: characteristics of "surrogate seekers". *Journal of Cancer Education*, *30*(1), 12–19. https://doi.org/10.1007/s13187-014-0701-3

Dahinden, U. & Hättenschwiler, W. (2010). Forschungsmethoden in der Publizistikwissenschaft. In H. Bonfadelli (Hrsg.), *Einführung in die Publizistikwissenschaft* (3., vollst. überarb. Aufl., S. 489–527). UTB.

Dahinden, U. & Trappel, J. (2010). Mediengattungen und Medienformate. In H. Bonfadelli (Hrsg.), *Einführung in die Publizistikwissenschaft* (3., vollst. überarb. Aufl., S. 433–475). UTB.

Dahiya, N. & Kakkar, A. K. (2016). Mobile health: Applications in tackling the Ebola challenge. *Journal of family medicine and primary care*, *5*(1), 192–193. https://doi.org/10.4103/2249-4863.184667

Dahlgren, G. & Whitehead, M. (2021). The Dahlgren-Whitehead model of health determinants: 30 years on and still chasing rainbows. *Public health*, *199*, 20–24. https://doi.org/10.1016/j.puhe.2021.08.009

Dan, V. (2015). Patientengerichtete Werbung für verschreibungspflichtige Medikamente (DTCA) - Überblick und Forschungslücken. In M. Schäfer, O. Quiring, C. Rossmann, M. R. Hastall & E. Baumann (Hrsg.), *Gesundheitskommunikation im Spannungsfeld medialer und gesellschaftlicher Wandlungsprozesse* (S. 63–73). Nomos.

Dan, V. (2017). Formen der Wissensgenerierung: Transdisziplinarität im Vergleich zu Mono-, Multi- und Interdisziplinarität. In C. Lampert & M. Grimm (Hrsg.), *Gesundheitskommunikation als transdisziplinäres Forschungsfeld* (S. 23–34). Nomos.

Dan, V. (2019). Pharmakommunikation. In C. Rossmann & M. R. Hastall (Hrsg.), *Handbuch Gesundheitskommunikation: Kommunikationswissenschaftliche Perspektiven*. Springer.

Daube, D., Ort, A., Sukalla, F., Wagner, A. & Reifegerste, D. (2023). Der Blick über den Tellerrand: Chancen, Herausforderungen und Zielgrößen guter Lehre in der Gesundheitskommunikation. In D. Reifegerste, A. Wagner & P. Kolip (Hrsg.), *Verantwortungsattributionen in der Gesundheitskommunikation*. DGPuK. https://doi.org/10.21241/ssoar.88477

Dearing, J. W. (2009). Applying Diffusion of Innovation Theory to Intervention Development. *Research on social work practice*, *19*(5), 503–518. https://doi.org/10.1177/1049731509335569

DeLorme, D. E., Huh, J., Reid, L. N. & An, S. (2011). Promoting Pharmaceuticals and Dietary Supplements to US Consumers. In T. L. Thompson, R. Parrott & J. F. Nussbaum (Hrsg.), *The Routledge handbook of health communication* (S. 268–290). Routledge.

Dickmann, P. & Strahwald, B. (2022). Ein neues Verständnis von Risikokommunikation in Public-Health-Notlagen. *Bundesgesundheitsblatt - Gesundheitsforschung - Gesundheitsschutz*, *65*(5), 545–551. https://doi.org/10.1007/s00103-022-03529-8

Diefenbach, D. L. & West, M. D. (2007). Television and attitudes toward mental health issues: Cultivation analysis and the third-person effect. *Journal of Community Psychology*, *35*(2), 181–195. https://doi.org/10.1002/jcop.20142

Dierks, M. L. (2009). Einrichtungen zur Patienten- und Verbraucherberatung. Bedarf und Nutzung. In J. Böcken (Hrsg.), *Gesundheitsmonitor 2009: Gesundheitsversorgung und Gestaltungsoptionen aus der Perspektive der Bevölkerung* (S. 59–80). Verlag Bertelsmann Stiftung.

Dierks, M. L. & Seidel, G. (2012). Nutzer der Patientenberatung. In D. Schaeffer (Hrsg.), *Lehrbuch Patientenberatung* (2., vollst. überarb. und erw. Aufl., S. 185–196). Huber.

Dijkstra, A., Conijn, B. & Vries, H. de (2006). A match-mismatch test of a stage model of behaviour change in tobacco smoking. *Addiction (Abingdon, England)*, *101*(7), 1035–1043. https://doi.org/10.1111/j.1360-0443.2006.01419.x

Dingfelder, H. E. & Mandell, D. S. (2011). Bridging the research-to-practice gap in autism intervention: an application of diffusion of innovation theory. *Journal of autism and developmental disorders*, *41*(5), 597–609. https://doi.org/10.1007/s10803-010-1081-0

Dixon, H., Warne, C., Scully, M., Dobbinson, S. & Wakefield, M. (2014). Agenda-setting effects of sun-related news coverage on public attitudes and beliefs about tanning and skin cancer. *Health Communication*, *29*(2), 173–181. https://doi.org/10.1080/10410236.2012.732027

Dobrick, F. M., Hagen, L. M., Hoff, P. & Weidmüller, L. (2017). Wie Patienten und Ärzte ihren Einfluss auf die Auswahl von Reha-Kliniken sehen – Unterschiede zwischen Selbstbild und Fremdbild. In C. Lampert & M. Grimm (Hrsg.), *Gesundheitskommunikation als transdisziplinäres Forschungsfeld* (S. 225–236). Nomos. https://doi.org/10.5771/9783845285290-225

Dobrick, F. M. & Reifegerste, D. (2015). Das Framing von Eigenverantwortung in der deutschen Gesundheitsberichterstattung. In M. Schäfer, O. Quiring, C. Rossmann, M. R. Hastall & E. Baumann (Hrsg.), *Gesundheitskommunikation im Spannungsfeld medialer und gesellschaftlicher Wandlungsprozesse* (S. 39–48). Nomos. https://doi.org/10.5771/9783845264677-37

Dohle, M. (2013). *Third-Person-Effekt*. Nomos.

Domsch, H. & Lohaus, A. (2009). Gesundheitsberatung. In P. Warschburger (Hrsg.), *Beratungspsychologie* (S. 153–170). Springer. https://doi.org/10.1007/978-3-540-79044-0_7

Döring, N. (2014). Peer-to-Peer Gesundeitskommunikation via Social-Media. In K. Hurrelmann & E. Baumann (Hrsg.), *Handbuch Gesundheitskommunikation* (S. 286–305). Verlag Hans Huber.

Döring, N. (2019). Die Bedeutung von Videoplattformen für die Gesundheitskommunikation. In C. Rossmann & M. R. Hastall (Hrsg.), *Handbuch der Gesundheitskommunikation: Kommunikationswissenschaftliche Perspektiven*. Springer. https://doi.org/10.1007/978-3-658-10948-6_14-1

Döring, N. & Bortz, J. (2016). *Forschungsmethoden und Evaluation in den Sozial- und Humanwissenschaften*. Springer. https://doi.org/10.1007/978-3-642-41089-5

Dorrani, C. & Sukalla, F. (2023). Entstigmatisierung von Angststörungen durch Subjektivierung in Video. In D. Reifegerste, P. Kolip & A. Wagner (Hrsg.), *Wer macht wen für Gesundheit (und Krankheit) verantwortlich? Beiträge zur Jahrestagung der Fachgruppe Gesundheitskommunikation 2022*. DGPuK. https://doi.org/10.21241/ssoar.88476

Dreier-Wolfgramm, A. & Zwingmann, I. (2022). Interdisziplinäre Gesundheitsberatung. In R. Haring (Hrsg.), *Gesundheitswissenschaften* (S. 455–467). Springer, Berlin, Heidelberg. https://doi.org/10.1007/978-3-662-65219-0_76

Dutta, M. J. (2022). Culture-Centered Approach. In E. Y. Ho, C. L. Bylund, J. C. M. van Weert, I. Basnyat, N. Bol & M. Dean (Hrsg.), *The International Encyclopedia of Health Communication* (S. 1–12). John Wiley & Sons. https://doi.org/10.1002/9781119678816.iehc0845

Dutta-Bergman, M. J. (2004). Primary sources of health information: comparisons in the domain of health attitudes, health cognitions, and health behaviors. *Health Communication*, *16*(3), 273–288. https://doi.org/10.1207/S15327027HC1603_1

Egbert, N. & Belcher, J. D. (2012). Reality Bites: An Investigation of the Genre of Reality Television and Its Relationship to Viewers' Body Image. *Mass Communication and Society*, *15*(3), 407–431. https://doi.org/10.1080/15205436.2011.583545

Eichhorn, K. C. (2008). Soliciting and Providing Social Support Over the Internet: An Investigation of Online Eating Disorder Support Groups. *Journal of Computer-Mediated Communication*, *14*(1), 67–78. https://doi.org/10.1111/j.1083-6101.2008.01431.x

Ellert, U., Brettschneider, A.-K. & Ravens-Sieberer, U. (2014). Health-related quality of life in children and adolescents in Germany: results of the KiGGS study: first follow-up. *Bundesgesundheitsblatt, Gesundheitsforschung, Gesundheitsschutz*, *57*(7), 798–806. https://doi.org/10.1007/s00103-014-1978-4

Emanuel, E. J. & Emanuel, L. L. (1992). Four models of the physician-patient relationship. *JAMA: The Journal of the American Medical Association*, *267*(16), 2221–2226. https://doi.org/10.1001/jama.1992.03480160079038

Emmert, M., Gerstner, B., Sander, U. & Wambach, V. (2014). Eine Bestandsaufnahme von Bewertungen auf Arztbewertungsportalen am Beispiel des Nürnberger Gesundheitsnetzes Qualität und Effizienz (QuE). *Gesundheitsökonomie & Qualitätsmanagement*, *19*(04), 161–167. https://doi.org/10.1055/s-0033-1335899

Emmert, M., Meszmer, N., Simon, A. & Sander, U. (2015). Internetportale für die Krankenhauswahl in Deutschland: Eine leistungsbereichsspezifische Betrachtung. *Gesundheitswesen*. https://doi.org/10.1055/s-0035-1549968

Engel, E. (2023). Young peoples' perceived benefits and barriers of sexual health promotion on social media - a literature review. *International Journal of Health Promotion and Education*, 1–20. https://doi.org/10.1080/14635240.2023.2241035

Engelmann, I. (2016). *Gatekeeping*. Nomos. https://doi.org/10.5771/9783845263533

Entman, R. M. (1993). Framing: Toward clarification of a fractured paradigm. *Journal of Communication*, *43*(4), 51–58.

Europäische Parlament. (2013). *Tabakrichtlinie: Parlament handelt, um junge Menschen vom Rauchen abzuhalten*. http://www.europarl.europa.eu/pdfs/news/expert/infopress/20140221IPR36632/201402

Evers, C. W., Albury, K., Byron, P. & Crawford, K. (2013). Young people, social media, social network sites and sexual health communication in Australia: 'this is funny, you should watch it. *International Journal of Communication*, *7*, 263–280.

Ewers, M. & Schaeffer, D. (2012). Aufgaben der Patientenberatung. In D. Schaeffer (Hrsg.), *Verlag Hans Huber. Lehrbuch Patientenberatung* (2., vollst. überarb. und erw. Aufl., S. 87–107). Huber.

Eysenbach, G. (2001). What is e-health? *Journal of medical Internet research*, *3*(2), E20. https://doi.org/10.2196/jmir.3.2.e20

Fahr, A. (2013). Physiologische Ansätze der Wirkungsmessung. In W. Schweiger & A. Fahr (Hrsg.), *Handbuch Medienwirkungsforschung* (S. 601–626). Springer. https://doi.org/10.1007/978-3-531-18967-3_32

Fahr, A. & Ort, A. (2019). Die Bedeutung sozialer Vergleichsprozesse für die Gesundheitskommunikation. In C. Rossmann & M. R. Hastall (Hrsg.), *Handbuch Gesundheitskommunikation: Kommunikationswissenschaftliche Perspektiven* (S. 269–280). Springer. https://doi.org/10.1007/978-3-658-10948-6_21-1

Faltermeier, T. (2015). *Gesundheitsverhalten, Krankheitsverhalten, Gesundheitshandeln: Leitbegriffe der Gesundheitsförderung*. http://www.bzga.de/leitbegriffe/?id=sysverz_liste_1&idx=135

Faltermeier, T. (2016). Laienperspektiven auf Gesundheit und Krankheit. In M. Richter & K. Hurrelmann (Hrsg.), *Lehrbuch. Soziologie von Gesundheit und Krankheit* (1. Auflage, S. 229). Springer. https://doi.org/10.1007/978-3-658-11010-9_15

Faltermeier, T. (2023). *Gesundheitspsychologie* (3. Auflage). Kohlhammer.

Farhadi, P., Sharafutdinov, K., Sudhir, J. & Schuppert, A. (2020). Big Data und künstliche Intelligenz in der Medizin. In G. Marx, R. Rossaint & N. Marx (Hrsg.), *Telemedizin:*

*Grundlagen und praktische anwendung in stationren und ambulanten* (423-436). Springer. https://doi.org/10.1007/978-3-662-60611-7_37

Fernando, S. (2013). *Cultural diversity, mental health and psychiatry: the struggle against racism*. Routledge.

Fessler, D. M. T., Pillsworth, E. G. & Flamson, T. J. (2004). Angry men and disgusted women: An evolutionary approach to the influence of emotions on risk taking. *Organizational Behavior and Human Decision Processes, 95*(1), 107–123. https://doi.org/10.1016/j.obhdp.2004.06.006

Festinger, L. (1954). A Theory of Social Comparison Processes. *Human Relations, 7*(2), 117–140. https://doi.org/10.1177/001872675400700202

Fiechtner, S. & Trebbe, J. (2014). Gesundheitsberichterstattung im Schweizer Fernsehen. In V. Lilienthal, D. Reineck & T. Schnedler (Hrsg.), *Qualität im Gesundheitsjournalismus: Perspektiven aus Wissenschaft und Praxis* (S. 97–115). Springer. https://doi.org/10.1007/978-3-658-02427-7_6

Filgueiras, J. H., Bento, I. C., Pereira, S. C. L. & Bethony, M. F. G. (2021). Soap opera as a food and nutritional education strategy in the context of a public policy to promote access to adequate healthy food. *Interface - Comunicação, Saúde, Educação, 25*, Artikel e200635. https://doi.org/10.1590/interface.200635

Finne, E. & Bucksch, J. (2014). Gesundheitliche Effekte der Mediennutzung. In K. Hurrelmann & E. Baumann. In K. Hurrelmann & E. Baumann (Hrsg.), *Handbuch Gesundheitskommunikation* (S. 214–238). Verlag Hans Huber.

Finset, A. (2008). Qualitative methods in communication and patient education research. *Patient Education and Counseling, 73*(1), 1–2. https://doi.org/10.1016/j.pec.2008.08.004

Fischer, B., Schlenker, R.-U. & Rothmaier, J. (2012). Krankenkassenmanagement unter den besonderen Wettbewerbsbedingungen der GKV. In C. Thielscher (Hrsg.), *Medizinökonomie: Band 2: Unternehmerische Praxis und Methodik* (S. 169–195). Springer. https://doi.org/10.1007/978-3-8349-7088-6_6

Fischer, F. (2017). Ethische Aspekte von E-Health aus der Perspektive von Public Health. In S. Müller-Mielitz & T. Lux (Hrsg.), *E-Health-Ökonomie* (S. 141–151). Springer. https://doi.org/10.1007/978-3-658-10788-8_9

Fischer, F., Aust, V. & Krämer, A. (2016). eHealth: Hintergrund und Begriffsbestimmung. In F. Fischer & A. Krämer (Hrsg.), *eHealth in Deutschland* (S. 3–23). Springer. https://doi.org/10.1007/978-3-662-49504-9_1

Fischer, F. & Dockweiler, C. (2016). Qualität von onlinebasierter Gesundheitskommunikation. In F. Fischer & A. Krämer (Hrsg.), *eHealth in Deutschland: Anforderungen und Potenziale innovativer Versorgungsstrukturen* (S. 407–419). Springer. https://doi.org/10.1007/978-3-662-49504-9_22

Fischer, F. & Krämer, A. (Hrsg.). (2016). *eHealth in Deutschland: Anforderungen und Potenziale innovativer Versorgungsstrukturen*. Springer.

Fishbein, M. (2000). The role of theory in HIV prevention. *AIDS care, 12*(3), 273–278. https://doi.org/10.1080/09540120050042918

Fishbein, M. & Cappella, J. N. (2006). The Role of Theory in Developing Effective Health Communications. *Journal of Communication, 56*(suppl_1), S1-S17. https://doi.org/10.1111/j.1460-2466.2006.00280.x

Flood-Grady, E. (2022). Channels and Formats. In E. Y. Ho, C. L. Bylund, J. C. M. van Weert, I. Basnyat, N. Bol & M. Dean (Hrsg.), *The International Encyclopedia of Health Communication* (S. 1–6). John Wiley & Sons, https://doi.org/10.1002/9781119678816.iehc0722

Floyd, D. L., Prentice-Dunn, S. & Rogers, R. W. (2000). A Meta-Analysis of Research on Protection Motivation Theory. *Journal of Applied Social Psychology, 30*(2), 407–429. https://doi.org/10.1111/j.1559-1816.2000.tb02323.x

## Literaturverzeichnis

Fluck, J. & Stelter, C. (2014). Risiken im Web 2.0: Cybermobbing und Cyberbullying. In K. Hurrelmann & E. Baumann (Hrsg.), *Handbuch Gesundheitskommunikation* (S. 332–346). Verlag Hans Huber.

Følstad, A., Nordheim, C. B. & Bjørkli, C. A. (2018). What Makes Users Trust a Chatbot for Customer Service? An Exploratory Interview Study. In S. S. Bodrunova (Hrsg.), *Lecture Notes in Computer Science. Internet Science* (S. 194–208). Springer. https://doi.org/10.1007/978-3-030-01437-7_16

Ford, J. A. (2008). Social learning theory and nonmedical prescription drug use among adolescents. *Sociological Spectrum*, 28(3), 299–316. https://doi.org/10.1080/02732170801898471

Franc, I., Martín, S. & Rüdiger, A. (2013). *Alicia im wahren Leben. Graphic Novel*. Panini Comics.

Fredrickson, B. L. (2004). Gratitude, Like Other Positive Emotions, Broadens and Builds. In R. A. Emmons & M. E. McCullough (Hrsg.), *The Psychology of Gratitude* (S. 144–166). Oxford University Press. https://doi.org/10.1093/acprof:oso/9780195150100.003.0008

Freytag, A., Baumann, E., Angermeyer, M. & Schomerus, G. (2023). Self- and surrogate-seeking of information about mental health and illness in Germany. *BMC Public Health*, 23(65), 1–14. https://doi.org/10.1186/s12889-023-14998-0

Friedrich, K. (2013). Wirkungen gewalthaltiger Medienangebote. In W. Schweiger & A. Fahr (Hrsg.), *Handbuch Medienwirkungsforschung* (S. 401–418). Springer. https://doi.org/10.1007/978-3-531-18967-3_21

Friehs, B. & Gabriele, M. (2021). *Methoden der systemisch-lösungsorientierten Beratung*. Springer. https://doi.org/10.1007/978-3-658-34614-0

Friemel, T. N., Frey, T. & Elbrecht, K. (2014). Evaluation der Verkehrssicherheitskampagne „Such Blickkontakt": Welche Rolle spielen Theorien bei der Evaluation? In E. Baumann, M. R. Hastall, C. Rossmann & A. Sowka (Hrsg.), *Gesundheitskommunikation als Forschungsfeld der Kommunikations- und Medienwissenschaft* (S. 104–117). Nomos. https://doi.org/10.5771/9783845254685_104

Friemel, T. N. & Neuberger, C. (2021). Öffentlichkeit als dynamisches Netzwerk. In M. Eisenegger, M. Prinzing, P. Ettinger & R. Blum (Hrsg.), *Digitaler Strukturwandel der Öffentlichkeit* (S. 81–96). Springer. https://doi.org/10.1007/978-3-658-32133-8_5

Frijda, N. H. (1986). *The emotions: Studies in emotion and social interaction*. Cambridge University Press.

Frindte, W. (2001). *Einführung in die Kommunikationspsychologie*. Beltz.

Frisch, A.-L., Camerini, L., Diviani, N. & Schulz, P. J. (2012). Defining and measuring health literacy: how can we profit from other literacy domains? *Health promotion international*, 27(1), 117–126. https://doi.org/10.1093/heapro/dar043

Fromm, B., Baumann, E. & Lampert, C. (2011). *Gesundheitskommunikation und Medien: Ein Lehrbuch*. Kohlhammer.

Früh, H. & Baumann, E. (2013). Riskant oder gefährlich? Dimensionen und Herausforderungen einer rezipientenzentrierten gesundheitsbezogenen Risikokommunikation. In C. Rossmann & M. R. Hastall (Hrsg.), *Medien und Gesundheitskommunikation* (S. 147–167). Nomos. https://doi.org/10.5771/9783845242811-147

Früh, W. (2015). *Inhaltsanalyse: Theorie und Praxis* (8. Aufl.). UVK.

Gaisser, A. (2020). Bedarf und Bedürfnisse von Krebspatienten. In A. Gaisser & S. Weg-Remers (Hrsg.), *Patientenzentrierte Information in der onkologischen Versorgung: Evidenz und mehr* (1st ed. 2020, S. 3–15). Springer. https://doi.org/10.1007/978-3-662-60461-8_1

Gangarova, T. (2015). Community Beteiligung durch Photovoice: Eine visuell-performative Methode der partizipativen Gesundheitsforschung. *Impu!se für Gesundheitsförderung*(88), 9–10. http://www.gesundheit-nds.de/CMS/images/stories/PDFs/LVG-Zeitschrift-Nr 88-Web.pdf

Garg, M. (2019). Marketing für psychiatrische und psychosomatische Kliniken. In D. Matusiewicz, F. Stratmann & J. Wimmer (Hrsg.), *Marketing im Gesundheitswesen* (S. 279–290). Springer. https://doi.org/10.1007/978-3-658-20279-8_20

Gaziano, C. (2010). Notes on "Revisiting the Knowledge Gap Hypothesis: A Meta-analysis of Thirty-five Years of Research". *Journalism & Mass Communication Quarterly*, 87(3-4), 615–632. https://doi.org/10.1177/107769901008700311

Geber, S., Tribelhorn, L., Hitchman, S. C. & Friemel, T. N. (2022). Dynamic norms for dynamic times: An experiment on the effects of dynamic and static norms messages on COVID-19 vaccination intention. *Studies in Communication and Media*, 11(3), 453–476. https://doi.org/10.5771/2192-4007-2022-3-453

Gehrau, V. (2002). *Die Beobachtung in der Kommunikationswissenschaft: Methodische Ansätze und Beispielstudien*. UTB.

Gehrau, V. (2013). Beobachtung. In W. Schweiger & A. Fahr (Hrsg.), *Handbuch Medienwirkungsforschung* (S. 581–600). Springer. https://doi.org/10.1007/978-3-531-18967-3_31

Geise, S., Rössler, P. & Kruschinski, S. (2016). Automatisierte Analyse medialer Bildinhalte. Potenziale, Grenzen, methodischtechnischer Status Quo und zukünftige Herausforderungen – eine Bestandsaufnahme. *Medien & Kommunikationswissenschaft*, 64(2), 244–269. https://doi.org/10.5771/1615-634X-2016-2-244

Gelbrich, K. & Schröder, E.-M. (2008). *Werbewirkung von Furchtappellen. Stand der Forschung*. Ilmenauer Schriften zur Betriebswirtschaftslehre.

Gerber, M., Kraft, E. & Bosshard, C. (2018). Interprofessionelle Zusammenarbeit aus Qualitätssicht. *Schweizerische Ärztezeitung*. https://doi.org/10.4414/saez.2018.17276

Gerbner, G. (1969). Toward "Cultural Indicators": The analysis of mass mediated public message systems. *AV communication review*, 17(2), 137–148. https://doi.org/10.1007/BF02769102

Gerbner, G. & Gross, L. (1976). Living with television: the violence profile. *The Journal of communication*, 26(2), 173–199. https://doi.org/10.1111/j.1460-2466.1976.tb01397.x

Gerlinger, T. (2014). Gesundheitsreform in Deutschland. In A. Manzei & R. Schmiede (Hrsg.), *Gesundheit und Gesellschaft. 20 Jahre Wettbewerb im Gesundheitswesen: Theoretische und empirische Analysen zur Ökonomisierung von Medizin und Pflege* (S. 35–69). Springer. https://doi.org/10.1007/978-3-658-02702-5_2

Gerosa, T., Gui, M., Hargittai, E. & Nguyen, M. H. (2021). (Mis)informed During COVID-19: How Education Level and Information Sources Contribute to Knowledge Gaps. *International Journal of Communication*, 15(0), 22. https://ijoc.org/index.php/ijoc/article/view/16438/3438

Girard, C., Ecalle, J. & Magnan, A. (2013). Serious games as new educational tools: how effective are they? A meta-analysis of recent studies. *Journal of Computer Assisted Learning*, 29(3), 207–219. https://doi.org/10.1111/j.1365-2729.2012.00489.x

Gold, H. (1998). Der ausgestellte Mensch: Ausstellungen als Medium der Gesundheitsaufklärung. In S. Roessiger & H. Merk (Hrsg.), *Hauptsache gesund! Gesundheitsaufklärung zwischen Disziplinierung und Emanzipation: eine Publikation des Deutschen Hygiene-Museums, Dresden und der Bundeszentrale für gesundheitliche Aufklärung, Köln* (S. 142–153). Jonas Verlag.

Goodfellow, B. & Moorley, C. (2013). Reaching unreachable groups and crossing cultural barriers in communicating health promotion. In N. Corcoran (Hrsg.), *Communicating health: strategies for health promotion* (S. 53–72). Sage.

Görke, A. & Serong, J. (2014). Ein weites Feld. Gesundheitskommunikation als Herausforderung für die Gesellschaft und den Journalismus. In V. Lilienthal, D. Reineck & T. Schnedler (Hrsg.), *Qualität im Gesundheitsjournalismus: Perspektiven aus Wissenschaft und Praxis* (S. 193–215). Springer. https://doi.org/10.1007/978-3-658-02427-7_11

Graf, E. T. & Schiefeneder, F. (2022). Propaganda für einen "gesunden Volkskörper" im Nationalsozialismus. In D. Reifegerste & C. Sammer (Hrsg.), *Gesundheitskommunikati-*

*on und Geschichte: Interdisziplinäre Perspektiven*. DGPuK. https://doi.org/10.21241/sso ar.70274

Green, L. W., Ottoson, J. M., García, C. & Hiatt, R. A. (2009). Diffusion theory and knowledge dissemination, utilization, and integration in public health. *Annual review of public health*, *30*, 151–174. https://doi.org/10.1146/annurev.publhealth.031308.100049

Greene, J. A., Choudhry, N. K., Kilabuk, E. & Shrank, W. H. (2011). Online social networking by patients with diabetes: a qualitative evaluation of communication with Facebook. *Journal of General Internal Medicine*, *26*(3), 287–292. https://doi.org/10.1007/s11606-010-1526-3

Griese, C. & Rothe, K. (2012). Gesundheitsvorsorge und medizinische Versorgung. In C. Griese & H. Marburger (Hrsg.), *Interkulturelle Öffnung: ein Lehrbuch* (S. 181–200). Oldenbourg Verlag.

Grimm, J. & Rosenzweig, M. E. (2014). Heilsamer Kitsch: Edukative Effekte der TV-Arztserie „Der Bergdoktor" auf das Gesundheitsbewusstsein. In E. Baumann, M. R. Hastall, C. Rossmann & A. Sowka (Hrsg.), *Gesundheitskommunikation als Forschungsfeld der Kommunikations- und Medienwissenschaft* (S. 252–273). Nomos.

Grimm, M. & Baumann, E. (2017). Mediale Kommunikation im Kontext von Krebserkrankungen. In C. Rossmann & M. R. Hastall (Hrsg.), *Handbuch Gesundheitskommunikation*. Springer. https://doi.org/10.1007/978-3-658-10727-7_44

Grittmann, E. & Ammann, I. (2011). Quantitative Bildtypenanalyse. In C. Schwender & T. Petersen (Hrsg.), *Die Entschlüsselung der Bilder: Methoden zur Erforschung visueller Kommunikation*. (S. 163–178). Halem.

Grittmann, E. & Lobinger, K. (2011). Quantitative Bildinhaltsanalyse. In C. Schwender & T. Petersen (Hrsg.), *Die Entschlüsselung der Bilder: Methoden zur Erforschung visueller Kommunikation*. (S. 145–162). Halem.

Grodke-Bried, L. & Ort, A. (2016). Kommunikationsmaßnahmen im Gesundheitsbereich. In G. Zurstiege & D. Schlütz (Hrsg.), *Sozialität und Werbung* (S. 172–186). Herbert von Halem Verlag.

Grünberg, P. (2014). Gesundheitsreformen in der Berichterstattung von 1998 bis 2010. Eine Inhaltsanalyse unter besonderer Berücksichtigung vertrauensrelevanter Aspekte. In V. Lilienthal, D. Reineck & T. Schnedler (Hrsg.), *Qualität im Gesundheitsjournalismus: Perspektiven aus Wissenschaft und Praxis* (S. 173–191). Springer. https://doi.org/10.1007/978-3-658-02427-7_10

Guidry, J., Jin, Y., Haddad, L., Zhang, Y. & Smith, J. (2016). How Health Risks Are Pinpointed (or Not) on Social Media: The Portrayal of Waterpipe Smoking on Pinterest. *Health Communication*, *31*(6), 659–667. https://doi.org/10.1080/10410236.2014.987468

Guttman N. (1997). Ethical dilemmas in health campaigns. *Health communication*, *9*(2), 155–190. https://doi.org/10.1207/s15327027hc0902_3

Guttman, N. & Ressler, W. H. (2001). On Being Responsible: Ethical Issues in Appeals to Personal Responsibility in Health Campaigns. *Journal of Health Communication*, *6*(2), 117–136. https://doi.org/10.1080/108107301750254466

Guttman, N. & Thompson, T. L. (2011). Ethics in Health Communication. In G. Cheney, S. May & D. Munshi (Hrsg.), *The Handbook of Communication Ethics*. Routledge. https://doi.org/10.4324/9780203890400.ch18

Hackbart, M. (2020). Gesunde Vielfalt pflegen. *Zum Umgang mit sexueller und geschlechtlicher Vielfalt. Gesundheit, Pflege und Medizin*. Akademie *Waldschlösschen, Göttingen.*

Hahn, O., Hohlfeld, R. & Knieper, T. (Hrsg.). (2017). *Digitale Öffentlichkeit(en)*. Herbert von Halem Verlag.

Haim, M. (2023). *Computational Communication Science: Eine Einführung* (1. Auflage 2023). *Studienbücher zur Kommunikations- und Medienwissenschaft*. Springer. https://doi.org/10.1007/978-3-658-40171-9

Hannawa, A. F., Garcia-Jimenez, L., Candrian, C., Rossmann, C. & Schulz, P. J. (2015). Identifying the field of health communication. *Journal of Health Communication*, 20(5), 521–530. https://doi.org/10.1080/10810730.2014.999891

Hannawa, A. F. & Rothenfluh, F. B. (2014). Arzt-Patienten-Interaktion. In K. Hurrelmann & E. Baumann (Hrsg.), *Handbuch Gesundheitskommunikation* (S. 110–128). Verlag Hans Huber.

Harrison, J. A., Mullen, P. D. & Green, L. W. (1992). A meta-analysis of studies of the Health Belief Model with adults. *Health Education Research*, 7(1), 107–116. https://doi.org/10.1093/her/7.1.107

Harst, L., Timpel, P., Otto, L., Richter, P., Wollschlaeger, B., Winkler, K. & Schlieter, H. (2019). Identifying barriers in telemedicine-supported integrated care research: scoping reviews and qualitative content analysis. *Journal of Public Health*, 22(1), 51. https://doi.org/10.1007/s10389-019-01065-5

Hartmann, T. (2017). *Parasoziale Interaktion und Beziehungen* (2. Auflage). *Konzepte. Ansätze der Medien- und Kommunikationswissenschaft*. Nomos. https://doi.org/10.5771/9783845285276

Haskard-Zolnierek, K., Snyder, M., Hernandez, R.-K. & Thompson, T. L. (2021). Patient-Provider Communication and Health Outcomes. In T. L. Thompson, R. Parrott & J. F. Nussbaum (Hrsg.), *The Routledge Handbook of Health Communication* (S. 213–226). Routledge. https://doi.org/10.4324/9781003043379-18

Hastall, M. R. (2010). Furchtappelle im Gesundheitsmarketing. In S. Hoffmann & S. Müller (Hrsg.), *Prävention and Gesundheitsförderung. Gesundheitsmarketing: Gesundheitspsychologie und Prävention* (1. Auflage, S. 201–214). Verlag Hans Huber; Ciando.

Hastall, M. R. (2011). *Kommunikation von Gesundheitsrisiken in Massenmedien: Der Einfluss von Informations- und Rezipientenmerkmalen auf die Botschaftszuwendung und -vermeidung*. Nomos. https://doi.org/10.5771/9783845230153

Hastall, M. R. (2014). Persuasions- und Botschaftsstrategien. In K. Hurrelmann & E. Baumann (Hrsg.), *Handbuch Gesundheitskommunikation* (S. 399–412). Verlag Hans Huber.

Hastall, M. R. (2017). Abwehrreaktionen und negative Effekte von Gesundheitsinformationen. *Public Health Forum*, 25(1), 63 65. https://doi.org/10.1515/pubhcf-2016-2127

Hastall, M. R. & Scherenberg, V. (2022). Widerstände gegen Präventionsmaßnahmen während der COVID-19-Pandemie: Ursachen und Strategien für ihre Minimierung. *Prävention und Gesundheitsförderung*, 18(3), 357–363. https://doi.org/10.1007/s11553-022-00960-2

Haun, J. N., Valerio, M. A., McCormack, L. A., Sørensen, K. & Paasche-Orlow, M. K. (2014). Health literacy measurement: an inventory and descriptive summary of 51 instruments. *Journal of Health Communication*, 19(sup2), 302–333. https://doi.org/10.1080/10810730.2014.936571

Hautzinger, N. (Hrsg.). (2013). *Pharmakommunikation im Internetzeitalter: Theorie und Praxis eines patientenorientierten Kommunikationsmanagements am Beispiel der Pharmabranche Schweiz*. Fischer.

Hawkins, R. P., Kreuter, M. W., Resnicow, K., Fishbein, M. & Dijkstra, A. (2008). Understanding tailoring in communicating about health. *Health Education Research*, 23(3), 454–466. https://doi.org/10.1093/her/cyn004

Heaney, C. A. & Israel, B. A. (2008). Social networks and social support. In B. K. Rimer & K. Viswanath (Hrsg.), *Health Behavior and Health Education: Theory, Research, and Practice* (S. 189–210). Wiley.

Hefner, D. & Vorderer, P. (2017). Digital stress: Permanent connectedness and multitasking. In M. B. Oliver & L. Reinecke (Hrsg.), *Routledge Handbooks. The Routledge handbook of media use and well-being: International perspectives on theory and research on positive media effects* (S. 237–249). Routledge.

Heiss, R. & Rudolph, L. (2022). Patients as health influencers: motivations and consequences of following cancer patients on Instagram. *Behaviour & Information Technology*, 42(6), 806–815. https://doi.org/10.1080/0144929X.2022.2045358

Hejna, U., Hainke, C., Pfeiffer, T. & Seeling, S. (2023). Mehrbenutzer-VR-Anwendungen für ein rollenbasiertes Falltraining: Ein explorativer Einsatz im Kontext der Pflegeausbildung. *MedienPädagogik: Zeitschrift für Theorie und Praxis der Medienbildung*, 51(51), 314–344. https://doi.org/10.21240/mpaed/51/2023.01.23.X

Hendriks, H., Gebhardt, W. A. & van den Putte, B. (2017). Alcohol-Related Posts from Young People on Social Networking Sites: Content and Motivations. *Cyberpsychology, behavior and social networking*, 20(7), 428–435. https://doi.org/10.1089/cyber.2016.0640

Henning, K. & Schulmann, B. (2020). *Das Coronavirus- Update mit Christian Drosten*. Podcast. Ndr. https://www.ndr.de/nachrichten/info/podcast4684.html

Hepp, A. (2016). Kommunikations- und Medienwissenschaft in datengetriebenen Zeiten. *Publizistik*, 61(3), 225–246. https://doi.org/10.1007/s11616-016-0263-y

Hepp, A., Loosen, W., Dreyer, S., Jarke, J., Kannengießer, S., Katzenbach, C., Malaka, R., Pfadenhauer, M., Puschmann, C. & Schulz, W. (2022). Von der Mensch-Maschine-Interaktion zur kommunikativen KI. *Publizistik*, 67(4), 449–474. https://doi.org/10.1007/s11616-022-00758-4

Herter-Ehlers, U. (2021). *Grundlagen der Kommunikation für Gesundheitsberufe: Leitfaden für Logopäden, Physiotherapeuten, Ergotherapeuten und Pflege*. Springer, Wiesbaden. hthttps://doi.org/10.1007/978-3-658-35421-3_2

Hess, C. & Müller, T. (2023). ARD/ZDF-Massenkommunikation Trends 2022: Mediennutzung im Intermediavergleich. *Media Perspektiven*, 22(9), 414–424.

Hetsroni, A. (2014). Ceiling Effect in Cultivation. *Journal of Media Psychology: Theories, Methods, and Applications*, 26(1), 10–18. https://doi.org/10.1027/1864-1105/a000099

Higgins, O., Sixsmith, J., Barry, M. M., & Domegan, C. (2011). A literature review on health information-seeking behaviour on the web: A health consumer and health professional perspective. *Insights into Health Communication*. ECDC Technical Report.

Ho, E. Y., Bylund, C. L., van Weert, J. C. M., Basnyat, I., Bol, N. & Dean, M. (Hrsg.). (2022). *The International Encyclopedia of Health Communication*. John Wiley & Sons.

Ho, E. Y. & Scharf, B. (2021). Cultural Theories of Health Communication. In T. L. Thompson & P. J. Schulz (Hrsg.), *Foundations of communication theory series. Health communication theory*. Wiley Blackwell.

Hoffman, E. (Hrsg.). (2020). *Interkulturelle Gesprächsführung*. Springer. https://doi.org/10.1007/978-3-658-30587-1

Hoffmann, A.-C. (2019). Massenmediale und interpersonale Kommunikation. In A.-C. Hoffmann (Hrsg.), *Research. Einfluss massenmedialer und interpersonaler Kommunikation. Dissertation* (S. 33–69). Springer. https://doi.org/10.1007/978-3-658-28745-0_2

Hoffmann, C. P., Högg, R., Holenstein, M., Rueß, C., Rüthi, T., Drescher, L. S., Aue, K., Schär, W., Götz, A., Kleele, S., Dressel, K. & Roosen, J. (2022). Eine vergleichende Evaluation der OnlineKrisenkommunikation von Behörden und unabhängigen Expert*innen im Zuge der Covid-19 Pandemie als Grundlage für die Verbesserung der BfS-Krisenkommunikation: Vorhaben 3620S72215 und 3620S72216. *Ressortforschungsberichte zum Strahlenschutz*, 22(196).

Hoffmann, S., Schwarz, U. & Mai, R. (Hrsg.). (2012). *Angewandtes Gesundheitsmarketing*. Springer. https://doi.org/10.1007/978-3-8349-4035-3

Höflich, J. R. (2003). *Mensch, Computer und Kommunikation: Theoretische Verortungen und empirische Befunde*. Peter Lang.

Höflich, J. R. (2016). *Der Mensch und seine Medien*. Springer. https://doi.org/10.1007/978-3-531-18683-2

Höfling, W. (2009). Recht auf Selbstbestimmung versus Pflicht zur Gesundheit. *Zeitschrift für Evidenz, Fortbildung und Qualität im Gesundheitswesen*, 103(5), 286–292.

Hofmann, W., Reinecke, L. & Meier, A. (2020). Of Sweet Temptations and Bitter Aftertaste: Self-Control as a Moderator of the Effects of Media Use on Well-Being. In L. Reinecke & M. B. Oliver (Hrsg.), *The Routledge handbook of media use and well-being: International perspectives on theory and research on positive media effects* (S. 211–222). Routledge.

Hollat, S. & Siebelt, P. (2019). Möglichkeiten und Grenzen des Dienstleistungsmarketings für Apotheken. In D. Matusiewicz, F. Stratmann & J. Wimmer (Hrsg.), *Marketing im Gesundheitswesen* (S. 421–432). Springer. https://doi.org/10.1007/978-3-658-20279-8_31

Hollenbach, A. D., Eckstrand, K. L. & Dreger, A. D. (2014). *Implementing curricular and institutional climate changes to improve health care for individuals who are LGBT, gender nonconforming, or born with DSD: a resource for medical educators.* Association of American Medical Colleges.

Holt-Lunstead, J. & Uchino, B. N. (2015). Social support and health. In K. Glanz (Hrsg.), *Jossey-Bass public health. Health Behavior: Theory, Research, and Practice* (5th ed., S. 183–204). John Wiley & Sons.

Hoos-Leistner, H. (2019). *Kommunikation im Gesundheitswesen.* Springer. https://doi.org/10.1007/978-3-662-59220-5

Hornung, G. (2013). Datenschutz durch oder gegen die elektronische Gesundheitskarte? Zu den Herausforderungen und Ambivalenzen eines Großprojekts. In H. M. Anzinger, K. Hamacher & S. Katzenbeisser (Hrsg.), *Schutz genetischer, medizinischer und sozialer Daten als multidisziplinäre Aufgabe* (S. 51–73). Springer. https://doi.org/10.1007/978-3-642-34741-2_4

Hörrmann, G. (2002). Gesundheitserziehung. In H. G. Homfeldt, U. Laaser & U. Prümel-Philippsen (Hrsg.), *Studienbuch Gesundheit* (S. 87–106). Luchterhand.

Hovland, C. I., Janis, I. L. & Kelley, H. H. (1953). *Communication and Persuasion: Psychological Studies of Opinion Change.* Yale University Press.

Huang, Y. (2013). *Governing health in contemporary China.* Routledge.

Hudak, N. & Bates, B. R. (2019). In Pursuit of "queer-friendly" Healthcare: An Interview Study of How Queer Individuals Select Care Providers. *Health Communication, 34*(8), 818–824. https://doi.org/10.1080/10410236.2018.1437525

Hurrelmann, K. & Baumann, E. (Hrsg.). (2014). *Handbuch Gesundheitskommunikation.* Verlag Hans Huber.

Hurrelmann, K., Laaser, U. & Razum, O. (2012). Entwicklung und Perspektiven der Gesundheitswissenschaften in Deutschland. In K. Hurrelmann & O. Razum (Hrsg.), *Handbuch Gesundheitswissenschaften* (S. 15). Beltz Juventa.

Hurrelmann, K. & Leppin, A. (Hrsg.). (2001). *Moderne Gesundheitskommunikation: Vom Aufklärungsgespräch zur E-Health.* Verlag Hans Huber.

Hurrelmann, K. & Richter, M. (2022). Determinanten der Gesundheit. In: Bundeszentrale für gesundheitliche Aufklärung (BZgA) (Hrsg.). *Leitbegriffe der Gesundheitsförderung und Prävention. Glossar zu Konzepten, Strategien und Methoden.* https://doi.org/10.17623/BZGA:Q4-i008-2.0

Hurst, E. J. (2019). Podcasting in Medical Education and Health Care. *Journal of Hospital Librarianship, 19*(3), 214–226. https://doi.org/10.1080/15323269.2019.1628564

Institut für Markt- und Werbeforschung Köln. (1985). *„Runter vom Rauchen" Evaluierung des Trainingsprogramms der BZgA im Medium Hörfunk.*

Interprofessional Education Collaborative. (2016). *Core Competencies for Interprofessional Collaborative Practice: 2016 Update.* https://www.ipecollaborative.org/assets/2016-Update.pdf

Jacobs, E. A., Karavolos, K., Rathouz, P. J., Ferris, T. G. & Powell, L. H. (2005). Limited English proficiency and breast and cervical cancer screening in a multiethnic population. *American Journal of Public Health, 95*(8), 1410–1416. https://doi.org/10.2105/AJPH.2004.041418

Jamil, N. A., Shaikh, S., Munir, S., Malek, S. & Khan, A. (2019). Development of e-learning in medical education: A student's perspective. *Korean Journal of Medical Education*, *31*(4), 371–373. https://doi.org/10.3946/kjme.2019.147

Janis, I. L. & Fehsbach, S. (1953). Effect of fear-arousing communications. *Journal of abnormal psychology*, *48*(1), 78–92. https://doi.org/10.1037/h0060732

Jantzer, M. (2006). Pharmabranche und Funktionäre bestimmen die Gesundheitspolitik. In T. Leif & R. Speth (Hrsg.), *Die fünfte Gewalt: Lobbyismus in Deutschland* (S. 236–251). Springer. https://doi.org/10.1007/978-3-531-91887-7_26

Janz, N. K. & Becker, M. H. (1984). The Health Belief Model: a decade later. *Health education quarterly*, *11*(1), 1–47. https://doi.org/10.1177/109019818401100101

Jarren, O. & Donges, P. (Hrsg.). (2011). *Politische Kommunikation in der Mediengesellschaft*. Springer. https://doi.org/10.1007/978-3-531-93446-4

Jaster, R. & Lanius, D. (2019). *Die Wahrheit schafft sich ab: Wie Fake News Politik machen* (3. Auflage). Reclam.

Jazbinsek, D. (Hrsg.). (2000). *Gesundheitskommunikation*. Westdeutscher Verlag.

Jemmott, J. B. & Hennessy, M. (2012). The Reasoned Action Approach in HIV Risk-Reduction Strategies for Adolescents. *The Annals of the American Academy of Political and Social Science*, *640*(1), 150–172. https://doi.org/10.1177/0002716211426096

Johnson, D. J. & Case, D. O. (2012). *Health information seeking. Health communication: v. 4*. Peter Lang.

Johnson, D. J. & Hemdrika, M. (1993). A Comprehensive Model of Cancer-Related Information Seeking Applied to Magazines. *Human Communication Research*, *19*(3), 343–367. https://doi.org/10.1111/j.1468-2958.1993.tb00305.x

Jonas, U. (9. April 2021). Uschi Glas wurde nicht beim Dreh der #ÄrmelHoch-Kampagne geimpft, sondern später. *correctiv.org*. https://correctiv.org/faktencheck/2021/04/09/uschi-glas-wurde-laut-gesundheitsministerium-nicht-beim-dreh-der-aermelhoch-kampagne-geimpft-sondern-spaeter/?lang=de

Jorgensen, P. D. (2013). Pharmaceuticals, political money, and public policy: A theoretical and empirical agenda. *Journal of Law, Medicine, & Ethics*, *41*(3), 561–570. https://doi.org/10.1111/jlme.12065

Kalch, A. & Meitz, T. (2019). Testimonials in der Gesundheitskommunikation. In C. Rossmann & M. R. Hastall (Hrsg.), *Handbuch Gesundheitskommunikation: Kommunikationswissenschaftliche Perspektiven* (S. 471–480). Springer. https://doi.org/10.1007/978-3-658-10727-7_38

Kalch, A., Ort, A., Zurstiege, G. & Meitz, T. (2016). Gefühlt zu dick! Negative Effekte einer stereotypisierenden Anti-Adipositaskampagne auf das gewichtsbezogene Selbstbild von Kindern. In A.-L. Camerini, R. Ludolph & F. B. Rothenfluh (Hrsg.), *Gesundheitskommunikation im Spannungsfeld zwischen Theorie und Praxis* (S. 105–116). Nomos. https://doi.org/10.5771/9783845274256-106

Kamps, K., Fischer, F., Michaelis, I. & Olfermann, E. (2014). Information, Emotion, Expertise. Ein Experiment zur Wirkung journalistischer Darstellungsweisen in der Gesundheitskommunikation. In V. Lilienthal, D. Reineck & T. Schnedler (Hrsg.), *Qualität im Gesundheitsjournalismus: Perspektiven aus Wissenschaft und Praxis* (S. 139–156). Springer.

Karmasin, M., Rath, M. & Thomaß, B. (Hrsg.). (2014). *Kommunikationswissenschaft als Integrationsdisziplin*. Springer. https://doi.org/10.1007/978-3-531-19016-7

Karnowski, V. (2019). Die theoretische Modellierung der Nutzung mobiler Medien – vom Innovationscluster Mobiltelefon zum Metamedium Smartphone. In H. Schramm, J. Matthes & C. Schemer (Hrsg.), *Emotions meet Cognitions: Zum Zusammenspiel von emotionalen und kognitiven* (S. 83–91). Springer. https://doi.org/10.1007/978-3-658-25963-1_7

Karnowski, V. (2020). Theories on the Adoption and Appropriation of Mobile Media. In R. S. Ling, L. Fortunati, G. Goggin, S. S. Lim & Y. Li (Hrsg.), *The Oxford handbook of mobile communication and society* (S. 29). Oxford University Press. https://doi.org/10.1093/oxfordhb/9780190864385.013.2

Karnowski, V. (2023). *Diffusionstheorie* (3. Auflage). Nomos. https://doi.org/10.5771/9783845263410

Kasprzyk, D., Montano, D. E. & Fishbein, M. (1998). Application of an Integrated Behavioral Model to Predict Condom Use: A Prospective Study Among High HIV Risk Groups1. *Journal of Applied Social Psychology*, 28(17), 1557–1583. https://doi.org/10.1111/j.1559-1816.1998.tb01690.x

Katz, M. G., Kripalani, S. & Weiss, B. D. (2006). Use of pictorial aids in medication instructions: a review of the literature. *American Journal of Health-System Pharmacy*, 63(23), 2391–2397. https://doi.org/10.2146/ajhp060162

Katz-Sidlow, R. J., Ludwig, A., Miller, S. & Sidlow, R. (2012). Smartphone use during inpatient attending rounds: prevalence, patterns and potential for distraction. *Journal of hospital medicine*, 7(8), 595–599. https://doi.org/10.1002/jhm.1950

Kepplinger, H. M. (2005). Die Mechanismen der Skandalisierung. In H. M. Kepplinger (Hrsg.), *Die Mechanismen der Skandalierung: Die Macht der Medien und die Möglichkeiten der Betroffenen* (2., aktualisierte Aufl.). Olzog.

Kessler, S. H. (2016). *Das ist doch evident! Eine Analyse dargestellter Evidenzframes und deren Wirkung am Beispiel von TV-Wissenschaftsbeiträgen* (1 Aufl.). Medien + Gesundheit: Bd. 12. Nomos. https://doi.org/10.5771/9783845275468

Kessler, S. H. & Bachmann, E. (2022). Debunking health myths on the internet: the persuasive effect of (visual) online communication. *Journal of Public Health*, 30(8), 1823–1835. https://doi.org/10.1007/s10389-022-01694-3

Kienle, R. & Peters, H. (2017). *Referenzhandbuch: Kommunikation, Interaktion und Teamarbeit*. Dieter Scheffner Fachzentrum für medizinische Hochschullehre und evidenzbasierte Ausbildungsforschung.

Kiessling, C. (2014). Das Verhältnis von Medizin und Gesundheitskommunikation. In K. Hurrelmann & E. Baumann (Hrsg.), *Handbuch Gesundheitskommunikation* (S. 95–107). Verlag Hans Huber.

Kim, E., Han, J. Y., Moon, T. J., Shaw, B., Shah, D. V., McTavish, F. M. & Gustafson, D. H. (2012). The process and effect of supportive message expression and reception in online breast cancer support groups. *Psycho-Oncology*, 21(5), 531–540. https://doi.org/10.1002/pon.1942

Kinzel, C. & Pfannstiel, M. A. (2022). Künstliche Intelligenz und Digitalisierung im Bereich Diabetes mellitus. In M. A. Pfannstiel (Hrsg.), *Künstliche Intelligenz im Gesundheitswesen* (S. 451–471). Springer. https://doi.org/10.1007/978-3-658-33597-7_20

Kirchgeorg, M. & Erner, B. (2014). Live Communication: Potenziale von Events, Veranstaltungen, Messen und Erlebniswelten. In A. Zerfaß & M. Piwinger (Hrsg.), *Handbuch Unternehmenskommunikation* (S. 691–706). Springer. https://doi.org/10.1007/978-3-8349-4543-3_33

Klenk, S., Reifegerste, D. & Renatus, R. (2017). Gender differences in gratifications from fitness app use and implications for health interventions. *Mobile Media & Communication*, 5(2), 178–193. https://doi.org/10.1177/2050157917691557

Klimmt, C., Maurer, M., Holte, H. & Baumann, E. (Hrsg.). (2014). *Verkehrssicherheitskommunikation: Beiträge der empirischen Forschung zur strategischen Unfallprävention*. Springer. https://doi.org/10.1007/978-3-658-01130-7

Klimmt, C. & Rosset, M. (2020). *Das Elaboration-Likelihood-Modell* (2. Auflage). Konzepte. Ansätze der Medien- und Kommunikationswissenschaft: Bd. 5. Nomos. https://doi.org/10.5771/9783748901518

Kline, K. N. (2006). A decade of research on health content in the media: the focus on health challenges and sociocultural context and attendant informational and ideological problems. *Journal of Health Communication*, 11(1), 43–59. https://doi.org/10.1080/10810730500461067

## Literaturverzeichnis

Knieper, T. (2006). Die Flut im Wohnzimmer. *Publizistik*, *51*(1), 52–66. https://doi.org/10.1007/s11616-006-0005-7

Knieps, F. & Reiners, H. (2015). *Gesundheitsreformen in Deutschland: Geschichte - Intentionen - Kontroversen*. Hogrefe.

Knoll, N., Rieckmann, N. & Scholz, U. (2017). *Einführung Gesundheitspsychologie* (3., aktual. Aufl.). Reinhardt.

Koch, K. & Krampe, D. (2020). *Handbuch Pflegeberatung: Beratung, Schulung und Anleitung strukturiert organisieren und durchführen*. (2. Aufl.). Walhalla Fachverlag. https://www.wiso-net.de/document/WLHE,AWLH__9783802947612256

Koch, W. (2022). Reichweiten von Social-Media-Plattformen und Messengern. *Media Perspektiven* (10), 471–478.

Koch, W. & Frees, B. (2016). Dynamische Entwicklung bei mobiler Internetnutzung sowie Audios und Videos: Ergebnisse der ARD/ZDF-Onlinestudie 2016. *Media Perspektiven* (99), 418–437.

Koinig, I. (2021 a). Designing COVID-19 Campaigns to Achieve Individual Compliance. In A. Scheg & G. Sarı (Hrsg.), *Advances in Linguistics and Communication Studies. Handbook of Research on Representing Health and Medicine in Modern Media* (S. 367–391). IGI Global. https://doi.org/10.4018/978-1-7998-6825-5.ch022

Koinig, I. (2021 b). Pharmawerbung zur Stärkung der 11 Gesundheitskompetenz von Konsument*innen. In D. Reifegerste (Hrsg.), *PR und Organisationskommunikation im Gesundheitswesen*. (S. 175–188). Springer. https://doi.org/10.1007/978-3-658-32884-9_11

Koinig, I. (2022). Designing COVID-19 Campaigns to Achieve Individual Compliance. In Information Resources Management Association (Hrsg.), *Research Anthology on Managing Crisis and Risk Communications* (S. 283–307). IGI Global. https://doi.org/10.4018/978-1-6684-7145-6.ch016

Kolip, P. & Razum, O. (2021). Interdisziplinarität und Problemorientierung in Forschung und Lehre: das Beispiel der Fakultät für Gesundheitswissenschaften an der Universität Bielefeld. In H. Schmidt-Semisch (Hrsg.), *Sozialwissenschaftliche Gesundheitsforschung. Public Health: Disziplin - Praxis - Politik* (S. 195–211). Springer. https://doi.org/10.1007/978-3-658-30377-8_12

Kolip, P., Schlingmann, K. & Böddeker, M. (2019). Praxis- und Berufsorientierung in gesundheitswissenschaftlichen Studiengängen. In A. Gerhardus, T. Munko, P. Kolip, I. Schilling & K. Schlingmann (Hrsg.), *Lehren und Lernen in den Gesundheitswissenschaften: Ein Praxishandbuch* (S. 120–126). Hogrefe.

Kolpatzik, K. (2017). Faktenboxen – Wie passen Evidenz und Laienverständlichkeit zusammen? *Public Health Forum*, *25*(1), 47–49. https://doi.org/10.1515/pubhef-2016-2140

Kotovnykova, T., Rossmann, C. & Reifegerste, D. (2021). Sektorenübergreifende Zuweisungskommunikation zwischen Arztpraxen und Kliniken. In D. Reifegerste (Hrsg.), *PR und Organisationskommunikation im Gesundheitswesen*. (S. 81–97). Springer. https://doi.org/10.1007/978-3-658-32884-9_6

Kramer, U. (2017). Wie gut sind Gesundheits-Apps? *Aktuelle Ernährungsmedizin*, *42*(03), 193–205. https://doi.org/10.1055/s-0043-109130

Krane, E. & Linden, S. (2020). Gesundheitsberatung. In: Bundeszentrale für gesundheitliche Aufklärung (BZgA) (Hrsg.). *Leitbegriffe der Gesundheitsförderung und Prävention. Glossar zu Konzepten, Strategien und Methoden*. https://doi.org/10.17623/BZGA:Q4-i027-1.0

Krebsinformationsdienst, D. K. (2022). *Informationen zu Krebs*. Deutsches Krebsforschungszentrum. https://www.krebsinformationsdienst.de/

Kreps, G. L. (2006). Communication and Racial Inequities in Health Care. *The American Behavioral Scientist*, *49*(6), 760–774. https://doi.org/10.1177/0002764205283800

Kreps, G. L. & Maibach, E. W. (2008). Transdisciplinary Science: The Nexus Between Communication and Public Health. *Journal of Communication*, *58*(4), 732–748. https://doi.org/10.1111/j.1460-2466.2008.00411.x

Kreps, G. L., Sharf, B. F., Harrington, N. G. & Thompson, T. L. (2022). Academic Organizations: ICA HC Division. In E. Y. Ho, C. L. Bylund, J. C. M. van Weert, I. Basnyat, N. Bol & M. Dean (Hrsg.), *The International Encyclopedia of Health Communication* (S. 1–4). John Wiley & Sons. https://doi.org/10.1002/9781119678816.iehc0971

Kromrey, H. (2006). *Empirische Sozialforschung. Modelle und Methoden der standardisierten Datenerhebung und Datenauswertung.* Lucius Verlag.

Kulzer, B. (2015). Arzt-Patienten-Beziehung: Im digitalen Zeitalter grundlegend verändert. *Deutsches Ärzteblatt Online.* https://doi.org/10.3238/PersDia.2015.10.23.06

Kunst, A. (2019). *Share of categories of mobile health apps used among U.S. consumers 2017.* https://www.statista.com/statistics/378850/top-mobile-health-application-categories-used-by-us-consumers/

Kurth, B.-M., Saß, A. C. & Ziese, T. (2020). Gesundheitsberichterstattung. In O. Razum & P. Kolip (Hrsg.), *Handbuch Gesundheitswissenschaften* (7. Aufl.). Beltz Juventa.

Laidsaar-Powell, R., Butow, P., Bu, S., Charles, C., Gafni, A., Lam, W. T. W., Jansen, J., McCaffery, K., Shepherd, H. L., Tattersall, M. H. N. & Juraskova, I. (2013). Physician-patient-companion communication and decision-making: a systematic review of triadic medical consultations. *Patient Education and Counseling, 91*(1), 3–13. https://doi.org/10.1016/j.pec.2012.11.007

Laidsaar-Powell, R., Butow, P., Bu, S., Fisher, A. & Juraskova, I. (2016). Oncologists' and oncology nurses' attitudes and practices towards family involvement in cancer consultations. *European Journal of Cancer Care, 26*(1). https://doi.org/10.1111/ecc.12470

Laireiter, A.-R. (2002). Soziales Netzwerk. In R. Schwarzer (Hrsg.), *Gesundheitspsychologie von A bis Z: Ein Handwörterbuch* (S. 546–550). Hogrefe.

Lakey, B. & Cohen, S. (2000). Social support theory and measurement. In S. Cohen, L. G. Underwood & B. H. Gottlieb (Hrsg.), *Social Support Measurement and Intervention* (S. 29–52). Oxford University Press.

Lampert, C. (2010). Entertainment-Education als Strategie für die Prävention und Gesundheitsförderung. *Public Health Forum, 18*(3), 20–22. https://doi.org/10.1016/j.phf.2010.06.013

Lampert, C. (2014). Gesundheitsrelevanz medialer Unterhaltungsangebote. In K. Hurrelmann & E. Baumann (Hrsg.), *Handbuch Gesundheitskommunikation* (S. 228–238). Verlag Hans Huber.

Lampert, C. & Grimm, M. (Hrsg.). (2017). *Gesundheitskommunikation als transdisziplinäres Forschungsfeld.* Nomos. http://nbn-resolving.org/urn:nbn:de:bsz:31-epflicht-1042129

Lannin, D. G., Vogel, D. L., Brenner, R. E., Abraham, W. T. & Heath, P. J. (2016). Does self-stigma reduce the probability of seeking mental health information? *Journal of Counseling Psychology, 63*(3), 351–358. https://doi.org/10.1037/cou0000108

Laryionava, K., Hauke, D., Heußner, P., Hiddemann, W. & Winkler, E. C. (2020). "Often Relatives are the Key"–Family Involvement in Treatment Decision Making in Patients with Advanced Cancer Near the End of Life. *The Oncologist, (25)*1–7. http://dx.doi.org/10.1002/onco.13557

Laverack, G. & Labonte, R. (2000). A planning framework for community empowerment goals within health promotion. *Health Policy and Planning, 15*(3), 255–262. https://doi.org/10.1093/heapol/15.3.255

Lee, H. & Paek, H.-J. (2013). Impact of norm perceptions and guilt on audience response to anti-smoking norm PSAs: The case of Korean male smokers. *Health Education Journal, 72*(5), 503–511. https://doi.org/10.1177/0017896912450249

Leppin, A. (2010). Konzepte und Strategien der Prävention. In J. Haisch (Hrsg.), *Lehrbuch Prävention und Gesundheitsförderung* (3. Aufl., S. 35–44). Verlag Hans Huber.

Leshner, G., Bolls, P. D. & Thomas, E. (2009). Scare' em or disgust 'em: the effects of graphic health promotion messages. *Health Communication, 24*(5), 447–458. https://doi.org/10.1080/10410230903023493

## Literaturverzeichnis

Leventhal, H. (1970). Findings and theory in the study of fear communications. In L. Berkowitz (Hrsg.), *Advances in experimental social psychology* (S. 119–186). Academic Press.

Levold, T. & Wirsching, M. (2020). *Systemische Therapie und Beratung–das große Lehrbuch*. Carl-Auer Verlag.

Lewandowsky, S. & Winkler, B. (2018). Desinformation zum Klimawandel–Und was man dagegen tun kann. *promet*, *101*, 8–14.

Lewis, I. M., Watson, B., White, K. M. & Tay, R. (2007). Promoting public health messages: Should we move beyond fear-evoking appeals in road safety? *Qualitative health research*, *17*(1), 61–74. https://doi.org/10.1177/1049732306296395

Lienemann, B. A., Siegel, J. T. & Crano, W. D. (Hrsg.). (2013). *Persuading People with Depression to Seek Help: Respect the Boomerang* (Bd. 28). https://doi.org/10.1080/10410236.2012.712091

Lin, T.-C., Hsu, J. S.-C., Cheng, H.-L. & Chiu, C.-M. (2015). Exploring the relationship between receiving and offering online social support: A dual social support model. *Information & Management*, *52*(3), 371–383. https://doi.org/10.1016/j.im.2015.01.003

Lindacher, V., Curbach, J. & Loss, J. (2014). Gesundheitsbezogene Themen im sozialen Online-Netzwerk Facebook: Eine Inhaltsanalyse der Kommunikation auf Facebook. In E. Baumann, M. R. Hastall, C. Rossmann & A. Sowka (Hrsg.), *Gesundheitskommunikation als Forschungsfeld der Kommunikations- und Medienwissenschaft* (S. 224–237). Nomos. https://doi.org/10.5771/9783845254685_224

Link, E. (2019a). Gesundheitskommunikation mittels Gesundheitsportalen und Online-Communitys. In C. Rossmann & M. R. Hastall (Hrsg.), *Handbuch der Gesundheitskommunikation: Kommunikationswissenschaftliche Perspektiven*. Springer. https://doi.org/10.1007/978-3-658-10727-7_13

Link, E. (2019b). *Vertrauen und die Suche nach Gesundheitsinformationen*. Springer. https://doi.org/10.1007/978-3-658-24911-3

Link, E. (2022). Health Information Avoidance. In E. Y. Ho, C. L. Bylund, J. C. M. van Weert, I. Basnyat, N. Bol & M. Dean (Hrsg.), *The International Encyclopedia of Health Communication* (S. 1–6). John Wiley & Sons. https://doi.org/10.1002/9781119678816.iehc0947

Link, E. & Baumann, E. (2020). Die Bedeutung der (digitalen) Gesundheitskompetenz für das Informationshandeln: Ein differenzierter Blick auf die gesundheitsbezogene Informationssuche und -vermeidung. In K. Rathmann, K. Dadaczynski, O. Okan & M. Messer (Hrsg.) *Gesundheitskompetenz*. (S. 1–12). Springer. https://doi.org/10.1007/978-3-662-62800-3_141-1

Link, E. & Baumann, E. (2023). Die Gesundheitsmanager*innen: Die Bedeutung von Geschlechterrollen für die Verantwortungsübernahme in Gesundheitsfragen. In D. Reifegerste, A. Wagner & P. Kolip (Hrsg.), *Verantwortungsattributionen in der Gesundheitskommunikation*. DGPuK. https://doi.org/10.21241/ssoar.87336

Link, E. & Klimmt, C. (2019). Kognitive Verarbeitung von Gesundheitsinformationen. In C. Rossmann & M. R. Hastall (Hrsg.), *Handbuch der Gesundheitskommunikation: Kommunikationswissenschaftliche Perspektiven*. Springer. https://doi.org/10.1007/978-3-658-10727-7_19

Linke, C., Kasdorf, R. & Wiering, M. (2022). Chronische Erkrankungen in audiovisuellen und sozialen Medien: Eine qualitative Medieninhaltsanalyse der Repräsentation lang andauernder Krankheiten. In J. Vogelgesang, N. Ströbele-Benschop, M. Schäfer & D. Reifegerste (Hrsg.), *Gesundheitskommunikation in Zeiten der COVID-19-Pandemie. Beiträge zur Jahrestagung der Fachgruppe Gesundheitskommunikation 2021*. DGPuK. https://doi.org/10.21241/ssoar.85951

Lippka, M.-M. (2015). *Leitfaden Kommunikation im therapeutischen Alltag: Physiotherapie, Ergotherapie, Sprachtherapie; Von A wie "Aktives Zuhören" bis Z wie "Zeitdruck"*. Urban & Fischer. http://www.sciencedirect.com/science/book/9783437451829

Lippke, S. & Wiedemann, A. U. (2007). Sozial-kognitive Theorien und Modelle zur Beschreibung und Veränderung von Sport und körperlicher Bewegung - ein Überblick. *Zeitschrift für Sportpsychologie*, *14*(4), 139–148. https://doi.org/10.1026/1612-5010.14.4.139

Lippke, S. & Renneberg, B. (2006). Konzepte von Gesundheit und Krankheit. In B. Renneberg & P. Hammelstein (Hrsg.), *Lehrbuch Gesundheitspsychologie* (S. 7–12). Springer. https://doi.org/10.1007/978-3-540-47632-0_

Lobinger, K. (2012). *Visuelle Kommunikationsforschung*. Springer. https://doi.org/10.1007/978-3-531-93480-8

Loosen, W. (2016). Das Leitfadeninterview – eine unterschätzte Methode. In S. Averbeck-Lietz & M. Meyen (Hrsg.), *Handbuch nicht standardisierte Methoden in der Kommunikationswissenschaft* (S. 139–155). Springer. https://doi.org/10.1007/978-3-658-01656-2_9

Lorenc, T. & Oliver, K. (2014). Adverse effects of public health interventions: a conceptual framework. *Journal of epidemiology and community health*, *68*(3), 288–290. https://doi.org/10.1136/jech-2013-203118

Loss, J. & Nagel, E. (2009). Probleme und ethische Herausforderungen bei der bevölkerungsbezogenen Gesundheitskommunikation. *Bundesgesundheitsblatt - Gesundheitsforschung - Gesundheitsschutz*, *52*(5), 502–511. https://doi.org/10.1007/s00103-009-0839-z

Lu, A. S. (2022). Narrative Appeals. In E. Y. Ho, C. L. Bylund, J. C. M. van Weert, I. Basnyat, N. Bol & M. Dean (Hrsg.), *The International Encyclopedia of Health Communication* (S. 1–8). John Wiley & Sons. https://doi.org/10.1002/9781119678816.iehc0763

Lubjuhn, S. & Bouman, M. (2019). Die Entertainment-Education-Strategie zur Gesundheitsförderung in Forschung und Praxis. In C. Rossmann & M. R. Hastall (Hrsg.), *Handbuch Gesundheitskommunikation: Kommunikationswissenschaftliche Perspektiven*. Springer. https://doi.org/10.1007/978-3-658-10727-7_32

Lücke, S. (2007). *Ernährung im Fernsehen: Eine Kultivierungsstudie zur Darstellung und Wirkung. Forschung Kommunikation*. Springer.

Ludewig, G., Klose, C., Hunze, L. & Matenaar, S. (2021). Digitale Gesundheitsanwendungen: gesetzliche Einführung patientenzentrierter digitaler Innovationen in die Gesundheitsversorgung. *Bundesgesundheitsblatt - Gesundheitsforschung - Gesundheitsschutz*, *64*(10), 1198–1206. https://doi.org/10.1007/s00103-021-03407-9

Luehnen, J., Albrecht, M., Mühlhauser, I. & Steckelberg, A. (2017). *Leitlinie evidenzbasierte Gesundheitsinformation*. http://www.leitlinie-gesundheitsinformation.de/wp-content/uploads/2014/05/Leitlinie-evidenzbasierte-Gesundheitsinformation.pdf

Lundell, H., Niederdeppe, J. & Clarke, C. (2013). Public views about health causation, attributions of responsibility, and inequality. *Journal of Health Communication*, *18*(9), 1116–1130. https://doi.org/10.1080/10810730.2013.768724

Lutermann, K. & Böckelmann, M. (2019). Personalmarketing im Krankenhaus – Klasse statt Masse. In D. Matusiewicz, F. Stratmann & J. Wimmer (Hrsg.), *Marketing im Gesundheitswesen* (S. 221–233). Springer. https://doi.org/10.1007/978-3-658-20279-8_15

Lüthje, C. (2016). Die Gruppendiskussion in der Kommunikationswissenschaft. In S. Averbeck-Lietz & M. Meyen (Hrsg.), *Handbuch nicht standardisierte Methoden in der Kommunikationswissenschaft* (S. 157–173). Springer. https://doi.org/10.1007/978-3-658-05723-7_10-1

Lütke Lanfer, H. (2021). *Through a Lens of Scarcity*. Springer. https://doi.org/10.1007/978-3-658-34914-1

Lütke Lanfer, H. & Reifegerste, D. (2021). Embracing challenging complexity: exploring handwashing behavior from a combined socioecological and intersectional perspective in Sierra Leone. *BMC Public Health*, *21*(1), 1857. https://doi.org/10.1186/s12889-021-11923-1

Lütke Lanfer, H., Rossmann, C. & Kargbo, S. I. (2022). Exploring the Contextual Factors of Religious Leader Participation in Health Communication: Evidence from a Qualitative Study in Sierra Leone. *Journal of religion and health*, 62(3), 1695–1715. https://doi.org/10.1007/s10943-022-01632-3

Lütke Lanfer, H. & Landwehr, J. (2023). Methodische Herausforderungen der Partizipativen: Gesundheitsforschung: Reflexionen aus zwei Praxisprojekten. In D. Reifegerste, A. Wagner & P. Kolip (Hrsg.), *Wer macht wen für Gesundheit (und Krankheit) verantwortlich?*. https://doi.org/10.21241/ssoar.88478

LVG & AFS (Hrsg.). (2015). *Ist das Partizipation oder kann das weg?* Landesvereinigung für Gesundheit und Akademie für Sozialmedizin Niedersachsen e.V. Impu!se für Gesundheitsförderung. http://www.gesundheit-nds.de/CMS/images/stories/PDFs/LVG-Zeitschrift-Nr88-Web.pdf

Madathil, K. C., Rivera-Rodriguez, A. J., Greenstein, J. S. & Gramopadhye, A. K. (2015). Healthcare information on YouTube: A systematic review. *Health Informatics Journal*, 21(3), 173–194. https://doi.org/10.1177/1460458213512220

Maibach, E. W. & Parrott, R. (1995). *Designing Health Messages: Approaches from Communication Theory and Public Health Practice*. SAGE. https://doi.org/10.4135/9781452233451

Maier, M., Stengel, K. & Marschall, J. (2010). *Nachrichtenwerttheorie*. Nomos. https://doi.org/10.5771/9783845260365

Maio, G. (2016). *Geschäftsmodell Gesundheit: Wie der Markt die Heilkunst abschafft* (2. Auflage). Suhrkamp Verlag.

Maletzke, G. (1963). *Psychologie der Massenkommunikation: theorie und Systematik*. Hans Bredow Institut.

Malsch, A. (2021). Umwelt und Gesundheitsförderung. In: Bundeszentrale für gesundheitliche Aufklärung (BZgA) (Hrsg.). *Leitbegriffe der Gesundheitsförderung und Prävention. Glossar zu Konzepten, Strategien und Methoden*. https://doi.org/10.17623/BZGA:Q4-i150-1.0

Manganello, J. & Blake, N. (2010). A study of quantitative content analysis of health messages in U.S. media from 1985 to 2005. *Health Communication*, 25(5), 387–396. https://doi.org/10.1080/10410236.2010.483333

Marckmann, G. (2016). Ethische Aspekte von eHealth. In F. Fischer & A. Krämer (Hrsg.), *eHealth in Deutschland: Anforderungen und Potenziale innovativer Versorgungsstrukturen* (S. 83–99). Springer. https://doi.org/10.1007/978-3-662-49504-9_4

Marra, A., Buonanno, P., Vargas, M., Iacovazzo, C., Ely, E. W. & Servillo, G. (2020). How COVID-19 pandemic changed our communication with families: losing nonverbal cues. *Critical Care*, 24(1), 297. https://doi.org/10.1186/s13054-020-03035-w

Marshall, S. J. & Biddle, S. J. (2001). The transtheoretical model of behavior change: a meta-analysis of applications to physical activity and exercise. *Annals of behavioral medicine: a publication of the Society of Behavioral Medicine*, 23(4), 229–246. https://doi.org/10.1207/S15324796ABM2304_2

Marteau, T. M., Dormandy, E. & Michie, S. (2001). A measure of informed choice. *Health expectations: an international journal of public participation in health care and health policy*, 4(2), 99–108. https://doi.org/10.1046/j.1369-6513.2001.00140.x

Marx, G., Rossaint, R. & Marx, N. (Hrsg.). (2020). *Telemedizin*. Springer. https://doi.org/10.1007/978-3-662-60611-7

Mast, C. (2015). *Unternehmenskommunikation: Ein Leitfaden* (7. Auflage). UVK.

Matthes, J. (2014). *Framing*. Nomos. https://doi.org/10.5771/9783845260259

Maurer, M. (2017). *Agenda-Setting* (2. Auflage). *Konzepte. Ansätze der Medien- und Kommunikationswissenschaft*. Nomos. https://doi.org/10.5771/9783845283043

Mayring, P. & Frenzl, T. (2014). Qualitative Inhaltsanalyse. In N. Baur & J. Blasius (Hrsg.), *Handbuch Methoden der empirischen Sozialforschung* (S. 543–556). Springer. https://doi.org/10.1007/978-3-658-21308-4_42

McCombs, M. E. & Shaw, D. L. (1972). The Agenda-Setting Function of Mass Media. *Public Opinion Quarterly*, *36*(2), 176–187. https://doi.org/10.1086/267990

McCombs, M. E., Shaw, D. L. & Weaver, D. H. (2014). New Directions in Agenda-Setting Theory and Research. *Mass Communication and Society*, *17*(6), 781–802. https://doi.org/10.1080/15205436.2014.964871

McEachan, R. R. C., Conner, M., Taylor, N. J. & Lawton, R. J. (2011). Prospective prediction of health-related behaviours with the Theory of Planned Behaviour: a meta-analysis. *Health Psychology Review*, *5*(2), 97–144. https://doi.org/10.1080/17437199.2010.521684

McQuail, D. (2015). Mass Communication. In G. Mazzoleni (Hrsg.), *The International Encyclopedia of Political Communication* (S. 1–12). Wiley. https://doi.org/10.1002/9781118541555.wbiepc155

Memenga, P., Eitze, S., Shamsrizi, P., Addo, M. M. & Betsch, C. (2022). Debunking Misinformation and Communicating Critical Events in Vaccine Trials. *European Journal of Health Communication*, *3*(2), 64–96. https://doi.org/10.47368/ejhc.2022.204

Menke, M., Wagner, A. & Kinnebrock, S. (2020). Communicative Care in Online Forums: How Burdened Informal Caregivers Seek Mediated Social Support. *International Journal of Communication*, *14*, 1662–1682.

Merten, K. (2007). *Einführung in die Kommunikationswissenschaft*. LIT Verlag.

Meyer, L. (2017). *Gesundheit und Skandal: Organspende und Organspendeskandal in medialer Berichterstattung und interpersonal-öffentlicher Kommunikation* (1. Auflage). *Gesundheitskommunikation Health communication: Band 14*. Nomos. https://doi.org/10.5771/9783845280264

migesplus.ch. (2022). *Gesundheitsinformationen für alle*. https://www.migesplus.ch/

Mikat, C. (2008). Heilsamer Schock oder Traumatisierung? Zur Bewertung von dokumentarischem Material aus Jugendschutzsicht. *tv diskurs*, *12*(4), 34–39.

Miller, G. R. (1963). Studies on the use of fear appeals: A summary and analysis. *Central States Speech Journal*, *14*(2), 117–124. https://doi.org/10.1080/10510976309362689

Miller, W. R. & Rollnick, S. (2015). *Motivierende Gesprächsführung: Motivational interviewing*, (3. Aufl.). Lambertus.

Minor. (2019). *Migrationsberatung 4.0 Gute Arbeit in Deutschland: Aufbau von digitalen Präsenzen in den sozialen Medien am Beispiel von Facebook*. www.minor-kontor.de/migrationsberatung-4-0/

Misra, S. & Stokols, D. (2012). Psychological and Health Outcomes of Perceived Information Overload. *Environment and Behavior*, *44*(6), 737–759. https://doi.org/10.1177/0013916511404408

Möhring, W. & Schlütz, D. (2013). *Handbuch standardisierte Erhebungsverfahren in der Kommunikationswissenschaft*. Springer. https://doi.org/10.1007/978-3-531-18776-1

Möhring, W. & Schlütz, D. (2019). *Die Befragung in der Medien- und Kommunikationswissenschaft: Eine praxisorientierte Einführung* (3. Auflage 2019). *Lehrbuch*. Springer. https://doi.org/10.1007/978-3-658-25865-8

Moilanen, J., Visuri, A., Kuosmanen, E., Alorwu, E. & Hosio, S. (2022). *Designing Personalities for Mental Health Conversational Agents*. http://ceur-ws.org/Vol-3124/paper14.pdf

Moorehead, M. K., Ardelt-Gattinger, E., Lechner, H. & Oria, H. E. (2003). The validation of the Moorehead-Ardelt quality of life questionnaire II. *Obesity Surgery*, *13*(5), 684–692. https://doi.org/10.1381/096089203322509237

Morgan, M., Shanahan, J., Signorielli, N. & Ardelt-Gattinger, M. (2014). Cultivation theory. In T. L. Thompson (Hrsg.), *Encyclopedia of health communication* ([Enhanced Credo edition], S. 276–277). SAGE.

Morgan, S. E., Stephenson, M. T., Harrison, T. R., Afifi, W. A. & Long, S. D. (2008). Facts versus 'Feelings': how rational is the decision to become an organ donor? *Journal of Health Psychology*, *13*(5), 644–658. https://doi.org/10.1177/1359105308090936

Moyer-Gusé, E. (2008). Toward a Theory of Entertainment Persuasion: Explaining the Persuasive Effects of Entertainment-Education Messages. *Communication Theory, 18*(3), 407–425. https://doi.org/10.1111/j.1468-2885.2008.00328.x

Mueller, A. S., Pearson, J., Muller, C., Frank, K. & Turner, A. (2010). Sizing up peers: adolescent girls' weight control and social comparison in the school context. *Journal of health and social behavior, 51*(1), 64–78. https://doi.org/10.1177/0022146509361191

Mukherjee, A. & Dubé, L. (2012). Mixing emotions: The use of humor in fear advertising. *Journal of Consumer Behaviour, 11*(2), 147–161. https://doi.org/10.1002/cb.389

Mummer, L. (2019). Kommunikation über Ernährung, Essstörungen und Adipositas. In C. Rossmann & M. R. Hastall (Hrsg.), *Handbuch Gesundheitskommunikation: Kommunikationswissenschaftliche Perspektiven*. Springer. https://doi.org/10.1007/978-3-658-10727-7_45

Mummer, L., Wagner, J., Reifegerste, D. & Degen, M. (2015). Panikmache oder autonome Rezipienten. Müssen Lebensmittelskandale zwangsläufig zu Verunsicherung führen? In M. Schäfer, O. Quiring, C. Rossmann, M. R. Hastall & E. Baumann (Hrsg.), *Gesundheitskommunikation im Spannungsfeld medialer und gesellschaftlicher Wandlungsprozesse* (S. 223–234). Nomos. https://doi.org/10.5771/9783845264677-223

Murphy, S. T. & Phelps, A. (2022). Entertainment-Education (Overall). In E. Y. Ho, C. L. Bylund, J. C. M. van Weert, I. Basnyat, N. Bol & M. Dean (Hrsg.), *The International Encyclopedia of Health Communication* (S. 1–7). John Wiley & Sons. https://doi.org/10.1002/9781119678816.iehc0626

Nabi, R. L. (2015). Emotional flow in persuasive health messages. *Health Communication, 30*(2), 114–124. https://doi.org/10.1080/10410236.2014.974129

Nabi, R. L. & Qi, L. (2022). Appeals: Positive Emotions. In E. Y. Ho, C. L. Bylund, J. C. M. van Weert, I. Basnyat, N. Bol & M. Dean (Hrsg.), *The International Encyclopedia of Health Communication* (S. 1–6). John Wiley & Sons. https://doi.org/10.1002/9781119678816.iehc0754

Nagl-Cupal, M. & Schnepp, W. (2010). Angehörige auf Intensivstationen: Auswirkungen und Bewältigung. Eine Literaturübersicht über qualitative Forschungsarbeiten. *Pflege, 23*(2), 69–80. https://doi.org/10.1024/1012-5302/a000020

National Cancer Institute. (2023). *Health Information National Trends Survey | HINTS*. https://hints.cancer.gov/

Nazione, S., Pace, K., Russell, J [Jessica] & Silk, K. (2013). A 10-year content analysis of original research articles published in Health Communication and Journal Of Health Communication (2000-2009). *Journal of Health Communication, 18*(2), 223–240. https://doi.org/10.1080/10810730.2012.688253

Nelson, D. E., Kreps, G. L., Hesse, B. W., Croyle, R. T., Willis, G., Arora, N. K., Rimer, B. K., Viswanath, K., Weinstein, N. D. & Alden, S. (2004). The Health Information National Trends Survey (HINTS): development, design, and dissemination. *Journal of Health Communication, 9*(5), (S. 443-460). https://doi.org/10.1080/10810730490504233

Newman, N., Fletcher, R., Robertson, C. T., Eddy, K. & Nielsen, R. K. (2022). *Digital News Report 2022*. https://reutersinstitute.politics.ox.ac.uk/sites/default/files/2022-06/Digital_News-Report_2022.pdf

Niederdeppe, J., Fiore, M. C., Baker, T. B. & Smith, S. S. (2008). Smoking-cessation media campaigns and their effectiveness among socioeconomically advantaged and disadvantaged populations. *American Journal of Public Health, 98*(5), 916–924. https://doi.org/10.2105/AJPH.2007.117499

Niederdeppe, J., Kuang, X., Crock, B. & Skelton, A. (2008). Media campaigns to promote smoking cessation among socioeconomically disadvantaged populations: what do we know, what do we need to learn, and what should we do now? *Social Science & Medicine, 67*(9), 1343–1355. https://doi.org/10.1016/j.socscimed.2008.06.037

Nikolow, S. (2015 a). "Erkenne und prüfe Dich selbst!" in einer Ausstellung 1938 in Berlin. Körperleistungsmessungen als objektbezogene Vermittlungspraxis und biopolitische Kontrollmaßnahme. In S. Nikolow (Hrsg.), *Schriften des Deutschen Hygiene-Museums Dresden: Bd. 11. Erkenne Dich selbst!* (S. 227–268). Böhlau.

Nitsch, C. (2019). Kultivierungseffekte im Gesundheitsbereich. In C. Rossmann & M. R. Hastall (Hrsg.), *Handbuch Gesundheitskommunikation: Kommunikationswissenschaftliche Perspektiven.* Springer. https://doi.org/10.1007/978-3-658-10727-7_27

Nürnberg, V. & Schneider, B. (2014). *Kundenmanagement im Krankenhaus.* Springer.

Nutbeam, D. (2000). Health literacy as a public health goal: A challenge for contemporary health education and communication strategies into the 21st century. *Health Promotion International, 15*(3), 259–267. https://doi.org/10.1093/heapro/15.3.259

Oertelt-Prigione, S. & Hiltner, S. (2019). Medizin: Gendermedizin im Spannungsfeld zwischen Zukunft und Tradition. In B. Kortendiek, B. Riegraf & K. Sabisch (Hrsg.), *Handbuch interdisziplinäre Geschlechterforschung* (Bd. 65, S. 741–750). Springer. https://doi.org/10.1007/978-3-658-12496-0_139

O'Keefe, D. J. & Jensen, J. D. (2007). The relative persuasiveness of gain-framed and loss-framed messages for encouraging disease prevention behaviors: a meta-analytic review. *Journal of Health Communication, 12*(7), 623–644. https://doi.org/10.1080/10810730701615198

Oliver, M. B. & Reinecke, L. (Hrsg.). (2017). *Routledge Handbooks. The Routledge handbook of media use and well-being: International perspectives on theory and research on positive media effects.* Routledge. https://doi.org/10.4324/9781315714752

Ort, A. (2016). Spiel mit der Angst – Der Einfluss von Bedrohung und Wirksamkeit auf Einstellungen und Handlungsintentionen gegenüber einer Ebola-Schutzimpfung. In A.-L. Camerini, R. Ludolph & F. B. Rothenfluh (Hrsg.), *Gesundheitskommunikation im Spannungsfeld zwischen Theorie und Praxis* (S. 80–91). Nomos. https://doi.org/10.5771/9783845274256-8

Ort, A. (2019 a). Ekel, Wut sowie Verlegenheit, Scham und Schuld in der Gesundheitskommunikation. In C. Rossmann & M. R. Hastall (Hrsg.), *Handbuch Gesundheitskommunikation: Kommunikationswissenschaftliche Perspektiven.* Springer. https://doi.org/10.1007/978-3-658-10727-7_36

Ort, A. (2019 b). Furchtappelle in der Gesundheitskommunikation. In C. Rossmann & M. R. Hastall (Hrsg.), *Handbuch Gesundheitskommunikation: Kommunikationswissenschaftliche Perspektiven.* Springer. https://doi.org/10.1007/978-3-658-10948-6_35-1

Ort, A. & Fahr, A. (2018). Using efficacy cues in persuasive health communication is more effective than employing threats - An experimental study of a vaccination intervention against Ebola. *British Journal of Health Psychology, 23*(3), 665–684. https://doi.org/10.1111/bjhp.12310

Ort, A., Reinhardt, A., Koch, L. & Rossmann, C. (2021). The Emotional Effects of Gain-Loss Frames in Persuasive Messages about Sun Protection on Health Promotional Outcomes: Evidence from an Experimental Study. *Health Communication, 38*(3), 512–521. https://doi.org/10.1080/10410236.2021.1956072

Ort, A., Rohrbach, T., Diviani, N. & Rubinelli, S. (2023). Covering the Crisis: Evolution of Key Topics and Actors in COVID-19 News Coverage in Switzerland. *International Journal of Public Health, 67*, Artikel 1605240, 1–9. https://doi.org/10.3389/ijph.2022.1605240

Ort, A., Siegenthaler, P. & Fahr, A. (2021). How Positively Valenced Health Messages can Foster Information Selection: Evidence from Two Experiments. *Frontiers in Communication, 6*, Artikel 534496. https://doi.org/10.3389/fcomm.2021.534496

Ort, A., Wirz, D. S. & Fahr, A. (2020). Is binge-watching addictive? Effects of motives for TV series use on the relationship between excessive media consumption and problematic viewing habits. *Addictive behaviors reports, 13*, 100325. https://doi.org/10.1016/j.abrep.2020.100325

Ort, A., Zurstiege, G. & Meitz, T. (2014). „So ashamed" – Die kommunikative Re-Kontextualisierung einer provokanten Kampagne gegen Adipositas bei Kindern. In C. Schwender (Hrsg.), *Werbung im sozialen Wandel* (S. 206–223). Halem.

Ortega, J., Huang, S. & Prado, G. (2012). Applying Ecodevelopmental Theory and the Theory of Reasoned Action to Understand HIV Risk Behaviors Among Hispanic Adolescents. *Hispanic health care international: the official journal of the National Association of Hispanic Nurses, 10*(1), 42–52. https://doi.org/10.1891/1540-4153.10.1.42

Orth, B. & Merkel, C. (2022). *Der Substanzkonsum Jugendlicher und junger Erwachsener in Deutschland. Ergebnisse des Alkoholsurveys 2021 zu Alkohol, Rauchen, Cannabis und Trends.* https://www.bzga.de/fileadmin/user_upload/PDF/studien/BZgA_Alkoholsurvey_2021.pdf https://doi.org/10.17623/BZGA:Q3-ALKSY21-DE-1.0

Ortmann-Welp, E. (2020). Gründe für die Integration digitaler Medien in Bildungsprozessen. In E. Ortmann-Welp (Hrsg.), *Digitale Lernangebote in der Pflege* (S. 3–12). Springer. https://doi.org/10.1007/978-3-662-61674-1_2

Otto, L., Harst, L., Schlieter, H., Wollschlaeger, B., Richter, P. & Timpel, P. (2018). Towards a Unified Understanding of eHealth and Related Terms – Proposal of a Consolidated Terminological Basis. In R. Zwiggelaar, H. Gamboa, A. Fred & S. Bermúdez i Badia (Hrsg.), *BIOSTEC 2018: Proceedings of the 11th International Joint Conference on Biomedical Engineering Systems and Technologies: Funchal, Madeira, Portugal, January 19-21, 2018* (S. 533–539). Science and Technology Publications Lda. https://doi.org/10.5220/0006651005330539

Palesch, A. (2019). *Ambulante Pflegeberatung: Grundlagen und Konzepte für die Praxis* (2. Auflage). *Pflegepraxis*. Kohlhammer.

Palmgreen, P., Donohew, L. & Harrington, N. G. (2012). Sensation seeking in anti-drug campaign and message design. In R. E. Rice & C. K. Atkin (Hrsg.), *Public Communication Campaigns* (S. 300–304). Sage.

Parcel, G. S., Simons-Morton, B. G., O'Hara, N. M., Baranowski, T., Kolbe, L. J. & Bee, D. E. (1987). School promotion of healthful diet and exercise behavior: an integration of organizational change and social learning theory interventions. *The Journal of School Health, 57*(4), 150–156. https://doi.org/10.1111/j.1746-1561.1987.tb04163.x

Park, Y. J., Chung, J. E. & Kim, J. N. (2022). Social media, misinformation, and cultivation of informational mistrust: Cultivating Covid-19 mistrust. *Journalism, 23*(12), 2571–2590. https://doi.org/10.1177/14648849221085050

Parker, R. M., Baker, D. W., Williams, M. V. & Nurss, J. R. (1995). The test of functional health literacy in adults. *Journal of General Internal Medicine, 10*(10), 537–541. https://doi.org/10.1007/BF02640361

Parker, R. M. & Ratzan, S. C. (2010). Health literacy: a second decade of distinction for Americans. *Journal of Health Communication, 15*(S2), 20–33. https://doi.org/10.1080/10810730.2010.501094

Parrott, R. & Kreuter, M. W. (2011). Multidisciplinary, Interdisciplinary, and Transdisciplinary Approaches to Health Communication. In T. L. Thompson, R. Parrott & J. F. Nussbaum (Hrsg.), *The Routledge handbook of health communication* (S. 3–17). Routledge.

Paschold, H. (2022). *Evaluation von Gesundheitskommunikationskampagnen am Beispiel der BZgA-Kampagnen zur HIV/AIDS-Prävention von 1987 bis 2017.* https://doi.org/10.21241/ssoar.79461

Pencarelli, T. & Gabriella Mele, M. (2019). A systematic literature review on social media metrics. *Mercati & Competitività* (1), Artikel 3, 15–38. https://doi.org/10.3280/mc1-2019oa7624

Perloff, R. M. (2010). *The dynamics of persuasion: Communication and attitudes in the twenty-first century.* Routledge.

Petek, A. (16. Februar 2016). Benno Zimmermann. *wdr.de*. https://www1.wdr.de/daserste/lindenstrasse/personen/ehemalige/rolle-benno-zimmermann-100.html

Peter, C. (2019). Fallbeispiele in der Gesundheitskommunikation. In C. Rossmann & M. R. Hastall (Hrsg.), *Handbuch Gesundheitskommunikation: Kommunikationswissenschaftliche Perspektiven*. Springer. https://doi.org/10.1007/978-3-658-10727-7_41

Peter, C. & Neubert, C. (2016). Medikalisierung sozialer Prozesse. In M. Richter & K. Hurrelmann (Hrsg.), *Lehrbuch. Soziologie von Gesundheit und Krankheit* (1. Auflage, S. 273–285). Springer. https://doi.org/10.1007/978-3-658-11010-9_18

Petrick, N. & Kreuzenbeck, C. C. J. (2023). Auswirkungen der Covid-19-Pandemie auf die Nutzung der Online-Videosprechstunde von Hausärzten in Deutschland – eine Sekundärdatenanalyse von Krankenkassendaten. *Gesundheitswesen (Bundesverband der Ärzte des Öffentlichen Gesundheitsdienstes)*. https://doi.org/10.1055/a-1999-7390

Petty, R. E. & Cacioppo, J. T. (1986). The Elaboration Likelihood Model of Persuasion. In *Advances in Experimental Social Psychology* (Bd. 19, S. 123–205). Elsevier. https://doi.org/10.1016/S0065-2601(08)60214-2

Pfündel, K., Stichs, A. & Halle, N. (2020). *Menschen mit Migrationshintergrund aus muslimisch geprägten Ländern in Deutschland: Analysen auf Basis des Mikrozensus 2018*. Bundesministerium für Migration und Flüchtlinge.

Plöderl, M., Wagenmakers, E.-J., Tremblay, P., Ramsay, R., Kralovec, K., Fartacek, C. & Fartacek, R. (2013). Suicide risk and sexual orientation: a critical review. *Archives of Sexual Behavior*, 42(5), 715–727. https://doi.org/10.1007/s10508-012-0056-y

Poggiolini, C. & Scholz, U. (2016). Unrealistischer Optimismus bei Rauchenden – Implikationen für Kampagnengestaltung. In A.-L. Camerini, R. Ludolph & F. B. Rothenfluh (Hrsg.), *Gesundheitskommunikation im Spannungsfeld zwischen Theorie und Praxis* (S. 67–79). Nomos. https://doi.org/10.5771/9783845274256-68

Porst, R. (2011). *Fragebogen*. Springer. https://doi.org/10.1007/978-3-531-92884-5

Potter, R. F. & Bolls, P. D. (2012). *Psychophysiological measurement and meaning: Cognitive and emotional processing of media*. Communication series. Routledge.

Power, M., Quinn, K. & Schmidt, S. (2005). Development of the WHOQOL-old module. *Quality of Life Research*, 14(10), 2197–2214. https://doi.org/10.1007/s11136-005-7380-9

Precht, R. D. (2021). *Von der Pflicht: Eine Betrachtung* (Originalausgabe, 1. Auflage). Goldmann.

Priboi, C., van Gorp, M., Maurice-Stam, H., Michel, G., Kremer, L. C. M., Tissing, W. J. E., Loonen, J. J., van der Pal, H. J. H., Vries, A. C. H. de, van den Heuvel-Eibrink, M. M., Ronckers, C. M., Bresters, D., Louwerens, M., Neggers, S. J. C. C. M., van der Heiden-van der Loo, M., van Dulmen-den Broeder, E. & Grootenhuis, M. (2023). Psychosexual development, sexual functioning and sexual satisfaction in long-term childhood cancer survivors: *Psycho-Oncology*, 32(8), 1279–1288. https://doi.org/10.1002/pon.6181

Prochaska, J. O. & DiClemente, C. C. (1983). Stages and processes of self-change of smoking: toward an integrative model of change. *Journal of consulting and clinical psychology*, 51(3), 390–395. https://doi.org/10.1037//0022-006x.51.3.390

Proctor, R. N. (2002). *Blitzkrieg gegen den Krebs: Gesundheit und Propaganda im Dritten Reich*. Klett-Cotta.

Proctor, R. N. & Schiebinger, L. (Hrsg.). (2008). *Agnotology: The making and unmaking of ignorance*. Stanford University Press.

Przegalinska, A., Ciechanowski, L., Stroz, A., Gloor, P. & Mazurek, G. (2019). In bot we trust: A new methodology of chatbot performance measures. *Business Horizons*, 62(6), 785–797. https://doi.org/10.1016/j.bushor.2019.08.005

Przyborski, A. & Riegler, J. (2010). Gruppendiskussion und Fokusgruppe. In G. Mey & K. Mruck (Hrsg.), *Handbuch Qualitative Forschung in der Psychologie* (S. 436–448). Springer. https://doi.org/10.1007/978-3-531-92052-8_31

Pundt, J. & Grden, J. (2012). Potenziale für Gesundheitsberufe: Distance-Learning. *Public Health Forum*, 20(4), 22–24. https://doi.org/10.1016/j.phf.2012.10.004

Pürer, H. (2015). *Medien in Deutschland: Presse-Rundfunk-Online*. UTB.
Puschmann, C. & Peters, I. (2017). Informationsverbreitung in sozialen Medien. In J.-H. Schmidt & M. Taddicken (Hrsg.), *Handbuch soziale Medien* (S. 211–232). Springer. https://doi.org/10.1007/978-3-658-03765-9_12
Quan-Haase, A. & Sloan, L. (Hrsg.). (2022). *The SAGE handbook of social media research methods* (Second edition). SAGE.
Quast, T. & Nöcker, G. (2015). Social media: forum webcare as a proactive information strategy in health promotion: Results of a pilot project by the BZgA. *Bundesgesundheitsblatt, Gesundheitsforschung, Gesundheitsschutz*, 966–975.
Query, J. L. & Kreps, G. L. (2014). Ein Beziehungsmodell zur gesundheitsbezogenen Kommunikationskompetenz bei pflegenden Angehörigen. In A. Schorr (Hrsg.), *Gesundheitskommunikation: Psychologische und interdisziplinäre Perspektiven* (S. 265–287). Nomos.
Quick, B. L. (2009). The Effects of Viewing Grey's Anatomy on Perceptions of Doctors and Patient Satisfaction. *Journal of Broadcasting & Electronic Media, 53*(1), 38–55. https://doi.org/10.1080/08838150802643563
Rains, S. A. & Tukachinsky, R. (2015). Information Seeking in Uncertainty Management Theory: Exposure to Information About Medical Uncertainty and Information-Processing Orientation as Predictors of Uncertainty Management Success. *Journal of Health Communication, 20*(11), 1275–1286. https://doi.org/10.1080/10810730.2015.1018641
Rajaobelina, L. & Ricard, L. (2021). Classifying potential users of live chat services and chatbots. *Journal of Financial Services Marketing, 26*(2), 81–94. https://doi.org/10.1057/s41264-021-00086-0
Raupp, J. (2017). Strategische Wissenschaftskommunikation. In H. Bonfadelli, B. Fähnrich, C. Lüthje, J. Milde, M. Rhomberg & M. S. Schäfer (Hrsg.), *Forschungsfeld Wissenschaftskommunikation* (S. 143–163). Springer. https://doi.org/10.1007/978-3-658-12898-2_8
Ravens-Sieberer, U., Klasen, F., Bichmann, H., Otto, C., Quitmann, J. & Bullinger, M. (2013). Erfassung der gesundheitsbezogenen Lebensqualität von Kindern und Jugendlichen. *Gesundheitswesen (Bundesverband der Arzte des Offentlichen Gesundheitsdienstes (Germany), 75*(10), 667–678. https://doi.org/10.1055/s-0033-1349555
Razum, O., Karrasch, L. & Spallek, J. (2016). Migration: Eine vernachlässigte Dimension gesundheitlicher Ungleichheit? *Bundesgesundheitsblatt, Gesundheitsforschung, Gesundheitsschutz, 59*(2), 259–265. https://doi.org/10.1007/s00103-015-2286-3
Reeves, S., Pelone, F., Harrison, R., Goldman, J. & Zwarenstein, M. (2017). Interprofessional collaboration to improve professional practice and healthcare outcomes. *The Cochrane database of systematic reviews, 6*(6), https://doi.org/10.1002/14651858.CD000072.pub3
Reeves, S., Perrier, L., Goldman, J., Della Freeth & Zwarenstein, M. (2013). Interprofessional education: effects on professional practice and healthcare outcomes (update). *The Cochrane database of systematic reviews, 2013*(3), https://doi.org/10.1002/14651858.CD002213.pub3
Reifegerste, D. (2012 a). Gestaltung von jugendspezifischen Präventionsappellen. In S. Hoffmann, U. Schwarz & R. Mai (Hrsg.), *Angewandtes Gesundheitsmarketing* (S. 301–310). Springer. https://doi.org/10.1007/978-3-8349-4035-3_21
Reifegerste, D. (2012 b). *Zielgruppenspezifische Präventionsbotschaften: Implikationen evolutionärer Motive jugendlichen Risikoverhaltens*. Nomos. https://doi.org/doi.org/10.5771/9783845242460
Reifegerste, D. (2013). Gesundheit ist das Wichtigste – oder nicht? Die Bedeutung sozialer Motive für die Kampagnenplanung. In C. Rossmann & M. R. Hastall (Hrsg.), *Medien und Gesundheitskommunikation* (S. 183–201). Nomos.

Reifegerste, D. (2014). Gesundheitskommunikation für schwer erreichbare Zielgruppen. In K. Hurrelmann & E. Baumann (Hrsg.), *Handbuch Gesundheitskommunikation* (S. 170–181). Verlag Hans Huber.

Reifegerste, D. (2019 a). Geschlechtersensible Gesundheitskommunikation. *Public Health Forum, 27*(2), 154–156. https://doi.org/10.1515/pubhef-2019-0009

Reifegerste, D. (2019 b). *Die Rollen der Angehörigen in der Gesundheitskommunikation: Modelle, Funktionen und Strategien.* Springer. https://doi.org/10.1007/978-3-658-25031-7

Reifegerste, D. (2019 c). Soziale Appelle in der Gesundheitskommunikation. In C. Rossmann & M. R. Hastall (Hrsg.), *Handbuch Gesundheitskommunikation: Kommunikationswissenschaftliche Perspektiven.* Springer.

Reifegerste, D. (2020). Gesundheitskommunikation in der Prävention und Gesundheitsförderung für schwer erreichbare Zielgruppen. In M. Tiemann & M. Mohokum (Hrsg.), *Prävention und Gesundheitsförderung* (S. 1–9). Springer. https://doi.org/10.1007/978-3-662-55793-8_16-1

Reifegerste, D. (2021). Wertehorizonte in den PR-Aktivitäten des Gesundheitsaktivisten Karl August Lingner zu Beginn des 20. Jahrhunderts. In D. Reifegerste (Hrsg.), *PR und Organisationskommunikation im Gesundheitswesen.* (S. 33–44). Springer. https://doi.org/10.1007/978-3-658-32884-9_3

Reifegerste, D. (2022 a). Appeals: Social. In E. Y. Ho, C. L. Bylund, J. C. M. van Weert, I. Basnyat, N. Bol & M. Dean (Hrsg.), *The International Encyclopedia of Health Communication.* (S. 1–5). John Wiley & Sons. https://doi.org/10.1002/9781119678816.iehc0755

Reifegerste, D. (2022 b). Emergent und trotzdem zielführend: Klinikkommunikation mit Angehörigen. In K. Hassenstein, C. Ritz & S. Sandhu (Hrsg.), *Wicked Problems.* Springer. https://doi.org/10.1007/978-3-658-37793-9_8

Reifegerste, D. & Bachl, M. (2019). Informationssuche als Beziehungstat. Der Zusammenhang zwischen relationalen Faktoren und Motiven der stellvertretenden Suche nach Gesundheitsinformationen. *Studies in Communication and Media, 8*(3), 378–412. https://doi.org/10.5771/2192-4007-2019-3-378

Reifegerste, D., Bachl, M. & Baumann, E. (2017). Wer sind die Surrogate Seeker? In C. Lampert & M. Grimm (Hrsg.), *Gesundheitskommunikation als transdisziplinäres Forschungsfeld* (S. 119–130). Nomos.

Reifegerste, D., Blech, S. & Dechant, P. (2020). Understanding Information Seeking about the Health of Others: Applying the Comprehensive Model of Information Seeking to Proxy Online Health Information Seeking. *Journal of Health Communication, 25*(2), 126–135. https://doi.org/10.1080/10810730.2020.1716280

Reifegerste, D., Friemel, T. N. & Rossmann, C. (2022). Academic Organizations: ECREA. In E. Y. Ho, C. L. Bylund, J. C. M. van Weert, I. Basnyat, N. Bol & M. Dean (Hrsg.), *The International Encyclopedia of Health Communication* (S. 1–4). John Wiley & Sons. https://doi.org/10.1002/9781119678816.iehc0940

Reifegerste, D. & Hastall, M. R. (2014). Qualitätssicherung in der Gesundheitskommunikation: Anregungen aus Debatten in Nachbarfächern. In E. Baumann, M. R. Hastall, C. Rossmann & A. Sowka (Hrsg.), *Gesundheitskommunikation als Forschungsfeld der Kommunikations- und Medienwissenschaft* (S. 37–47). Nomos. https://doi.org/10.5771/9783845264677

Reifegerste, D. & Hastall, M. R. (2015). Ethische Dimensionen und Dilemmata in der Gesundheitskommunikation. In M. Schäfer, O. Quiring, C. Rossmann, M. R. Hastall & E. Baumann (Hrsg.), *Gesundheitskommunikation im Spannungsfeld medialer und gesellschaftlicher Wandlungsprozesse* (S. 25–38). Nomos.

Reifegerste, D. & Kessler, S. H. (2021). Visuelle Evidenzen aus historischer Perspektive: Politische Instrumentalisierung wissenschaftlicher Erkenntnisse in Gesundheitsausstellungen. In T. Birkner, B. Fähnrich, A. M. Scheu & C. Schwarzenegger (Hrsg.), *Wissen-*

*schaftskommunikation und Kommunikationsgeschichte: Umbrüche, Transformationen, Kontinuitäten.: Jahrestagung der FachgruppenWissenschaftskommunikation und Kommunikationsgeschichte der DGPuK 2020.* DGPuK. https://doi.org/10.21241/ssoar.83502

Reifegerste, D., Kolip, P. & Wagner, A. (Hrsg.). (2023). *Wer macht wen für Gesundheit (und Krankheit) verantwortlich? Beiträge zur Jahrestagung der Fachgruppe Gesundheitskommunikation 2022.* DGPuK.

Reifegerste, D. & Linke, C. (2020). Die Rolle digitaler Medien in Unterstützungsrepertoires junger KrebspatientInnen: Eine ego-zentrierte Netzwerkanalyse. In A. Wagner & A. Kalch (Hrsg.), *Aktuelle Handlungsfelder der Gesundheitskommunikation zwischen Lifestyle und Digitalisierung* (S. 91–102). Nomos.

Reifegerste, D. & Rössler, P. (2014). Soziale Appelle in der Gesundheitskommunikation: Motivkategorien als Grundlage für die theoretische Integration und die Systematisierung empirischer Befunde. *Medien & Kommunikationswissenschaft, 62*(4), 606–634. https://doi.org/10.5771/1615-634x-2014-4-606

Reifegerste, D. & Rossmann, C. (2017). Promoting Physical Activity With Group Pictures. Affiliation-Based Visual Communication for High-Risk Populations. *Health Communication, 32*(2), 161–168. https://doi.org/10.1080/10410236.2015.1110007

Reifegerste, D. & Sammer, C. (Hrsg.). (2022). *Gesundheitskommunikation und Geschichte: Interdisziplinäre Perspektiven.* DGPuK. https://doi.org/10.21241/ssoar.83092

Reifegerste, D., Schiller, S. & Leu, J. (2019). Krankenkassenkommunikation. In C. Rossmann & M. R. Hastall (Hrsg.), *Handbuch Gesundheitskommunikation: Kommunikationswissenschaftliche Perspektiven.* Springer.

Reifegerste, D., Seitz, K. & Theis, A. (2012). Eventmarketing in der Gesundheitsprävention für Kinder. In S. Hoffmann (Hrsg.), *Angewandtes Gesundheitsmarketing* (S. 407–413). Springer. https://doi.org/10.1007/978-3-8349-4035-3_29

Reifegerste, D., Stehr, P., Ermel, L., Rossmann, C., Lindemann, A.-K. & Schulze, A. (2023). Multiperspektivität im Multiplikatorenansatz. *Prävention und Gesundheitsförderung, 18*(3), 405–412. https://doi.org/10.1007/s11553-022-00978-6

Reifegerste, D. & Wagner, A. (2022). #Covid, Sanitary Report und Pesttraktate: Gesundheitskommunikation in Pandemiezeiten von "Corona" zurück bis ins Mittelalter. In D. Reifegerste & C. Sammer (Hrsg.), *Gesundheitskommunikation und Geschichte: Interdisziplinäre Perspektiven.* DGPuK. https://doi.org/10.21241/SSOAR.73679

Reifegerste, D., Wiedicke, A., Temmann, L. J. & Scherr, S. (2021). Mut zur Lücke: Verantwortungszuschreibung im sozialen Netzwerk als neuer Bereich in der Framingforschung zu Gesundheitsthemen: Mind the gap. Responsibility attributions at the level of the social network as a new avenue for research on the framing of health topics. *Publizistik*(2), 1–22. https://doi.org/10.1007/s11616-021-00652-5

Reifegerste, D., Wilhelm, C. & Riesmeyer, C. (2022). How to tell the kids? Parental crisis communication during the COVID-19 pandemic. *Studies in Communication Sciences, 22*(1). https://doi.org/10.24434/j.scoms.2022.01.3010

Reinecke, L. & Eden, A. (2017). Media use and recreation: Media-induced recovery as a link between media exposure and well-being. In M. B. Oliver & L. Reinecke (Hrsg.), *Routledge Handbooks. The Routledge handbook of media use and well-being: International perspectives on theory and research on positive media effects.* Routledge.

Renner, B. & Gamp, M. (2014). Krisen-und Risikokommunikation. *Prävention und Gesundheitsförderung, 9*(3), 230–238. https://doi.org/10.1007/s11553-014-0456-z

Renner, B., Gamp, M., Schmälzle, R. & Schupp, H. T. (2015). Health risk perception.

Rhodes, R. E. & Bruijn, G.-J. de (2013). How big is the physical activity intention-behaviour gap? A meta-analysis using the action control framework. *British journal of health psychology, 18*(2), 296–309. https://doi.org/10.1111/bjhp.12032

Rice, R. E. & Atkin, C. K. (Hrsg.). (2012). *Public Communication Campaigns.* Sage.

Richardson, E., Aissat, D., Williams, G. A. & Fahy, N. (2020). Keeping what works: remote consultations during the COVID-19 pandemic. *Eurohealth*, 26(2), 73–76. https://apps.who.int/iris/bitstream/handle/10665/336301/eurohealth-26-2-73-76-eng.pdf

Richter, M. & Hurrelmann, K. (Hrsg.). (2016). *Lehrbuch. Soziologie von Gesundheit und Krankheit* (1. Auflage). Springer. https://doi.org/10.1007/978-3-658-11010-9

Riedl, D. & Schüßler, G. (2017). The Influence of Doctor-Patient Communication on Health Outcomes: A Systematic Review. *Zeitschrift fur Psychosomatische Medizin und Psychotherapie*, 63(2), 131–150. https://doi.org/10.13109/zptm.2017.63.2.131

Riley, A. H., Sood, S. & Wang, H. (2022). Entertainment-Education (Effects). In E. Y. Ho, C. L. Bylund, J. C. M. van Weert, I. Basnyat, N. Bol & M. Dean (Hrsg.), *The International Encyclopedia of Health Communication* (S. 1–7). John Wiley & Sons. https://doi.org/10.1002/9781119678816.iehc0625

Rimal, R. N. & Real, K. (2003). Perceived risk and efficacy beliefs as motivators of change. *Human Communication Research*, 29(3), (S. 370–399). https://doi.org/10.1111/j.1468-2958.2003.tb00844.x

Ritterfeld, U., Cody, M. & Vorderer, P. (2009). *Serious Games: Mechanisms and Effects.* Routledge. https://doi.org/10.4324/9780203891650

Roberts, M., Wanta, W. & Dzwo, T.-H. (2002). Agenda Setting and Issue Salience Online. *Communication Research*, 29(4), 452–465. https://doi.org/10.1177/0093650202029004004

Roeßiger, S. (2013). Safer Sex und Solidarität Die Sammlung internationaler Aidsplakate im Deutschen Hygiene-Museum. *Zeithistorische Forschungen/Studies in Contemporary History*, 10, 502–514.

Roeßiger, S. & Merk, H. (Hrsg.). (1998). *Hauptsache gesund! Gesundheitsaufklärung zwischen Disziplinierung und Emanzipation: eine Publikation des Deutschen Hygiene-Museums, Dresden und der Bundeszentrale für gesundheitliche Aufklärung, Köln*. Jonas Verlag.

Rogers, C. R. (2010). Die nicht-direktive Beratung (E. Nosbüsch. Trans.). *Geist und Psyche.(Ungekürzte Ausgabe, 13. Aufl.)*. Fischer.

Rogers, E. M. (1994). The field of health communication today. *The American Behavioral Scientist*, 38(2), 208.

Rogers, E. M. (1996). Up-to-date report. *Journal of Health Communication*, 1(1), 15–24. https://doi.org/10.1080/108107396128202

Rogers, E. M. (2003). *Diffusion of innovations* (5th ed.). Free Press.

Rogers, R. W. (1975). A Protection Motivation Theory of Fear Appeals and Attitude Change1. *The Journal of psychology*, 91(1), 93–114. https://doi.org/10.1080/00223980.1975.9915803

Rogers, R. W. (1983). Cognitive and physiological processes in fear appeals and attitude change: A revised theory of protection motivation. In John T. Cacioppo, Richard E. Petty (Hrsg.), *Advances in Personal Relationships: A Sourcebook* (S. 153–177). Guilford Publications.

Roloff, E. & Henke-Wendt, K. (2018). *Geschädigt statt geheilt: Große deutsche Medizin- und Pharmaskandale*. S. Hirzel Verlag.

Rosen, C. S. (2000). Is the sequencing of change processes by stage consistent across health problems? A meta-analysis. *Health Psychology*, 19(6), 593–604. https://doi.org/10.1037/0278-6133.19.6.593

Rosenberg, E., Seller, R. & Leanza, Y. (2008). Through interpreters' eyes: comparing roles of professional and family interpreters. *Patient Education and Counseling*, 70(1), 87–93. https://doi.org/10.1016/j.pec.2007.09.015

Rosenberg, M. B. (2016). *Gewaltfreie Kommunikation: Eine Sprache des Lebens* (12., überarbeitete und erweiterte Auflage). *Reihe Kommunikation Gewaltfreie Kommunikation*. Junfermann Verlag.

Rosenstock, I. M. (1960). What research in motivation suggests for public health. *American Journal Of Public Health and The Nation's Health, 50*, 295–302. https://doi.org/10.2105/ajph.50.3_pt_1.295
Roski, R. (2014). Akteure der Gesundheitskommunikation und ihre Zielgruppen. In K. Hurrelmann & E. Baumann (Hrsg.), *Handbuch Gesundheitskommunikation* (S. 348–359). Verlag Hans Huber.
Rosland, A.-M., Piette, J. D., Choi, H. & Heisler, M. (2011). Family and friend participation in primary care visits of patients with diabetes or heart failure: patient and physician determinants and experiences. *Medical Care, 49*(1), 37–45. https://doi.org/10.1097/MLR.0b013e3181f37d28
Rosset, M., Baumann, E. & Jaspersen, M. (2022). Framing: Strategic. In E. Y. Ho, C. L. Bylund, J. C. M. van Weert, I. Basnyat, N. Bol & M. Dean (Hrsg.), *The International Encyclopedia of Health Communication* (S. 1–5). John Wiley & Sons. https://doi.org/10.1002/9781119678816.iehc0642
Rössler, P. (2017). *Inhaltsanalyse* (3. Auflage). UTB.
Rössler, P. (2019). Agenda-Setting-Effekte im Gesundheitsbereich. In C. Rossmann & M. R. Hastall (Hrsg.), *Handbuch der Gesundheitskommunikation: Kommunikationswissenschaftliche Perspektiven*. Springer. https://doi.org/10.1007/978-3-658-10727-7_24
Rossmann, C. (2003). Zu Risiken und Nebenwirkungen fragen Sie die Patienten. Eine Studie zur Darstellung von Ärzten in Krankenhausserien und ihrem Einfluss auf das Arztbild von Patienten. *Medien & Kommunikationswissenschaft, 51*(3-4), 497–522. https://doi.org/10.5771/1615-634x-2003-3-4-497
Rossmann, C. (2010). Zur theorie-und evidenzbasierten Fundierung massenmedialer Gesundheitskampagnen. *Public Health Forum, 18*(68), 16e1–16e3. https://doi.org/10.1016/j.phf.2010.06.010
Rossmann, C. (2012). „Gemeinsam ist es leichter" – Zur Relevanz der Psychologie und Kommunikationswissenschaft für die Planung einer Kampagne zur Förderung körperlicher Aktivität. In S. Fengler (Hrsg.), *Theoretisch praktisch!? Anwendungsoptionen und gesellschaftliche Relevanz der Kommunikations- und Medienforschung* (S. 255–269). UVK.
Rossmann, C. (2013). Kultivierungsforschung: Idee, Entwicklung und Integration. In W. Schweiger & A. Fahr (Hrsg.), *Handbuch Medienwirkungsforschung* (S. 207–223). Springer. https://doi.org/10.1007/978-3-531-18967-3_10
Rossmann, C. (2015). Strategic health communication: Theory- and evidence-based campaign development. In D. Holtzhausen (Hrsg.), *The Routledge Handbook of Strategic Communication* (S. 409–423). Taylor and Francis.
Rossmann, C. (2019). Gesundheitskommunikation: Eine Einführung aus kommunikationswissenschaftlicher Perspektive. In C. Rossmann & M. R. Hastall (Hrsg.), *Handbuch der Gesundheitskommunikation: Kommunikationswissenschaftliche Perspektiven* (S. 1–13). Springer. https://doi.org/10.1007/978-3-658-10948-6_1-1
Rossmann, C. (2021). *Theory of reasoned action, theory of planned behavior* (2. Aufl.). Konzepte: Bd. 4. Nomos. http://doi.org/doi.org/10.5771/9783845260341
Rossmann, C. & Brosius, H.-B. (2005). Vom hässlichen Entlein zum schönen Schwan? Zur Darstellung und Wirkung von Schönheitsoperationen im. *Medien & Kommunikationswissenschaft, 53*(4), 507–532. https://doi.org/10.5771/1615-634x-2005-4-507
Rossmann, C. & Hastall, M. R. (Hrsg.). (2019a). *Handbuch der Gesundheitskommunikation: Kommunikationswissenschaftliche Perspektiven*. Springer. https://doi.org/10.1007/978-3-658-10727-7
Rossmann, C., Hastall, M. R. & Baumann, E. (2014). Kommunikationswissenschaftliche Grundlagen der Gesundheitskommunikation. In K. Hurrelmann & E. Baumann (Hrsg.), *Handbuch Gesundheitskommunikation*. Verlag Hans Huber.

Rossmann, C. & Karnowski, V. (2014). eHealth and mHealth: Gesundheitskommunikation online und mobil. In K. Hurrelmann & E. Baumann (Hrsg.), *Handbuch Gesundheitskommunikation* (S. 271–285). Verlag Hans Huber.

Rossmann, C. & Krömer, N. (2016). mHealth in der medizinischen Versorgung, Prävention und Gesundheitsförderung. In F. Fischer & A. Krämer (Hrsg.), *eHealth in Deutschland: Anforderungen und Potenziale innovativer Versorgungsstrukturen* (S. 441–456). Springer. https://doi.org/10.1007/978-3-662-49504-9_24

Rossmann, C. & Meyer, L. (2017). Medizin- und Gesundheitskommunikation. In H. Bonfadelli, B. Fähnrich, C. Lüthje, J. Milde, M. Rhomberg & M. S. Schäfer (Hrsg.), *Forschungsfeld Wissenschaftskommunikation* (S. 355–371). Springer. https://doi.org/10.1007/978-3-658-12898-2_19

Rossmann, C. & Ziegler, L. (2013). Gesundheitskommunikation: Medienwirkungen im Gesundheitsbereich. In W. Schweiger & A. Fahr (Hrsg.), *Handbuch Medienwirkungsforschung* (S. 385–400). Springer. https://doi.org/10.1007/978-3-531-18967-3_20

Rossmann, C., Ziegler, L. & Pfister, T. (2013). Fallbeispiele und Furchtappelle in der Gesundheitskommunikation: Eine Inhaltsanalyse von Zeitschriften, Flyern und Internetportalen. In C. Rossmann & M. R. Hastall (Hrsg.), *Medien und Gesundheitskommunikation* (S. 65–81). Nomos. https://doi.org/10.5771/9783845242811-65

Rothenfluh, F. B. & Schulz, P. J. (2019). Arzt-Patient-Kommunikation. In C. Rossmann & M. R. Hastall (Hrsg.), *Handbuch der Gesundheitskommunikation: Kommunikationswissenschaftliche Perspektiven* (S. 1–12). Springer. https://doi.org/10.1007/978-3-658-10948-6_5-1

Röttger, U., Kobusch, J. & Preusse, J. (2018). *Grundlagen der Public Relations*. Springer. https://doi.org/10.1007/978-3-658-17503-0

Roulin, C. & Jurt, L. (2016). Digital unterstützte Kommunikation im Spital zur Überwindung von Sprachbarrieren. In S. Nideröst & S. Bachmann (Hrsg.), *Digitalisierung und Soziale Arbeit* (S. 28–31). Hochschule für soziale Arbeit FHNW.

Ruf, D., Berner, M. M., Kriston, L. & Härter, M. (2008). E-Learning-eine wichtige Unterstützung in der medizinischen Aus-, Fort- und Weiterbildung. *Bundesgesundheitsblatt - Gesundheitsforschung - Gesundheitsschutz*, 51(9), 1061–1069. https://doi.org/10.1007/s00103-008-0635-1

Ruhrmann, G. & Guenther, L. (2014). Medienberichterstattung über Gesundheitsrisiken. In K. Hurrelmann & E. Baumann (Hrsg.), *Handbuch Gesundheitskommunikation* (S. 184–194). Verlag Hans Huber.

Ruhrmann, G., Milde, J. & Zillich, A. F. (Hrsg.). (2011). *Molekulare Medizin und Medien: Zur Darstellung und Wirkung eines kontroversen Wissenschaftsthemas*. Springer.

Ruiter, R. A. C., Kessels, L. T. E., Peters, G.-J. Y. & Kok, G. (2014). Sixty years of fear appeal research: current state of the evidence. *International journal of psychology: Journal international de psychologie*, 49(2), 63–70. https://doi.org/10.1002/ijop.12042

Rummler, A. & Scheibler, F. (2016). Patientenrechte: Informierte Entscheidung als patientenrelevanter Endpunkt. *Deutsches Ärzteblatt*, 8(113), A322-A324.

Russell, C. A., Russell, D. W, Boland, W. A. & Grube, J. W. (2014). Television's Cultivation of American Adolescents' Beliefs about Alcohol and the Moderating Role of Trait Reactance. *Journal of Children and Media*, 8(1), 5–22. https://doi.org/10.1080/17482798.2014.863475

Russell, J., Fudge, N. & Greenhalgh, T. (2020). The impact of public involvement in health research: what are we measuring? Why are we measuring it? Should we stop measuring it? *Research Involvement and Engagement*, 6, 63. https://doi.org/10.1186/s40900-020-00239-w

Ryan, R. M. & Deci, E. L. (2000). Self-determination theory and the facilitation of intrinsic motivation, social development, and well-being. *The American Psychologist*, 55(1), 68–78. https://doi.org/10.1037/0003-066X.55.1.68

Sadasivam, R. S., Kinney, R. L., Lemon, S. C., Shimada, S. L., Allison, J. J. & Houston, T. K. (2013). Internet health information seeking is a team sport: analysis of the Pew Internet Survey. *International Journal of Medical Informatics*, 82(3), 193–200. https://doi.org/10.1016/j.ijmedinf.2012.09.008

Salatowsky, S. (2022). *Das Gesundheitswesen im deutschsprachigen Raum der Frühen Neuzeit: Eine Einführung*. https://doi.org/10.21241/SSOAR.77772

Samson, L., Nanne, A. J. & Buijzen, M. (2021). Remember the motivationally-relevant appeals? The influence of social and sensory appeals on memory for pronutritional messages promoting healthy foods. *International Journal of Advertising*, 40(4), 582–601. https://doi.org/10.1080/02650487.2020.1833675

Sandrock, J. (2022). *Vom Radiobeitrag zum Podcast: eine Auswahl gesundheitsbezogener Hörformate seit 1979*. In D. Reifegerste & C. Sammer (Hrsg.), Gesundheitskommunikation und Geschichte: Interdisziplinäre Perspektiven. DGPuK. https://doi.org/10.21241/ssoar.79465

Sassenberg, K. (2017). Digitale Medien als Informationsquelle über Umwelt und Gesundheit für Laien. *Bundesgesundheitsblatt, Gesundheitsforschung, Gesundheitsschutz*, 60(6), 649–655. https://doi.org/10.1007/s00103-017-2549-2

Sassenberg, K. & Wiesing, U. (2016). Internet-informierte Patienten – Empirische Evidenz für einseitige Informationsverarbeitung und ihre medizinethischen Implikationen. *Zeitschrift für medizinische Ethik*, 62(4), 299–311.

Sattler, F. A. (2018). *Minderheitenstress und psychische Gesundheit von Lesben, Schwulen und Bisexuellen*. https://doi.org/10.17192/Z2018.0109

Schaeffer, D. & Dewe, B. (2012). Zur Interventionslogik von Beratung in Differenz zu Information, Aufklärung und Beratung. In D. Schaeffer (Hrsg.), *Lehrbuch Patientenberatung* (S. 59–86). Huber.

Schaeffer, D. & Schmidt-Kaehler, S. (2012). Patientenberatung: wachsende Bedeutung und neue Aufgaben. In D. Schaeffer (Hrsg.),. *Lehrbuch Patientenberatung* (2. Aufl., S. 11–21). Huber.

Schäfer, M. & Potrafke, S. (2016). Welche Rolle spielt die Suizidprävention? Ein internationaler Vergleich von Pressekodizes im Hinblick auf Richtlinien zur Suizidberichterstattung. In A.-L. Camerini, R. Ludolph & F. B. Rothenfluh (Hrsg.), *Gesundheitskommunikation im Spannungsfeld zwischen Theorie und Praxis* (S. 15–28). Nomos. https://doi.org/10.5771/9783845274256-16

Schäfer, S. & Schemer, C. (2019). Die Bedeutung der sozial-kognitiven Theorie für die Gesundheitskommunikation. In C. Rossmann & M. R. Hastall (Hrsg.), *Handbuch Gesundheitskommunikation: Kommunikationswissenschaftliche Perspektiven*. Springer. https://doi.org/10.1007/978-3-658-10727-7_26

Schaller, S., Wiedicke, A., Reifegerste, D. & Temmann, L. J. (2023). (De)Stigmatizing Depression on Social Media: The Role of Responsibility Frames. *Journal of Health Communication*, 1–11. https://doi.org/10.1080/10810730.2023.2266702

Scharkow, M. (2012). *Automatische Inhaltsanalyse und maschinelles Lernen*. epubli.

Scharkow, M. (2016). The accuracy of self-reported Internet use—A validation study using client log data. *Communication Methods and Measures*, 10(1), 13–27. https://doi.org/10.1080/19312458.2015.1118446

Scherenberg, V. (2014). Krankenkassenkommunikation. In K. Hurrelmann & E. Baumann (Hrsg.), *Handbuch Gesundheitskommunikation* (S. 386–398). Verlag Hans Huber.

Scherenberg, V. (2022). *Präventionsmarketing: Ziel- und Risikogruppen gewinnen und motivieren*. UTB. https://doi.org/10.36198/9783838559018

Scherenberg, V. & Kramer, U. (2013). Schöne neue Welt: Gesünder mit Health-Apps? Hintergründe, Handlungsbedarf und schlummernde Potenziale. In N. Hautzinger (Hrsg.), *Pharmakommunikation im Internetzeitalter: Theorie und Praxis eines patientenorientierten Kommunikationsmanagements am Beispiel der Pharmabranche Schweiz*. (S. 115–119). Fischer.

Scherer, H., Baumann, E. & Schlütz, D. (2005). Wenn zwei das Gleiche fernsehen, tun sie noch lange nicht dasselbe. Eine Analyse von Rezeptionsmodalitäten am Beispiel der Nutzung von Krankenhausserien durch Krankenhauspersonal. In V. Gehrau & H. Bilandzic (Hrsg.), *Rezeptionsstrategien und Rezeptionsmodalitäten* (S. 219–234). Fischer.

Scherer, H. & Link, E. (2019). Gesundheitsthemen in den Medien. In C. Rossmann & M. R. Hastall (Hrsg.), *Handbuch Gesundheitskommunikation: Kommunikationswissenschaftliche Perspektiven*. Springer. https://doi.org/10.1007/978-3-658-10948-6_12-1

Scherer, K. R. (1984). On the nature and function of emotion: A component process approach. In P. Ekman & H. Scherer (Hrsg.), *Approaches To Emotion* (S. 293–318). Taylor and Francis.

Scherr, S. (2014). Gesundheit in den Medien und die Bedeutung von Medieninhalten für die Gesundheit. In K. Hurrelmann & E. Baumann (Hrsg.), *Handbuch Gesundheitskommunikation* (S. 239–252). Verlag Hans Huber.

Scherr, S. (2016). *Depression–Medien–Suizid*. Springer. https://doi.org/10.1007/978-3-658-11162-5

Scherr, S. (2017). Psychische Krankheiten in der Gesellschaft und in den Medien. In C. Rossmann & M. R. Hastall (Hrsg.), *Handbuch Gesundheitskommunikation*. Springer. https://doi.org/10.1007/978-3-658-10948-6_46-1

Scherr, S. & Bartsch, A. (2019). Pathologische Mediennutzung. In C. Rossmann & M. R. Hastall (Hrsg.), *Handbuch der Gesundheitskommunikation: Kommunikationswissenschaftliche Perspektiven* (S. 1–12). Springer. https://doi.org/10.1007/978-3-658-10948-6_22-1

Scheu, A. M. (2016). Grounded Theory in der Kommunikationswissenschaft. In S. Averbeck-Lietz & M. Meyen (Hrsg.), *Handbuch nicht standardisierte Methoden in der Kommunikationswissenschaft* (S. 81–94). Springer. https://doi.org/10.1007/978-3-658-01656-2_6

Scheufele, B. & Engelmann, I. (2009). *Empirische Kommunikationsforschung*. UTB.

Schiavo, R. (2013). *Health communication: From theory to practice* (Second edition). Jossey-Bass.

Schildmann, J., Hirschberg, I. & Vollmann, J. (2014). Ethische Aspekte der Gesundheitskommunikation. In K. Hurrelmann & E. Baumann (Hrsg.), *Handbuch Gesundheitskommunikation*. Verlag Hans Huber.

Schilling, G. & Mehnert, A. (2014). Überbringen schlechter Nachrichten - eine Herausforderung für jeden Arzt. *Medizinische Klinik, Intensivmedizin und Notfallmedizin, 109*(8), 609–613. https://doi.org/10.1007/s00063-013-0250-2

Schmidt, J.-H. & Taddicken, M. (2023). Soziale Medien: Funktionen, Praktiken, Formationen. In J.-H. Schmidt & M. Taddicken (Hrsg.), *Handbuch Soziale Medien* (S. 19–34). Springer. https://doi.org/10.1007/978-3-658-25995-2_2

Schmidt-Kaehler, S. & Knatz, B. (2012). Formen der Patientenberatung. In D. Schaeffer (Hrsg.), *Lehrbuch Patientenberatung* (2. Aufl., S. 109–132). Huber.

Schmiege, J., Engelmann, I. & Lübke, S. (2023). Populistisch und verschwörungstheoretisch? Die Darstellung der Covid-19-Pandemie in rechtsalternativen Online-Medien. *Publizistik*.

Schnabel, P.-E. (2009). Kommunikation im Gesundheitswesen – Problemfelder und Chancen. In R. Roski (Hrsg.), *Zielgruppengerechte Gesundheitskommunikation: Akteure, Audience Segmentation, Anwendungsfehler* (S. 33–58). Springer. https://doi.org/10.1007/978-3-531-91476-3_2

Schnabel, P.-E. & Bödeker, M. (2012). *Gesundheitskommunikation* (1. Aufl.). Julius Beltz.

Schneider, W. (2013). Medicalization of social processes. *Psychotherapeut, 58*(3), 219–236. https://doi.org/10.1007/s00278-013-0977-5

Schneider-Stingelin, C. (2014). *Gesundheitskampagnen in der Schweiz: Integriertes Kampagnenmanagement mit theoretischer Fundierung und Evaluation*. Herbert von Halem Verlag.

Schnell, M. W. (2018). Ethik der digitalen Gesundheitskommunikation. In J. Pundt & V. Scherenberg (Hrsg.), *Digitale Gesundheitskommunikation: Zwischen Meinungsbildung und Manipulation* (S. 277–292). BoD–Books on Demand.

Schnell, R., Hill, P. B. & Esser, E. (2018). *Methoden der empirischen Sozialforschung* (11. Auflage). De Gruyter.

Schorr, A. (2014). Die neuen Grundlagen der Kommunikation mit Patienten. In A. Schorr (Hrsg.), *Gesundheitskommunikation: Psychologische und interdisziplinäre Perspektiven* (S. 105–141). Nomos.

Schott, G. (2015). Erfundene Krankheiten? Zur aktuellen Problematik des Disease Mongering. *Arzneiverordnung in der Praxis*, 42(4), 178–183.

Schott, G., Pachl, H., Limbach, U., Gundert-Remy, U., Ludwig, W.-D. & Lieb, K. (2010). Finanzierung von Arzneimittelstudien durch pharmazeutische Unternehmen und die Folgen. *Deutsches Ärzteblatt*, 107(16), 279–285. https://doi.org/10.3238/arztebl.2010.0279

Schouten, B. C., Cox, A., Duran, G., Kerremans, K., Banning, L. K., Lahdidioui, A., van den Muijsenbergh, M., Schinkel, S., Sungur, H., Suurmond, J., Zendedel, R. & Krystallidou, D. (2020). Mitigating language and cultural barriers in healthcare communication: Toward a holistic approach. *Patient Education and Counseling*. https://doi.org/10.1016/j.pec.2020.05.001

Schrader, M. & Swiatoszczyk, A. (2014). Sozialmarketing in der Krebsprävention am Beispiel der Kampagne „1000 Mutige Männer". In E. Baumann, M. R. Hastall, C. Rossmann & A. Sowka (Hrsg.), *Gesundheitskommunikation als Forschungsfeld der Kommunikations- und Medienwissenschaft* (S. 92–103). Nomos. https://doi.org/10.5771/9783845254685_92

Schröder-Bäck, P. (2011). Ethik und Public Health. In T. Schott & C. Hornberg (Hrsg.), *Die Gesellschaft und ihre Gesundheit: 20 Jahre Public Health in Deutschland: Bilanz und Ausblick einer Wissenschaft* (S. 275–291). Springer. https://doi.org/10.1007/978-3-531-92790-9_14

Schulz, P. J. & Hartung, U. (2014). Trends und Perspektiven der Gesundheitskommunikation. In K. Hurrelmann & E. Baumann (Hrsg.), *Handbuch Gesundheitskommunikation* (S. 20–33). Verlag Hans Huber.

Schulz, P. J. & Nakamoto, K. (2013). Patient behavior and the benefits of artificial intelligence: the perils of "dangerous" literacy and illusory patient empowerment. *Patient Education and Counseling*, 92(2), 223–228. https://doi.org/10.1016/j.pec.2013.05.002

Schulz, P. J., Schlotz, W. & Becker, P. (2004). *Trierer Inventar zum chronischen Stress*. Hogrefe.

Schumacher, N., Mühlbacher, A. & Wiest, A. (2014). Informations- und Kommunikationstechniken im Gesundheitswesen. In K. Hurrelmann & E. Baumann (Hrsg.), *Handbuch Gesundheitskommunikation*. Verlag Hans Huber.

Schumacher, S. & Knatz, B. (2019). *Mediale Dialogkompetenz: Umgang mit schwierigen Gesprächssituationen am Telefon und im Chat*. Springer. https://doi.org/10.1007/978-3-662-58721-8

Schwarz, U. & Reifegerste, D. (2019). Humorappelle in der Gesundheitskommunikation. In C. Rossmann & M. R. Hastall (Hrsg.), *Handbuch Gesundheitskommunikation: Kommunikationswissenschaftliche Perspektiven*. Springer. https://doi.org/10.1007/978-3-658-10948-6_37-1

Schwarzer, R. (1992). Self-efficacy in the adoption and maintenance of health behaviors: Theoretical approaches and a new model. In R. Schwarzer (Hrsg.), *Self-Efficacy: Thought Control Of Action* (S. 217–243). Taylor & Francis.

Schwarzer, R. (2004). *Psychologie des Gesundheitsverhaltens: Einführung in die Gesundheitspsychologie* (3., überarb. Aufl.). Hogrefe.

Schweiger, W. (2007). *Theorien der Mediennutzung*. Springer. https://doi.org/10.1007/978-3-531-90408-5

Schweiger, W. (2013). Grundlagen: Was sind Medienwirkungen? Überblick und Systematik. In W. Schweiger & A. Fahr (Hrsg.), *Handbuch Medienwirkungsforschung* (S. 15–37). Springer. https://doi.org/10.1007/978-3-531-18967-3_1

Schweiger, W. & Fahr, A. (Hrsg.). (2013). *Handbuch Medienwirkungsforschung*. Springer. https://doi.org/10.1007/978-3-531-18967-3

Seidel, G. (2017). Forderung der Gesundheitskompetenz – Erfahrungen im Rahmen der Patientenuniversitat. *Public Health Forum, 25*(1), 42–46. https://doi.org/10.1515/pubhef-2016-2124

Seidel, G., Münch, I., Dreier, M., Borutta, B., Walter, U. & Dierks, M. L. (2014). Sind Informationsmaterialien zur Darmkrebsfrüherkennung in Deutschland verständlich oder verfehlen sie ihre Wirkung? *Bundesgesundheitsblatt-Gesundheitsforschung-Gesundheitsschutz, 57*(3), 366–379.

Seifert, M. (2015). Wer die Qual hat, hat die Wahl. Eine empirische Studie zum Informations- und Kommunikationsverhalten bei der Krankenhauswahl. In M. Schäfer, O. Quiring, C. Rossmann, M. R. Hastall & E. Baumann (Hrsg.), *Gesundheitskommunikation im Spannungsfeld medialer und gesellschaftlicher Wandlungsprozesse* (S. 141–152). Nomos. https://doi.org/10.5771/9783845264677-139

Seifert, M. (2019). Klinikkommunikation. In C. Rossmann & M. R. Hastall (Hrsg.), *Handbuch Gesundheitskommunikation: Kommunikationswissenschaftliche Perspektiven*. Springer. https://doi.org/10.1007/978-3-658-10948-6_11-1

Seitz, L., Bekmeier-Feuerhahn, S. & Gohil, K. (2022). Can we trust a chatbot like a physician? A qualitative study on understanding the emergence of trust toward diagnostic chatbots. *International Journal of Human-Computer Studies, 165*, 102848. https://doi.org/10.1016/j.ijhcs.2022.102848

Sekimoto, M., Asai, A., Ohnishi, M., Nishigaki, E., Fukui, T., Shimbo, T. & Imanaka, Y. (2004). Patients' preferences for involvement in treatment decision making in Japan. *BMC Family Practice, 5*(1), 1–10. https://doi.org/10.1186/1471-2296-5-1

Selvage, D. & Nehring, C. (2020). *Die AIDS-Verschwörung: Das Ministerium für Staatssicherheit und die AIDS-Desinformationskampagne des KGB* (2. unveränderte Auflage). BF informiert: Bd. 33. Bundesbeauftragter f. d. Unterlagen d. Staatssicherheitsdienstes d. ehem. DDR.

Severin, W. J. & Tankard, J. W. (2010). *Communication theories: Origins, methods, and uses in the mass media* (5. ed.). Longman.

Sheeran, P. (2002). Intention—Behavior Relations: A Conceptual and Empirical Review. *European Review of Social Psychology, 12*(1), 1–36. https://doi.org/10.1080/14792772143000003

Sheeran, P., Milne, S. & Orbell, S. (2000). Prediction and Intervention in Health-Related Behavior: A Meta-Analytic Review of Protection Motivation Theory. *Journal of Applied Social Psychology, 30*(1), 106–143. https://doi.org/10.1111/j.1559-1816.2000.tb02308.x

Sheeran, P. & Webb, T. L. (2016). The Intention–Behavior Gap. *Social and personality psychology compass, 10*(9), 503–518. https://doi.org/10.1111/spc3.12265

Shehata, A. & Strömbäck, J. (2013). Not (Yet) a New Era of Minimal Effects. *The International Journal of Press/Politics, 18*(2), 234–255. https://doi.org/10.1177/1940161212473831

Shen, F., Sheer, V. C. & Li, R. (2015). Impact of Narratives on Persuasion in Health Communication: A Meta-Analysis. *Journal of Advertising, 44*(2), 105–113. https://doi.org/10.1080/00913367.2015.1018467

Siegenthaler, P., Ort, A. & Fahr, A. (2021). The influence of valence shifts in fear appeals on message processing and behavioral intentions: A moderated mediation model. *PloS one, 16*(9), e0255113. https://doi.org/10.1371/journal.pone.0255113

Singhal, A., Kim, D. k. & Kreps, G. L. (2014). *Health Communication*. Peter Lang Publishing Group.

Slovic, P. E. (2000). *The perception of risk*. Earthscan Publications.
Soellner, R., Huber, S., Lenartz, N. & Rudinger, G. (2009). Gesundheitskompetenz – ein vielschichtiger Begriff. *Zeitschrift für Gesundheitspsychologie, 17*(3), 105–113. https://doi.org/10.1026/0943-8149.17.3.105
Soellner, R., Huber, S. & Reder, M. (2014). The concept of eHealth literacy and its measurement. *Journal of Media Psychology: Theories, Methods, and Applications, 26*(1), 29–38. https://doi.org/10.1027/1864-1105/a000104
Sonnentag, S. & Pundt, A. (2017). Media use and work-life-balance. In M. B. Oliver & L. Reinecke (Hrsg.), *Routledge Handbooks. The Routledge handbook of media use and well-being*. Routledge.
Sørensen, K., Van den Broucke, Stephan, Fullam, J., Doyle, G., Pelikan, J. M., Slonska, Z. & Brand, H. (2012). Health literacy and public health: A systematic review and integration of definitions and models. *BMC Public Health, 12*(80). https://doi.org/10.1186/1471-2458-12-80
Sørensen, K., Van den Broucke, Stephan, Pelikan, J. M., Fullam, J., Doyle, G., Slonska, Z., Kondilis, B., Stoffels, V., Osborne, R. H. & Brand, H. (2013). Measuring health literacy in populations: illuminating the design and development process of the European Health Literacy Survey Questionnaire (HLS-EU-Q). *BMC Public Health, 13*, 948. https://doi.org/10.1186/1471-2458-13-948
Spatzier, A. & Signitzer, B. (2014). Ansätze und Forschungsfelder der Gesundheitskommunikation. In K. Hurrelmann & E. Baumann (Hrsg.), *Handbuch Gesundheitskommunikation* (S. 34–50). Verlag Hans Huber.
Statistisches Bundesamt (Hrsg.). (2022). *Unfälle von Frauen und Männern im Straßenverkehr 2020*. https://www.destatis.de/DE/Themen/Gesellschaft-Umwelt/Verkehrsunfaelle/Publikationen/Downloads-Verkehrsunfaelle/unfaelle-frauen-maenner-5462407207004.pdf?__blob=publicationFile
Steckelberg, A., Hülfenhaus, C., Haastert, B. & Mühlhauser, I. (2011). Effect of evidence based risk information on "informed choice" in colorectal cancer screening: randomised controlled trial. *BMJ. 342*, d3193. https://doi.org/10.1136/bmj.d3193
Steckelberg, A., Mühlhauser, I. & Albrecht, M. (2013). Wollen wir wissen, was wir tun? Evidenzbasierung edukativer Interventionen. *Zeitschrift fur Evidenz, Fortbildung und Qualität im Gesundheitswesen, 107*(1), 13–18. https://doi.org/10.1016/j.zefq.2012.12.004
Stehr, P., Reifegerste, D., Rossmann, C., Caspar, K., Schulze, A. & Lindemann, A.-K. (2022). Effective communication with caregivers to prevent unintentional injuries in children under seven years. A systematic review. *Patient Education and Counseling, 105*(8), 2721–2730. https://doi.org/10.1016/j.pec.2022.04.015
Stehr, P., Rossmann, C., Geppert, J., Luetke Lanfer, H. & Kremer, T. (2020). *„Mensch Opa, du bist noch so fit!"*. Nomos. https://doi.org/10.5771/9783748906780
Stehr, P., Rossmann, C. & Karnowski, V. (2016). Aneignung von Ernährungs-Apps: Forschungsstand und Adaption des Mobile Phone Appropriation-Modells. In A.-L. Camerini, R. Ludolph & F. B. Rothenfluh (Hrsg.), *Gesundheitskommunikation im Spannungsfeld zwischen Theorie und Praxis* (S. 273–285). Nomos. https://doi.org/10.5771/9783845274256-274
Steinkamp, N. & Gordijn, B. (2003). *Ethik in der Klinik: ein Arbeitsbuch: Zwischen Leitbild und Stationsalltag*. Luchterhand.
Strippel, C., Bock, A., Katzenbach, C., Mahrt, M., Merten, L., Nuernbergk, C., Pentzold, C., Puschmann, C. & Waldherr, A. (2018). Die Zukunft der Kommunikationswissenschaft ist schon da, sie ist nur ungleich verteilt. *Publizistik, 63*(1), 11–27. https://doi.org/10.1007/s11616-017-0398-5
Ströbl, V., Friedl-Huber, A., Küffner, R., Reusch, A., Vogel, H. & Faller, H. (2007). Beschreibungs- und Bewertungskriterien für Patientenschulungen. *Praxis Verhaltensmedizin und Klinische Rehabilitation*(20), 11–14.

Stuhrmann-Spangenberg, M., Engels, H., Fritz, B., Gabriel, H., Gläser, D., Henn, W., Liehr, T., Miller, K. & Rieder Harald (2011). S2-Leitlinie Humangenetische Diagnostik. *Medizinische Genetik*, 23(2), 281–323. https://doi.org/10.1007/s11825-011-0284-x

Stüwe, J. & Pawlowski, F. (2021). PR und Advocacy-Arbeit von und für junge Erwachsene mit Krebserkrankungen. In D. Reifegerste (Hrsg.), *PR und Organisationskommunikation im Gesundheitswesen*. (S. 159–173). Springer. https://doi.org/10.1007/978-3-658-328 84-9_10

Szél, Z., Kiss, D., Török, Z. & Gyarmathy, V. A. (2020). Hungarian Medical Students' Knowledge About and Attitude Toward Homosexual, Bisexual, and Transsexual Individuals. *Journal of Homosexuality*, 67(10), 1429–1446. https://doi.org/10.1080/0091836 9.2019.1600898

Ta, S. & Frosch, D. L. (2008). Pharmaceutical product placement: Simply script or prescription for trouble? *Journal of Public Policy & Marketing*, 27(1), 98–106. http://www.jstor.org/stable/25651583

Tan, S. S.-L. & Goonawardene, N. (2017). Internet Health Information Seeking and the Patient-Physician Relationship: A Systematic Review. *Journal of medical Internet research*, 19(1), e9. https://doi.org/10.2196/jmir.5729

Teerling, T. & Reinecke, S. (2019). Relevanz und Grundprinzipien des Zuweisermarketing von Krankenhäusern. In D. Matusiewicz, F. Stratmann & J. Wimmer (Hrsg.), *Marketing im Gesundheitswesen* (S. 447–459). Springer. https://doi.org/10.1007/978-3-658-20279-8_33

Temmann, L. J., Reifegerste, D., Wiedicke, A. & Scherr, S. (2023). Effects of Health Responsibility Frames: Testing a Mediation Model of Attributions, Emotions, and Social Support Intentions. *Journal of Health Communication*, 28(8), 552–561. https://doi.org/10.1080/10810730.2023.2232386

Temmann, L. J., Wiedicke, A., Schaller, S., Scherr, S. & Reifegerste, D. (2021). A systematic review of responsibility frames and their effects in the health context. *Journal of Health Communication*, 26(12), 828–838. https://doi.org/10.1080/10810730.2021.2020381

Terfrüchte, L. (Hrsg.). (2017). *Organisationskommunikation von Krankenhäusern online: Die Niederlande und Deutschland im Vergleich*. MV Wissenschaft.

Thielscher, C. (Hrsg.). (2012). *Medizinökonomie: Band 2: Unternehmerische Praxis und Methodik*. Springer.

Thompson, T. L. (Hrsg.). (2014). *Encyclopedia of Health Communication*. SAGE.

Thompson, T. L. & Schulz, P. J. (Hrsg.). (2021). *Foundations of Communication Theory series. Health Communication Theory*. Wiley Blackwell.

Tichenor, P. J., Donohue, G. A. & Olien, C. N. (1970). Mass Media Flow and Differential Growth in Knowledge. *Public Opinion Quarterly*, 34(2), 159. https://doi.org/10.1086/267786

Tolks, D. (2016). eLearning in der medizinischen Aus-, Weiter- und Fortbildung. In F. Fischer & A. Krämer (Hrsg.), *eHealth in Deutschland: Anforderungen und Potenziale innovativer Versorgungsstrukturen*. Springer. https://doi.org/10.1007/978-3-662-49504-9_11

Tolks, D., Lampert, C., Dadaczynski, K., Maslon, E., Paulus, P. & Sailer, M. (2020). Spielerische Ansätze in Prävention und Gesundheitsförderung: Serious Games und Gamification, *Bundesgesundheitsblatt - Gesundheitsforschung - Gesundheitsschutz*, 63(6), 698–707. https://doi.org/10.1007/s00103-020-03156-1

Torres, m. B. (2012). Health Promotion from the Grassroots: Piloting a Radio Soap Opera for Latinos in the United States. In R. Obregón & S. R. Waisbord (Hrsg.), *Handbooks in communication and media. The handbook of global health communication* (S. 522–538). Wiley-Blackwell. https://doi.org/10.1002/9781118241868.ch25

Trans Student Educational Resources. (2023, 6. Mai). *The Gender Unicorn*. https://transstudent.org/gender/

Trepte, S. & Scharkow, M. (2017). Friends and lifesavers: How social capital and social support received in media environments contribute to well-being. In M. B. Oliver & L. Reinecke (Hrsg.), *Routledge Handbooks. The Routledge handbook of media use and well-being.* (S. 304–316). Routledge.

Treumann, K. P. (2005). Triangulation. In L. Mikos & Claudia Wegener (Hrsg.), *Qualitative Medienforschung: Ein Handbuch* (S. 209–221). UVK.

Unabhängige Patient:innenberatung Deutschland. (2022). https://www.patientenberatung.de/de

Valdivia, A. N., Robinson, J. D., Thompson, T. L., Turner, J. W., Agne, R. R., & Tian, Y. (2012). Recent trends in research on health portrayals in the media. In A. N. Valdivia (Ed.), *The International Encyclopedia of Media Studies*. Wiley-Blackwell. https://doi.org/10.1002/9781444361506.wbiems078

van de Belt, T. H., Berben, S. A. A., Samsom, M., Engelen, L. J. L. P. G. & Schoonhoven, L. (2012). Use of social media by Western European hospitals: longitudinal study. *Journal of medical Internet research*, 14(3), e61. https://doi.org/10.2196/jmir.1992

Vanherle, R., Geber, S., Geusens, F. & Beullens, K. (2022). Drinking Buddies: The Importance of Proximal Norms in Emerging Adults' Alcohol-Related Private and Public Social Media Use. *Health Communication*, 1–15. https://doi.org/10.1080/10410236.2022.2148086

Vieth, A. (2021). Kommunikative Werte im Gesundheitswesen. In D. Reifegerste (Hrsg.), *PR und Organisationskommunikation im Gesundheitswesen*. Springer. https://doi.org/10.1007/978-3-658-32884-9_2

Vilsmaier, U. (2021). Transdisziplinarität. In T. Schmohl & T. Philipp (Hrsg.), *Hochschulbildung: Lehre und Forschung: Bd. 1. Handbuch Transdisziplinäre Didaktik* (S. 333–346). transcript. https://doi.org/10.1515/9783839455654-031

Viswanath Prakash, A. & Das, S. (2020). *Would you trust a bot for healthcare advice? An empirical investigation*. Pacific Asia Conference on Information Systems (PACIS) 2020 Proceedings.

Vogel, K. (2003). *Das Deutsche Hygiene-Museum: 1911 – 1990*. Sandstein.

Vogel, K. (2010). Mensch und Körper im Museum: Das Deutsche Hygiene-Museum Dresden. *Public Health Forum*, 18(3), 14–15. https://doi.org/10.1016/j.phf.2010.06.009

Vogelgesang, J., Ströbele-Benschop, N., Schäfer, M. & Reifegerste, D. (Hrsg.). (2022). *Gesundheitskommunikation in Zeiten der COVID-19-Pandemie. Beiträge zur Jahrestagung der Fachgruppe Gesundheitskommunikation 2021*. DGPuk. https://doi.org/10.21241/ssoar.86671

Voigt, G. & Praez-Johnsen, H. (2001). Interkulturelle Kommunikation im Krankenhaus- Zur Verständigung zwischen Pflegenden und MigrantenpatientInnen am Beispiel von Angehörigen. *Pflege*, 6(2), 45–50.

Völzke, C., Hirschhausen, E. von & Fischer, F. (2017). Medizinisches Kabarett als Instrument der Gesundheitskommunikation. *Prävention und Gesundheitsförderung*, 12(2), 91–95. https://doi.org/10.1007/s11553-016-0575-9

Vorderer, P. (2015). Der mediatisierte Lebenswandel. *Publizistik*, 60(3), 259–276. https://doi.org/10.1007/s11616-015-0239-3

Vu, H. T., Guo, L. & McCombs, M. E. (2014). Exploring "the World Outside and the Pictures in Our Heads". *Journalism & Mass Communication Quarterly*, 91(4), 669–686. https://doi.org/10.1177/1077699014550090

Wagner, A. (2019). Gewinn- und Verlustframing in der Gesundheitskommunikation. In C. Rossmann & M. R. Hastall (Hrsg.), *Handbuch Gesundheitskommunikation: Kommunikationswissenschaftliche Perspektiven*. Springer. https://doi.org/10.1007/978-3-658-10727-7_42

Wagner, A. & Reifegerste, D. (2021). "The Part Played by People" in Times of COVID-19: Interpersonal Communication about Media Coverage in a Pandemic Crisis. *Health Communication*, 1–8. https://doi.org/10.1080/10410236.2021.1989786

Wagner, A. & Reifegerste, D. (2022). From Black Death to COVID-19: The Mediated Dissemination of Fear in Pandemic Times. In N. Ribeiro & C. Schwarzenegger (Hrsg.), *Global Transformations in Media and Communication Research - A Palgrave and IAMCR Series. Media and the Dissemination of Fear* (S. 19–41). Springer. https://doi.org/10.1007/978-3-030-84989-4_2

Walter, N., Cody, M. J., Xu, L. Z. & Murphy, S. T. (2018). A Priest, a Rabbi, and a Minister Walk into a Bar: A Meta-Analysis of Humor Effects on Persuasion. *Human Communication Research*, 44(4), 343–373. https://doi.org/10.1093/hcr/hqy005

Wang, Y., Wu, T. & Chen, Z. (2021). Active Usage of Mobile Health Applications: Cross-sectional Study. *Journal of medical Internet research*, 23(12), e25330. https://doi.org/10.2196/25330

Wang, Y.-C., Kraut, R. E. & Levine, J. M. (2015). Eliciting and receiving online support: using computer-aided content analysis to examine the dynamics of online social support. *Journal of medical Internet research*, 17(4), e99. https://doi.org/10.2196/jmir.3558

Wang, Y., McKee, M., Torbica, A. & Stuckler, D. (2019). Systematic Literature Review on the Spread of Health-related Misinformation on Social Media. *Social science & medicine (1982)*, 240, 112552. https://doi.org/10.1016/j.socscimed.2019.112552

Wanzer, M., Booth-Butterfield, M. & Booth-Butterfield, S. (2005). "If we didn't use humor, we'd cry": humorous coping communication in health care settings. *Journal of Health Communication*, 10(2), 105–125. https://doi.org/10.1080/10810730590915092

Watzlawick, P., Beavin, J. H. & Jackson, D. D. (2000). *Menschliche Kommunikation. Formen, Paradoxien, Störungen.* Huber.

Wei, H., Horns, P., Sears, S. F., Huang, K., Smith, C. M. & Wei, T. L. (2022). A systematic meta-review of systematic reviews about interprofessional collaboration: facilitators, barriers, and outcomes. *Journal of interprofessional care*, 36(5), 735–749. https://doi.org/10.1080/13561820.2021.1973975

Weingart, P. (2018). Eugenics and race-hygiene in the German context. A legacy of science turned bad? In G. Baader & J. Peter (Hrsg.), *Public Health, Eugenik und Rassenhygiene in der Weimarer Republik und im Nationalsozialismus: Gesundheit und Krankheit als Vision der Volksgemeinschaft* (S. 24–51). Mabuse-Verlag.

Weinstein, N. D. (1980). Unrealistic Optimism about Future Life Events. *Journal of Personality and Social Psychology*, 39, 806–820. https://doi.org/10.1037/0022-3514.39.5.806

Weinstein, N. D. & Klein, W. M. (1996). Unrealistic Optimism: Present and Future. *Journal of Social and Clinical Psychology*, 15(1), 1–8. https://doi.org/10.1521/jscp.1996.15.1.1

Weinstein, N. D. & Sandman, P. M. (1992). A model of the precaution adoption process: Evidence from home radon testing. *Health Psychology*, 11(3), 170–180. https://doi.org/10.1037/0278-6133.11.3.170

Wense, I. von der & Wild, M. (2023). "Ich will diese Verantwortung nicht auf meinen Schultern haben" - Verantwortungszuschreibung im Podcast "Das Coronavirus-Update". In D. Reifegerste, A. Wagner & P. Kolip (Hrsg.), *Verantwortungsattributionen in der Gesundheitskommunikation*. DGPuK. https://doi.org/10.21241/ssoar.87448

WHO. (1946). *Verfassung der Weltgesundheitsorganisation vom 22. Juli 1946.* https://www.admin.ch/gov/de/start.html

WHO. (2010). *Framework for Action on Interprofessional Education & Collaborative Practice.* https://apps.who.int/iris/rest/bitstreams/66399/retrieve

Wiedicke, A. (2022). Kommunikation zur Bewegungsförderung: Normative Aspekte im 20. und 21. Jahrhundert. In D. Reifegerste & C. Sammer (Hrsg.), *Gesundheitskommunikation und Geschichte: Interdisziplinäre Perspektiven*. DGPuK. https://doi.org/10.21241/ssoar.70387

Wiedicke, A., Reifegerste, D., Temmann, L. J. & Scherr, S. (2022). Framing depression: Individual, societal, and social network responsibility attributions in media coverage. *European Journal of Health Communication*, 3(3), 92–117. https://doi.org/10.47368/ejhc.2022.305

Wiegard, B., Zschorlich, B. & Koch, K. (2019). Gesundheitskommunikation öffentlicher Institutionen in Deutschland. In C. Rossmann & M. R. Hastall (Hrsg.), *Handbuch Gesundheitskommunikation: Kommunikationswissenschaftliche Perspektiven* (S. 1–15). Springer. https://doi.org/10.1007/978-3-658-10948-6_8-1

Wihofszky, P. (2015). Ein mittlerer Weg zwischen Top-down und Bottom-up in der Gesundheitsförderung. *Impu!se für Gesundheitsförderung*(88), 5–6. http://www.gesundheit-nds.de/CMS/images/stories/PDFs/LVG-Zeitschrift-Nr 88-Web.pdf

Winfree, L. T., Griffiths, C. T. & Sellers, C. S. (1989). Social learning theory, drug use, and American Indian youths: A cross-cultural test. *Justice Quarterly, 6*(3), 395–417. https://doi.org/10.1080/07418828900090271

Winter, S. & Rösner, L. (2019). Krisenkommunikation im Gesundheitsbereich. In C. Rossmann & M. R. Hastall (Hrsg.), *Handbuch der Gesundheitskommunikation: Kommunikationswissenschaftliche Perspektiven.* Springer. https://doi.org/10.1007/978-3-658-10727-7_34

Wirth, W. & Kühne, R. (2013). Grundlagen der Persuasionsforschung. In W. Schweiger & A. Fahr (Hrsg.), *Handbuch Medienwirkungsforschung* (S. 313–332). Springer. https://doi.org/10.1007/978-3-531-18967-3_16

Wirz, D. S., Möri, M., Ort, A., Cordeiro, J. A., Castro, D. & Fahr, A. (2022). The More You Watch, the More You Get? *Journal of Media Psychology: Theories, Methods, and Applications, 35*(2), 99–108. https://doi.org/10.1027/1864-1105/a000355

Wirz, D. S., Ort, A., Rasch, B. & Fahr, A. (2023). The role of cliffhangers in serial entertainment: An experiment on cliffhangers' effects on enjoyment, arousal, and intention to continue watching. *Psychology of Popular Media, 12*(2), 186–196. https://doi.org/10.1037/ppm0000392

Witte, K. (1992). Putting the fear back into fear appeals: The extended parallel process model. *Communication Monographs, 59*(4), 329–349. https://doi.org/10.1080/03637759209376276

Witte, K. & Allen, M. (2000). A meta-analysis of fear appeals: implications for effective public health campaigns. *Health education & behavior: the official publication of the Society for Public Health Education, 27*(5), 591–615. https://doi.org/10.1177/109019810002700506

Witzel, K., Weitzendorfer, M., Schredl, P., Koch, H. J. & Kaminski, C. (2018). Einfluss von Arzt- und Krankenhausserien auf das Wirklichkeitsempfinden chirurgischer Krankenhauspatienten. *Der Unfallchirurg, 121*(12), 962–967. https://doi.org/10.1007/s00113-018-0473-z

Wolff, J. L. & Roter, D. L. (2011). Family presence in routine medical visits: a meta-analytical review. *Social science & medicine (1982), 72*(6), 823–831. https://doi.org/10.1016/j.socscimed.2011.01.015

Wood, J. V., Taylor, S. E. & Lichtman, R. R. (1985). Social comparison in adjustment to breast cancer. *Journal of Personality and Social Psychology, 49*(5), 1169–1183. https://doi.org/10.1037/0022-3514.49.5.1169

Wormer, H. (2014). Medizin- und Gesundheitsjournalismus. In K. Hurrelmann & E. Baumann (Hrsg.), *Handbuch Gesundheitskommunikation* (S. 195–213). Verlag Hans Huber.

Wouters, P., van Nimwegen, C., van Oostendorp, H. & van der Spek, E. D. (2013). A meta-analysis of the cognitive and motivational effects of serious games. *Journal of Educational Psychology, 105*(2), 249–265. https://doi.org/10.1037/a0031311

Wright, K. B., Rains, S. & Banas, J. (2010). Weak-Tie Support Network Preference and Perceived Life Stress Among Participants in Health-Related, Computer-Mediated Support Groups. *Journal of Computer-Mediated Communication, 15*(4), 606–624. https://doi.org/10.1111/j.1083-6101.2009.01505.x

Wulf, T., Naderer, B. & Rieger, D. (2023). *Medienpsychologie* (1. Auflage). Studienkurs Medien & Kommunikation. Nomos.

Felix Burda Stiftung. (2023, 17. November). *Felix Burda Stiftung.* https://www.felix-burda-stiftung.de/

Yang, Q. & Beatty, M. (2016). A meta-analytic review of health information credibility: Belief in physicians or belief in peers? *Health Information Management, 45*(2), 80–89. https://doi.org/10.1177/1833358316639432

Yoon, H. J. (2015). Humor Effects in Shame-Inducing Health Issue Advertising: The Moderating Effects of Fear of Negative Evaluation. *Journal of Advertising, 44*(2), 126–139. https://doi.org/10.1080/00913367.2015.1018463

Yuen, E. Y. N., Knight, T., Ricciardelli, L. A. & Burney, S. (2016). Health literacy of caregivers of adult care recipients: A systematic scoping review. *Health & Social Care in the Community, 26*(2), e191-e206. https://doi.org/10.1111/hsc.12368

Ziefle, M. (2020). Ambient Assisted Living. In G. Marx, R. Rossaint & N. Marx (Hrsg.), *Telemedizin: Grundlagen und praktische anwendung in stationren und ambulanten* (S. 451–466). Springer. https://doi.org/10.1007/978-3-662-60611-7_40

Zillien, N. & Haufs-Brusberg, M. (2014). *Wissenskluft und Digital Divide. Konzepte: Bd. 12.* Nomos. https://doi.org/doi.org/10.5771/9783845260242

Zillmann, D. (1988). Mood Management Through Communication Choices. *the American Behavioral scientist, 31*(3), 327–340. https://doi.org/10.1177/000276488031003005

Zillmann, D. (2006). Exemplification Effects in the Promotion of Safety and Health. *The Journal of Communication, 56*(suppl_1), S221-S237. https://doi.org/10.1111/j.1460-2466.2006.00291.x

Zok, K. (2014). Unterschiede bei der Gesundheitskompetenz: Ergebnisse einer bundesweiten Repräsentativ-Umfrage unter gesetzlich Versicherten. *Wido-Monitor, 11*(2), 1–12.

Zschorlich, B., Gechter, D., Janßen, I. M., Swinehart, T., Wiegard, B. & Koch, K. (2015). Gesundheitsinformationen im Internet: Wer sucht was, wann und wie? *Zeitschrift fur Evidenz, Fortbildung und Qualitat im Gesundheitswesen, 109*(2), 144–152. https://doi.org/10.1016/j.zefq.2015.03.003

Zufelde, M. (2017). Online Employer Branding von Krankenhäusern: Eine Inhaltsanalyse der Zielgruppenansprache ‚Karriere' auf grenznahen deutschen und niederländischen Krankenhaushomepages. In L. Tertrüchte (Hrsg.), *Schriften aus dem Haus der Niederlande. Organisationskommunikation von Krankenhäusern online: Die Niederlande und Deutschland im Vergleich* (S. 261–290). Münstersscher Verlag für Wissenschaft.

# Verzeichnis der Fachbegriffe mit englischen Übersetzungen

| Fachbegriff | englischer Begriff |
| --- | --- |
| Adhärenz | adherence |
| affektive Wirkungen | affective effects |
| Bedrohungseinschätzung | threat appraisal |
| Bewältigungseinschätzung | coping appraisal |
| Botschaftsstrategien | message strategies |
| Cybermobbing | cyber mobbing, cyberbullying |
| Diffusion | diffusion |
| Digitale Kluft | digital divide |
| eHealth | eHealth |
| eHealth | electronic health |
| Einstellungen | attitudes |
| Empfänger | receiver |
| empirisch | empirical |
| Empowerment | empowerment |
| Entertainment Education | entertainment education |
| Evidenzbasierung | evidence based |
| exzessiver Fernseh-/Videokonsum | binge watching |
| Fallbeispiel | exemplar, testimonial |
| formative Evaluation | formative evaluation |
| gemeinsame Entscheidungsfindung | shared-decision-making |
| Gesundheits-Apps | health apps |
| Gesundheitsförderung | health promotion |
| Gesundheitskommunikation | health communication |
| Gesundheitskompetenz | health literacy |
| Handlungswirksamkeitserwartung | response efficacy |
| Informationssuche | information seeking |
| Intentions-Verhaltens-Lücke | intention-behavior gap |
| Interaktivität | interactivity |
| Involvement | involvement |
| kognitive Wirkungen | cognitive effects |
| konative Wirkungen | conative effects |
| Krankheitserfindung | disease mongering |
| Kultivierung | cultivation |

## Verzeichnis der Fachbegriffe mit englischen Übersetzungen

| Fachbegriff | englischer Begriff |
|---|---|
| Lebensqualität | quality of life |
| Lebenswelt | setting |
| Leitlinie | guideline |
| Medialisierung | medialization |
| Mediatisierung | mediatization |
| Medikalisierung | medicalization |
| mHealth | mHealth |
| mHealth | mobile health |
| Modell der Elaborationswahrscheinlichkeit | Elaboration Likelihood Model |
| Modell gesundheitlicher Überzeugungen | Health Belief Model |
| Morbidität, Erkrankungsrate | morbidity |
| Narrativ | narrative |
| Nutzen- und Belohnungsansatz | Uses and Gratifications Approach |
| Nutzer | user |
| nutzergenerierte Inhalte | user-generated content |
| parasoziale Beziehung | parasocial interaction |
| Partizipation | participation |
| Pathologisierung | pathologizing |
| Patientenautonomie | patient autonomy |
| Placebo Effekt | placebo effect |
| Prävalenz | prevalence |
| Prävention | prevention |
| Präventionsdilemma | prevention dilemma |
| Produktplatzierung | product placement |
| Public Relations | public relations |
| Rahmung | framing |
| Reaktanz | reactance |
| Reliabilität | reliability |
| Rezipient | recipient |
| Risikowahrnehmung | risk perception |
| Salutogenese | salutogenesis |
| Schweregrad | severity |
| Selbstwirksamkeit | self-efficacy |

# Verzeichnis der Fachbegriffe mit englischen Übersetzungen

| Fachbegriff | englischer Begriff |
|---|---|
| Sender | sender |
| Skandalisierung | scandalization |
| sozial-kognitive Theorie | social cognitive theory |
| Sozialmarketing | social marketing |
| stellvertretende Suche | surrogate seeking |
| Stimulus-Response-Verständnis | stimulus-response-model |
| summative Evaluation | summative evaluation |
| Telemedizin | telemedicine |
| Theorie der kognitiven Dissonanz | Theory of Cognitive Dissonance |
| Theorie der Schutzmotivation | Protection Motivation Theory |
| Theorie des geplanten Verhaltens | Theory of Planned Behavior |
| Third-Person-Effekt | Third-Person-Effect |
| Übernehmer | adopter |
| unrealistischer Optimismus | unrealistic optimism |
| Validität | validity |
| Verwundbarkeit | susceptibility |
| Visualisierungen | visualization |
| Werther-Effekt | Werther effect, copycat suicide |
| (Selbst-) Wirksamkeit | (self-) efficacy |
| Wissenskluft | knowledge gap |
| Wohlbefinden | well-being |
| Zwei-Stufen-Fluss | Two-Step-Flow |

## Sachregister

Die Angaben verweisen auf die Seitenzahlen des Buches.

### A

Adhärenz 61, 120, 121, 123
Adipositas 180, 226
Agenda-Setting 95, 96
AIDS 32, 92, 118, 130, 149, 158, 159, 166, 190, 193, 203, 210, 226, 227
Aktivierung 55, 110, 111
Algorithmusbasierter Kommunikation 25, 40
Alkohol 54, 94, 162, 166, 190, 198, 209
Angehörige 26, 28, 46–48, 86, 103, 113, 116, 120, 122, 124, 127, 130, 132, 133, 136, 137, 140, 141, 146, 157, 164, 170, 177, 178, 197, 203, 204, 210, 234
Apotheken 32, 45, 61, 144, 145
Apps 21, 25, 29, 40, 45, 77, 88, 89, 138, 147, 156, 164, 165, 174, 175, 219, 229, 234
Arzt-Patienten-Beziehung 26, 28, 41, 75, 96, 97, 113, 114, 120–123, 125–128, 164, 229, 233, 234
Aufmerksamkeit 35, 64, 65, 75, 84, 87, 110, 116, 151, 167, 168, 193, 203, 205, 206, 208, 210, 216, 220, 221, 226

### B

Bedrohung 52, 79, 80, 82, 176
Befragung 61, 70, 98–105, 109, 141, 171, 191, 196, 198
Behandlungstreue bzw. Adhärenz 123
Beobachtung 55, 61, 63, 99, 100, 104, 108–110, 154, 171, 191, 227
Bewältigungseinschätzung 80
Bewegung 34, 59, 60, 64, 70, 72, 109, 158, 159, 164, 165, 169, 182, 189, 192, 196, 208
Botschaftsstrategien 189, 191, 200, 202, 209, 210, 219

### C

Computerspiele 63, 167, 169, 218
Cybermobbing 188

### D

Debunking 33, 123, 124
Diabetes 44, 45, 175, 202, 215
Diffusion 88, 89, 180, 203
Drogen 72, 94, 101, 130, 144, 166, 186, 190, 198

### E

Ebola 33, 160, 161
eHealth 25, 40, 57, 89, 180, 187
Einstellungen 33, 52, 59, 60, 65, 68–70, 72, 77, 78, 81–84, 92–95, 100, 101, 103, 104, 108, 110, 113, 123, 129, 134, 135, 154, 161, 165, 166, 175, 178–180, 182, 185, 189, 192–194, 198, 210, 218
Emotional Flow 211
Emotionen 55, 56, 59, 69, 79, 85, 111, 121, 122, 124, 128, 129, 140, 175, 176, 179, 180, 192, 194, 206, 208–212
Empfänger
– innen 23–25, 70, 75, 153, 154, 156, 169, 192, 197, 199, 200, 205, 208, 209, 218, 220
empirisch 45, 67, 75, 78, 82, 92, 95, 98, 100, 168, 175, 184, 209–212, 214, 215, 217, 219, 233, 235
Empowerment 58, 122, 134, 145
Entertainment Education 30, 165, 168, 199, 217–219
Entscheidung 57–59, 98, 101, 103, 125, 126, 141, 144, 150, 175, 204, 230
Erkrankungsrate siehe Morbidität 59, 159, 160
Ernährung 34, 60, 61, 69, 84, 94, 131, 132, 157–159, 164, 165, 174, 180, 182, 192, 203, 211
Ethik 39, 48, 225
Evidenzbasierung 21, 42, 132, 133, 146, 150, 171, 189–191, 196, 204, 205, 228, 231, 235

### F

formative Evaluation 196
Framing 129, 162, 163, 211, 214, 215

## G

Gatekeeper 159
Geschlechtsidentität 118, 119
Gesundheits-Apps 40, 164, 174, 175, 229, 234
Gesundheitsexpert
- innen 116, 126, 127, 129, 140, 173, 234
Gesundheitsförderung 21, 22, 27, 37, 43, 129, 148, 149, 164, 189, 203, 212
Gesundheitskompetenz siehe Health Literacy 44, 56–58, 61, 64, 90, 102, 120, 135, 229, 235
Gesundheitslai
- innen 126, 157, 160
Gesundheitsverhalten 24, 42, 51, 52, 55, 56, 58, 60, 61, 72, 75, 81, 84, 89, 104, 120, 150, 156, 180–182, 211, 226, 230
Grippe 190

## H

Health Belief Model 79, 176
Health Literacy 56, 57
HINTS Germany 104, 196
HIV siehe AIDS 75, 118, 130, 149, 158, 166, 190, 193, 203

## I

Impfung 33, 59, 75, 123, 217
Informationssuche 30, 63, 68, 122, 129, 134, 141, 170, 176, 194, 203
Inhaltsanalyse 99, 100, 105–108, 157, 158
Intention-Behavior-Gap 70
Interaktivität 95, 111, 154, 156, 169, 220, 227
interdisziplinär 21, 36, 38, 39, 42, 44–46, 67, 124, 233
interpersonal 23, 26, 29, 32, 36, 37, 88, 113–115, 123, 124, 127, 153, 169, 173, 175, 180, 188, 203
interprofessionelle Zusammenarbeit 46–48, 113, 142
Involvement 60, 169, 170

## K

Kampagnen 25, 27, 42, 54, 61, 68, 70–72, 78, 79, 81, 92, 101, 104, 105, 110, 149, 151, 182, 189, 190, 192–200, 202, 204, 205, 208–213, 215–217, 221, 222, 226–228, 230–232
Knowledge gap siehe Wissenskluft 90
Konvergenz 29, 181
Körperbild 94, 167, 182, 185
Krankenhaus 21, 28, 29, 61, 62, 85, 94, 96, 114, 139, 141, 142, 147, 167, 171, 173, 210
Krankenkassen 28, 41, 57, 61, 87, 109, 113, 114, 138, 139, 141, 146, 147, 173, 205
Krankheitserfindung 162
Krebs 45, 51, 92, 114, 118, 132, 151, 158, 203, 210
Kultivierung 93

## L

Lai
- innen 57, 78, 85, 116, 121, 128, 129, 132, 133, 149, 156, 157, 169, 173, 205, 227
Lebensqualität 22, 59, 61–63, 120, 135
Leitlinie 130, 228, 229

## M

Medialisierung 234
Medienkompetenz 64, 115, 131, 170, 177, 185, 219
Medikalisierung 145, 226, 227
Medikamente 42, 47, 58, 61, 72, 109, 121, 136, 144, 145, 147, 162, 184, 190, 211, 227
Medizin 39, 41–44, 46, 67, 100, 118, 120, 124, 132, 135, 164, 205, 228
mHealth 25, 89, 115, 164, 174, 183
Modell der Elaborationswahrscheinlichkeit 75, 76
Modell gesundheitlicher Überzeugungen siehe Health Belief Model 79
Morbidität 59, 62, 159

## N

Narrativ 108, 211, 215, 216
Nutzen- und Belohnungsansatz 175
nutzergenerierte Inhalte 156

## O

Ökonomie 43, 44

Organisationskommunikation 25, 26, 38, 41, 113, 137, 138, 141, 143

**P**

Partizipation 58, 133, 150, 205
Patient
- innenautonomie 143, 229–231
physiologisch 55, 99, 100, 110, 111, 118, 120
Prävalenz 44, 214
Prävention 21, 22, 58, 70, 75, 82, 129, 131, 148, 149, 163, 164, 167, 168, 189, 190, 193, 216, 217
Produktplatzierung 145
Protection Motivation Theory 79
Psychologie 39, 42, 43, 46, 85, 97, 132
Public Relations 70, 96, 137, 142, 148, 190

**R**

Rauchen 60, 73, 84, 92, 109, 115, 133, 155, 158, 179, 194, 203, 208, 214, 215, 222
Reaktanz 124, 209, 226, 231
Reichweite 28, 29, 32, 64, 65, 154, 184, 219, 222
Reliabilität 106, 107
Risikowahrnehmung 38, 51–54, 61, 74, 78, 94, 96, 176, 182, 193, 195, 204

**S**

Schönheitsoperationen 84, 94, 180
Schwangerschaft 130, 134, 145, 167, 227
Schweregrad 51, 79, 81, 208
Selbstwirksamkeit 53, 61, 68–72, 74, 81, 82, 84, 170, 175, 194, 195, 204, 211, 222
Sender
- in 23, 25, 154, 156, 220
Serious Games 167, 168, 199
sexuell übertragbare Krankheiten 53, 54, 109, 167, 193, 199, 210
Skandalisierung 161, 162, 206
Social Media 23, 222
sozial-kognitive Theorie 85, 184
soziale Norm 53, 54, 59, 68, 84
Sozialmarketing 138

stellvertretende Suche 177
Subjektive Norm 53, 54, 69, 84

**T**

Telemedizin 25, 40, 41, 115, 234
Testimonial 215, 217
Theorie der kognitiven Dissonanz 175
Theorie der Schutzmotivation siehe Protection Motivation Theory 79, 180
Theorie des geplanten Verhaltens 53, 69, 70, 83, 196
Third-Person-Effekt 179
Transdisziplinarität 37, 39, 45
Two-Step-Flow 88

**U**

Übergewicht 163, 179, 185
Übernehmende 87
unrealistischer Optimismus 52, 73, 180
Unterhaltung 28, 30, 64, 165, 218
Uses and Gratifications Approach 175

**V**

Validität 104, 106
Verhaltensänderung 42, 74, 79, 208, 209, 211
Verwundbarkeit 51, 79
Visualisierungen 91, 163, 205, 206

**W**

Wellness 39, 159
Werther-Effekt 179, 226
Wirksamkeit 65, 75, 80, 93, 170, 176, 204, 209, 215, 216, 227
Wissen 24, 42, 48, 56–59, 87, 90–92, 104, 113, 118, 120, 124, 130, 134, 135, 167, 168, 180, 182, 185, 189, 192, 194, 195, 204, 208, 210, 218, 231
Wissenskluft 56, 90–92, 231
Wohlbefinden 22, 62, 184, 188, 203, 208, 212

**Z**

Zielgruppe 45, 58, 61, 64–66, 68, 74, 77, 88, 103, 117, 144, 149, 154, 170, 189, 191–193, 195–198, 200, 201, 204, 205, 209, 216, 218, 219, 221, 226, 231, 232

# Bereits erschienen in der Reihe
# STUDIENKURS Medien & Kommunikation

Link zum
Nomos-Shop

**Digitale Medienökonomie**
Von Prof. i.R. Dr. Klaus-Dieter Altmeppen,
AkadR'in a.Z. Dr. Pamela Nölleke-Przybylski, Korbinian Klinghardt, M.A. und Anna
Zimmermann, M.A.
2023, 300 S., broschiert,
ISBN 978-3-8487-6889-9

**Medienpsychologie**
Von Dr. Tim Wulf, Dr. Brigitte Naderer und
Prof. Dr. Diana Rieger
2023, 258 Seiten, broschiert,
ISBN 978-3-8487-7737-2

**TV und AV Journalismus**
Band 2: Praxisbuch für Unterricht und
Training
Von Prof. Dr. Andreas Elter
2021, 285 Seiten, broschiert,
ISBN 978-3-8487-3851-9

**Journalismus**
Von Prof. Dr. Janis Brinkmann
2021, 277 Seiten, broschiert,
ISBN 978-3-8487-6055-8

# Bereits erschienen in der Reihe STUDIENKURS Medien & Kommunikation

**Qualitative Methoden der Kommunikationswissenschaft**
Von Prof. Dr. Philomen Schönhagen und
Prof. Dr. Hans Wagner
3. Auflage 2021, 421 Seiten, broschiert,
ISBN 978-3-8487-6893-6

**TV und AV Journalismus**
Band 1: Theorie und Praxis
Von Prof. Dr. Andreas Elter
2019, 344 Seiten, broschiert,
ISBN 978-3-8487-3622-5

**Personalwirtschaft der Medienunternehmen**
Von Prof. Dr. Steffen Hillebrecht
2018, 199 Seiten, broschiert,
ISBN 978-3-8487-3703-1